알기 쉬운

학습심리

전예숙 · 김순희 · 양계숙 지음

창지사

머리말

학습이란 개인에게 행동의 '변화'가 나타나야 하며, 이러한 행동의 변화는 학습 활동의 목적이기도 하다. 관찰 가능한 행동으로 나타난 학습의 결과는 결국 학습자의 변화일 것이다.

학습 활동을 통한 변화는 가치관, 신념, 정서, 태도, 사고와 같이 관찰할 수 없는 내적인 행동도 경험의 과정을 거쳐 변화된다. 학습 관련 이론의 발달은 주요 학자들의 역사적인 연구를 바탕으로 학습에 대한 다양한 관점을 깊이 있게 만들어 준다. 학습에 대한 이해 틀의 전환을 가져온 학습 활동은 가르치고 배우는 과정에 대해 보다 '기초적인' 고민을 하게 만들어 주었고, 이 책은 이와 관련된 여러 학자들의 견해에 대해 알아볼 만한 가치가 있다고 제안한다.

따라서 이 책에서는 학습의 이해, 행동주의 학습이론, 인지주의 학습이론, 학습동기이론에 초점을 두고 실제 학습 상황이나 경험을 제시하였다.

기초적인 학습이론을 연구 중심으로 다루고 있는 기본 학습심리학에 비해 『알기 쉬운 학습심리학』은 학습의 하위 주제별로 주요 개념을 설명하는 방식으로 구성되었다.

교육 현장에서의 교육-학습과 관련하여 그 근거가 분명한 실천적 행동 변화를 할 수 있도록 도와 줄 것이다. 이 책에서 소개되고 있는 각 학습이론가들의 이론적 틀을 파악하고, 이론적 틀 내에서 주요 개념들의 내용과 관계를 이해하는 것이 중요하며, 이것이 학습 활동에 대한 이해로 이어져 도움이 되었으며 한다.

끝으로 이 책이 출판되기까지 많은 분의 도움이 있었다. 우선 각 장의 구성 및 편집 작업에 도움을 주신 이윤희 부장님께 감사의 마음을 전한다. 또한 이 책의 출판을 기꺼이 맡아 주신 창지사 김기섭 사장님을 비롯하여 원고 정리와 내용 교정에 도움을 주신 이상대 전무님께 진심으로 감사 드린다.

2022년 7월
저자 일동

차 례

머리말 · 2

1부 학습의 이해

1장 학습의 개념 · 11

1. 학습의 의미 · 11
2. 학습의 다양한 종류 · 15
3. 학습에 대해 왜 연구하는가? · 17
4. 진화를 통해 생겨난 수정 가능성 · 20

2장 초기 학습이론 · 27

1. 학습 인식론 · 27
2. 초기 심리학 · 33
3. 심리학의 학습이론가 · 39

2부 행동주의 학습이론

3장 Pavlov의 조건 반사 · 45

1. 고전적 조건화 · 45
2. Pavlov의 실험 · 53

3. 인간학습에서의 고전적 조건형성 • 57
4. 고전적 조건형성에 영향을 미치는 요인들 • 60
5. 고전적 조건화의 임상심리학에서의 적용 • 62
6. Pavlov 이론에 대한 평가 • 66

4장 Skinner의 조작 조건화 • 69

1. Skinner의 실험 • 70
2. 조작적 학습의 유형 • 76
3. 처벌 • 80
4. 강화 스케줄 • 87
5. Skinner 이론에 대한 평가 • 91

5장 Thorndike의 S-R 결합이론 • 93

1. 주요 이론적 개념 • 94
2. S-R 이론 • 100
3. 1930년 이전의 Thorndike • 103
4. 1930년 이후의 Thorndike • 107
5. Thorndike 이론에 대한 평가 • 111

6장 Bandura의 사회인지이론 • 115

1. 사회인지이론의 특성 • 116
2. 관찰학습에 대한 Bandura의 설명 • 118
3. 모델링 • 122
4. 자기효능감 • 128
5. 행동의 자기조절 • 130
6. Bandura 이론에 대한 평가 • 133

3부 인지주의 학습이론

7장 인지주의 학습이론 • 137

1. 인지심리학의 성격 • 137
2. 인지심리학의 역사 • 140
3. Piaget의 인지발달론 • 141
4. Bruner의 학습이론 • 151
5. Vygotsky의 사회문화적 인지이론 • 159

8장 인지정보처리 • 171

1. 인지정보처리 개념 • 171
2. 인지처리의 주요 가정 • 181
3. 인지처리과정 모델 • 185
4. 메타인지 • 186

9장 지각과 주의집중 • 195

1. 지각의 개념 • 195
2. 주의집중 • 201
3. 주의집중 역량이론 • 209

10장 기억의 정의 • 213

1. 기억(memory)의 과학적 개념 • 213
2. 기억의 단계 • 215
3. 기억의 종류 • 216
4. 장기기억 형성과 뇌과학 • 222
5. 정보처리 체계 모형 • 226

11장 연합학습 · 229

1. 인지도 · 229
2. 규칙 및 개념학습 · 232
3. 가설 및 이론 · 236
4. 평가 · 239
5. 추상작용의 문제 · 239
6. 뇌와 컴퓨터 · 240

4부 학습동기이론

12장 학습동기 · 249

1. 학습에서 동기와 자기조절 · 249
2. 자기조절행동의 구성 요소 · 258
3. 교사의 기대 · 261

13장 동기이론 · 265

1. 동기이론 · 265
2. 동기이론의 개요 · 269
3. 동기설계 · 278

14장 심리동기 · 289

1. Freud의 정신분석 · 289
2. Adler의 개인심리학 · 296
3. Jung의 분석심리학 · 305

15장 정서와 성격 · 313

1. 정서반응과 감정코칭 • 313
2. 불안 • 317
3. 학습된 무기력 • 320
4. 성격의 이해 • 320
5. 성격의 평가 • 328
6. 성격 연구의 역사 • 333

참고 문헌 • 336

1부

학습의 이해

1장 학습의 개념

1. 학습의 의미

학습(learning)은 변화를 뜻한다. 학습이란 유기체의 행동 또는 행동 잠재력에 있어서 일정 장면에서 반복된 경험에 의해 일어나는 어떤 비교적 영속적인 변화이다. 즉, 경험에 의한 행동 및 정신적 연합에 있어 비교적 영속적인 변화이다. 변화에는 글씨, 달리기, 동작 등 관찰 가능한 구체적인 행동의 변화에 해당하는 외적 변화(external change)와 지식, 성격, 사고 등 눈에 보이지 않는 추상적인 내적 변화(internal change)가 포함된다.

이러한 학습의 정의에는 제외되는 몇 가지 행동 변화가 있다. 즉, 선척적 반응 경향성, 성숙, 또는 일시적 상태에 기초하여 설명되는 행동 변화는 학습으로 볼 수 없다. 학습에서 제외되는 변화에 대해 구체적으로 살펴보기로 한다.

첫째, 선천적 반응 경향성(native response tendency)에 의한 변화는 학습이 아니다. 반사(reflex: 빛에 대한 동공 수축과 같은), 항성(나방이 불꽃을 향해 달려드는 것과 같은), 그리고 본능(새가 둥우리를 짓는 것과 같은)은 선천적인 활동으로 분류되기도 한다. 그런 행동들은 다양한 종(種)들에 특유하다. 한 종에 거의 특유한 활동들을 종특유의 행동(species-specific behavior)이라고 부른다. 그런 종특유의 행동을 선천적이라 말하며, 그 형태는 어떤 면에선 경험과 관계없는 그 종의 모든 구성원들의 신경계에 정해져 있음을 의미한다.

그러나 행동들을 모두 선천적이거나 모두 학습된 것으로 정확히 나누어 분류하기는 매우 어렵다. 많은 본능적 행동의 표현이 경험 또는 학습에 달려 있기도 하기 때문이다. 예컨대, 많은 종들 중 새들의 특징적 노래 발달은 어린 새가 생애 초기에 그 노래를 듣는 것에서 비롯될 수도 있다.

둘째, 성숙(maturation)에 의한 변화는 학습이 아니다. 만일 행동 형태가 중간에 개재하는 연습에 관계없이 규칙적인 단계를 통해 성숙한다면, 그 행동은 성숙을 통해 발달한다고 말하며 학습을 통해 발달한다고 말하지는 않는다. 만일 훈련 절차가 행동의 발달을 가속시키거나 수정하지 않는다면, 그 변화는 학습으로 분류되지 않는다.

성숙은 경험을 통해 일어나는 변화보다는 단지 신체적 성장, 생물학적 변화의 결과로서 일어나는 변화를 의미한다. 아동 초기에 있어서 많은 발달, 걷기, 말하기, 대소변 기능 통제학습은 성숙에서 비롯된다. 이들은 계통발생적(phylogenetic) 행동으로서 개인의 시간표에 따라 개인적으로 학습되는 행동이다. 걷기를 배우지 않는 아동은 그럼에도 불구하고 힘과 능력이 허용할 때 걷기를 시작할 것이다. 그것은 인간 성숙의 자연적 결과이다.

그러나 배트를 휘두르거나 낱말을 쓰는 데 필요한 신체적인 기능이 가능한 아동은 어떻게 하는지를 보여주지 않으면 그렇게 할 수 없을 것이다. 이런 활동을 수행하기 위해 근육을 협응시킬 수 있는 지점까지 성숙되지 않은 아동에게 배트 휘두르기 또는 낱말 쓰기를 보여주는 것은 아무런 도움이 되지 않을 것이다.

그러므로 많은 활동들은 성숙과 학습의 복잡한 상호작용을 통해서 발달한다. 계단 기어오르기와 같은 신체적 기능과 추상적 추리와 같은 정신적 기능을 포함한 인간학습은 성숙과 경험의 결합에 의존한다.

셋째, 일시적 변화는 학습이 아니다. 학습은 비교적 영속적인, 장기적인, 지속적인 변화이다. 예컨대, 만일 서투른 말을 종알거리는 생후 10개월 된 유아가 "영희"라는 자기 이름과 매우 유사한 소리를 발음하였다고 가정하자. 그 유아의 부모는 딸이 자기 이름 말하기를 '학습'하였다고 처음에는 좋아서 흥분할 것이지만, 그렇지 않음을 곧 발견할 것이다. “영희”와 같이 소리 나는 ‘단어’를 그 아이가 말하기 시작할 때까지 몇 달 동안 그 아이에게서 다시 들을 수 없을 것이다. 이 경우 그 유아는 전에 결코 한 적이 없는 소리를 하였으므로 유아의 행동이 변화하였음은 사실이다. 그러나 이 변화는 일시적이다. 부모가 그 유아로 하여금 그 소리를 반복하게 하려는 어떤 시도도 그 유아가 말하기를 학습하기 시작할 때까지는 확실히 실패할 것이다. 이 10개월 된 유아의 감탄은 일시적이며, 학습된 행동이 아니다.

또한 피로하게 될 때 수행 능률은 떨어지게 된다. 피로는 일시적으로 변화를 일으키며, 피로에서 회복되면 떨어진 수행 능률도 복귀된다.

학습을 정의해 보면 ① 개인의 행동 또는 무엇을 행하는 능력상의 변화, ② 이 변화는 어떤 종류의 연습 또는 경험으로부터 비롯되어야 한다는 조건, 그리고 ③ 그 변화는 지속적인 것이어야 한다는 조건의 세 가지 준거가 내포되어 있다.

그렇다면 행동 또는 행동 잠재력의 변화는 관찰 가능한가? 행동주의자들은 구두 끈 매기, 뺄셈 문제 풀기, 학교에 가지 않으려고 배 아프다고 하소연하기와 같은 행동상의 변화가 관찰될 수 있을 때, 새로운 행동 습관이 환경 내의 사물 또는 사태들에 의해 조건형성(conditioning)을 통해 학습이 일어났다고 말한다. 따라서 이들은 관찰될 수 있는 외적 변화에 대해서 말한다.

한편, 인지심리학자들은 행동의 결과보다는 인간학습에 내포된 사고과정(때로는 정신 사태로 불리어짐)에 초점을 둔다. 예컨대, 아동이 덧셈과 뺄셈을 상호 관련짓는 방식, 학생이 영어 단어를 기억하기 위해 사용하는 기억술, 학생이 물리학 원리에 대해 자신이 이해한 특이한 의미를 부여하는 것 등이다. 인지심리학자들은 학습이란 정보가 인지구조에 통합되는 내적 과정이며, 반드시 관찰 가능한 것은 아니라고 믿는다.

예를 들면, 앞에서 예를 든 영희가 5세 때 어머니를 따라 붐비는 백화점에 갔다고 가정하자. 영희는 쇼핑 중에 뒤쳐져서 어머니를 잃게 된다. 어머니가 보이지 않자 울기 시작한다.

점원이 다가와서 아이를 진정시켜서 어머니를 찾아주려고 "어머니를 찾아줄게. 이름이 무엇이니?"라고 말한다. 그러나 영희는 계속 운다. 비록 그 물음을 이해할 수 있고 이름을 어떻게 말하는지를 알고 있지만 점원에게 말하지 않는다. "영희"라고 말하는 것은 이 5세 아동의 행동 잠재력의 일부이지만 이 상황에서 영희는 그 행동을 나타내지 않는다.

인지심리학자는 학습자에 의해 정보처리(information processing)되는 방식을 살핀다. 내적 과정의 증거로서 관찰 가능한 행동에 관심을 갖는다. 따라서 이들은 관찰될 수 없는 내적 변화에 대해서 말한다. 인지적 관점은 행동 자체보다는 지식과 지식 구조의 습득에 초점을 두며, 학습을 능동적(active), 구성적(constructive), 누가적(cumulative), 그리고 목표 지향적(goal oriented)으로 본다.

학습에 대한 행동주의자와 인지심리학자의 관점을 그림으로 나타내면 다음 [그림 1-1]과 같다. 행동주의자들은 정신 사태(마음)를 무시하고 환경 조건과 행동 간의 직접적인 관계에 초점을 둔다. 인지심리학자들은 정신 사태에 내포된 인지 과정이 행동을 통제하는 데 결정적 역할을 한다고 주장한다.

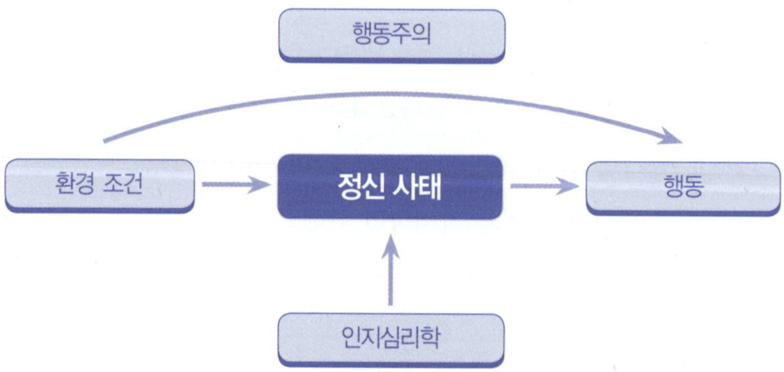

[그림 1-1] 학습에 대한 두 가지 관점

출처: Lieberman(2000). 일부 수정.

2. 학습의 다양한 종류

학습은 경험을 통한 행동 잠재력의 변화를 나타내기 위한 일반적인 용어이다. 그러나 조건화(conditioning)는 행동을 변화시키는 실제적인 과정을 나타내기 위해 활용되는 좀 더 구체적인 용어이다. 조건화에는 두 가지 종류, 즉 도구적 조건화(instrumental conditioning)와 고전적 조건화(classicial conditioning)가 있기 때문에, 많은 이론가는 학습의 유형에도 최소한 두 가지 종류가 있으며 학습은 궁극적으로 고전적 조건화와 도구적 조건화를 통해 이해될 수 있다는 결론을 내렸다. 두 가지 조건화의 과정에 대해서 추후 자세히 논의하겠지만 여기서는 간단히 요약하고자 한다.

1) 고전적 조건화

고전적 조건화에 대해 다음과 같이 요약할 수 있다.

(1) 음식과 같은 자극이 유기체에게 제시되면 타액의 분비와 같은 자연스럽고 자동적인 반응이 유발된다. 이런 자연스러운 반응을 유발하는 자극을 무조건 자극(unconditioned stimulus: US)이라고 한다. 이 경우 음식을 무조건 자극이라고 한다. 무조건 자극에 대한 자연스럽고 자동적인 반응을 무조건 반응(unconditioned reaction: UR)이라고 하며, 이 경우 타액 분비가 무조건 반응이 된다.

(2) 무조건 자극이 제시되기 직전, 유기체에게 소리나 빛과 같은 중립적인 자극(무조건 반응을 일으키지 않는)이 제시된다. 이런 중립적 자극을 조건 자극(conditioned stimulus: CS)이라고 한다.

(3) 조건 자극이 제시되고 무조건 자극이 제시되는 과정이 여러 번 반복되면 조건 자극만 제시되어도 유기체는 타액을 분비하게 된다. 타액 분비와 같이 무

조건 자극에 반응하는 유기체의 반응은 소리나 빛과 같은 조건 자극에도 일어나게 된다. 고전적 조건화에서는 무조건 자극을 강화라고 부르며, 이는 모든 조건화 과정이 무조건 자극에 의해 일어나기 때문이다. 그러나 고전적 조건화 상황에서 유기체는 강화를 조절할 수 없다. 오직 연구자가 원할 경우에만 강화가 조절될 수 있다. 다시 말해서, 고전적 조건화에서 강화는 유기체의 반응과 관련이 없는 것이다.

2) 도구적 조건화

도구적 조건화에서 강화와 유기체의 행동 간 관계는 확실히 구분된다. 도구적 조건화에서 유기체는 강화되기 전 특정한 방법으로 행동을 한다. 즉, 강화는 유기체의 행동과 관련이 있다. 만약 유기체가 기대되는 행동을 하지 않는다면, 이것은 강화된 것이 아니다.

그러므로 도구적 조건화에서 유기체의 행동은 원하는 것, 즉 강화인을 얻기 위한 '도구적인' 것이다. 스키너 상자(Skinner box)라고 불리는 작은 상자는 도구적 조건화(같은 맥락에서, 조건적 조건화[operant conditioning]라고 불리기도 함)를 보여주기 위해 종종 사용된다. 이 상자는 격자무늬 바닥과 동물이 누르면 배식 장치가 작동되어 먹이가 제공되는 레버가 설치되어 있다.

예를 들면, 연구자는 굶주린 쥐를 스키너 상자에 넣는다. 곧 쥐는 레버를 누르면 먹이가 나오는 것을 알게 되고 쥐가 막대를 누르는 횟수가 늘어나게 된다. 이 경우 쥐는 먹이를 얻기 위해 레버를 누르게 되는 것이다. 레버를 누르는 것은 조건화된 행동이며 먹이는 강화인이다.

도피 조건화(escape conditioning)와 회피 조건화(avoidance conditioning)는 도구적 조건화의 특별한 유형 중 하나이다. 도피 조건화에서는 쥐를 스키너 상자에 넣고 바닥에 전기를 흐르게 한다. 유기체는 반드시 충격에서 벗어나기 위해 작은 장애물을 넘거나 작은 플랫폼을 오르는 것과 같은 반응을 해야 한다. 쥐는 곧 충격의 종결과 반응을 연관시키게 된다. 이 경우 도피 반응은 조건화된 행동이며 충격의 종결은 강화인이다.

회피 조건화를 설명하기 위해, 스키너 상자의 바닥에 5분 간격으로 전기 충격을 주는데 전기를 흐르게 하기 전에 빛과 같은 신호를 먼저 보여준다. 곧 쥐는 빛과 충격을 연관시킬 것이다. 그리고 빛이 보일 때마다 충격을 회피하기 위해 반응을 수행하게 될 것이다.

학습이론가들은 고전적 조건화와 도구적 조건화에 그들의 연구를 한정시키는 것이 광범위한 인간의 행동에 대해 연구하는 데 도움이 안 된다는 것을 알고 있다. 예를 들어, 가네(Gagné)는 여덟 가지 종류의 학습이 있다고 보는 것이 더욱 현실적이라고 생각했다. 가네는 단순 조건화(simple conditioning)가 간단하게 학습의 발전된 유형을 위한 기초를 제공한다고 생각하였다. 톨먼(Tolman)은 훨씬 이전에 이와 비슷한 견해를 제시하였다. 많은 이론가가 복잡한 행동들이 궁극적으로 고전적 조건화와 도구적 조건화를 통해 이해될 수 있다고 주장하지만, 다른 영향력 있는 이론가들은 이를 반대한다.

3. 학습에 대해 왜 연구하는가?

1) 인간의 행동

인간의 행동은 대부분 학습된 것이기 때문에 학습의 원리에 대해 연구하는 것은 우리가 왜 행동에 대해 연구하는지 이해하는 데 도움을 줄 것이다. 학습과정에 대한 이해는 정상적이고 적응적인 행동뿐만 아니라 부적응적이고 비정상적인 행동을 유발하는 환경에 대해 더욱 깊이 이해할 수 있도록 할 것이다. 보다 효과적인 심리치료도 이러한 이해를 통해 가능하다. 자녀 양육 훈련에도 학습 원리가 활용될 수 있다. 개개인은 명백하게 서로 다르며, 다양한 용어로 개인의 학습 경험을 설명한다. 인간이 가지고 있는 가장 중요한 특징 중 하나는 언어이며 특정한 언어의 발전이 학습에서 기인하였다는 것은 의심의 여지가 없다.

또한 다른 인간의 특성들도 학습과정을 통해 환경과의 상호작용에 의해 만들어진다. 부모가 바람직한 특성이라고 불리는 것을 생성해 가는 학습 경험에 대해 더욱 알게 된다면, 그들의 자녀가 이러한 특성을 가질 수 있도록 하는 환경을 조성하고자 할 것이다.

마찬가지로 학습 원리와 교육적 훈련 사이에는 밀접한 관계가 있다. 대체로 실험실에서 학습과정에 대해 연구하면서 발견한 원리들은 교실에서도 활용될 수 있다. 프로그램 학습(program learning)의 폭넓은 활용과 컴퓨터 보조 교수(computer-assisted instruction)는 학습이 교수 실제에 영향을 줄 수 있는 여러 예를 보여준다.

개별화 교육을 지향하는 미국 교육의 현재 경향 또한 학습과정에 대한 연구로부터 생겨났다고 볼 수 있다. 앞으로 학습과정에 대한 지식이 늘어날수록 교육적 실제에서 얻을 수 있는 성과 역시 더욱 커질 것이다.

2) 학습과 생존

오랜 진화를 통해 우리의 몸은 특정한 요구에 자동적으로 반응할 수 있는 능력을 발전시켜 왔다. 예를 들어, 우리는 자동적으로 숨을 쉬며, 우리 몸의 온도가 너무 높거나 너무 낮을 경우 메커니즘이 작동하여 몸의 온도를 내리기 위해 땀을 흘리거나 몸의 온도를 높이기 위해 몸을 떨게 한다.

이와 같이 혈당이 너무 낮을 경우, 간은 혈당의 농도가 정상 수준으로 회복될 때까지 혈액 속에 당분을 분비한다. 이러한 자동 조절과정은 동질정체 기제(homeostatic mechanism)라고 불린다. 이 기능은 육체적 평형 또는 항상성(homeostasis)을 유지한다. 항상성 메커니즘에 대해 덧붙이면 대부분의 살아 있는 유기체는 고통스러운 자극에 대해 반사적으로 물러선다.

비록 항상성 메커니즘과 반사 모두 명백하게 생존을 위한 것이지만, 우리의 욕구를 충족하기 위해 이것들에만 의존한다면 오랫동안 생존할 수 없을 것이다. 생존하기 위해 유기체는 먹이, 물, 성(性) 등에 대한 욕구를 충족해야 하며 이를 위해 주변 환경과 상호작용해야 한다. 기본적인 욕구를 충족하기 위해 필요한 주변의 대상들을 활용하는 방법을 배우지 못한다면 유기체는 생존하기 어려울 것이며, 어떤 주변의 사물이 안전하고 위험한지 학습하지 못할 경우도 생존하기 어려울 것이다.

학습과정을 통해 유기체는 주변 변화에 적응하게 될 것이다. 만족의 원천과 위험의 원천은 종종 변화한다. 학습과정을 통해 유기체는 다양한 환경적 조건에서 생존하기 위한 융통성을 광범위하게 획득하게 된다. 일반적으로 고전적 조건화를 통해 주변의 대상이 생존에 도움이 되는지를 학습하며, 도구적 조건화나 조작적 조건화를 통해 바람직한 대상을 획득하거나 바람직하지 않은 대상을 회피하는 방법을 학습한다.

고전적 조건화의 적응적 가치(adaptive value)는 고전적 조건화가 이전에 조건 자극과 무조건 자극이 수차례 짝지어지면서 드러난다. 우리를 둘러싼 환경은 자극으로 채워져 있지만 그중 몇몇은 지속적으로 고통스럽거나 즐거운 환경에 처할 수 있다고 예상된다. 이후 살펴보겠지만, 조건 자극과 무조건 자극 간의 의미 있는 관계에 따라 고전적 조건화가 이루어진다. 비록 예외는 있지만 조건 자극이 조건 반응을 이끌어 내기 전 조건 자극과 무조건 자극은 대체로 여러 번 짝을 이루게 된다.

조건 자극과 무조건 자극의 짝이 단 한 차례 이뤄지고 난 뒤 어떤 학습이 이뤄질지 상상해 보자. 우리가 머리를 찧을 때 경적이 자동으로 울리거나 우리가 맛있는 샌드위치를 먹을 때 불빛이 비친다면 이를 통해 경적 소리가 날 때 회피적인 반응을 보이거나 번쩍 하고 천둥이 치면 불빛으로 인해 타액이 분비될 것이다. 학습은 무작위적이고 의미 없는 반사적 반응으로 구성된다.

학습은 주변에 적응할 수 있도록 하는 중요한 도구로서 선천적 동질정체 기제나 반사, 혹은 최소한 인간이 아닌 다른 동물들의 학습하지 않은 적응적 행동을 보완한다.

4. 진화를 통해 생겨난 수정 가능성

학습(learning)은 셀 수 없이 많은 방식으로 정의되었지만, 학습연구자들 사이에서 흔히 학습은 경험으로 인한 행동의 변화로 정의된다. 이것은 곧 환경의 변화로 인한 행동의 변화를 의미한다. 이 정의는 너무나 단순하지만 주의 깊게 살펴볼 필요가 있다.

1) 학습은 변화를 의미한다

변화란 단어를 보자. 왜 학습을 행동의 변화라고 해야 하는가? 이를테면 왜 학습을 행동의 습득이라고 하지 않을까?

습득(acquisition)이란 말 대신 변화라는 말을 선호하는 이유는 학습이 항상 무엇을 습득하는 것은 아니기 때문이다. 하지만 학습은 항상 어떤 종류의 변화를 수반한다. A는 담배를 끊고 싶어 하고, B는 손톱을 물어뜯는 습관을 버렸으면 하고, C와 D은 말다툼을 덜 했으면 한다. 이러한 행동들의 감소가 일어난다면 이는 학습의 예가 된다. 그렇지만 여기서 습득된 것은 전혀 없다. 적어도 습득이라는 용어의 일상적인 의미에서는 말이다. 학습은 빈도, 강도, 속도 혹은 형태 같은 행동의 어떤 측면의 변화를 의미한다.

어떤 권위자들은 지속적인 변화만이 학습으로 간주될 자격이 있다고 주장한다. 하지만 지속적(몇 초, 몇 분, 일주일, 일 년)인 것이 무엇을 의미하는지에 대한 의견의 일치가 없기 때문에 지속성이란 말을 정의에 추가해도 도움이 되지 않는 듯하다. 게다가 지속가능성이 왜 필수조건이 되어야만 하는가?

당신이 가슴에 6초간 지속된 심한 통증으로 인해 의사를 만난다면 의사가 "6초라구요? 아, 그럼 통증이 있었던 게 아니네요."라고 말하겠는가? 의사가 그것이 중요치 않다고 말할 수는 있지만 그것이 일어나지 않았다고 말하지는 않을 것이다. 만약 우주비행사가 별이 폭발해서 3초 만에 사라지는 것을 본다면 다른 우주비행사들이 "잊어버려요. 적어도 1분간 지속되지 않았기 때문에 그 일은 일어나지 않았어요."라고 말하겠는가?

학습에서 핵심적인 논제는 행동의 변화가 일어났는가이지 그것이 얼마나 지속되었는가가 아니다. 당신이 고등학교 때 배운 모든 일본어 동사들이 기억나지 않는다는 사실이 그것을 학습하지 않았음을 의미하는 것은 아니다.

2) 변화하는 것은 행동이다

학습이 일어날 때 변하게 되는 것은 행동이다. 행동(behavior)은 인간 혹은 다른 동물이 하는, 측정될 수 있는 모든 것이라고 정의될 수 있다. 사실은 측정이 가능하든 가능하지 않든 동물이 하는 모든 일을 행동으로 한정할 수밖에 없다.

행동이라는 개념은 충분히 단순해 보이지만 세밀하게 들여다보면 그것은 희미해질 수 있다. 심장 박동이 행동의 예인가? 하나의 뉴런의 발화는 어떤가? 혈류로 아드레날린이 분비되는 것은 어떤가? 아마도 대부분의 사람들은 이것들이 행동이 아니라 생리 기능이라고 생각할 것이다.

그러나 이 모두가 사람들(그리고 많은 동물들)이 하는 측정 가능한 일들이고, 따라서 행동으로서의 자격이 있다. 벨 소리에 침을 흘리는 것은 분비샘에 의한 침의 분비이고 이는 생리학자들의 주제이지만, 개가 침을 생산하고 침의 양은 측정될 수 있으므로 그것은 행동이 될 수 있다.

사람들은 생각을 한다. 그러므로 생각하기가 행동일까? 대부분의 사람들은 아마도 아니라며, 생각은 정신적인 것인 반면에 행동에는 신체적인 움직임이 관련된다고 주장할 것이다. 정신적(mental)이란 말은 보통 '마음의(of the mind)'이라고 정의되는데, 이것이 함의하는 바는 생각이 신체적인 세계와는 다른 차원에 존재한다는 것이다. 이는 생각을 과학이 닿을 수 없는 곳으로 밀어내버린다. 하지만 생각은 사람들(그리고 아마 일부 동물들)이 하는 무엇인가이며, 따라서 만약 그것이 측정될 수 있다면 그것은 행동으로서의 자격이 있다.

생각하기와 다른 형태의 행동 사이의 주된 차이는 전자는 사적이고 후자는 공적이라는 것이다. 우리가 생각이라고 부르는 것 중 대부분이 단순히 암묵적인 행동(covert behavior)이라는 증거가 상당히 있다. 다시 말해 우리가 '머릿속으로' 하는 것은 흔히 공적인 행동의 좀 더 미묘한 형태에 지나지 않는다.

예를 들어, 우리는 다른 사람들에게 '말'을 하거나, '소리 내어 생각'을 하거나(중얼거리거나), 아니면 '속으로 말'을 할 수 있다. 예컨대, 조현병(정신분열증) 환자들은 종종 환청이 들리는데, 연구에 따르면 그들이 듣는 목소리가 사실은 자신의 목소리이다.

즉, 그들은 자기 자신에게 소리 없이 또는 아주 작게 말한다는 것이다. 마찬가지로 수화로 다른 사람들과 의사소통을 하는 청각장애인들은 자기 손가락으로 생각을 하는 듯하다. 어떤 문제로 고심할 때 미묘하게 수화를 한다는 것이다.

신경학적 증거는 우리의 암묵적 발화(covert speech)가 본질적으로 아주 작은 형태의 발화라는 생각을 지지한다. 한 실험에서 연구자들은 언어에 관여하는 뇌의 한 영역에 일종의 자기적 자극(magnetic stimulation)을 주자 외현적 발화와 암묵적 발화 모두가 방해를 받는다는 것을 발견했다. 만약 생각하기가 외현적 발화와 근본적으로 다르다면, 전자를 방해하는 자극이 후자도 방해할 가능성이 거의 없어 보인다. 마찬가지로 신경해부학자 질 볼트 테일러(Jill Bolte Taylor)가 심각한 뇌졸중을 겪었을 때 그녀는 타인에게 말하는 능력뿐 아니라 자신에게 말하는 능력도 상실했다. 누군가 우리에게 무엇을 중얼거리고 있느냐고 물었을 때 우리가 "어, 그냥 소리 내서 생각하고 있었어."라고 답한다면, 우리는 자신도 모르게 외현적 발화와 암묵적 발화의 공통적인 본질을 인정하는 것이다.

무의식적인 생각은 어떤가? 그것은 행동일까? 아니다. 그렇지만 그것은 생각도 아니다. 무의식적 사고라는 구절은 모순적인 어법이다. 우리의 뇌가 우리가 자각하지 못하는 활동을 일상적으로 하고 있으며 이런 활동이 우리의 행동(예를 들면, 우리의 외현적 및 암묵적 발화)에 영향을 줄 수 있다는 것은 맞다. 하지만 우리의 침 분비샘, 위장, 간, 장관 및 골수에 대해서도 똑같은 말을 할 수 있다. 이 기관들의 무의식적 활동이 생각일까?

그렇다고 생각이 외현적인 행동과 똑같은 것은 아니다. 특히 그 둘은 서로 다른 효과를 낸다. 만약 내가 있는 방의 공기가 답답하면 창문을 열어서 신선한 공기가 들어오게 할 수 있다. 창문을 여는 것에 대해 생각하기는 그런 효과를 내지 않을 것이다. (그것에 대해 이야기하기도 똑같다.) 마찬가지로, 당신이 누군가를 바보라고 부른다면, 그 사람을 바보라고 그냥 생각만 했을 때와는 다른 결과가 따라오기 마련이다.

그러나 이렇게 그 효과가 다르다고 해서 생각을 근본적으로 다른 신비한 영역에 할당하는 것이 정당화되지는 않는다. 외현적 행동의 효과 또한 서로 다른 결과를 낳을 수 있다. 예를 들어 누군가에게 소리를 지르며 욕을 하는 것은 그 욕을 그 사람의 귀에 대고 속삭이는 것과는 다른 효과를 낼 것이며, 그런 속삭여진 생각은 또한 들리지 않는 발화, 즉 사고와는 다른 효과를 낼 것이다.

생각과 마찬가지로 감정도 흔히 행동에서 제외되는 것으로 가정해왔으나 그럴 필요가 없다. 정서는 때로는 우리 안의 사건에 대한 우리의 반응의 일부이다. 후자의 예를 들면, 치통은 기분이 나쁘다 같은 것이다. 생각과 마찬가지로 감정은 특수한 문제들을 안고 있는데, 이는 우리가 감정이라고 부르는 것 중 많은 것들이 보통은 공적으로 관찰할 수 없기 때문이다.

그런데 감정은 쉽게 관찰할 수 있는 형태로 몸에서 '넘쳐흐르는' 경향이 있다. 당신이 행복하다고 느낄 때면 흔히 당신의 얼굴에는 미소가 있고 발걸음이 경쾌하게 된다. 슬플 때는 '찡그리고 있을' 가능성이 높고 눈물을 흘릴 수도 있다. 치통이 있을 땐 신음 소리를 내며 입을 다물고 있을 수 있다. 또한 우리는 감정 표현과 확실한 상관을 보이는 생리적 활동을 기록함으로써 어떤 사람의 감정을 '들여다보는' 것을 할 수 있다. 화가 난다고 말하는 사람은 심박률과 혈압이 상승하기 마련이다. 또 성적으로 각성된 사람은, 말하지 않아도 알 것이다.

어떤 사람들은 학습을 행동의 변화를 가능하게 만드는 신경계 내의 변화로 정의해야 한다고 주장할지도 모르겠다. 이런 관점에서는 행동의 변화는 학습의 표징에 지나지 않는다. 최근 몇 년간 학습 경험이 뇌를 변화시키는 방식에 대한 우리의 지식은 대단히 많이 진보했다. 학습연구자들 중 학습이 신경계 내의 변화를 동반한다는 점을 부인할 사람은 아무도 없다.

그러나 학습을 신경학적 변화와 동일시하는 데에는 적어도 두 가지 문제점이 있다.

첫 번째 문제는 학습에 관여하는 생물학적인 기제를 우리가 이제 막 이해하기 시작하고 있다는 점이다. 이를테면, 쥐의 뇌에 생긴 변화를 보고서 "이 쥐는 오늘은 어제보다 미로 달리기를 더 잘할 수 있다."라고 말할 수 있는 사람은 아무도 없다. 또한 어떤 사람의 뇌의 생김새를 보고서 "이 사람은 피아노를 칠 수 있다."라고 말할 수 있는 사람도 아무도 없다. 현재로서는 학습을 측정하는 유일하게 확실한 방법은 행동의 변화이다.

학습을 신경계의 변화라고 정의할 때의 두 번째 문제점은 행동의 중요성을 부인한다는 것이다. 물론 경험이 신경계를 어떻게 변화시키는지를 아는 것은 중요하다. 그러나 우리가 생리적 측정치를 근거로 "이 쥐가 오늘은 미로를 더 잘 달릴 수 있다." 혹은 "이 사람은 피아노를 칠 수 있다."라고 말할 수 있다고 하더라도 행동의 변화가 가장 중요할 것이다. 우리가 콘서트에 갈 때에는 피아니스트가 피아노를 치는 것을 보러 가는 것이지 그녀의 뉴런들이 발화하는 것을 보려고 가는 것이 아니다.

따라서 학습에 관한 한, 행동이 문자 그대로 핵심이다. 행동의 변화는 학습의 결과가 아니라 그것이 학습 그 자체이다. 그것은 경험의 결과이다.

3) 행동을 변화시키는 것은 경험이다

우리는 학습이 경험 때문에 일어난다고 정의하고 있다. 경험은 환경의 변화를 의미하고, 그러므로 결국 학습에 대한 우리의 정의는 사실상 환경의 변화에 기인한 행동의 변화가 된다. 이러한 환경의 변화란 행동에 영향을 미치는 혹은 미칠 수 있는 사건이다. 그러한 사건을 자극(stimulus)이라고 한다.

자극은 유기체의 환경에서 일어나는 물리적인 사건이다. 예를 들어, 소리라고 부르는 기압의 변화, 풍경이라 부르는 빛의 파장, 감촉이라 부르는 손에 닿는 압력의 변화가 자극이다. 장미의 섬세한 향기는 장미꽃에서 나오는 얼마만큼의 '장미 물질' 분자들 때문에 생겨나는 것일 뿐이다. 애인의 부드러운 포옹과 감미로운 사랑의 말조차도 과학적인 용어로는 단순히 물리적 사건일 뿐이다. 자극이 그것의 물리적 속성을 넘어서서 어떤 의미(장미 향기는 친구를 생각나게 할 수도 있다)를 가질 때가 많기는 하지만, 자극을 정의하는 것은 그 물리적 속성들이다.

흔히 학습 연구에서 자극은 전구가 켜졌다가 꺼지는 것 혹은 버저가 울리는 것 같은 매우 단순한 사건이다. 하지만 이것이 행동을 변화시키는 경험이 일반적으로 단순하다는 것을 의미하지는 않는다. 하나의 특정 자극은 항상 복잡한 자극 배열의 일부이다. 예를 들어, 작은 방에 켜진 불빛은 같은 불빛이 큰 방에 켜진 것과는 다른 효과를 낼 수 있다. 일반적으로 연구자들은 연구 문제를 단순화시키기 위해 경험을 단순한 사건들의 측면에서 정의한다.

대부분의 학습 연구에서 자극은 그 사람이나 동물의 바깥에서 일어난다. 하지만 신체 내에서도 물리적인 사건들이 일어나고 그 또한 행동에 영향을 미칠 수 있다. 치통의 아픔이나 배탈로 인한 메스꺼움 같은 식으로 말이다. 하지만 이런 감각들은, 신체 바깥에서 오는 자극과 마찬가지로, 물리적인 기초가 있다. 치통은 이빨 뿌리에 생긴 염증으로 인한 것일 수 있고, 메스꺼움은 위장 속의 상한 고기 때문일 수 있다.

이 점은 흥미로운 철학적 질문을 던진다. 행동에 영향을 주는 것이 물리적 사건인가 아니면 물리적 사건에 의해 생겨난 감각인가? 어떤 사람들은 불행하게도 통증을 느낄 수 없는데, 만약 이들이 뜨거운 냄비를 집으면 즉시 놓지 않아서 손에 화상을 입는다. 마찬가지로 청각장애인은 전화벨 소리 혹은 자동차가 빵빵거리는 소리에 반응하지 않는다. 대부분의 철학적 논제와 마찬가지로 이는 해결하기가 복잡하고 어려운 문제이다. 그러나 실용적인 이유로 과학자들은 쉽게 관찰 가능한 물리적 특징에 일반적으로 초점을 맞춘다.

앞서 우리는 자연 선택에서 생겨나는 변화가 대체로 환경의 변화로 인한 것임을 보았다. 주먹구구식으로 이야기하면, 환경의 변화가 없으면 종의 변화도 없다.

이와 유사한 것이 학습에도 적용된다. 즉, 환경의 변화가 없으면 행동의 변화도 없다.

행동의 변화 모두가, 심지어 환경의 변화로 인한 것들마저도, 전부 학습이라고 할 수는 없다. 정서적 안정을 잃은 사람에게 의사가 안정제를 투여한 경우, 우리는 이 환자가 마음 가라앉히기를 학습했다고 이야기하지는 않는다. 평소 매우 상냥하던 여성이 머리에 부상을 입고 나서는 시빗거리 좋아하는 사람이 될 수도 있다. 이런 행동의 변화가 뇌 손상 때문이라면 우리는 이 사람이 싸우기를 좋아하도록 학습했다고 말하지는 않는다.

따라서 약물, 부상, 노화 혹은 질병으로 인한 행동의 변화는 학습으로 분류되지 않는다.

2장 초기 학습이론

1. 학습 인식론

초기 학습에 대한 연구는 동물행동의 연구인 동물심리학에서 시작하였으며, 19세기 초(1879년) 심리학이 철학에서 분리되어 독립된 학문이 되면서 과학적 연구 방법을 강조하였다. 심리학의 학습에 대한 관심은 철학의 인식론에 기초하고 있으며, 대표적인 학자는 아리스토텔레스(Aristoteles), 플라톤(Platon), 촘스키(Chomsky) 등이다.

1) Aristoteles의 인식론

아리스토텔레스(Aristoteles)의 인식론, 즉 지식의 습득은 바로 감각적 경험에 기초한다. 지식과 마음이란 감각으로 구성되며 이 감각은 연합을 통해 이루어지고, 감각적 경험으로 생각, 사고, 지식이 발생하고 이 감각적 경험을 통해 발생한 생각, 사고, 지식은 유사성, 대비, 인접 및 빈도의 법칙에 따라 또 다른 생각, 사고, 지식을 자극한다. 이성이나 사고도 적극적으로 경험하고 작용해야 새로운 지식을 습득할 수 있으며, 이러한 경험적 자극이 생각과 사고로 발전하기 때문에 경험의 중요성을 더욱 강조하였다. 이처럼 이전의 경험과 또 다른 경험의 연결을 통해 복잡한 생각, 사고, 지식을 형성한다. 복잡한 지식이나 관념도 처음에는 단순한 경험에서 시작하며 계속하여 다른 경험과 비교하고 유사성을 발견하면서 사고와 지식 간에 관계를 형성한다. 예를 들면, 로즈마리에 대한 초기 지식은 청각, 후각, 미각의 감각적 자극이 시간적, 공간적으로 동시 또는 인접 상황에서 경험되고 그 자극들이 연합되면서 형성되었다. 이렇게 감각의 사고, 생각, 지식을 비교하고 유사성을 발견하고 동시에 자주 경험하면서 또 다른 경험과의 연결을 통해 더 복잡한 사고, 생각, 지식을 형성하게 된다는 것이 바로 연합주의다. 아리스토텔레스는 지식의 근원을 감각적 경험에 두고 이러한 경험적 정보가 결합을 통해 지식으로 습득되는 과정에 초점을 두고 있다. 즉, 어떻게 지식을 습득하는가에 대한 아리스토텔레스의 인식론은 경험주의(empiricism)에 근거를 두고 있다. 이 경험주의 인식론은 17세기 근대 철학의 선구자인 영국의 베이컨(Bacon)과 로크(Locke)의 경험주의 사상에 많은 영향을 주었다. 베이컨은 학문은 경험에서 출발한다고 보았고, 로크는 인간의 마음을 백지상태(tabula rasa)로 보고 아무것도 없는 빈 마음에 지식을 공급하는 것은 바로 '경험'이라고 강조했다.

이러한 경험주의가 19세기 초, 독일 분트(Wundt)의 인간의식에 대한 실험적 연구에 영향을 줌에 따라 심리학은 철학에서 분리되어 인간행동을 과학적으로 연구하는 독립된 학문의 성격을 갖게 되었다. 손다이크(Thorndike), 듀이(Dewey), 거스리(Guthrie), 헐(Hull), 밀러(Miller) 등의 연합주의는 이 경험주의 사상에 기초를 두고 있으며, 미국의 실용주의와 경험주의가 결합하여 존(John), 왓슨(Watson)과 스키너(Skinner)의 행동주의 학습이론으로 발전했다.

2) Platon의 인식론

서구 사회에서 인식적인 연구의 시초는 고대 그리스 시기의 제반 철학이다. 플라톤(Platon)은 자신의 수많은 대화편에서 외부 대상에 대한 인식 문제를 다루었으며, 인식의 주체로써 영혼에 대해 탐구하였다. 아리스토텔레스 역시 그에 못지 않게 다루었다.

플라톤의 지식 원천, 지식의 습득과정에 대한 생각은 아리스토텔레스와 상당히 다르다. 플라톤은 지식이란 경험을 통해 학습되는 것이 아니라 터득되는 것이라고 본다. 즉, 모든 지식은 태어날 때부터 개인의 정신에 이미 존재하고 있으며 단지 기억하지 못할 뿐이기 때문에 이는 배움을 통해 얻어지는 것이 아니라 터득되는 것이다.

생득적 입장에서 보면, 지식의 습득은 경험을 통한 습득이 아니라 어떤 사태에 대해 이미 일정한 방식으로 반응하고, 지각하고 구조화하는 선천적 경향성을 갖고 태어난 것이다. 가령 신생아는 물체가 얼굴에 닿으면 그 자극의 방향으로 고개를 돌리는 방향반사 반응을 보이고 입 주위에 자극을 주면 입안으로 빨아들이려는 흡입반사 반응을 보인다. 또한 손바닥에 자극을 주면 반사적으로 손을 오그려 꽉 잡는 잡기반사 반응을 한다. 이러한 반사반응은 생득적인 것으로 자극에 대한 신생아의 자동적 반응이다.

복잡한 지식의 습득도 마찬가지로 그것을 학습할 수 있는 정신 구조가 이미 존재하기 때문에 가능한 것이라고 본다. 언어는 동물의 종 특유의 행동이나 신생아의 반사반응과 비교할 수 없는 복잡한 지식 체계다. 그러나 인간의 언어학습은 언어를 획득할 수 있는 선천적인 능력에 의해 가능한 것이라고 본다. 촘스키(Chomsky)는 신생아가 언어획득 능력을 선천적으로 갖고 태어났다고 주장하는 대표적인 사람이다. 즉, 인간은 모든 언어에 공통으로 내재한 보편적 언어지식 체계인 언어획득기제(language acquisition device: LAD)를 갖고 태어나며 이 생득적인 언어습득 능력을 통해 단어를 규칙적으로 결합하고 의미 있는 문장을 만든다고 본다. 예를 들어, '안 할래, 안 더 먹어, 안 밥 먹어, 안 내려 갈래'와 같은 말은 어린 아동이 문법을 배우지 않고서도 '안'의 규칙적인 과잉 사용을 통해 부정을 표현하는 것이다. 영어권의 아동이 동사에 ' -ed'를 과잉 적용하여 'geed(went)'로 말하는 것도 이와 같은 경우다. 결국 언어를 습득하는 인간의 능력은 언어의 보편적 문법 구조를 이해할 수 있는 선천적 능력 때문이라고 할 수 있다.

지식은 경험이 아닌 인간의 이성에 의해 얻어진다는 합리적 이성주의는 플라톤의 생득적 인식론에 기초한 것이다. 따라서 사물에 대해 논리적으로 인식, 사고, 추론, 판단하는 정신과정을 통해 지식이 습득되는 것이지 반드시 구체적 사실에 대한 많은 경험에만 의존하는 것이 아님을 강조한다.

플라톤과 아리스토텔레스는 모두 사고나 추리와 같은 적극적인 마음과 정신과정이 개입될 때 비로소 지식이 습득된다고 보는 이성주의자다. 그러나 플라톤의 생득적 인식론은 외부세계에 반응하는 미리 정해진 선천적인 소질을 강조하는 반면 아리스토텔레스의 경험적 인식론은 경험에 기초한다는 것을 강조한다.

결합주의의 지식습득은 감각과 경험에 의존하며 합리주의는 직관과 논리적 추론에 의존한다. 결합주의와 합리적 이성주의의 지식습득에 대한 견해는 학습이론을 이해하는 데 매우 중요하다. 그런데 결합주의에 근거한 학습이론은 기억과 학습에 대한 실증적인 연구에 기초를 두고 학습과정에 대한 체계적인 이론을 구성하며 발전해 온 반면에 합리적 이성주의에 근거를 둔 이론은 그렇지 못했다.

따라서 대부분의 학습이론은 결합주의에 근거하고 있으며 철학의 주제인 마음, '정신과정'을 실증적인 방법으로 연구하기 시작하면서 철학에서 독립한 초기 심리학의 연구도 마찬가지로 결합주의에 기초하고 있다.

그러나 합리적 이성주의를 완전히 배제하고 결합주의를 지향하는 것은 아니다. 왜냐하면 순수한 합리론에 근거한 인식론은 실증적 연구가 없었기 때문에 학습이론이 발전하지 못했지만, 많은 결합주의 학습이론에서 실증적 검증에 앞서 이론적 가설을 구축하는 과정에 합리적 이성주의의 논리적 추론이 반드시 필요하기 때문이다.

다음은 심리학이 '인간행동을 연구하는 과학적 학문'으로서 철학에서 분리된 후, 기본적으로 실증적 연구에 기초하여 발전하고 변화한 학파에 대한 간단한 소개다. 인식론에 대한 두 대립된 관점과 마찬가지로 심리학의 역사와 초기 학파에 대한 이해는 학습이론을 이해하는 데 중요하다.

3) Chomsky의 인식론

촘스키(Chomsky)는 미국의 언어학자, 철학자, 아나키스트, 정치활동가이다. 유대계 미국인, 무신론자로 과학적 방법론을 중시한다.

1945년 펜실베이니아 대학교에서 철학과 언어학을 연구하기 시작했다. 1950년대에 보편 문법이론을 발전시켜 언어학에 지금까지 높이 평가되는 탁월한 업적을 남겼다.

촘스키의 아버지는 히브리어 언어학자였으며, 촘스키 역시 아버지의 영향으로 언어학에 관심을 갖게 되었다고 한다. 촘스키는 인류의 뇌에는 언어습득 장치라는 고유한 기능을 하는 장치가 존재하며, 그 장치에는 보편문법(Universal Grammar)이란 원리가 작용하고 있다고 보아, 모든 인류 언어는 기본적으로 보편적인 기제에 의해 작용하며 언어는 인간의 고유한 특성이라고 보았다.

촘스키가 가장 많은 기여를 한 부분은 통사론이고 그 자신도 통사론을 이론언어학의 정수로 여기는 것으로 보인다. 통사론과의 접면(Interface)으로서의 의미론이 아닌 논리영역 자체의 의미론에는 많은 기여를 하지 않는데, 그 이유는 음운론이나 통사론과 같은 최소 운용단위(즉 자질)가 확립되지 않았기 때문이라고 밝혔다. 『영어의 음성체계(*The Sound Pattern of English*)』(1968, 통칭 'SPE')와 촘스키주의 통사론도 자질의 운용이라는 측면에서 한 뿌리라고 할 수 있다.

또한, 촘스키는 스스로가 제창한 이론에도 끊임없는 수정을 가하여 초기의 변형생성문법을 수정, 1980년대에는 지배결속이론(Government and binding theory: GBT)를 제시하여 문법연구에 풍파를 일으키더니, 1990년대에는 다시 그것을 수정한 최소주의 프로그램을 제시하였다. 1950년대의 변형생성문법과 1960년대 『통사이론의 제상(*Aspects of the Theory of Syntax*)』(1965, 통칭 'Aspects') 이후로, 촘스키의 언어관을 따르는 많은 학자들이 자신의 모국어를 기반으로 한 많은 연구를 하였고, 그것을 망라한 것이 지배-결속이론이다. 예컨대 GB 확립에는 로망스어 계열의 언어학자들, 특히 시제소의 분석이 큰 기여를 했고, 최소주의 프로그램은 새로운 이론이라기보다는 이정표에 가깝다. 1960년대 이후 이론언어학계에서의 촘스키의 영향은 압도적인데, 이것이 순전히 촘스키의 학문적 역량 덕인지, 젊은 시절의 업적을 통해 획득한 학계에서의 상징권력 덕인지에 대해서는 아직도 논란이 있다. 촘스키의 제자들 가운데 그의 의미론에 반론을 제기한 제자들 레이코프(Lakoff), 맥컬리(McCawley), 자켄도드(Jakendoff) 등은 촘스키주의 진영에 머물지 않고 생성의미론 진영에 참여하였다. 생성의미론은 인지언어학 등으로 확장되어 이론언어학의 큰 영역을 차지하고 있으니 참으로 그 스승에 그 제자라고 할 수 있다.

GB 이후로 촘스키는 새로운 이론을 세우기보다는 연구 방향과 철학이라는 이정표를 세우는 역할을 해 왔다. 예컨대, GB 이론의 바탕에는 인류 공통적으로 존재하는 각각의 통사 모듈의 값이 개별적으로 마치 스위치를 조절하듯 결정되어 개별 언어가 결정된다는 언어관이 제시된다. 최소주의는 새로운 이론이라기보다는 GB의 확장이며, 따라서 GB와 최소주의를 합쳐서 원리매개변인(Principles and parameters: P & P) 이론이라고 한다. 현대 촘스키주의 언어학을 최소주의라 하며, 최소주의는 GB를 출발점으로 인간의 언어 능력을 최소한의 기제로 설명하기 위한 연구 방식을 고민한다. 인간의 언어 능력이 단순해야 하는 이유는, 인류 진화의 과정에서 언어가 단발적 진화의 산물이라는 고고학적 실증적 증거에 기반한다. 촘스키에 따르면, 이러한 단발적 진화가 가능하려면 언어 능력이 단순한 기제여야 한다. 이를 강력최소주의론(Strong Minimalist Thesis: SMT)이라고 한다. 언어가 어떠해야 한다는 당위를 이정표로 제시하고 그것에 따르는 실증적 증거를 종합한다는 점에서, 촘스키는 연역적 연구 전통을 강조한다. 촘스키 자신도 언어학의 연구방법론을 현대 이론물리학에 비견할 정도이다.

촘스키는 기본적으로 구조주의 형식주의 학파에서 언어학을 발전시킨 사람이다. 이러한 견해에 반대하는 '기능주의자'들에게는 상대 진영이 촘스키주의로 정리되는 양상으로 귀결되자 촘스키이론에 먼저 비판을 가하는 행동을 취하는 경우가 있다. 촘스키 이후의 언어학은 언어에 대한 촘스키식의 접근 방식(형식주의)을 따르는 학자들과 이에 저항하는 접근 방식(기능주의)을 따르는 학자들로 나뉘며, 어느 입장을 따르든지 언어학에서의 촘스키의 공헌 자체를 부인하지는 않는다. 그렇지만 두 접근 방식이 너무나 차이를 보이기 때문에 형식주의자와 기능주의자들 사이의 이론적, 심리적 거리는 상당한 편이다.

2. 초기 심리학

심리학의 과학적 연구 방법이 시작되기 전에 인간의 지식에 대한 철학적 연구는 주로 직관(intutition)과 논리(logic)에 의존해 왔다. 감각, 경험, 연상, 판단, 추리 등의 사유 작용을 거치지 않고 대상을 직접적으로 파악하는 정신작용인 직관을 통해 가설을 세우고 이에 대해 논리적 추론을 함으로써 결론에 도달했다. 즉, 철학에서 인간의 정신, 마음에 대한 연구 방법은 직접적인 경험이 아닌 사변적인 추론을 통해 이루어졌다. 그러니 철학에서 독립한 심리학은 인간의 마음(정신)을 연구하는 방법으로 물리학의 실험적인 연구 방법을 선택하였다. 마찬가지로 정보의 기억, 학습과정에 대한 연구도 추론에 의존하지 않고 가설을 세운 후 이것을 검증하기 위해 객관적인 연구와 관찰을 시도하였다. 에빙하우스(Ebbinghaus)는 무의미 철자의 수와 그것을 학습하는 데 걸리는 시간의 관계를 실험적 방법을 통해 밝혔는데, 무의미 철자의 수가 증가하면 학습 시간이 증가한다는 것은 당연한 사실임에도 실증적 검증을 했다는 점에서 가치 있는 연구로 평가되었다.

심리학의 창시자로 불리는 분트(Wundt)는 라이프치히 대학의 교수로 재직하면서 1862년에 실험심리학의 시작을 선언하였고, 1879년에는 최초의 심리학 실험실을 창설하였다. 분트의 관심은 경험되는 의식을 구성하고 있는 모든 구성 요소를 발견하는 것인데 주로 자기관찰, 즉 내성을 통해 보고함으로써 가능하다고 보았다. 심리학이 철학에서 분리되어 독립된 학문 분야로 자리매김한 것은 분트의 업적이다.

1) 행동주의

행동주의(behaviorism)는 의식이 연구 주제인 구조주의와 기능주의에 반대하여 객관적으로 측정 가능한 행동이 심리학의 연구 주제여야 함을 주장하는 존(John)과 왓슨(Watson)에 의해 시작되었다. 의식은 객관적으로 연구할 수 있는 주제가 아니기 때문에 심리학이 과학적 학문으로서의 성격을 유지할 수 없다고 본 것이다. 따라서 왓슨은 의식, 무의식, 정신, 사고와 같이 직접적으로 관찰할 수 없는 주제는 심리학에서 철저하게 배제하고 관찰 가능한 '행동'만을 심리학의 연구 주제로 다루었다. 이로써 행동주의 심리학의 중요한 목적은 실험적인 자연과학으로서 행동을 예언하고 통제하는 것이다.

왓슨은 인간의 복잡한 행동이 작은 단위의 반응들의 결합으로 구성된 것이라 보기 때문에 자극에 대한 반응에 초점을 두었다. 이러한 왓슨의 행동주의를 자극-반응 심리학 또는 자극과 반응 사이의 의식과정을 다루지 않았기 때문에 검은 상자(black box) 이론이라고 한다. 왓슨의 자극-반응 실험은 정서적 반사반응이 그 정서반응과 무관한 자극(중성 자극)에 대해 어떻게 조건화되는지를 보여 준다.

왓슨은 인간의 행동이 자극과 반응의 관계로 이루어지며 모든 행동의 기본 단위는 반사적 반응이라고 본다. 왓슨은 지나치게 의식을 무시하고 관찰 측정 가능한 반응에 대한 객관적이고 실증적인 연구만을 강조한다는 점에서 비난을 받았지만 행동주의 심리학이 발전하는 계기를 마련하였다. 또한 의식, 사고, 기억의 인지과정에 초점을 둔 인지심리학에서도 정신적 과정을 추정하는 지표로 측정 가능한 행동을 다루게 되었다.

인식론에 대한 철학적 관점과 심리학의 여러 학파가 학습이론의 성립과 반전과정에 영향을 주었지만 학습이론을 어느 한 심리학의 학파로 분류하기는 어렵다. 왜냐하면 심리학이 발전하면서 연구 주제와 연구 방법이 완전하게 구분되기보다 부분적으로 상호 영향을 주었기 때문이다. 심리학의 창시자로 불리는 분트(Wundt)는 내성법을 통해 인간의 사고, 의식을 연구하였지만 의식이 요소의 결합으로 이루어진다는 그의 요소주의, 결합주의는 행동주의에 영향을 주었다. 또한 토먼(Tolman)은 환경적 자극의 중요성을 강조하는 행동주의 관점을 갖고 있으면서도 행동의 목적성을 다루어 인지적 요소를 부각한다.

철학의 인식론에 뿌리를 두고 심리학과 함께 발전해 온 학습이론은 크게 행동주의 관점과 인지주의 관점으로 구분할 수 있다. 미국의 행동주의가 분트의 내성법을 객관성을 잃은 연구라고 비난할 때 독일의 형태주의 심리학은 분트의 요소주의를 비난했다. 형태주의는 행동주의가 미국에서 관심을 받기 시작할 때 독일에서 베르타이머(Wertheimer)가 게슈탈트 심리학을 발표하면서 시작되었다. 형태주의는 사물을 지각하는 의식과정을 이해하기 위해 분트와 같이 감각적 요소로 분해하는 것이 아니라 전체적 형태, 주관적 의미와 해석과 같이 개인의 인지적 과정이 작용하고 있음을 주장하였고 이것은 '인지과정'에 초점을 둔 인지주의 학습이론의 발전에 영향을 주었다. 뿐만 아니라 자극과 반응 사이에 '주의', '목적성'과 같은 인지적 과정이 매개하고 있음을 강조하는 신행동주의 학습이론에 많은 영향을 주었다. 신행동주의는 의식이 완전히 배제된 자극과 행동의 관계를 다룬 분트의 행동주의와 비교되는 개념이다.

그런데 사고, 의식, 기억 등의 인지를 연구하는 인지주의 심리학에서도 인지과정을 검증하기 위해 행동주의의 실증적 연구 방법을 채택했다. 따라서 연구 주제와 연구 방법에 근거해서 학습이론을 인지주의와 행동주의로 완벽하게 구분하기는 어렵다. 단지 사고, 기억의 과정에 초점을 두고 학습과정을 다룬다면 인지적 관점에 포함되고 주의, 목적성과 같은 인지적 매개과정을 다루더라도 행동과 자극의 관계에 초점을 둔다면 행동주의 관점에 포함된다.

2) 결합주의

독일 이성주의자인 분트는 자신이 원하는 사고의 요소에 선택적으로 집중할 수 있다는 인간의 의지와 통각(apperception)에 관심을 갖고서 사고를 구성하고 있는 기본 요소를 자기보고 방법을 통해 밝혀내는 것에 목적을 두었다. 의식 내용을 분석하는 방법으로 자기관찰의 내성법(introspection)을 사용했다. 이것은 실험실에서 내성을 통해 의식을 관찰하고 보고하게 함으로써 의식을 구성하는 심적 요소를 밝히는 것이다. 의식에 대한 분트의 초기 과제는 내성을 통해 의식 내용을 분석함으로써 그것의 구성 요소를 발견하고 이 요소들이 어떻게 의식을 구성하는지에 대한 결합 법칙을 설명하는 것이다. 분트는 화학적 연구에서 물질의 기본 요소를 밝히고 요소 간의 결합 방식에 의해 독특한 물질로 구성되는 것을 설명할 수 있듯이 의식도 이와 같이 설명할 수 있다고 보았다. 따라서 의식을 그 요소로 분석하고 이 요소들이 결합되는 방식과 상호관계 그리고 의식형성과정을 연구했다. 이런 의미에서 분트의 심리학은 요소주의(elementalism), 환원주의(reductionism), 결합주의(associationism)라고 한다.

분트의 심적 요소의 결합 방식은 연합과 통각으로 이루어진다. 연합은 요소 또는 관념의 연합을 포함하는데 시간 전후관계로 이루어지는 결합, 시공간 구분이 되지 않는 동시적 결합, 한 요소와 다른 요소가 합쳐지는 결합, 시공간 구분이 되지 않는 동시적 결합, 한 요소와 다른 요소가 합쳐지는 결합, 합쳐졌지만 완전한 융화가 이루어지지 않은 결합으로 수동적이며 의지와 관계없이 일어난다. 반면에 통각 결합은 의식의 상태에서 일어나는 능동적인 결합으로 사고, 반성, 추론, 상상의 정신과정에서 관계, 비교, 분석, 종합의 통각 기능을 통해 이루어지는 것으로 개념을 형성한다.

3) 구조주의

구조주의는 분트의 제자인 티취너(Tichener)가 만든 최초의 심리학파로 알려져 있다. 티취너는 독일에서 분트의 제자로 2년간 수학한 후 미국의 코넬 대학에 재직했는데 1898년 「구조주의 심리학의 전제(The Postulate of Structural Psychology)」라는 논문에서 '구조주의'라는 말을 쓰면서 미국에서 기능주의에 대적하는 구조주의 심리학파를 이끌어 갔다. 분트로 대표되는 구조주의자들은 물질을 분석하여 세포, 분자, 원자로 분류하는 화학자나 물리학자들의 연구 방법에 영향을 받았다. 이에 따라 구조주의자들은 마음을 구성 요소로 분석하고 그 구성 요소가 어떻게 상호작용하는가를 발견하려고 하였다. 즉, 정신을 구성하는 요소와 내용을 밝히려고 시도하였다. 분트가 의식의 요소를 감각과 감정으로 구분하여 분석했지만 티취너는 감각, 느낌, 심상을 의식의 세 요소로 보고 분트와 마찬가지로 물질이 화학적 원소로 환원되고 원소의 결합이 물질을 구성하듯이 의식도 그것을 구성하는 요소로 '분석적 내성법(analytic introspection)'을 사용하였다. 분석적 내성법을 이용한 전형적인 한 연구에서 티취너는 피험자에게 소리와 같은 자극을 제시한 후에 그 소리로 인해 생기는 심상, 느낌, 감각에 대해 보고하도록 하였다. 또한 미각을 분석한 연구를 통해 미각이 짠맛, 쓴맛, 단맛, 신맛으로 구성된다는 것을 발견하였다.

구조주의 심리학은 심리학이 철학에서 독립된 후 생긴 최초의 심리학 학파로 분트의 뒤를 이어 내성법의 자기관찰을 통해 의식을 철저하게 분석하려고 했다. 분트는 요소들의 복잡한 사고로 결합되는 과정에 있어서 단순한 요소 결합 이외에 통각, 자유의지, 창의적 종합에 의해 의식, 사고가 구성된다고 보는 이성주의 전통을 따랐다. 반면에 구조주의에서 사고는 사고 요소가 결합 법칙에 의해 형성된 것이라고 설명하는 경험주의 전통을 철저하게 따름으로써 수동적인 사고와 의식의 형성을 강조한다. 결국 티취너는 의식을 분석하고자 한 분트의 방법을 따르긴 했지만 요소의 결합 법칙 이외에 의지, 통각, 창의적 결합을 부연함으로써 능동적인 의식과 사고를 강조한 분트와는 다른 입장을 갖고 있었다.

구조주는 최초로 등장한 심리학파이면서 동시에 가장 빨리 그 자취를 감춘 학파였다. 이는 구조주의 학파의 연구가 연구실에 제한되었기 때문이다. 또한 이성적·언어적으로 능숙한 성인의 의식적인 정신적 경험을 연구하는 데만 적합한 제한적인 내성법에 지나치게 의존하였기 때문이다. 심리학들은 특정한 자극에 대한 내성법적 보고가 자극의 변화에 따라 일관되지 않으므로 믿을 수 없는 것이라고 생각하였으며, 내성법에 따른 동일한 자극에 대한 보고는 피험자에 따라 일관성을 보이지 못하는 경우도 많았다. 그리고 가장 중요한 것은 다양한 내성적 활동이 실제의 의식적 경험에 영향을 미쳐 의식을 변화시킨다는 것이었다. 비록, 분석적 내성법의 단점으로 이내 구조주의가 소멸하기는 했지만, 오늘날 많은 심리학자는 피험자들의 정신과정에 대한 연구에서 내성법이 사용한 언어적 보고를 통해 연구하고 있다.

4) 기능주의

구조주의가 의식의 구조와 내용에 초점을 둔 반면에 기능주의(functionalism)는 의식의 기능과 작용에 초점을 둔다. 구조주의와 공존하며 대립한 학파로, 다윈(Darwin)의 진화론과 미국의 실용주의의 영향을 받으며 발전해 오다가 행동주의에 많은 영향을 주었다. 구조주의와 마찬가지로 의식이 중요한 연구 주제였지만 기능주의는 의식은 요소로 환원할 수 없으며 하나의 전체적 과정으로서 환경에 적응한다고 본다.

기능주의의 창시자로 알려진 제임스(James)는 의식의 흐름도 경험이 변화하면 함께 변화한다고 주장한다. 따라서 기능주의의 관심은 의식이 환경에 어떻게 작용하고 있는가를 연구하는 것이다. 즉, 의식은 목적성을 갖고 있고, 이 목적성에 따라 환경에 대해 기능하는 의식의 흐름을 연구하는 것이다. 환경에 대한 생물체의 생성 및 소멸과정과 마찬가지로 환경에 대한 적응 수단인 의식이 환경에 작용하면서 발생하고 변화하는 의식의 흐름을 연구하는 것이 기능주의의 주요 과제다. 의식이 환경에 적응하는 과정에서 이 의식들이 어떻게 결합되고 작용하고 새로운 의식이 발생하고 변화하는가를 밝히려고 했다. 기능주의에서 행동과 의식은 환경과의 관계에서 끊임없이 생성하고 소멸하는 과정으로 이해한다. 이러한 입장은 다윈의 진화론적 관점의 영향을 많이 받은 것으로 알려져 있다.

또한 미국 실용주의의 영향을 받은 기능주의는 심리학이 현실에 도움이 되는 실용학문이어야 함을 강조함으로써 정보의 활용을 위한 응용 심리학의 발전과 아동행동, 이상행동, 개인차 등 심리학의 연구 범위를 확장하였다. 그러나 기능주의도 의식의 흐름과 기능을 다루는 데 있어서 과학적 연구 방법의 한계를 갖게 된다. 기능주의가 퇴조하면서 1930년대 심리학은 개체와 환경의 관계를 다루는 행동주의, 동기를 다룬 역동심리학, 심리학의 실용화에 관심을 갖는 응용심리학의 세 방향으로 전개되었다.

3. 심리학의 학습이론가

학습이론은 학습이 일어나는 심리적 기제를 설명하는 법칙 및 이론 체계다.

학습이론가는 어떤 조건에서 어떻게 학습하는가에 관심을 두고 학습에 대한 일련의 법칙이나 원리를 밝혀 왔다. 학습에 대한 여러 가지 다양한 주장은 크게 두 가지 관점으로 요약된다. 첫째, 반응의 결합과 연합에 초점을 둔 행동주의 관점이고, 둘째, 내적 인지과정에 초점을 둔 인지주의 관점이다. 행동주의는 자극과 반응의 관계에 초점을 두고 있고 인지주의 관점은 자극과 행동을 매개하는 인지과정에 초점을 두고 학습과정을 설명한다. 행동주의 학습은 관찰된 행동 변화에 초점을 두고 인지주의 학습은 행동 잠재력의 변화에 관심을 둔다. 따라서 학습을 통한 행동 잠재력의 변화는 반드시 즉각적으로 관찰될 수 없으며, 관찰된 행동을 통해 변화된 잠재력을 추정할 뿐이다. 즉, 학습과 수행을 구분하고 정말 학습이 일어났다면 학습된 지식이나 진화된 지적 능력이 수행되어야 하는 상황에서만 관찰될 수 있다고 본다. 행동주의 학습이론은 연합이론에 근거하고 인지주의 학습이론은 형태이론에 근거한다.

1) 연합이론과 행동주의 학습이론

연합은 요소 간의 결합을 의미한다. 손다이크(Thorndike)는 감각적 인상(자극)과 행위를 하려는 충동(반응)의 결합과정을 설명하였고, 파블로프(Pavlov)는 자극의 연합을 실험하였다. 연합이론에서 학습은 자극과 반응의 결합, 자극 간의 연합, 아이디어 간의 반복적인 연합의 결과로 일어난다.

손다이크의 퍼즐상자에 있는 고양이는 상자 내부의 미로 자극과 그곳에서 탈출하는 행동 간에 연합이 이루어지면서 반복적인 미로 탈출 시도 후에 처음보다 훨씬 빠르게 탈출했다. 이때 성공적인 탈출이라는 만족스러운 결과가 미로 자극과 탈출행동 간에 강한 연합을 만든다. 이러한 연합에 대한 경험이 반복되면 고양이가 퍼즐상자에서 탈출하는 시간이 단축되는데 이것이 바로 학습의 결과다. 파블로프는 반사행동을 유발하는 무조건 자극과 반사행동과 무관한 중성 자극의 반복적인 연합을 통해 중성 자극에 대한 생리적 반사반응을 학습시켰다.

손다이크와 파블로프의 연합이론은 스키너(Skinner)를 비롯해 행동주의 학습이론의 기초가 되었다. 파블로프의 조건 반사, 손다이크의 자극-반응 결합, 스키너의 조작 조건화는 실증적인 과학적 연구 방법이 강조된 동물행동 실험 연구였고 이것은 1900년대 이후 거의 반세기 동안 미국 심리학의 중심이 되었다.

수영, 높이뛰기, 달리기, 인사와 같은 관찰과 측정이 가능한 행동이 행동주의의 연구 주제이기 때문에 '경험'에 의해 변화된 행동은 모두 관찰할 수 있다. 수영, 높이뛰기, 달리기의 기록 향상과 인사하는 행동은 정확하게 관찰할 수 있는 학습의 결과다. 또한 '구구단'의 반복 암송을 통해 '6×9'는 '54'라고 즉각 반응하고 '경주'의 단어 자극에 대해 '통일신라, 첨성대, 불국사, 석굴암'을 연상할 수 있는 것은 결합과 연합에 위한 정보 획득이다. 글씨를 읽는 것도 이러한 연합과정에 의해 학습된다. 아동이 먼저 개의 그림을 보며 '개'라고 부르는 것을 학습한 뒤 글씨를 반복적으로 연합하면 글씨만 제시해도 '개'라고 읽을 수 있다([그림 2-1] 참조).

훈련 A=B	훈련 A=C	훈련 B=C
아동이 동물을 '개'라고 부르는 것을 학습함	아동이 '개'라는 글씨가 그림의 동물을 의미하는 것을 학습함	아동이 '개'라는 글씨를 보고 '개'라고 읽을 수 있음

[그림 2-1] 연합에 의한 언어학습

출처: 정순례 외(2020).

행동주의의 학습은 자극과 반응 간의 결합을 통해 일어난다고 보기 때문에 갈증과 같이 행동을 유발하는 내적 긴장 상태인 추동, 환경적 단서, 반응, 강화에 근거해서 설명한다.

그런데 인간의 학습행동은 동물의 학습행동과 다르게 정신과정이 완전히 배제된 S–R의 관계로만 설명할 수 없다. 따라서 몇몇 행동주의자는 유기체(organism)의 인지과정을 설명하는 S–O–R의 관계를 발전시켰다. 즉, 정신과정이 자극과 반응 사이에 작용하기 때문에 개인이 최종으로 반응을 결정한다는 신행동주의 이론이 나왔다. 이것은 단순히 자극을 통해 학습하는 수동적 인간관에서 탈피하여 적극적으로 환경을 다루며 사고하는 능동적인 인간관으로의 변화를 의미한다.

신행동주의(neo–behaviorism)는 이전에 행동주의 학습에서 다루지 않았던 기대, 신념, 사고와 같이 관찰 불가능한 내적인 정신과정을 학습과정에서 다루고 있다. 반응 뒤에 숨어 있는 사고과정을 고려하지 않고서는 학습과정을 이해할 수 없었기 때문에 정신과정(mental process)에 대한 객관적인 연구가 시작되었다. 토먼(Tolman), 헐(Hull)을 비롯해서 반두라(Bandura)는 반응에 대한 인지적 매개체를 강조한 신행동주의의 대표적 학자다.

반두라는 직접 관찰할 수 없는 기대, 의도, 신념, 사고 등의 인지적 매개체를 학습과정에 포함하고 사회 환경의 중요성을 강조하였다. 신행동주의의 대표적인 이론이 바로 반두라의 사회인지이론(social cognitive theory)이다. 사회인지이론은 사회 환경, 내적 정신과정의 주체인 개인, 행동의 세 요인이 상호작용하는 것을 다루고 있어서 내적 요인과 외적 요인이 모두 학습의 중요한 요인임을 설명한다.

2) 형태주의와 인지주의 학습이론

인지주의 관점에서 학습은 통찰과 같이 상당히 복잡한 사고과정이라고 본다. 문제를 해결하기 위해 정보를 적극적으로 활용하는 사고과정의 결과로 인지 능력의 변화라는 학습이 일어난다. 이 인지 능력의 변화는 곧 행동 잠재력 변화를 의미한다. 따라서 인지주의 학습이론은 학습자 내부에서 일어나는 사고과정을 연구하며 새로운 지식의 습득에 초점을 둔다.

이와 같은 인지주의 학습이론은 형태주의 심리학에 기초를 두고 있다. 베르트하이머(Wertheimer)는 형태주의 창시자로 쾰러(Köhler), 코프카(Koffka)와 함께 형태주의를 발전시켰다. 양쪽에 있는 두 곳으로 전구의 불빛을 마치 움직이는 하나의 불빛으로 지각하는 가현운동의 파이현상(phi phenomena)을 발견하면서 형태주의가 시작되었다. 파이현상은 물체의 사실적 정보(다른 위치에 있는 두 불빛)를 처리하는 감각 요소(눈)와 실제로 나타나는 지각현상(불빛의 움직임)이 다름을 보여 준다. 형태주의에서 지각현상은 객관적인 물리적 자극이 개인의 인지 구조, 사고, 기억, 심리적 상황에 의해 해석되는 주관적 현상이다. 형태주의 심리학은 개인의 심리과정에 의해 객관적 사물이 어떻게 다르게 지각되는가에 초점을 둔다. 마찬가지로 형태주의에 기초한 인지주의 학습이론은 개인이 어떻게 정보를 지각하고 다루면서 학습이 일어나는가에 관심을 둔다. 따라서 인지주의는 학습자가 무엇을 학습했는가(학습 결과)보다 어떻게 배웠는가(학습과정)에 더 관심을 두고 지식은 개인의 요구, 목적, 의미에 따라 계속적으로 조직되고 재구성된 것이라고 본다.

인지주의 관점은 행동주의가 발전하면서 관심에서 멀어졌지만, 제2차 세계대전이 일어나고 인간의 복잡한 정신기능에 대한 관심과 컴퓨터의 등장 그리고 언어발달에 대한 연구가 발전하면서 인지에 대한 연구가 다시 활발해졌다. 게슈탈트 심리학으로 알려진 독일의 심리학자들, 스위스의 피아제(Piaget), 러시아의 비고츠키(Vygotsky), 그리고 글레이저(RGlaser), 브루너(Bruner) 등은 '사고과정'에 초점을 두고 학습과정을 연구한 인지주의 학자들이다. 쾰러(Köhler)의 통찰설(insight theory), 레빈(Lewin)의 장이론(field theory), 정보처리이론(information processing theory)은 인지주의 학습이론의 대표적 예다.

2부

행동주의 학습이론

3장 Pavlov의 조건 반사

Pavlov
(1849~1936)

정상적인 동물은 즉각적인 이득이나 해를 가져오는 자극 자체에 반응해야 할 뿐만 아니라 이런 자극들의 접근을 알리기만 하는 자극에도 반응해야 한다. 맹수의 모습이나 소리 그 자체가 해를 입히는 것은 아니지만, 맹수의 이빨이나 발톱은 해가 된다.

1. 고전적 조건화

1) 조건 반사와 발달 : 강화와 Pavlov

심리적 반사 혹은 조건 반사가 정확히 무엇을 의미하는지는 파블로프(Pavlov)가 말한 다음의 진술에 나타나 있다.

"나는 누구나 성공할 수 있는 간단한 두 가지 연구에 대해 말하고자 한다. 개의 입에 적당량의 산성액을 떨어뜨리면 개는 입을 거세게 흔들어 산성액을 뱉어 내려 하거나 동시에 많은 양의 침을 분비하는 방어적인 반응을 보인다. 이런 방식을 통해 입안의 산성액을 희석하여 깨끗하게 만든다. 이제 두 번째 실험을 살펴보자. 조금 전 말한 것과 동일한 산성용액을 입에 떨어뜨릴 때, 먼저 반복적으로 소리와 같은 자극을 제시한다. 무슨 일이 일어날까? 이렇게 되면 단지 소리만으로도 산성용액을 떨어뜨렸을 때와 똑같은 반응, 즉 입을 격렬하게 흔들고 많은 타액을 분비하는 행동이 나타난다."

파블로프의 조건화와 고전적 조건화는 동의어이다. 파블로프의 연구 혹은 고전적 조건화의 요소에는 ① 유기체로부터 자연적이고 자동적인 반응을 유발하는 무조건 자극(unconditioned stimulus: US), ② 무조건 자극에 의해 자연적이고 자동적으로 나오는 무조건 반응(unconditioned response: UR), ③ 유기체로부터 자연적이고 자동적인 반응을 일으키지 않는 중성 자극(neutral stimulus)이 있다.

이러한 요소들이 특정한 방식으로 혼합될 때 조건 반응(conditioned response: CS)이 발생한다. 조건 반응을 일으키기 위해서는 조건 자극과 무조건 자극이 몇 번에 걸쳐 연합되어야 한다. 처음에 조건 자극이 제시되고 이후 무조건 자극이 제시되는 것이 중요하다. 조건 자극이 제시될 때마다 무조건 반응이 제시되다가 나중에는 조건 자극만 제시되어도 무조건 반응과 비슷한 반응이 나오게 된다. 이렇게 되면 조건 반응이 나타나는 것이다. 이를 도식으로 표현하면 다음과 같다.

- 훈련 절차 : 조건 자극 → 무조건 자극 → 무조건 반응
- 조건화 모습 : 조건 자극 → 조건 반응

파블로프의 실험에서 무조건 자극은 산성용액이고 무조건 반응은 산성용액에 의해 나오는 타액의 분비이며 조건 자극은 소리이다. 개는 보통 소리에 타액을 분비하지는 않지만 산성용액과 연합되면 타액의 분비를 유발하게 된다. 그리고 소리에 의해 분비되는 타액은 조건 반응이 된다.

파블로프는 무조건 반응과 조건 반응은 항상 동일하다고 믿었다. 만약 무조건 반응이 타액의 분비라면 조건 반응도 타액의 분비여야 한다.

그러나 조건 반응의 반응 정도는 항상 무조건 반응보다는 작다. 예를 들어, 파블로프는 타액의 양을 측정해 반응의 정도를 측정하였으며, 무조건 자극이 조건 자극보다 많은 양의 타액 분비를 유도한다는 것을 확인하였다. 고전적 조건화에 대한 최근의 연구에서는, 무조건 반응보다 조건 반응이 더 작게 일어난다는 파블로프의 주장이 최소한 몇몇의 경우에는 맞지 않음이 증명되기도 했다.

2) 실험적 소거

조건 반응이 형성된 이후, 조건 자극이 무조건 자극 없이 계속해서 제시된다면 조건 자극을 뒤따르던 조건 반응은 점점 사라질 것이다. 조건 자극이 조건 반응을 유발하지 못하는 실험적 소거가 발생할 것이다. 소거는 조건 자극이 유기체에게 강화 없이 제시되었을 때의 결과로 나타난다. 고전적 조건화 연구에서 강화는 무조건 자극이다.

3) 자발적 회복

소거가 일어나고 얼마 후 다시 조건 자극이 유기체에게 제시된다면, 조건 반응은 일시적으로 다시 나타난다. 조건 반응은 무조건 자극이 조건 자극과 연결되지 않는 상황이라고 하더라도 '자발적으로 회복'된다. 다시 말해, 소거 후 지연이 있고 조건 자극이 유기체에게 제시된다면, 이는 조건 반응을 유발한다. 소거와 자발적 회복은 다음 [그림 3-1] 조건 반응의 소거와 자발적 회복을 보여 주는 전형적인 곡선에 제시되어 있다.

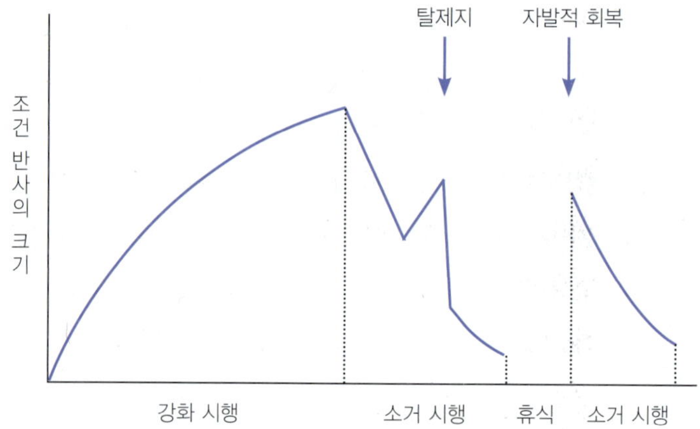

[그림 3-1] 조건 반응의 소거와 자발적 회복을 보여 주는 전형적인 곡선
출처: 신종호, 이민영(2019).

4) 고차적 조건화

조건 자극이 무조건 자극과 함께 여러 번 연합되면, 이는 무조건 자극과 같이 사용될 수 있다. 즉, 무조건 자극과의 연합을 통해 조건 자극은 그 자체로 강화의 성격을 가지게 된다. 이는 조건 반응을 유발하는 두 번째 조건 자극과 다시 연합될 수 있다. 예를 들어, 불빛(조건 자극)을 먹이(무조건 자극)와 함께 제시한다. 먹이는 동물이 침을 분비하도록 할 것이다. 이후 조건 자극과 무조건 자극의 연합을 통해 불빛을 보여 주면 동물은 침을 분비할 것이다. 빛에 침을 분비하는 것은 조건화 반응이다.

이제 불빛은 침 분비를 유발한다. 이는 다시 두 번째 버저 소리와 같은 조건 자극과 연합될 수 있다. 연합의 방향은 본래의 조건화와 동일하다. 처음에 새로운 조건 자극(버저 소리)이 제시되고, 이후에 예전의 것(불빛)이 제시된다. 여기에는 더 이상 먹이가 없다는 것을 알아야 한다.

이러한 연합이 몇 번 일어난 이후, 동물은 버저 소리만 제시되었을 때 침을 분비하게 된다. 이러한 예에서 첫 번째 조건 자극은 조건화 반응을 일으키는 무조건 자극과 동일하게 사용된다. 이를 이차적 강화 특성(secoondary reinforcing properties)이라고 한다. 그러므로 조건 자극은 이차적 강화인(primary reinforcer)이라 불린다. 이차적 강화인은 무조건 자극 없이는 형성될 수 없으므로, 이러한 무조건 자극을 일차적 강화인(secondary reinforcer)이라 부른다.

이러한 과정은 한 단계 더 진행될 수 있다. 두 번째 조건 자극(버저 소리)은 2,000cps 음(tone)과 같은 또 다른 조건 자극과 연합될 수 있다. 연합의 방향은 이전과 동일하다. 처음에는 2,000cps 음이 제시되며 다음으로 버저 소리가 제시된다. 결국 음만 제시되더라도 동물은 침을 분비하게 된다.

따라서 불빛과 연합된 버저 소리 또한 이차 강화인이 되었고, 따라서 새로운 자극의 조건화에 사용될 수 있다. 이것이 삼차적 조건화(third-order conditioning)이다. 이러한 이차적, 삼차적 조건화는 고차적 조건화(higher order conditioning)에 속한다.

이와 같은 고차적 조건화는 소거가 일어나는 동안 형성되기 때문에 삼차적 조건화 이상으로 조건화하는 것은 불가능하지는 않지만 매우 어렵다. 실제로 고차적 조건화에 대한 연구는 매우 드물다. 일차적 조건화에서 삼차적 조건화로 변화함에 따라 조건 반응은 적어지고 조건 반응은 몇 번의 시행에서만 지속된다. 위의 예에서 음은 약간의 타액 분비를 유도할 뿐이고 이도 처음의 시행에서만 나타난다.

5) 일반화

일반화(generalization)를 설명하기 위해 우리는 기본적인 조건화 절차를 다시 살펴보아야 한다. 2,000cps의 음을 조건 자극으로, 먹이를 무조건 자극으로 사용하여 연합시키고 나면, 음만으로도 동물이 침을 흘리게 된다. 이때 우리는 조건 반응을 형성한 것이다. 이러한 과정을 진행하고 나면, 이때 연합된 음과 다른 음을 동물에게 들려줌으로써 소거로 들어간다. 들려주는 새로운 소리 자극 중 어떤 것은 2,000cps보다 높은 진동수를 보이고 어떤 것은 진동수가 이보다 낮다. 분비되는 침의 양으로 조건 반응의 정도를 측정하면, 다른 음에 의해서도 조건 반응이 나타나기는 하지만 2,000cps의 음이 제시될 때 그 정도가 가장 크다.

조건 반응의 정도는 주어진 음과 연합이 이루어진 음이 얼마나 비슷한가에 따라 결정된다. 이 예에서는 2,000cps의 음과 유사할수록 조건 반응의 정도가 더 커진다.

파블로프(Pavlov)의 일반화와 손다이크(Thorndike)의 훈련 전이 개념은 관련이 있다. 일반화에서는 훈련 상황과 확인 상황 간의 공통점이 많을수록 같은 반응이 일어날 확률이 커진다. 이는 손다이크의 전이 동일요소 이론으로 설명된다. 이와 비슷하게, 일반화와 전이는 처음 접하는 상황에서 어떻게 학습한 반응을 할 수 있는지를 설명한다. 다시 말해, 우리는 이전에 겪어 본 비슷한 상황에 반응하듯이 새로운 상황에 반응하게 된다.

손다이크의 효과 파급과 파블로프의 일반화를 구분하는 것은 매우 중요하다. 효과의 파급이란 강화를 받은 반응과 비슷한지의 여부를 떠나 강화를 받은 반응에 얼마나 가까이 인접해 있는지의 여부가 대단히 중요하다. 반면 일반화는 강화 전에 제시된 자극은 아니지만 이와 유사한, 관련 있는 자극에 의해 조건 반응을 생성하는 능력을 증가시키는 것이다. 일반화에서 유사성은 중요한 요소이지만 인접은 중요하지 않다.

6) 변별

일반화와 반대되는 개념으로 변별(discrimination)이 있다. 앞에서 살펴본 바와 같이 일반화란 연합에서 사용되었던 자극과 비슷한 다른 여러 종류의 자극에 반응하는 경향성을 말한다. 이에 반해 변별은 어떤 제한된 범위 내에서의 자극 혹은 연합 시에 사용되었던 자극에만 반응하는 경향성을 말한다.

변별은 두 과정을 통해 일어날 수 있다. 하나는 오랜 기간의 훈련을 통해 가능하고, 다른 하나는 차별적인 강화를 제공함으로써 가능하다. 만약 조건 자극이 무조건 자극과 여러 차례 짝지어진다면 조건 자극과는 관련이 있지만 똑같지 않은 자극에 대해 반응하는 경향은 감소한다.

즉, 조건 자극을 형성하는 데에 필요한 조건 자극과 무조건 자극의 연합 횟수를 최소로 사용하면, 소거 동안 조건 자극과 관련 있는 자극에 반응하는 경향은 강해진다. 즉, 일반화가 나타난다.

훈련을 더욱 오래하면 소거 때 조건 자극 이외의 자극에 대한 반응 경향성이 줄어들게 된다. 이런 식으로 훈련 수준을 조절함으로써 일반화를 조절할 수 있다. 즉, 훈련의 정도가 많으면 많을수록 일반화는 감소한다.

변별을 일으키는 두 번째 과정은 차별적인 강화를 이용하는 것이다. 앞서 제시된 예에서 2,000cps의 음과 다른 음들도 함께 제시된다.

그러나 2,000cps의 음이 제시될 때에만 강화가 제시된다. 이러한 훈련을 받은 뒤 소거 동안 2,000cps의 음 이외의 다른 음을 동물에게 제시하면 동물은 다른 음에는 반응하지 않게 된다. 이러한 과정을 통해 변별이 일어난다.

7) 조건 자극과 무조건 자극의 관계

고전적 조건화에 대해서는 다음의 두 가지를 확인할 필요가 있다.

첫 번째는 조건화가 가장 빨리 일어나는 데 필요한 조건 자극과 무조건 자극 간의 제시 간격에 관한 것이다. 많은 연구에서는 조건 자극은 무조건 자극이 제시되기 0.5초 전에 제시되는 것이 가장 효과적이라는 사실을 밝혔다. 조건화 연구에서 가장 흔하게 사용되는 방법은 무조건 자극이 제시될 때까지 계속해서 조건 자극을 제시하는 것이다. 이들 두 자극 간의 시간 간격이 0.5초보다 길거나 짧으면 조건화는 비교적 발생하기 어렵게 된다.

그러나 이러한 설명은 상황을 지나치게 단순화한 것이다. 그 이유는 조건화가 형성되기 위한 조건 자극과 무조건 자극의 시간 간격은 다른 여러 요인에 의해 영향을 받기 때문이다. 예를 들어, 앞으로 제시될 미각혐오에 대한 연구에서는 조건 자극과 무조건 자극이 몇 시간이라는 시간 간격을 두고 발생했음에도 고전적 조건화가 발생한다는 사실을 확인하게 될 것이다.

또한 조건 자극이 최상의 조건으로 무조건 자극에 선행하여 제시되었다고 하더라도 조건화가 발생하지 않을 수 있는 현상도 확인하게 될 것이다.

두 번째는 첫 번째와 관련이 있다. 전통적인 고전적 조건화 과정에서는 조건 자극이 무조건 자극 이후에 제시되면 조건화가 매우 어렵다고 여겨진다. 이를 후진적 조건화(backward conditioning)라고 한다. 후진적 조건화가 어려운 이유는 조건 자극이 조건화가 일어나기 전에 동물에게 정보를 제공해야 한다는 점 때문이다.

즉, 이미 무조건 자극이 제시된 다음에 제시되는 조건 자극은 동물이 무조건 자극의 출현을 예측하는 데 활용될 수 없다. 이러한 현상은 후진적 조건화에서뿐만 아니라 여러 개의 조건 자극이 제시되거나 조건 자극을 신뢰하기 어려울 때에도 마찬가지로 일어난다.

이러한 설명에 대한 증거는 에거와 밀러(Egger & Miller)의 연구에서 찾아볼 수 있는데, 이들 연구자에 따르면 ① 두 개의 조건 자극이 모두 하나의 무조건 자극을 안정적으로 예측하도록 한다면 첫 번째 제시된 조건 자극은 조건화되지만 두 번째로 제시된 조건 자극은 조건화를 형성하지 못한다. ② 두 개의 신호가 존재할 때, 하나의 신호는 무조건 자극이 항상 뒤따라 제시되지만 다른 하나의 신호는 무조건 자극의 제시가 항상 뒤따르지 않을 경우 앞서 언급한 믿을 만한 신호가 믿음직스럽지 않은 신호에 비해 더욱 잘 조건화된다.

무조건 자극 다음에 제시되는 자극 또는 무조건 자극과 믿을 만하게 연결되지 않은 자극, 중복되어 제시되는 자극은 유기체가 일차적 강화인의 출현을 예측하는 데 활용되지 못한다.

다시 말해, 이러한 자극은 정보가치(information value)를 가지지 못하는 것이다. 에거와 밀러는 고전적 조건화가 일어나면 일반적으로 동물은 조건 자극을 사용하여 강화가 일어날지를 예측할 수 있다는 결론을 내렸다.

이러한 일반적 결론은 아직도 폭넓게 받아들여지고 있지만, 고전적 조건화에 대한 최근의 연구는 후진적 조건화에 대한 신념과 조건 자극이 정보가치를 갖게 하는 환경에 대한 신념 모두에 대한 수정을 요구하고 있다.

2. Pavlov의 실험

폭넓은 대중의 관심과 인정을 받은 학습에 대한 최초의 연구는 20세기 초 러시아 생리학자 파블로프(Pavlov)에 의해 수행되었다. 파블로프는 그의 초기 연구에서는 개의 소화과정에 관심을 가졌으며, 학습 또는 어떤 다른 비물질적인 정신과정에 관심을 갖지는 않았다.

그러나 연구가 진전됨에 따라 파블로프는 소위 '정신적' 반응에 대한 아이디어를 받아들이게 되었으며, 그의 연구들로부터 그 후로 고전적 조건형성(classical conditioning)으로 불리어져 온 학습에 대한 모형 또는 패러다임이 생겨났다. 대충 말하면, 파블로프가 그의 실험실에서 입증한 것은 만일 소리가 이전에 개에게 음식의 제시와 짝지어져 왔었다면 개는 단지 그 소리만 듣고서 침을 흘리기 시작할 것이라는 것이었다.

바꾸어 말하면, 조건형성 후에 개는 정상적 상황 하에서는 침을 흘리지 않았던 자극(소리)에 대한 반응으로 침을 흘릴 것이다. 파블로프의 초기 연구들은 개에 제한되었지만, 후속 연구들은 고전적 조건형성의 원리가 다양한 유기체들과 다양한 행동들에 성공적으로 적용될 수 있음을 보여 주었다.

[그림 3-2] Pavlov의 실험

침은 개의 턱에 연결된 튜브를 통해 흘러나와서 기록 될 수 있는 다른 방으로 이동한다.

출처: 김문수, 박소현(2019).

1) 고전적 조건형성 패러다임

파블로프 실험의 목적은 개에게 조건형성을 시키고자 하는 "침 분비"(조건 반응: CR)와 아무런 관계가 없는 "종소리"(조건 자극: CS: 침과 관계가 없기에 그 성격상 중립 자극[NS]이라 함)를 울려서 의도하는 침을 흘리게 하고자 함이다. "무조건"의 의미는 자연적 관계 또는 원래부터 형성되어 있음을 뜻한다. "고기 가루"(무조건 자극: UCS)를 주면 "침"(무조건 반응: UCR)을 분비함은 자연적 관계이다. 정향 반응(OR)이란 낯선 또는 새로운 자극(예: 종소리)에 대해 자연적으로 취하는 반응(예: 귀를 쫑긋 세우거나, 소리나는 쪽으로 머리를 돌리거나, 몸을 떠는 행동)을 뜻한다.

그리고 짝지움은 "종소리"(조건 자극)를 울린 직후 고기 가루(무조건 자극)를 제시하는 것을 말한다. 이렇게 짝지움(조건 자극-무조건 자극)을 여러 번 반복하다 종소리만 울려도 이제 개는 침을 흘리게 된다. 즉, 조건 자극-조건형성(=학습)-조건 반응이 형성된다.

따라서 학습의 정의대로 경험 또는 연습의 반복에 의해 장기적인 관찰 가능한 행동(예: 침 분비)의 변화 가 생겨났다.

파블로프의 실험은 다음의 3단계로 분석된다.

(1) 중립 자극(NS)은 피험자가 반응하지 않는 자극이다. 파블로프의 개의 경우 종소리는 원래 침 반응을 유발하지 않았던 중립 자극이었다.

(2) 중립 자극이 반응으로 이끄는 다른 자극 직전에 제시된다. 이 두 번째 자극을 무조건 자극(UCS)으로, 그리고 그것에 대한 반응을 무조건 반응(UCR)으로 부른다. 왜냐하면 피험자는 그렇게 하기를 학습하지 않고서 무조건적으로 그 자극에 반응하기 때문이다. 파블로프의 개의 경우 고기 가루는 침이라는 무조건 반응으로써 반응한 무조건 자극이다.

(3) 무조건 자극과 짝지어진 후, 이전의 중립 자극은 이제 반응을 유발하므로 더 이상 중립적이지 않다. 중립 자극은 피험자가 조건 반응(CR)을 학습하게 된 조건 자극(CS)이 되게 되었다. 파블로프의 실험에서, 종소리는 고기(무조건 자극)와 짝지어진 후 침이라는 조건 반응으로 이끈 조건 자극이 되었다.

사람의 경우를 예로 들면, 대부분의 사람은 손가락 끝에 전기 충격(UCS)을 가하면 손을 재빨리 움츠린다(UCR). 대개 움츠림은 메트로놈 소리(CS)에 의해 유발되는 반응은 아니다.

그러나 메트로놈 소리가 전기 충격 직전에 제시되면, 그 소리를 듣자마자 움츠림 반응을 시작할 것이다. 즉, 소리만에 대해 움츠림 반응(CR)이 이루어지기 시작할 때, 그 반응은 고전적으로 조건형성되었다. 많은 사람들이 어둠이 오면 잠을 자려고 하는 이유는 무엇일까? 어둠(CS)은 자주 피로(UCS)와 연합되었기 때문에 어둠은 잠(CR)을 자려는 것에 대한 조건 자극이 된다.

〈표 3-1〉 고전적 조건형성의 예

실험 전(자연적) 관계		실험 시행		실험 후(조건형성된) 관계	
무조건 (유발하는) 자극(UCS)	연합된 반사 반응 (UCR)	짝진 자극	반사 반응	조건 자극 (CS)	조건 반응 (CR)
고기 가루	침	고기 가루 소리굽쇠	힘	소리굽쇠	침
공기 불기	눈 깜박거림	공기 불기 밝은 불빛	눈 깜박거림	밝은 불빛	눈 깜박거림
전기 충격	손가락 움츠림	전기 충격 버저	손가락 움츠림	버저	손가락 움츠림

출처: Gredler(2005).

2) 유의점

고전적 조건형성에서 조건 반응(CR)의 성격에 관해 두 가지 설명이 가능하다. 하나는 CR은 무조건 반응(UCR)일지 모른다는 것이다. 아마 조건 자극(CS)은 유기체로 하여금 무조건 자극(UCS)의 어떤 내적 이미지를 경험하게 하고, 다음에 어떤 이유로든 UCS에 의해 산출된 것과 동일한 행동을 산출한다. 다른 견해는 CS는 정보적(informational)이라는 설명이다. CS는 유기체로 하여금 UCS가 일어날 것임을 예상하게 하며 UCS를 예상하여 적절한 행동을 취하게 할 것이라는 것이다.

이 견해에서 CR은 UCS에 대한 반응이 아니라 UCS에 대한 준비이다. 조건형성이 되는 CR은 적응적(adaptive)임을 주목할 만하다. 즉 CR은 유기체를 UCS에 대해 준비시키는 경향이 있다. 음식이 오고 있다면 타액을 분비하는 것이 개에게 이롭다. 원래의 UCS-UCR 반사는 적응적이기 때문에 유기체에서 시작된다. 따라서 CS-CR 결합 역시 적응적인 경향이 있다.

CR의 준비적 성격에 대한 한 증거는 CR은 UCR과 동일하지 않다는 사례에서 나온다. 한 인상적인 예는 전기 쇼크에 대한 반응에서 맥박의 변화에 관한 것이다. 전기 쇼크에 대한 UCR은 맥박 촉진이다. 그러나 어떤 유기체의 경우 CR은 맥박 감소이다. 쇼크를 예상하여 유기체는 이완하며, 이 이완은 지각된 고통의 크기를 감소시킬지 모른다.

분명히 CR과 UCR의 관계는 파블로프가 가정하였던 것보다 훨씬 더 복잡하다. CR은 항상 UCR과 동일한 것은 아니다. 때로는 CR은 UCR과 흡사하고, 때로는 CR은 유기체로 하여금 UCS에 대해 준비하게 하는 듯하며, 그리고 때로는 CR은 UCR과 반대인 것으로 판명된다. 덧붙여서, CS로 사용된 자극은 연구 대상이 아닌 반응, 즉 OR(orienting response)을 유발하며, 이 반응은 몇 번 시행 후 없어진다. 두 반응은 주로 어느 자극이 그 반응을 유발하는지의 관점에서, 그리고 때로는 반응의 강도의 관점에서 다르다.

고전적 조건형성은 CS가 UCS 전에 제시될 때 가장 잘 발생한다. 이 이유로 어떤 심리학자들은 고전적 조건형성을 신호학습(signal learning)의 한 형태로 본다.

CS는 UCS가 오고 있다는 신호로 가능하다. 파블로프의 개는 '종소리가 나면 맛있는 고기가 나온다'는 것을 학습하였을지 모른다.

고전적 조건형성에는 대개 통제하지 못하는 비자발적(불수의적) 반응(involuntary response)의 학습이 내포되어 있다. 자극이 반응을 유발(elicit)하며, 즉 반응을 자동적으로 야기한다.

3. 인간학습에서의 고전적 조건형성

고전적 조건형성은 사람들이 어떻게 다양한 비자발적 반응들을 학습하는지를 이해하는 데 도움이 된다.

1) 조건정서반응(conditioned emotional reaction: CER)

모든 파블로프의 상황에는 조건정서(conditioned emotion)의 형태가 내포되어 있다. 조건정서 상태는 모월(Mowrer)에 의해 밝혀졌다. 그는 음식과 다른 일차적 식욕 보상은 기본적인 무조건적인 효과, 즉 쾌 상태를 산출한다고 주장하였다. 반면에 쇼크와 같은 혐오 자극은 고통을 산출하였다. 이것은 분명히 쾌 유발 접근과 고통 유발 물러남이라는 쾌락주의 체계(hedonistic system)이다. 그러나 고전적 조건형성을 통하여 중립 자극은 아래 [그림 3-3]과 같은 정서 상태를 유발하는 능력을 습득한다.

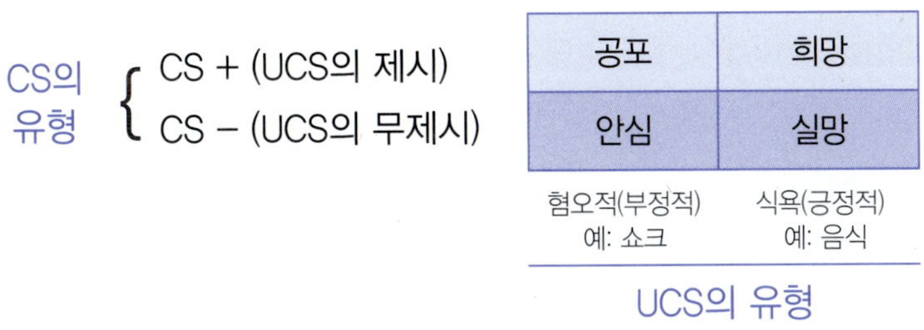

[그림 3-3] 네 가지 기본적 조건정서반응

출처: Tarpy(1975).

따라서 쇼크와 짝지어진 CS는 공포유발 속성을 습득한다. 예컨대, 처벌적 또는 혐오 자극의 제시는 불안이란 정서를 야기한다. 즉 어두운 골목에서 다가오는 무서워 보이는 낯선 사람, 빠른 속도로 자신을 향해 오는 차를 보는 것, 또는 자기 바로 뒤에서 짖는 개 소리를 듣는 것은 불안을 느끼게 할 것이다. 쇼크 또는 고통이 없음을 신호하는 CS−는 안심이라는 조건 상태를 유발하게 된다.

혐오적인 또는 처벌하는 사태의 철회는 안심이란 정서를 야기한다. 유방암 검진을 받은 여성이나 전립선 검진을 받은 남성이 검사 결과 암이 아니라는 결과를 알았을 때 안도감을 느끼게 된다. 식욕 US의 제시에 대한 신호(CS+)는 희망이라는 조건정서를 산출한다.

시험에서 "A+"를 받는 것, 찬사를 받는 것, 재미있는 영화를 보는 것, 이 모두는 긍정적인 강화인자를 제시하는 것으로서 행복이란 정서를 야기한다. 반면에 음식이 오지 않음을 선호하는 CS−는 실망의 상태를 유발한다. 돈만 삼켜 먹고 물품이 나오지 않는 자동판매기, 표를 구입할 차례 직전에 매진되어 닫혀 버린 창구, 병원에서 나타나지 않는 의사를 기다리는 것 등의 경험은 강화인자의 철회로서 우리에게 화(분노)라는 정서를 야기한다.

CS−UCS의 짝진 연합을 통하여 다양한 대상과 사태들에 대하여 긍정적 및 부정적 정서반응들이 조건형성될 수 있다.

● **부정적 정서반응의 예**

특정의 S자형 도로(CS)에서 대형 트럭과의 결정적인 사고(부정적 UCS)를 모면한 자동차 운전자는 빠른 맥박, 손에 땀남, 그리고 혈압의 증가(부정적 UCR)를 경험한다. 며칠 뒤 동일한 S자형 도로에 접근할 때 동일한 생리적 반응(부정적 CR)을 경험한다.

● **긍정적 정서반응의 예**

연애 기간(긍정적 UCS) 중에 히트한 노래(CS)에 대한 향수에 젖는 반응(긍정적 UCR)을 경험한다. 그 후 그 노래는 그 사람에게서 동일한 느낌(긍정적 CR)을 유발하는 힘을 갖는다. 이러한 정서반응은 개인이 인식하지 못한 채 발생한다. 따라서 그 기원을 확인하기가 곤란하다. TV 광고 방송과 잡지 광고는 상품에 대한 긍정적 정서반응을 유발하기 위해 짝진 연합을 이용한다.

2) 교실에서의 고전적 조건형성

특히 정서의 고전적 조건형성은 모든 학교에서 언제나 발생한다. 적어도 일부는 고전적 조건형성의 무의식적 과정을 통하여 학습자들은 학교, 교사 그리고 특정 교과를 좋아하거나 싫어하게 된다.

예를 들면, 수학교과는 처음에는 중립 자극이다. 즉, 대부분의 학생들의 경우 강한 긍정적 또는 부정적 정서반응을 일으키지 않는다. 학습자가 수학을 접할 때 반복적으로 나타나는 중립적인 아닌 자극들은 무조건 자극으로 기능할 수 있다.

이런 무조건 자극들은 긍정적 반응들(미소 짓는 친절한 교사, 편안한 의자, 호의적인 환경) 또는 부정적 반응들(엄격하고 너무 많은 요구를 하고 짜증나게 하는 싫은 소리를 하는 교사, 찬 불편한 의자, 호의적이 아닌 환경)과 연합될 수 있다.

그 후 수학은 반복적으로 짝지어지는 무조건 자극에 따라 긍정적 또는 부정적 반응과 연합과 연합되는 조건자극이 될 수 있다.

따라서 학생들은 가르치는 동안 고전적 조건형성을 통해 수학을 좋아하거나 싫어하도록 가르칠 수 있다. 문학, 미술, 과학 및 기타 교과의 이해를 발달시키는 필수적인 단계는 학생들의 초기 경험을 긍정적 정서반응과 연합시키는 것이다.

한 가지 방략은 긍정적 반응을 유발하는 이미 확립된 관계를 이용하는 것이다. 예컨대, 지속적인 읽기는 문학 감상의 학습에서 중요한 활동이다. 교실의 한쪽 구석에 양탄자를 깔고 긴 소파를 비치하여 지속적으로 읽을 수 있는 공간을 마련하면 자유로운 읽기에 긍정적 정서반응을 유발할 수 있을 것이다.

그런 방략은 특정 장면 또는 활동이 부정적 반응을 유발하는 것으로 기대되는 상황에서 특히 중요하다. 학교에 간 첫날에 어려운 활동을 부과하면 아동은 어떤 교과에 불안을 느낄 것이다. 낯선 장면을 따뜻한 인사와 즐거운 활동과 반복하여 짝지으면 불안 가능성은 감소할 것이다.

4. 고전적 조건형성에 영향을 미치는 요인들

1) CS-UCS 간격

CS-UCS 간격은 CS-UCS 근접성(contiguity)을 정의하며 그러므로 고전적 조건형성의 제한을 정의하기 때문에 많은 주목을 받아 온 중요한 변인이다. 일반적으로 CS-UCS 간격이 길어짐에 따라 근접성 관계는 약화되며 조건형성은 감소한다. 최적 간격은 반응에 따라 동물들의 종에 따라 다양하다.

쥐의 눈의 경우 눈꺼풀 조건형성은 2초 또는 25초였고, 맥박 조건형성은 개의 경우 2.5~10.0초, 쥐의 경우 2~6초 그리고 인간의 경우는 13초였다. 최적 간격은 확실히 언제나 짧다.

2) 시행 간 간격

시행들의 분포(distribution of trials)가 조건형성에 영향을 미치는 것으로 밝혀졌었다. 20~35초의 간격이 5~20초의 짧은 간격보다 수행을 더 좋게 하였다. 그러나 시행 간 간격의 다양성은 별로 영향을 미치지 않는 듯하다.

3) UCS 강도

일반적으로 CR 강도는 어느 한계까지는 UCS 강도의 함수로 증가하는 것으로 나타난다. 수행과 UCS 강도 간의 일반적인 관계는 다양한 종과 반응들에 대해 지지되는 것 같다.

4) UCS 지속 시간

긴 UCS 지속시간(duration)은 강한 UCS와 동일한 효과를 갖지 않는 것으로 밝혀졌다. 인간의 맥박 조건형성의 경우 CR 강도는 쇼크의 지속 시간과 무관한 것으로 나타났다.

UCS 지속 시간이 조건형성에 미치는 효과는 채택된 척도에 달려 있는 것으로 나타났다. 맥박 조건형성의 정도는 UCS 지속 시간에 의해 영향을 받지 않는 반면에, 운동 조건형성은 UCS의 지속 시간이 길어질 경우 더 강한 것으로 밝혀졌다.

5) CS 강도

CS 강도(intensity)가 고전적 조건형성에 미치는 방식에 관해서는 모순된 결과들이 드러났다. 더욱이 CS 강도가 학습(즉, 연합의 강도)에 영향을 미치는지 단지 수행을 수정시키는지는 확실하지 않다. 더욱 강한 CS는 매우 자주 더 강한 CR을 유발하지만, 이 효과를 결정짓는 정확한 조건은 잘 이해되지 않는다.

6) 지시

대부분의 고전적으로 조건형성된 반응들(예컨대, 맥박, 타액 분비)은 비자발적이고 '자동적'이다. 언어지시(verbal instruction)는 조건형성을 수정한다는 증거가 많이 보고된다. 부정적 언어지시는 조건형성의 정도를 금지하거나 감소시키는 반면에, 긍정적 언어지시는 단지 참 CR과 반대되는 더욱 자발적인 반응을 유발하는 효과를 갖는다.

노리스와 그랜트(Noris & Grant)의 연구에서는 75회의 눈꺼풀 조건형성(eyelid conditioning) 시행들에서 절반의 피험자들에게는 공기 불기(air puff)를 느끼기 전에는 깜박거리지 않도록 경고한 반면에 나머지 절반에게는 지시를 하지 않았다. 그 결과 부정적 지시는 CR 수행을 저하시켰음이 밝혀졌다.

반대로, 긍정적 지시(피험자들에게 공기 불기를 피하기 위해 깜박거리라고 말하는 것)는 CR을 강하게 하지 않는다. 고르메자노와 무어(Gormezano & Moore)는 그런 지시 하에서 피험자들은 높은 반응률(짧은 반응)을 보였지만, 그 반응은 지시를 받지 않은 집단의 반응과는 현저히 달랐음을 발견하였다. 즉, 자발적 반응의 특징을 보였다.

따라서 수행의 개선은 더 좋은 조건형성에 있는 것이 아니라 CR을 자발적 반응으로 전환한 것에 있었다.

5. 고전적 조건화의 임상심리학에서의 적용

1) 소거

고전적 조건화를 기반으로 한 임상 상황에서는 행동장애가 학습된 것이므로 이를 탈학습하거나 긍정적인 행동으로 대체할 수 있다고 생각한다. 과도한 흡연이나 알코올 섭취와 같은 행동장애, 또는 나쁜 습관이라 말할 수 있는 것을 생각해 보자. 이때 알코올이나 담배의 맛은 조건 자극이 되고 이들이 제공하는 생리적 효과는 무조건 반응이라 할 수 있다. 조건 자극과 무조건 자극을 연합하고 나면 조건 자극만 경험하여도 즉각적인 쾌감(조건 반응)을 생성시킨다. 이러한 습관을 제거하는 한 가지 방법은 무조건 반응 없이 조건 자극만 제시하여 소거(extinction)가 일어나게 하는 것이다.

사실 소거는 장기적으로는 효과가 낮다고 보아야 한다. 우리는 임상적 상황에서 사람들이 담배를 많이 피우거나 술을 많이 마실 때, 특정한 소리나 빛 등이 자극의 보완물로 제공되는 조건을 만들어 낼 수 없다. 즉, 가능한 조건 자극을 모두 제시할 수 없다.

우리가 이전에 보았듯이 소거는 학습된 반응을 제거하는 것이라기보다는 학습된 반응이 일어나는 것을 방해하는 것이다. 우리는 시간이 경과하면서 자발적 회복이 나타날 것이라고 예상할 수 있다. 실제 일상 속에서 선술집에 갔다가 술이나 담배에 노출되면 원래의 무조건 자극이 유발되므로 이전의 반응이 되살아난다.

2) 역조건화

단순한 소거보다 더 강한 과정은 역조건화(counterconditioning)이다. 역조건화에서 조건 자극은 원래의 것이 아닌 다른 무조건 자극과 짝지어진다. 예를 들어, 술을 마시거나 담배를 피우는 사람에게 이를 허용한 뒤 메스꺼움을 주는 약물을 제공한다. 이를 반복해서 연합시키면 나중에 담배 냄새나 알코올 냄새는 메스꺼움을 떠올리게 되며 이로 인해 흡연이나 음주에 대한 회피를 보인다.

예를 들어, 마운트, 페이튼, 엘리스와 반스(Mount, Payton, Ellis, & Barnes)는 알코올 중독자들이 자신이 좋아하는 알코올을 섭취한 뒤, 호흡기관을 마비시켜 공포 경험을 유발하는 아넥틴(Anectine)이라는 약물을 주입하였다. 이 처치를 제공한 경우에 9명 중 1명만이 다시 술을 마셨다. 그러나 이 같은 역조건화의 영향은 일시적이다.

역조건화에는 혐오스러운 경험이 알코올 섭취에 뒤이어 제시되어야 한다. 소거처럼 역조건화는 장기적으로는 효과가 없다. 예를 들면, 알코올 중독자가 술 생각이 날 때마다 병원에 다시 찾아와 메스꺼움을 느끼게 해 달라고 할 것이라는 확신을 할 수 없다. 혹은 이 환자에게 메스꺼움을 유발하는 약물을 처방하여 귀가시켰다고 해서 이 약물을 계속 복용할 것이라고 장담할 수도 없다.

3) 홍수법

공포를 치료할 때 가장 중요한 문제는 사람들이 무서운 경험으로부터 벗어나고 싶어 한다는 것이다. 소거는 적극적인 과정(조건 자극은 제시되지만 무조건 자극은 뒤따르지 않음)이기에 공포를 유발하는 자극을 회피하는 경향이 소거의 발생을 방해한다.

예를 들면, 개 공포증을 가진 사람은 개가 안전하다는 생각을 하게 될 때까지 개와 함께 있으라고 하지 않는다. 그렇다면 그러한 공포증을 어떻게 없앨 수 있을까? 자연적인 상황에서는 절대 불가능할 것이다. 공포를 없애는 방법은 조건 자극이 있다고 하더라도 무조건 자극이 없음을 충분히 인식시키는 것이다.

즉, 충분한 시간 동안 조건 자극에 노출시키는 것이다. 공포를 없애기 위한 이러한 강제적 방법을 홍수법(flooding)이라고 한다. 림과 매스터스(Rimm & Masters)는 홍수법이 공포를 제거하기 위한 빠른 방법이지만 그 결과는 유동적이라고 보았다. 홍수법을 사용하면 어떤 사람은 공포가 감소되지만 어떤 사람은 상태가 더 악화된다. 오랫동안 회피하고 무서워했던 대상을 강제적으로 경험한다는 것은 결코 좋은 경험이 아니며, 그렇기에 이러한 증상이 더욱 악화되는 것은 당연하다.

홍수법을 사용했을 때에 둔감화 기법을 사용했을 때보다 이를 중도 포기하는 탈락률이 더 높은 것 또한 놀랄 만한 일이 아니다.

4) 체계적 둔감화 기법

울프(Wolpe)는 고전적 조건화의 원리를 심리치료에 적용하고자 중요한 시도를 하였다. 그는 체계적 둔감화(systematic desensitization)라 불리는 치료 기법을 개발하였다. 울프의 기법은 주로 공포증 환자를 치료하는 데 사용되었는데 이는 세 가지 국면으로 구성된다.

첫 번째 단계는 불안 위계(anxiety hierarchy)를 만드는 것이다. 이 단계에서는 불안을 일으키는 사건들을 찾아낸 후, 불안을 가장 많이 일으키는 것부터 가장 적게 일으키는 것까지 나열한다. 어떤 사람이 비행기를 타는 것에 대한 심각한 공포를 가지고 있다면 불안 위계는 다음과 같을 것이다.

- 비행기를 타는 것
- 시동이 걸린, 지상에 있는 비행기에 앉아 있는 것
- 시동이 걸리지 않은, 지상에 있는 비행기에 앉아 있는 것
- 비행기에 가까이 가는 것

- 비행기에서 떨어져 비행기를 바라보는 것
- 공항에 있는 것
- 비행기의 엔진 소리를 듣는 것
- 비행기를 타는 것과 관련된 이야기를 하는 것
- 비행기 탑승이 포함되지 않은 여행 계획을 세우는 것
- 비행기 탑승이 포함되지 않은 여행 계획을 세우는 다른 사람의 이야기를 듣는 것

두 번째 단계에서 울프는 환자들이 이완할 수 있도록 한다. 근육의 긴장을 어떻게 감소시키는지와 사람이 불안을 경험하지 않을 때 어떻게 이를 알 수 있는지를 가르친다.

세 번째 단계에서 환자는 깊은 이완을 경험하고 불안의 단계 중 가장 약한 불안을 느끼게 하는 것을 경험하도록 한다. 이를 상상을 통해 경험하는 동안, 환자는 다시 이완을 경험하게 한다. 이완이 가능해질 경우에는 환자에게 불안의 단계 중 한 단계 더 높은 항목을 하고 있다고 생각하게 한다. 이 같은 과정을 통해 전체 불안 단계를 경험하게 하면, 이후 최종 항목과 관련된 불안은 거의 사라진다고 생각하였다. 이를 통해 환자는 처음에는 전혀 생각할 수도 없었던 대상에 대해 점점 접근할 수 있다고 한다. 이 같은 불안을 조성하는 경험은 매우 조심스럽게 사용되어야 한다. 만약 그렇지 않을 경우 환자는 특정 상황에 대해 이완을 할 수 없을 것이고 공포는 치료되지 않을 것이다.

비행기 공포를 가진 사람이 가진 문제는 비행기와 관련된 모든 경험을 회피한다는 것이다. 공포증을 소거하기 위해서는 불안을 느끼지 않으면서 공포를 유발하는 사건들을 경험할 수 있어야 한다.

위와 같은 인지적인 소거가 발생하면 애초에 불안을 가지고 있던 사람들은 일반적인 상황에서의 공포를 이길 수 있게 된다. 체계적 둔감화를 경험하고 나면 환자는 자신의 공포를 보다 이성적으로 다룰 수 있게 된다. 비행 공포증 환자의 경

우에는 불안을 경험하지 않고도 비행기를 탈 수 있게 된다.

울프는 환자가 두려워하는 대상에 심리적으로 다가가도록 하게 한 방면, 왓슨과 존은 두려워하는 대상을 물리적으로 아동에게 더 가까워지도록 하였다. 이런 차이를 제외하면 공포를 제거하고자 하는 두 접근 방법은 유사점이 많다.

6. Pavlov 이론에 대한 평가

1) 공헌

파블로프(Pavlov)가 조건 자극과 무조건 자극의 관계, 반응 획득의 과정, 일반화와 변별, 소거와 자발적 회복 등과 관련하여 문제의식을 가지고 부분적으로 답을 얻은 연구들은 지속적으로 여러 연구를 이끌어 낸다. 1965년까지 파블로프 연구 절차를 따른 5,000개 이상의 연구가 기초 연구 분야 및 임상 분야에서 이루어졌다.

따라서 이 분야의 실험적인, 절차적인 측면에 있어 파블로프의 공헌은 스키너(Skinner) 및 헐(Hull)과 비슷하다.

학습 이론 분야에서 파블로프는 기대학습에 관련한 최초의 이론을 만들었다. 그는 조건 자극을 신호로 생각하였는데, 이는 자극-반응 연결에 있어서의 원인으로 혹은 반응이 따라오는 강화적 사건으로 여기는 다른 이론들과는 다르다. 만약 우리가 습관화와 민감화를 비연합 학습의 최소 단위로 생각한다면 우리는 고전적 조건화를 연합학습의 기본 단위로 생각해야 한다.

2) 비판

손다이크(Thorndike)와 왓슨(Watson) 또는 다른 S–R 이론가들의 주장이 기계적이고 단순하다고 비판하다면, 이는 또한 파블로프의 이론에도 적용될 수 있다. 파블로프는 복잡한 정신과정을 통해 학습을 설명하지 않았으며 학습이 일어나기 위해 학습자가 조건 자극과 무조건 자극의 관계를 알 필요도 없다고 생각했다.

만약 파블로프가 학습에 집중하여 연구하고자 했다면, 그의 공헌은 더욱 커졌을 것이다. 윈드홀츠(Windholz)는 고전적 조건화에 관한 기본적 발견이 1897년에 일어났지만 파블로프는 자신의 연구가 신경 체계의 기능에 대한 발견이라고 생각했을 뿐 그것이 학습이론의 발달과 관련이 있을 것이라는 생각을 1930년대 초까지는 미처 하지 못하였다고 지적하였다. 그때 파블로프는 이미 80대의 나이에 접어들었다. 그는 생애 마지막 몇 해 동안 반사학습(reflex learning)이나 시행착오 학습에 대해 연구하였고, 이 장의 앞에서 기술한 것과 같이 이 영역의 발전과 관련하여 손다이크의 연구를 신뢰하였다.

4장 Skinner의 조작 조건화

Skinner
(1904~1990)

스키너(Skinner)는 20세기 심리학의 거장들 중의 한 사람이다. 스키너의 아버지는 독학으로 성공한 법률가였다. 어머니는 매력적인 여성으로서 항상 품위를 유지하기 위해 매 식사 후 20분 동안 그대로 있었다고 스키너는 말하였다. 스키너는 어머니가 냉담했던 것으로 기억한다고 고백하였다. 스키너는 부모가 다녔던 교실이 하나인 같은 학교를 다녔다. 아동일 때 책을 많이 읽었으며, 그것은 소설가가 되려는 그의 소망에서 알 수 있었다. 그는 또한 기계로 조작하는 놀랄 만한 기능(예: 수레, 롤러스케이트, 흔들의자, 뗏목, 악기 만들기)을 보였다. 이 기능을 뒷날 그의 실험에서 장치를 고안하고 제작하는 데 훌륭하게 사용하였다.

많은 심리학의 개척자들처럼 스키너가 대학에 갔을 때는 심리학자가 되고자 하지 않았으며, 그 대신 뉴욕의 해밀턴 대학교에서 영문학을 전공하였다. 대학을 마칠 무렵 프로스트(Frost)를 만났으며, 그는 스키너가 쓴 몇 가지를 읽었다. 재능을 갖고 있다는 프로스트의 말은 스키너에게 소설가가 되어야겠다는 확신을 심어 주었다. 그래서 그는 아버지에게 첫 소설을 쓸 1년 동안 지원하여 줄 것을 요청하였다. 그의 아버지는 마지못해 동의하였으며, 스키너는 뒷날 말할 아무것도 갖고 있지 않음을 발견하고서 이 시기를 "나의 어두운 시기"였다고 기술하였다. 그 후 그는 하버드 대학교에서 대학원 공부를 하였다.

스키너는 심리학이 매혹적임을 발견하였다. 그는 시작부터 이미 '전 분야를 자신에게 어울리도록 고쳐 만든다.'는 꿈을 꾸고 공언한 행동주의자였다. 1931년에 심리학 전공으로 철학 박사학위를 받았으며, 5년간의 연구를 거쳐 강사, 연구원, 저자로서의 생애를 시작하였다. 그의 초기 저작들 중에 조작적 조건형성 원리의 토대를 쌓은 『유기체의 행동(*The behavior of Organism*)』(1938)이 으뜸이었다. 소설 『월든 투(*Walden Two*)』(1948)는 인간행동의 과학적 원리에 기반을 두고 혐오적인 것보다 긍정적인 통제 기법이 지배할 그런 방식으로 계획되는 이상 사회에 대한 그의 생각을 대중화시켰다. 1950년대 말경 스키너는 행동주의적 입장, 그의 일생을 통해 계속 발전시키고 옹호하였던 입장의 지도적인 제안자로 인식되었다.

스키너는 약 200편의 전문적 저서와 논문에 덧붙여서 전체적으로 1,000쪽에 달하는 세 권의 자서전을 썼다.

1. Skinner의 실험

쥐에 있어서 강화의 효과를 연구하기 위해 스키너는 손다이크의 문제상자([그림 4-1] 참조)를 수정하였다. 실험 대상이 밖에 놓여 있는 먹이를 얻기 위해 상자를 떠나게 하는 대신에, 스키너는 상자 밖에 있는 분배기에 먹이 알갱이들을 놓아두고 상자 안에 있는 먹이통에 먹이를 전하는 기계 장치를 고안하였다. 수평 막대나 레버가 먹이통 가까이 놓여 있으며 쥐가 막대를 누를 때마다 쥐는 자동적으로 먹이 알갱이를 받았다. 훈련 중 자극 환경을 가능한 일정하게 하기 위하여 스키너는 우리를 통풍과 방음 설비가 된 방에 두었다. 이 장치를 스키너 상자([그림 4-2] 참조)라 한다.

쥐는 먹이 알갱이가 주어지자마자 먹이 알갱이를 먹을 것임을(강화인자는 가능한 막대 누르기 직후에 따라올 것임을) 확인하기 위하여 스키너는 쥐들에게 정기적 간격으로 먹이를 주는 것으로 구성되는 먹이 자동공급 훈련(magazine training)을 시킴으로써 매 실험을 시작하였다. 먹이가 공급될 때 나는 소리에 이어 먹는 행동을 반복하기 때문에 쥐들은 그 소리를 듣자마자 먹이 자동공급 장치로 접근하는 것을 곧 학습하였다. 스키너는 쥐가 막대를 누를 때마다 거의 즉시 먹이를 받았음을 확인할 수 있었다.

손다이크는 고양이가 문제상자를 탈출하는 것을 학습할 수 있음을 관찰하였다. 이런 실험들에서 효과의 법칙(law of effect)을 발전시켰다. 즉 보상받는 행동은 강대화되어 장차 발생할 가능성이 더 큰 경향이 있는 반면에, 처벌받는 행동은 약하게 되어 장차 발생할 가능성이 더 적을 것임을 말한다.

[그림 4-1] Thorndike의 문제상자

출처: 문선모(2008).

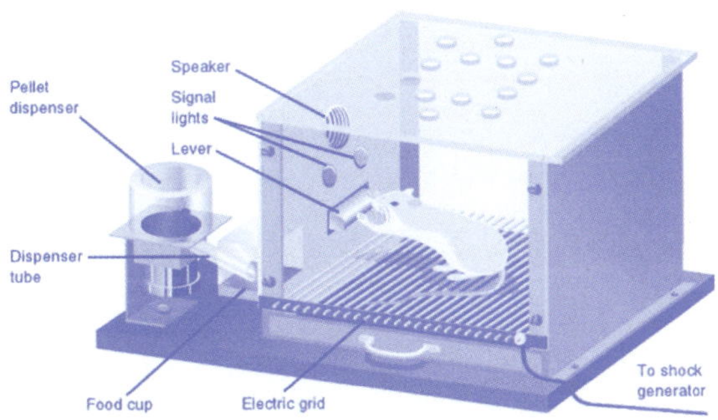

[그림 4-2] Skinner 상자

출처: 이관용, 김기중(2005).

손다이크가 마련한 기초 위에 스키너는 1930년대 학습과 행동에 관한 우리의 이해를 획기적으로 진전시키게 될 일련의 연구를 시작하였다. 스키너가 만든 실험 상자는 먹이통에서 몇 개의 먹이 알갱이가 자동으로 접시에 떨어질 수 있도록 되어 있었다. 당시 유명한 심리학자 헐(Hull)이 그것에다가 '스키너 상자'라는 이름을 붙였는데, 이 이름이 곧 대중적인 것이 되었고 오늘날까지 사용되고 있다.

쥐가 먹이통이 작동하는 소리에 익숙해지고 접시에 떨어진 먹이를 주저하지 않고 먹게 되자 스키너는 레버를 설치하였다. 그 후로는 쥐가 레버를 눌러야만 먹이가 접시로 떨어졌다. 이런 조건에서는 레버 누르기의 비율이 급격히 증가하였다.

1) 조작적 조건형성 패러다임

조작적 조건형성의 패러다임은 다음 [그림 4-3]과 같이 나타낼 수 있다.

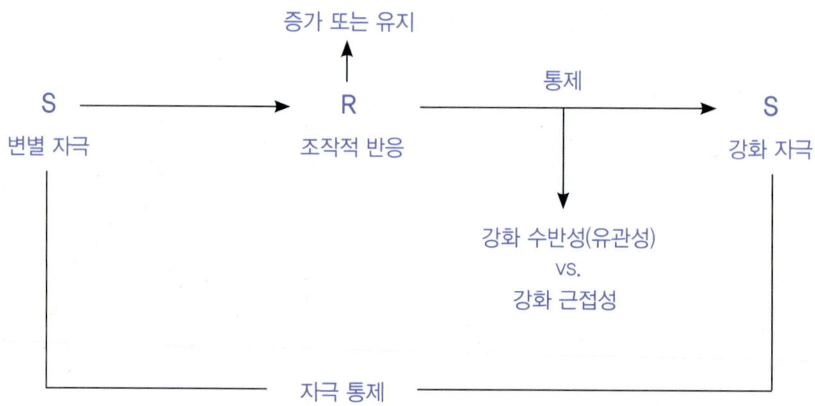

[그림 4-3] 조작적 조건형성의 패러다임

출처: 문선모(2008).

조작적 조건형성 원리의 발달은 파블로프의 고전적 조건형성의 분석으로써 시작되었다. 스키너에 의하면, 파블로프의 모형은 나무망치로 무릎을 두드릴 경우 다리 반사와 같은 특정 자극과 이미 연합된 그런 반응들에 제한된다. 스키너는 이런 반사들을 유발된 반응(elicited response) 또는 대응적 행동(respondent behavior)이라 하였다. 이런 반응들을 조건형성시키는 방법은 자극대체(stimulus substitution)를 요구하기 때문에 스키너는 파블로프의 모형을 S형 조건형성이라고 불렀다.

그림 그리기 또는 노래 부르기와 같은 복잡한 행동은 특정 자극(사태 또는 조건)에 의해 유발되지 않는다. 이런 행동들은 방출된 반응(emmited response)이라 부른다. 방출된 반응은 유기체에게 영향을 미쳐서 장차 행동을 바꿀 상이한 종류의 결과들을 산출하기 위해 환경에 작용한다.

노래 부르기는 칭찬, 박수 또는 돈과 같은 결과들을 산출하기 위해 환경에 '조작'한다. 그러므로 이런 행동을 조작적(operant)이라 불렀다. 조작적 또는 도구적 조건형성의 모형을 R형 조건형성이라고 불렀다. 두 가지 학습 형태를 구분하면 〈표 4-1〉과 같다.

〈표 4-1〉 고전적 및 조작적 조건형성

고전적(Pavlov)	조작적(Skinner)
• 자극에 대한 반응으로 유발되는 대응적인 것을 다룬다. • 비자발적으로 보인다. • S형(자극)	• 도구적 행위로 방출되는 조작적인 것을 다룬다. • 자발적으로 보인다 • R형(강화)

출처: Lefrancois(2006).

조작적 조건형성에서 동물이나 인간은 보상을 얻기 위하여 능동적으로 환경과 상호작용한다고 스키너는 주장하였다. 조작적 행동은 자극에 의해 유발되지 않는다. 오히려 행동의 결과를 예상하여 동물이나 인간은 특정 행동이 강화를 산출할 때 그 행동을 자발적으로 방출한다. 스키너는 행동과 강화 간의 이 관계를 수반성(contingency)으로 불렀다. 환경은 수반성을 결정하며 그리고 동물이나 인간은 강화인자를 얻기 위해서는 적절한 행동을 방출해야 한다.

스키너는 행동을 검토하는 자신의 수단을 행동의 기능적 분석(functional analysis of behavior)이라 하였다.

> "우리는 개개 유기체의 행동을 예측·통제하려 기도한다. 이것은 우리의 '종속변인'-우리가 원인을 발견하려고 하는 것에 대한 효과-이다. 우리의 '독립변인'-행동의 원인-은 행동이 기능인 외적 조건이다. 둘 간의 관계-행동상의 '인과' 관계-는 과학의 법칙이다." 〈스키너〉

기능적 분석은 전건(A: antecedent, 前件)-행동(B: behavior)-결과(C: consequent)의 도식에 의한다고 생각될 수 있다. 전건은 개인에게 특정 행동이 강화 받기 쉽다는 것을 선호하는 단서로 작용하는 변별 자극(discriminative stimuli)이다. 예컨대, 아동은 아버지가 아니라 어머니께서 종종 화내는 것을 호되게 꾸짖는다는 것을 학습하였다.

이때 부모는 변별 자극이고, 화는 행동이며, 결과는 화 다음에 즉시 뒤따라오며 화를 강화시키거나(어머니가 아동에게 원하는 것을 줌), 강화시키지 못하는(아버지 반응의 결여) 그런 사태이다. 그러므로 학습 사태의 계열은 (SD)-(R)-(SReinf)이다. 변별 자극은 반응이 강화될 때 일관되게 나타나는 어떤 자극이다. 교통신호들이 그 한 예이다. 강화되는 반응과의 반복된 연합을 통하여 변별 자극은 그 반응에 대한 행동 단서가 된다.

스키너의 견해에 의하면, 학습은 행동 변화이다. 피험자가 학습할 때 반응은 증가하며, 학습 해소(unlearning)가 일어날 때 반응률은 떨어진다. 그러므로 학습은 반응의 가능성 또는 확률의 변화로 정의된다. 반응의 가능성은 측정하기 곤란하기 때문에 반응의 비율 또는 빈도가 측정된다. 비록 장차 수행의 확률과 정확히 동일하지는 않을지라도 그것은 행동 변화의 분석에서 첫 단계이다.

또한 반응 비율은 실험실의 비둘기의 행동으로부터 교실의 학생 반응에 이르기까지 다양한 행동들에 적용된다.

요컨대, 다음의 가정들이 조작적 조건형성의 기초를 이룬다.

- 인간행동은 어떤 법칙을 따른다.
- 비록 심리학은 전형적으로 행동의 원인을 내부에서 찾을지라도, 스키너는 그 원인은 개인 외부에 있다는 절대적 확신을 갖고 시작하였다(그리고 마쳤다).
- 학습은 행동 변화이다.
- 행동 변화(학습)는 환경 사태 또는 조건의 변화와 기능적으로 관계된다.
- 행동과 환경 간의 법칙적 관계는 다만 행동 특성과 환경 조건이 자연과학적 용어로 정의되고 주의 깊게 통제된 조건 하에서 관찰된다면 결정될 수 있다.
- 행동의 실험적 연구에서 나온 자료는 행동의 원인에 대한 정보를 받아들일 수 있는 유일한 원천이다.
- 개인 유기체의 행동은 적절한 자료 원천이다.
- 유기체의 환경과의 상호작용의 역동성은 모든 종들의 경우 동일하다.

2) 강화

스키너의 조작적 조건형성의 원리는 강화인자(reinforcer)가 뒤따라오는 반응은 강해지며, 그러므로 다시 발생할 가능성이 더 높다는 것이다. 바꾸어 말하면, 강화되는 반응은 그 빈도가 증가되는 경향이 있다. 반응 증가는 행동의 변화이기 때문에, 강화는 학습을 야기한다. 먹이를 얻기 위하여 쥐는 지렛대(레버) 누르기를 그리고 비둘기는 둥근 원반 쪼기를 학습할 것임을 스키너는 발견하였다.

(1) 강화(reinforcement)

강화란 반응을 강하게 하는(반응률 또는 반응을 할 가능성을 증가시키는)기제이다. 즉, 반응의 강해짐으로 인도하는 어떤 자극 또는 사태이다.

(2) 강화인자(reinforcer)

강화인자란 뒤따라오는 반응의 빈도를 증가시키는 어떤 자극이다. 또는 반응의 강도를 증가시키거나 유지시키는 어떤 사태이다.

3) 조작적 조건형성의 세 가지 중요한 조건

(1) 강화인자는 다음 반응에 와야 한다: 반응에 선행하는 강화인자들은 그 반응에 거의 영향을 미치지 못한다. 강화인자는 항상 바라는 행동을 한 다음에 주어져야 한다.

(2) 강화인자는 반응 직후에 와야 한다: 강화인자는 강화인자 바로 전에 일어났던 반응을 강화하는 경향이 있다. 따라서, 강화는 그 제시가 지연될 때 덜 효과적이다. 더욱이, 직후강화인자는 아마 동물들과 어린 아동들의 경우 유일한 효과적인 강화인자이다.

(3) 강화인자는 반응에 수반(유관, contongent)되어야 한다: 강화인자는 바라는 반응을 나타내 보이지 않으면, 결코 주어져서는 안 된다.

2. 조작적 학습의 유형

손다이크(Thorndike)에서 약간 벗어나서, 스키너(Skinner)는 조작적 절차 혹은 경험을 네 가지 종류로 규명했다. 그중 두 가지는 행동을 증강시키고 다른 두 가지는 행동을 약화시킨다. 이 장에서는 강화라고 불리는, 행동을 증가시키는 경험들에만 초점을 맞출 것이다.

일상 용어에서는 강화가 기둥을 추가해서 지붕을 더 튼튼히 받칠 때처럼 강도의 증가를 의미한다. 학습에서 강화란 결과에 기인한 행동을 갖추려면 세 가지 특징을 가져야 한다고 주장한다.

첫째, 행동이 어떤 결과를 낳아야 한다.

둘째, 그 행동의 강도가 증가해야 한다(예컨대, 더 자주 일어난다).

셋째, 그 강도의 증가가 그 행동의 결과로 인한 것이어야 한다.

스키너는 강화에는 두 가지 종류가 있다고 이야기했다. 정적 강화(postive reinforcement)에서는 행동의 결과가 어떤 자극의 출현이나 강도 증가이다. 정적 강화물(positive reinforcer)이라고 불리는 이 자극은 보통 유기체가 원하는 어떤 것이다.

예를 들어, 당신이 자판기에 돈을 넣자 원하는 먹을 것이 나온다면 미래에도 당신은 기회가 있을 때 그 자판기에 돈을 넣을 가능성이 높다. 마찬가지로, 색소폰을 부는 사람은 지난번에 불었을 때보다 명백히 더 좋은 소리가 나면 비록 다른 사람들의 귀에는 대단한 불협화음일지라도 불기를 계속 할 수 있다.

정적 강화에 사용되는 강화물은 일반적으로 대부분의 사람들이 보상적이라고 생각하는 것들(예: 성공, 실력 향상, 칭찬, 음식, 인정, 허용, 돈, 특권 등)이기 때문에 정적 강화는 또한 보상학습(reward learning)이라고도 불린다. 스키너는 이 용어를 쓰는 것을 반대하였다. 그는 "강화물을 보상이라고 부르는 것은 강화물의 증강 효과를 제대로 포착하지 못하는 것이다. 보상을 받는 것은 사람이지만 강화를 받는 것은 행동이다."라고 했다.

어떤 사람들은 스키너가 이렇게 말하는 것이 너무 까다롭게 구는 것이라고 주장한다. 학습 문헌에서는 보상학습이란 용어를 쉽게 찾아볼 수 있으며 신경과학 및 생물학 문헌에서는 더욱 그러하다.

하지만 이 용어를 사용하든 말든 상관없이, 우리가 일상적으로 보상이라고 인정하는 것들이 그에 앞서 일어난 행동을 증강시키지 못하는 경우가 흔히 있음을 기억하는 것이 중요하다.

관심 보여 주기는 대체적으로, 예를 들어 특히 아이들에게 강화적이지만 항상 그런 것은 아니다. 이보다 더 야릇한 일은 분명히 보상적이지 않아 보이는 어떤 일들이 그것에 선행한 행동을 증강시킬 수 있다는 점이다. 이상하게 보일지 모르겠지만 꾸중, 규제, 감금, 전기 충격 등의 보통은 불쾌한 경험이 경우에 따라서는 강화적인 것으로 밝혀졌다.

정적 강화물의 목록을 만들려고 시도한 사람들이 있다. 그렇지만 정적 강화물을 정의하는 유일한 특징은 어떤 행동에 뒤이어 그것이 제시되었을 때 그 행동이 증강된다는 것이다. 그런 효과를 내지 못하는 것은 정적 강화물이 아니다.

부적 강화(nagative reinforcement)에서는 행동이 어떤 자극의 제거나 자극 강도의 감소를 통해 증강된다. 부적 강화물(negative reinforcer)이라 불리는 이 자극은 대개 유기체가 그로부터 회피 또는 도피하려고 하는 어떤 것이다.

예를 들어, 당신이 차에 타서 시동을 걸자 시끄러운 음악이 나와서 깜짝 놀란다면 당신은 볼륨을 줄이게 된다. 여기서 소리의 감소가 볼륨 다이얼을 돌린 행위를 강화한다.

마찬가지로, 당신이 색소폰 연습을 하는데 그 소리가 칠판 위로 손톱이 긁고 지나가는 소리로 고문하는 것처럼 들린다면 그 악기를 내려놓기 마련이다. 그렇게 함으로써 당신은 괴로운 자극을 끝내게 되고 이것이 연주를 멈춘 당신의 행위를 강화하는 것이다.

부적 강화에서 행동을 강화하는 것은 혐오스런(불쾌한) 상황에서 벗어나는 것이다. 한번 그렇게 하는 것을 학습하면 흔히 당신은 그것을 아예 회피하는 것을 학습한다.

예를 들어, 당신의 차에서 나는 시끄러운 소리에서 벗어나기를 학습한 후 다음부터는 당신이 시동을 걸기 전에 볼륨을 줄이게 될 수 있다. 또 칠판을 긁는 것 같은 소리를 내다가 연주를 중단하는 대신 당신은 연습하기를 '잊어버릴' 수 있다. 이런 이유로 인해 부적 강화는 때때로 도피학습(escape learning) 또는 도피-회피학습(escape-avoidance learning)이라고도 부른다.

정적 강화물에서와 마찬가지로 감소되거나 제거되었을 때 행동을 증강시키는 결과들을 가려내는 것이 항상 쉬운 일은 아니다. 당신이 혐오적이라고 생각하는 것들이 다른 사람에게는 보상이 될 수 있다. 어떤 사건이 부적 강화가 되는지 확실하게 알 수 있는 방법은 행동에 미치는 그것의 효과를 확인하는 것이다. 그것을 제거하거나 감소시켰을 때 행동이 증강되면 그것은 부적 강화물이다.

정적 강화와 부적 강화 두 가지가 다 행동의 강도를 증가시킨다는 점에 유의하자. 둘 사이의 차이는, 정적 강화에서가 무언가가 그 상황에 첨가되는 반면 부적 강화에서는 무언가가 제거된다는 점이다. 정적 및 부적이라는 말은 그 결과의 성질을 기술하는 것이 아니다. 이 용어는 단지 무언가가 가해졌거나 감해졌다는 점을 나타낼 뿐이다.

정적 강화와 부적 강화가 흔히 서로 독립적인 것처럼 논의되지만 현실에서는 그것들이 같이 일어나는 일이 흔하다. 손다이크의 문제상자 실험이 이를 보여 준다. 작은 공간에 갇혀 있는 것이 고양이들에게는 혐오스런 일인 경우가 많다. 고양이가 줄을 잡아당겨서 문이 열리면 그 상자에서 도망칠 수 있었다. 상자로부터 도망쳐 나오는 것이 줄을 잡아당기는 것을 부적으로 강화했다. 일단 고양이가 상자에서 나오면 그 전에는 닿지 않았던 음식을 먹을 수 있었다. 음식에 닿는 것이 줄을 잡아당기는 것을 정적으로 강화하였다. 따라서 손다이크가 사건의 만족스러운 상태라고 부른 것은 정적 강화와 부적 강화의 조합일 가능성이 아주 높다.

정적 강화와 부적 강화 구분의 또 다른 문제점은 어떤 때는 정적 강화물이었던 것이 다른 때에는 부적 강화물이 될 수 있다는 점이다. 앨런 헌트와 데이비드 프리맥(Alan Hundt & David Premack)은 이것을 매우 영리한 실험을 통해 보여 주었다. 그들은 쥐를 전동 쳇바퀴가 있는 장에 넣었는데, 이 기구는 레버를 누르면 켜졌고 물꼭지에서 물을 핥으면 꺼졌다. 일단 쥐가 기구를 켜면 바퀴가 계속해서 돌아갔고(이는 쥐가 계속해서 달려야 함을 의미한다) 물을 핥아야만(이것은 쥐가 뛰면서 해야 하는 일이다) 기구가 멈췄다. 쥐들은 레버를 누르고 얼마간 달린 다음 물을 핥고 운동을 그만두었다. 그러므로 바퀴를 돌리는 것이 레버 누르기를 정적으로 강화하였고, 바퀴를 멈추는 것이 핥기를 부적으로 강화하였다.

때로는 정적 강화와 부적 강화를 구분하기가 불가능할 때도 있다. 브라이언 이와타(Brian Iwata)는 추운 방에 있다가 난방을 켜는 사람의 예를 든다. 이때 강화물은 온기의 증가(정적 강화물)일까 냉기의 감소(부적 강화물)일까?

이 정적-부적 구분이 초래하는 혼란 때문에 어떤 연구자들은 그런 구분을 아예 없애자고 제안했다. 이 문제는 여전히 학술지를 통해 논의되고 있지만, 불행히도 이 구분과 용어들과 혼란은 지속되고 있다.

3. 처벌

1) 처벌

처벌(punishment)은 반응의 상황에서 정적인 것을 제거하거나 부적인 것을 더하는 것을 말한다. 처벌은 유기체가 원하는 것을 빼앗아 가거나 원하지 않는 것을 주는 것이다. 각각의 경우에 반응의 발생 가능성은 일시적으로 줄어든다. 스키너와 손다이크는 처벌이 반응의 발생 가능성을 줄이지 않는다는 사실에 동의했다. 비록 처벌이 적용되는 동안에는 반응을 억제하지만, 그 습관을 약화시키지는 않는다. 스키너(Skinner, 1971)는 다음과 같이 말한다.

> "처벌은 불편하거나, 위험하거나, 원하지 않는 행동을 제거하기 위한 것이다. 여기에는 처벌받은 사람이 같은 방식으로 다시 행동하지 않으리라는 가정이 숨겨져 있다. 불행히도, 문제는 그렇게 간단하지 않다. 보상과 처벌은 만들고자 하는 변화의 방향에 있어서만 차이가 있는 것이 아니다. 성적인 행동 때문에 심한 처벌을 받은 아이는 그 행동을 덜 하는 것이 아니다. 폭력적인 행동 때문에 구속된 사람이 폭력을 덜 하게 되지는 않는다. 처벌받은 행동은 처벌적 유관이 사라지면 다시 나타나는 경향이 있다."

스키너의 이런 결론을 지지하는 대표적인 실험은 그의 학생인 에스테스(Estes, 1944)가 수행하였다. 두 집단으로 나뉜 8마리의 쥐가 스키너 상자에서 지렛대를 누르는 것을 훈련받았다. 훈련 후에 두 집단은 소거 절차를 거쳤다. 그들은 지렛대를 눌러도 먹이가 나오지 않았다. 두 번째 집단은 먹이를 받지 못할 뿐만 아니라 지렛대를 누를 때마다 전기 충격 또한 함께 받았다. 두 번째 집단의 쥐들은 평균 9번의 전기 충격을 받았다. 세 번의 소거 절차가 있었고, 쥐들은 세 번의 절차 중 첫 번째 절차 때 전기 충격을 받았다. 두 번째, 세 번째 절차 때는 두 집단 모두 동일했다.

처벌을 받은 집단은 처벌을 받지 않은 집단에 비해 첫 번째 소거 절차 동안 반응을 덜 보였다. 두 번째 절차 때의 반응 수는 처벌을 받지 않은 집단이 다소 높았지만 모두 동일했다. 두 번의 절차 동안 수집된 데이터를 통해 볼 때, 처벌을 받은 집단이 소거까지 반응의 수가 더 적다는 이유로 처벌이 효과적이라고 주장할 수도 있다.

그러나 세 번째 소거 절차 때 이전에 처벌을 받았던 집단은 처벌을 받지 않은 집단에 비해 훨씬 더 많은 반응 수를 보였다. 즉, 장기적으로 원래 처벌받은 집단의 소거까지 총 반응 수는 처벌을 받지 않은 집단과 거의 동일했다. 단순히 소거만 하는 것과 소거와 처벌을 더하는 것의 효과는 동일하다.

처벌의 사용에 대한 스키너의 주된 주장은 처벌이 장기적으로 효과적이지 않다는 것이다. 처벌은 단순히 행동을 억제하기만 한다. 처벌의 위협이 사라지면, 행동이 발생할 가능성은 원래대로 돌아온다. 그러므로 비록 처벌이 효과적으로 보일 때도, 그 효과는 일시적이다. 처벌 사용을 반대하는 논거들은 다음과 같다.

(1) 처벌은 불쾌한 감정적 부산물을 만든다. 처벌을 받은 유기체는 두려워하게 되고, 이 공포는 처벌이 발생했을 때와 관련된 다양한 자극에 일반화된다.

(2) 처벌은 무엇을 하면 안 되는지만 알려 줄 뿐, 무엇을 해야 하는지에 대해서는 알려 주지 않는다. 강화와 비교했을 때, 처벌은 아무런 정보를 제공해 주

지 않는다. 강화는 이 상황에서 무엇이 효과적인지를 알려 준다. 따라서 추가적인 학습이 필요하지 않다. 많은 경우 처벌은 이 상황에서 처벌받은 행동을 할 경우 강화를 받을 수 없다는 사실만 알려 준다. 따라서 효과적인 반응이 무엇인지 알기 위해서는 추가적인 학습이 필요하다.

(3) 처벌은 타인에게 고통을 주는 것을 정당화한다. 당연히 이는 아동 양육에 있어 처벌을 사용하는 것에 반영된다. 아이들은 맞으면서 어떤 경우에는 다른 사람에게 고통을 주는 것이 정당화될 수 있다는 것을 학습하게 될 수 있다.

(4) 이전에 처벌을 받던 행동이 더 이상 처벌받지 않은 상황에 놓이게 되면 아동은 그런 행동을 할 이유를 가지게 된다. 즉, 처벌하는 사람이 없으면 아이들은 욕을 하고, 창문을 깨고, 나이든 사람에게 함부로 대하고, 자신보다 어린 친구들을 밀치는 등의 행동을 한다. 이런 아이들은 처벌을 받을 때에만 행동을 억제하도록 배웠다. 처벌하는 사람이 없다면 이런 일을 하지 않을 이유가 없는 것이다.

(5) 처벌은 처벌을 가하는 사람 그리고 타인에 대한 공격성을 불러일으킨다. 처벌은 처벌을 받은 유기체를 공격적으로 만든다. 그리고 이 공격성은 또 다른 문제를 만들 수 있다. 예를 들어, 통제를 위한 주요 수단으로 체벌을 사용하는 형사기관이 처벌 또는 처벌에 대한 위험을 행동 통제의 수단으로 사용하려고 하는 한 사회는 매우 공격적인 사람들로 가득 찰 것이다.

(6) 처벌은 바람직하지 않은 반응을 다른 바람직하지 않은 반응으로 대체하곤 한다. 예를 들어, 어지럽혔다는 이유로 처벌을 받은 아이는 대신 울게 된다. 물건을 훔친 것으로 처벌을 받은 사람은 더욱 공격적으로 변하고 기회가 있을 때 더 큰 범죄를 저지를지도 모른다.

시어스, 맥코비와 레빈(Sears, Maccoby, & Levin)은 강화와 처벌에 관심을 두고 태어나서부터 유치원 갈 나이까지의 뉴잉글랜드 지역 어머니들 379명의 양육 방식을 연구했다. 어머니들이 활용하는 처벌과 보상의 종류, 그리고 각 행동의 전반적인 빈도에 대해 어머니들에게 물었다.

비록 연구가 잘 통제되지 않았고, 강화와 처벌의 구체적인 예를 보여 주거나 기록하지는 않았지만, 연구자들은 여러 결론을 이끌어 낼 수 있었다.

이 중 가장 중요한 것은 강화와 처벌이 아동 양육에 있어 똑같이 효과적이지 않다는 점이었다. 인터뷰 결과를 통해 어머니들의 양육 방식은 처벌적, 보상적이라는 범주로 각각 분류되었다. 처벌적인 경우 보상적인 경우보다 덜 효과적이었다. 처벌을 사용하는 것의 부정적인 효과는 행동에 있어 긍정적인 변화를 만드는 것과는 거리가 있었다.

연구자들은 그들의 증거가 '압도적'인 것으로 묘사한다. 침대에 오줌을 싸거나, 목욕탕에서 사고를 칠 때 처벌을 받은 아이들은 처벌을 받지 않은 아이들보다 더 자주 침대에 오줌을 쌌다. 아이가 너무 떨어져 있지 않으려 하고 의존적이라고 혼내는 어머니들의 아이들은 그런 행동을 더 자주 보였다. 공격적인 행동을 한다고 처벌을 받으면, 처벌받지 않은 아이들에 비해 더 많은 공격적인 행동을 했다. 흥미롭게도, 더 혹독하게 처벌을 받은 아이들은 위에 언급한 부정적인 행동을 더 심하게 보였다. 몇몇 아이에게는 심한 처벌이 섭식 문제와도 관련이 있었다.

스키너의 주장과 에스테스의 연구 결과와 동일하게, 이 연구자들 또한 처벌은 행동을 바꾸는 데 효과적이지 않다는 결론을 내린다. 그리고 아이를 키울 때 처벌을 사용하지 말 것을 추천한다.

비록 손바닥으로 치는 것과 같은 신체적 처벌이 미국에서는 여전히 자주 사용되지만, 다른 30개 국가는 신체적 처벌을 금지하는 법을 제정했다. 오늘날의 연구 또한 위의 인용된 연구를 지지한다. 처벌을 받은 아이들은 어린 시기에 행동 문제를 경험하는 경향이 높고, 우울증, 불안, 약물중독과 같은 정신적 문제를 겪기 쉽다.

그런데 왜 처벌이 이렇게 많이 사용되는가? 스키너는 이를 처벌이 처벌하는 사람을 강화하기 때문이라고 설명한다.

> "의심할 필요도 없이 심각한 처벌은 현재 하고 있는 행동을 감소시키는 데 즉각적인 효과가 있다. 이 결과가 처벌이 널리 사용되는 이유이다. 우리는 우리를 불쾌하게 만드는 사람을 '본능적으로' 공격한다. 물리적 공격의 형태가 아니더라도 비판, 부인, 비난, 조롱을 통해서 공격한다. 이런 행동을 하는 데 유전적인 영향이 있든 없든, 이 행동의 즉각적인 효과는 행동이 발생하는 이유를 설명하기에 충분하다. 그러나 장기적으로 처벌은 행동을 제거하지 못한다. 일시적인 성취는 집단의 전체적인 효율성과 행복을 감소시키는 것과 같은 엄청난 비용의 소모를 동반한다."

2) 처벌에 대한 대안

스키너는 처벌에 대한 대안을 여러 가지 제시하였다. 바람직하지 않은 행동을 야기하는 환경이 바뀌면 행동도 바뀐다. 예를 들어, 거실에 둔 아름다운 도자기를 다른 곳으로 옮기면, 아이들이 도자기를 깨는 문제를 없앨 수 있다. 성냥 켜기나 캔디를 먹는 것과 같은 바람직하지 않은 행동을 마음껏 하도록 해서 진력나게 하는 것도 한 방법이다. 바람직하지 않은 행동이 아동의 발달 단계상의 문제라면 아동이 클 때까지 기다리기만 하면 된다.

이 접근에 대해 스키너(Skinne, 1953)는 다음과 같이 기술했다. "이렇게 될 때까지 기다리는 것이 쉬운 일은 아니다. 특히 평균적인 가정이라면 더욱 그렇다. 그러나 처별을 하지 않고 사회적으로 바람직하지 않은 행동을 참고 잘 넘어감으로써 처벌로 인해 생기는 이후의 문제를 피하게 할 수 있다는 사실을 안다면 조금은 위안이 될 것이다."

또 다른 방법은 그저 시간이 지나가도록 두는 것이다. 그러나 이 접근은 너무 많은 시간이 걸린다. 습관은 쉽게 사라지지 않는다. 예를 들어, 앞서 언급한 '펠리컨 안의 비둘기' 프로젝트 때 스키너(Skinne, 1960)는 그가 '즉각적이고 정확하게'

과업을 수행하도록 훈련시킨 동물이 6년 후에도 계속 똑같다는 것을 발견했다. 처벌에 대한 다른 대안은 바람직하지 않은 행동과 양립할 수 없는 행동을 강화시키는 것이다. 바람직하지 않은 행동을 줄이는 가장 좋은 방법은 무시하는 것이다.

> "처벌의 가장 효과적인 대안적 방법은 소거이다. 이 방법은 시간이 걸리지만, 반응을 잊도록 하는 것보다는 훨씬 더 빠르다. 이 방법은 상대적으로 반대할 만한 부작용이 적다. 예를 들어, 그 아동의 반대할 만한 행동에 대해 부모가 '관심을 두지 않는' 것을 제안한다. 만약 아동의 행동이 부모의 '대응행동'에 의해 강화되었기 때문에 생긴 것이라면, 관심을 두지 않는다면 이 행동은 더 이상 나타나지 않을 것이다."

일반적으로, 행동은 강화 받기 때문에 지속된다. 이는 바람직한 행동이든, 바람직하지 않은 행동이든 동일하다. 반대할 만한 행동을 제거하기 위해서는 강화를 받을 만한 요소를 찾고 그것을 제거해야 한다. 강화로 이어지지 않는 행동은 사라질 것이다.

3) 처벌의 효과적 사용지침

(1) '처벌'은 처벌적이어야 한다: 처벌의 결과가 혐오적이지 않으면, 강화가 될 수 있다.

(2) 처벌은 효과적이기에 충분히 강해야 하지만, 지나치게 심해서는 안 된다.

(3) 처벌은 부적절한 행동 직후에 주어져야 한다.

(4) 처벌은 일관성이 있어야 한다.

(5) 잘못된 행동이 덜 일어날 수 있도록 환경이 수정되어야 한다.

(6) 바람직한 대안적 행동이 가르쳐지고 강화되어야 한다.

(7) 처벌은 처벌이 주어지기 전에 한 번 위협적이어야 한다.

(8) 처벌받는 행동은 분명한, 구체적인 용어여야 한다.

(9) 처벌받을 행동이 왜 받아들여질 수 없는지 그 이유에 대해 설명해 주어야 한다.

(10) 어떤 처벌들은 특히 효과적이지 않으며 피해야 한다: 처벌, 심리적 처벌, 가외 학습, 그리고 학교로부터 정학은 일반적으로 추천되지 않는다.

(11) 처벌은 드물게 사용되어야 한다.

4) Skinner와 Thorndike의 비교

비록 스키너와 손다이크가 환경 내의 자극에 의한 행동의 통제, 처벌의 비효율성과 같은 많은 이슈에서 동일한 입장을 취하고 있지만, 둘 간에는 중요한 차이점 또한 존재한다. 예를 들어, 손다이크의 학습 실험에서 종속 변인(학습이 일어난 정도를 측정하는 것)은 문제 해결에 걸리는 시간(time to solution)이었다.

손다이크는 감금된 상태에서 벗어나기 위해서는 특정 과제를 수행하도록 하게 만든 후, 그 과제를 수행하는 데 얼마만큼의 시간이 걸리는지를 측정하였다.

반대로, 스키너는 종속 변인으로 반응률(rate of responding)을 사용하였다. 스키너의 조작적 조건화와 손다이크의 도구적 조건화 사이의 다른 차이점은 두 접근법이 꽤 분명하게 구분되며, 두 용어가 서로 교환 가능하게 사용될 수 없다는 데에 있다. 학습 이론의 역사에서 스키너의 조작적 조건화는 손다이크의 도구적 조건화와는 혁명적이라 할 만큼 차이가 크다.

도구적 조건화는 구체적인 시도를 발생시킨다. 연구에 활용되는 동물들을 미로나 문제상자에 두고 올바른 반응을 수행할 때에 꺼내준다. 조작적 조건화에서는 연구에 활용되는 동물을 조작실에 두고 오랜 기간에 걸쳐 지속적으로 수행을 기록한다. 도구적 조건화에서 올바른 반응, 달리기 속도, 또는 문제를 해결하는 데 걸리는 시간은 연속적인 시도의 함수로서 기록되고, '학습 곡선(learning curve)'의 형태를 띤다. 전형적으로 도구적 조건화는 정상적인(normative) 데이터를 쓴다.

집단의 평균 수행이 기록된다. 조작적 조건화는 개별적인(ideographic) 데이터를 쓴다. 개별 동물의 수행이 기록된다.

도구적 조건화에는 통계적 분석이 활용된다. 가설 검증을 활용하고, 통계적 유의성을 검증한다. 이런 통계적 절차는 조작적 조건화에서는 거의 사용되지 않는다. 그리고 많은 경우에 채택되지 않는다.

마지막으로, 도구적 조건화에서는 통제 집단을 종종 활용한다. 한 집단은 강화물 A를 제공받고, 다른 집단은 강화물 B를 제공받는다. 조작적 조건화에서는 통제 집단이 없다. 이는 부분적으로 실험동물이 아니라 개별적으로 수행을 하기 때문이다. 때로 실험동물은 조작 수준에서의 수행을 강화 기간 동안 또는 강화 계획 동안의 수행과 비교하는 것처럼 자기 자신의 수행에 비춰 비교되기도 한다.

4. 강화 스케줄

강화 형태, 즉 강화가 일어나는 빈도는 반응을 결정한다. 크게 두 가지 형태가 있다. 그 하나는 바람직한 반응이 일어날 때마다 모두를 강화하는 것으로서 연속(계속)강화(continuous reinforcement)라 부른다. 이 방법은 학습된 행동이 처음으로 도입될 때 유용하다. 그 결과 반응률은 높지만, 강화가 중지되면 소거가 아주 빨리 일어난다. 다른 하나는 일어나는 바람직한 반응들 중 어떤 것은 강화되고 어떤 것은 강화되지 않는 것으로서 간헐강화(intermittent reinforcement) 또는 부분강화(partial reinforcement)라 부른다.

일단 바람직한 행동이 형성되면, 그 행동을 유지하는 데는 간헐강화가 가장 유용하다. 간헐강화가 더욱 현실적이다. 우리가 하는 일들이 항상 보상받는 것은 아님이 일상생활의 특징이다.

간헐강화를 실시하는 방법들을 강화 스케줄(reinforcement schedule)이라 한다. 여기에는 크게 비율 스케줄, 간격 스케줄 및 변별 스케줄의 세 가지 형태가 있다.

1) 비율 스케줄: 일정 횟수의 반응들을 강화하기

- 비율 스케줄(ratio schedule)은 일정 횟수의 반응들이 방출된 후 강화가 주어지는 것이다. 여기에는 두 가지 형태가 있다.

- 고정비율 스케줄(fixed ratio: FR)은 단어 10개의 철자를 정확히 쓰는 것과 같은 일정 횟수의 반응에 대해 제공되는 강화(10:1 비율 스케줄)로, 산업체에서의 할당제 보수와 유사하다.
- 변동비율 스케줄(variable ratio: VR)은 미리 결정된 횟수가 아니라 변화하는 횟수의 반응에 대해 제공하는 강화로, 도박 장치에 설계된 스케줄과 유사하다.

2) 간격 스케줄: 일정 시간 후의 첫 반응을 강화하기

- 간격 스케줄(interval schedule)은 일정 시간이 경과한 후 방출되는 첫 반응에 대해 강화가 주어지는 것이다. 여기에는 두 가지 형태가 있다.

- 고정간격 스케줄(fixed interval: FI)은 매 20분마다 주목하는 것과 같은 일정 시간 후에 제공되는 강화이다.
- 변동간격 스케줄(variable interval: VI)은 고정된 간격보다는 변화되는 간격으로 제공되는 강화이다. 교사는 평균 20분 간격으로 강화를 제공할 수 있지만, 간격은 5~35분의 범위가 될 수 있다.

시간이든 횟수든 간에 고정 스케줄 하에서 강화는 예측 가능하다. 변동 스케줄의 경우 강화는 일정 기간에 걸쳐 자주 올지라도 덜 예측 가능하다. 그러므로 변동 스케줄은 기간을 통하여 더욱 효과적이다. 즉, 고정 스케줄의 경우 학생들은 보상이 기대되는 시간에 가장 열심히 하고, 그 후에는 점차 열심히 하지 않는 경향이 있다. 변동 스케줄 하에서 언제 강화가 올지 모를 때 더욱 일관적으로 노력한다.

네 가지 강화 스케줄들의 전형적인 효과를 비교하면 [그림 4-4]와 같다.

〈표 4-2〉 비율 및 간격 강화 스케줄의 유형

		강화의 수반	
		반응	시간
강화의 발생	정기적	고정비율	고정간격
	부정기적	변동비율	변동간격

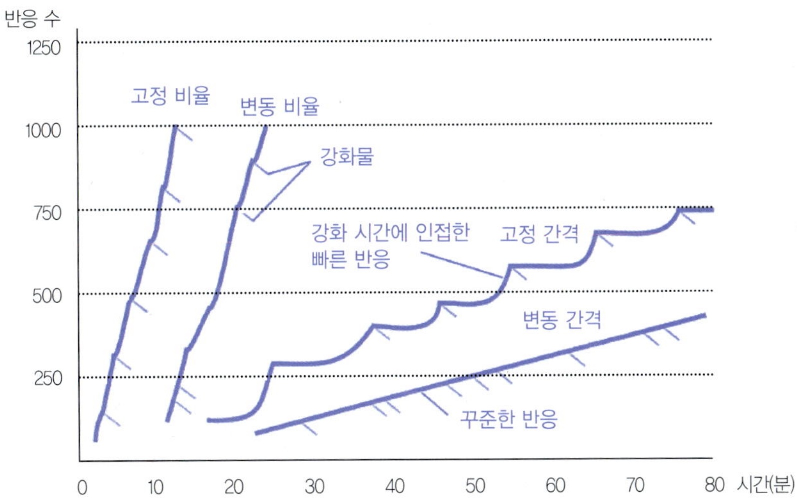

[그림 4-4] 네 가지 강화 스케줄의 전형적인 효과 비교

출처: 유승우 외(2017).

3) 변별 스케줄: 반응하기의 속도를 강화하기

특정 속도의 반응하기가 요구될 때, 변별강화 스케줄이 적절하다. 여기에는 세 가지 형태가 있다.

(1) 높은 반응하기의 변별 속도(differential rate of high responding: DRH)

DRH 스케줄은 일정 기간 내에 특정의 최저 횟수의 반응들이 일어났을 때에만 강화를 제공한다. DRH 스케줄의 경우 필요한 횟수의 반응을 방출하는 데는 기간이 중요하다. 짧은 기간에 많은 반응을 할 것을 요구하기 때문에 높은 반응 속도가 전형적이다. 예컨대, 계획된 시험은 DRH 스케줄이다. 즉, 좋은 성적을 받기 위해선 높은 반응 속도가 필요하다.

그러나 대부분의 학생들은 시험을 고정간격(FI) 스케줄로 취급한다. 즉, 서서히 공부하다가 시험 직전에 벼락공부를 하고, 시험 후는 공부를 하지 않는다. 가장 효과적인 방략은 전 기간에 열심히 하는 것이다.

(2) 낮은 반응하기의 변별 속도(differential rate of low responding: DRL)

DRL 스케줄은 유기체가 전혀 반응을 하지 않았던 일정 기간이 경과한 후의 첫 반응을 강화한다. 예컨대, 선생님의 도움을 요청할 때 학생을 연속적으로 강화하는 것은 높은 속도로 그런 요구를 하게 하여 결과적으로 교사에게 지나치게 의존하게 할지 모른다.

반면에 일정 기간 동안 독자적으로 학습하여 온 후에만 도움을 요청하는 학생을 강화하는 것은 학생에게 이따금씩 요청하는 것이 전적으로 받아들일 수 있음을 깨닫게 할 것이다. DRL은 이전에 강화 받아 왔었던 행동을 수행하지 않기를 요구한다.

(3) 다른 행동의 변별강화(differential reinforcement of other behavior: DRO)

DRO 스케줄은 일정 기간 동안 특정 반응이 일어나지 않을 때 강화를 제공한다. 바꾸어 말하면, 유기체는 일정 기간에 그 반응 이외의 그 밖의 다른 것을 행하는 것에 대해 강화를 받는다. "오늘 함부로 말하는 학생들의 이름을 모두 칠판에 적으려고 한다. 만일 3시까지 이름이 적히지 않는다면 그 학생에게는 30분의 자유 시간을 줄 것이다."라고 말하는 교사는 DRO 스케줄을 사용하고 있다. 왜냐하면 교사는 허락 없이 말하지 않는 것에 대해 학생을 강화하고 있기 때문이다.

연속강화는 분명히 반응을 가르치는 가장 효과적인 방법이다. 그러나 일단 도달점 행동이 달성되었다면, 다양한 간헐강화 스케줄(비율, 간격, 변별)이 소거를 방지하고, 그 반응의 빈도와 형태를 통제하는 데 유익할 수 있다.

5. Skinner 이론에 대한 평가

1) 공헌

스키너(Skinner)의 길고 생산적인 연구는 순수과학, 응용과학 모두에 큰 영향을 끼쳤다. 다른 학습연구자들과 비교했을 때, 스키너의 체계는 복잡하지 않고, 동물 훈련부터 인간행동의 수정 기법까지 다양한 문제에 쉽게 적용될 수 있었다. 또 하나 대단한 것은, 그의 연구는 배합 법칙으로 이어졌으며, 행동 의사결정 분야의 현재 연구에 간접적인 영향을 끼쳤다는 것이다.

스키너의 방법론은 주류 행동주의의 출발점이었다. 버플랭크(Verplanck)는 스키너의 접근이 "이론적 세부 사실의 특이함에서 다른 사람들과 달랐을 뿐만 아니라 과학에 대한 접근 방식을 새로이 했다는 점에서도 달랐다."라고 평가한다.

다른 연구자들이 연구 대상을 집단으로 나눈 후 상이한 실험 조건 간에 비교를 하려고 한 데 비해, 스키너는 하나의 실험 대상을 오랜 기간 동안 관찰하는 개별적 접근을 취했다. 반응 누가 기록의 독점적인 사용과 함께 이런 접근은 해당 분야의 지배적인 연구 방법에 대한 대안을 제시해 주었다. 이는 전문 저널인 「행동의 실험적 분석지(*Journal of Experimental Analysis of Behavior*)」의 창간으로 이어졌다. 이 방법은 세분화된 연구와 강화 계획의 분석 그리고 수많은 새로운 행동 법칙을 만들어 내는 데 기여했다. 평생 스키너는 심리학자는 심리적 사상에 대한 이론화를 피하고, 행동에 대한 기술적 서명에 만족해야 한다는 주장을 고수했다.

2) 비판

스키너(Skinner)의 이론에 대한 몇몇 비판은 다른 것보다 더 근거가 있다. 예를 들어, 헌스타인(Herrnstein)의 이전 학생이었던 스태든(Stadon)은 사회 문제에 대한 스키너의 영향을 확인했다. 체벌은 효과가 없다는 주장과 인간은 자유의지가 없기 때문에 행동에 대한 책임이 없다는 스키너의 주장이 대표적이다.

스태든은 이런 스키너주의자들의 믿음이 잘못된 양육과 법 실천으로 이어지고, 이는 범죄율을 증가시키고 불법, 무지를 증가시킨다고 생각했다. 비록 복잡한 사회경제적 문제에 대한 책임을 스키너주의자들에게 돌리는 것은 지나치게 멀리 간 것이지만, 스키너의 입장은 법의 측면에서 비판받을 여지가 있다.

비록 스키너가 개발한 개별적 방법이 개인의 조작적 행동을 세부적으로 알 수 있도록 해 주지만, 그의 절차를 통해 얻은 결과를 보편적 방법을 활용한 실험실 연구 결과와 비교하는 것은 어렵다.

두 번째는 스키너의 이론 개발 거부와 관련된 것이다. 이론의 주된 기능은 데이터와 현상을 설명하는 것이다. 현상을 기술하는 것과 현상을 설명하는 것 사이에 큰 차이가 존재한다는 것을 아는 것은 중요하다. 현상을 기술하는 것과 현상을 설명하는 것 사이에 큰 차이가 존재한다는 것을 아는 것은 중요하다.

현상을 기술하는 것은 정확하며, 논쟁이 있을 수 없으며, 언제, 어떻게 행동이 발생하는지를 설명하려고 한다. 다른 한편으로 이론은 언제, 이떻게 뿐만 아니라 왜 행동이 발생하는지를 설명하려고 한다. 다른 한편으로 이론은 언제, 어떻게 뿐만 아니라 왜 행동이 나타났는지에 대해서도 설명하려고 노력한다.

기술과 달리 이론은 종종 논쟁적이며, 그런 논쟁이 과학적 진보를 이끈다. 스키너의 체계는 진보를 이끌어 냈다. 하지만 그러한 진보는 학습과 동기에 대한 더 깊은 이해보다는 행동적 현상들의 축적 면에서 더욱 두드러진 것이었다.

5장 Thorndike의 S-R 결합이론

Thorndike
(1874~1949)

에방하우스(Ebbinghaus)와 같이 손다이크(Thorndike)도 연합주의자였으나 관념(ideas) 간의 연합보다는 감각과 충동 간의 연합에 관심을 가졌다. 손다이크는 관념보다는 행위(action)와 관련된 연합학습을 연구하였다. 손다이크는 자신의 연구를 위해서 동물(주로 고양이와 병아리)을 이용하였는데, 이것은 종의 연속성에 관한 다윈(Darwin)의 논문에 근거를 두었기 때문에 당시에는 합리적이었던 것 같다. 그는 동물학습의 연구에 이용되는 실험 절차를 처음으로 고안하였다. 이 절차는 '퍼즐 상자'에 동물을 반복적으로 집어넣고 그 동물이 걸쇠를 움직여 상자에서 탈출하는 데 걸리는 시간이 줄어드는 과정을 반복해서 기록(학습의 측정)하도록 구성되었다.

이 실험의 결과로 손다이크는 행동이 만족스런 결과를 초래하면 감각과 충동이 연합되어 동물에게 학습이 일어났다고 확신하였다. 동물은 상자 내부의 감각-흔적과 성공적 탈출 행위를 유발하는 충동 간의 연합을 형성하였다. 왜냐하면 그 행위는 만족스런 결과(즉 상자에서 탈출)를 가져왔기 때문이다. 손다이크는 이 원리를 효과의 법칙(law of effect)이라 불렀고, 이것은 행동주의에 상당한 함의를 주었던 고전적 연합원리의 수정을 상징적으로 나타낸다.

끝으로, 손다이크는 동물에게도 정신적 연합(mental association)이 일어나는지에 대한 의문을 제기하였다. 그는, 잠정적으로 여기기는 하였지만, 동물의 행위를 설명하는 연합은 동물이 행동하는 동안에 느끼거나 생각한다는 것을 뜻하지는 않으며, 동물의 행위가 정신적 동기 때문에 일어나는 것도 아니라고 주장하였다. 동물은 기억력도 연합할 관념도 없는 것으로 손다이크는 생각하였던 것 같다. 다소 혁명적인 그의 주장은 행동주의에 미친 두 번째 유산으로 남아 있고, 그를 추종한 행동주의자들이 이 개념을 과감하게 확장시켰다.

손다이크가 끼친 영향력은 다음에 소개된 톨먼(Tolman)의 인용문에 나타나 있다.

> "아동 학습에 대한 심리학은 말할 것도 없으며, 동물학습에 대한 심리학에 있어서도 여전히 손다이크에 동의하는지 반대하는지, 혹은 조금이라도 그의 연구를 발전시킬 수 있는지가 주요한 문제이다. 여기 미국에 있는 우리 모두, 즉 형태주의 심리학자, 조건-반사 심리학자, 기호-형태 심리학자들은 명시적으로든 암묵적으로든 손다이크를 출발점으로 여겼으리라. 우리는 새롭고 작은 주름만큼이나 그의 논의를 진척시켰음을 보기만 해도 스스로를 매우 똑똑하다고 여기며 기뻐했다."

1. 주요 이론적 개념

1) 연결주의

손다이크(Thorndike)는 감각적 인상(sense impression)과 행위 충동(impulse to action) 간의 연합을 매듭 혹은 연결이라고 명명하였다. 이것은 감각적 사상과 행동을 연결하려는 공식적인 첫 시도로 남아 있다. 초기 연합주의자들은 관념들이 어떻게 연결되는가를 보여 주려 하였다. 손다이크의 접근은 이와는 상당히 다르며, 최초의 현대적 학습이론으로 여겨질 만하다. 그는 다윈(Darwin)의 영향을 받아 행동의 기능적인 측면을 강조하였다. 사실 손다이크의 이론은 연합주의, 다윈주의, 과학적 방법의 조합이라고 할 수 있다.

손다이크는 자극 조건(stimulus condition)과 행위 경향성뿐 아니라 자극과 반응을 같이 묶는 것이 무엇인지에도 관심을 갖고 있었다. 그는 자극과 반응이 신경 매듭에 의해 연결된다고 믿었다. 그의 이론은 연결주의(connectionism)라고 불린다. 여기서 연결은 자극(S)과 반응(R) 사이의 신경 연결을 의미한다.

2) 선택과 연결

손다이크(Thorndike)에게 있어서 학습의 가장 기본적인 형태는 시행착오 학습(trial-and-error learning), 혹은 그가 본래 선택과 연결(selecting and connecting)이라고 불렀던 것이다. 그는 그의 초기 실험을 통해 이러한 기본 개념을 만들어 냈다. 그 실험은 특정 종류의 반응을 해야 탈출할 수 있도록 고안된 실험 장치 안에 동물을 넣는 것이었다.

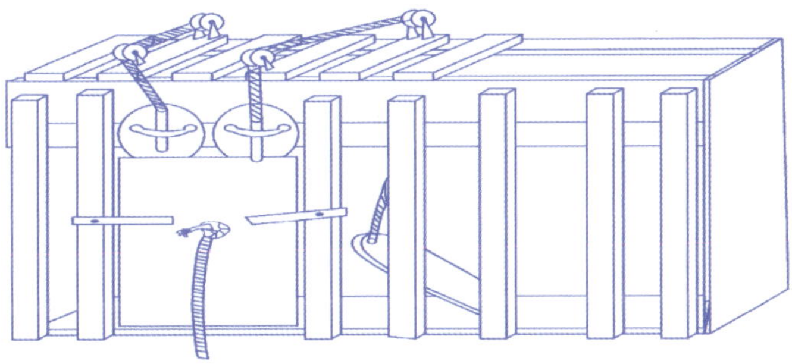

[그림 5-1] Thorndike가 학습 연구에서 사용한 문제상자 중 한 종류
출처: 신종호, 이선영(2019).

[그림 5-1]에 나와 있는 장치는 중간에 막대가 꽂혀 있거나 천장에 사슬이 매달린 작은 상자이다. 동물이 막대를 밀거나 사슬을 당기면 탈출할 수 있다. 그러나 어떤 실험에서는 동물이 탈출하기 위해 더욱 복잡한 일련의 반응을 하도록 되어 있다. 손다이크의 실험에서는 매번 각기 다른 반응을 요구하지만 아이디어는 항상 같다. 그것은 동물이 상자를 떠나기 위해서는 특정 행동을 해야 한다는 것이다. 『동물의 지능(*animal intelligence*)』(1911)에 실린 다음 인용문에 손다이크 연구에 쓰인 문제상자(puzzle box)에 대하여 잘 나타나 있다.

모든 고양이의 행동이 실제적으로 같았다. 고양이를 상자에 넣으면 불편하다는 명확한 신호를 보이며 나가려고 한다. 어디든 열려 있는 데가 있으면 빠져나오려 하며 막대나 철사를 할퀴고 물어뜯는다. 열려 있는 곳으로 발톱을 내밀고 발에 닿는 모든 것을 할퀸다. 약간 헐렁해지거나 흔들리는 것을 치게 되면 더욱 노력을 기울인다. 상자 안에 있는 것들을 쥐어 뜯는다. 바깥에 있는 먹이는 거의 신경 쓰지 않으며, 그저 탈출하기 위해 본능적으로 분투하는 것처럼 보인다.

몸부림치는 기운은 비범하다. 8~10분 동안 고양이는 끊임없이 할퀴고 깨물고 빠져나가려 한다. 늙은 고양이와 느림보 고양이의 행동은 달랐다. 그들은 격렬하거나 지속적인 노력을 하지 않았다. 어떨 때는 아무런 노력을 하지 않기도 하였다. 그래서 그들을 몇 분씩 상자 밖으로 꺼내 매번 먹이를 줘야 했다. 이를 통해 겨우 먹이를 얻는 것과 상자 밖으로 나오는 것을 연합시킨 후에야 상자에 집어넣으면 나오려고 노력하였다.

이후에도 격렬하게 나오려 한다거나 나머지 고양이처럼 마구 흥분하는 것은 아니었다. 투쟁하려는 충동은, 그것이 감금에 대한 본능적인 반응이든 연합에 의한 반응이든, 고양이를 밖으로 나오게 하는 것 같다. 충동적 투쟁을 하며 상자 곳곳을 할퀴던 고양이는 아마도 끈이나 막대기를 우연히 할퀴고는 밖으로 나오게 될 것이다.

그러고는 점진적으로 탈출에 성공적이지 않은 다른 모든 충동적 행동은 없어지고, 성공적인 행동으로 이끄는 특정한 충동만이 고양이에게 기쁨을 선사하며 남을 것이다. 많은 시도 후 고양이는 상자에 들어가자 마자 탈출의 명확한 방법인 버튼이나 고리를 할퀴는 행동을 하게 될 것이다.

손다이크의 모든 동물은, 물고기 한 마리를 위해서든 감금에서 벗어나기 위해서든, 상자에서 벗어나기 위해 필요한 행동을 학습하였다. 손다이크는 동물이 문제를 해결하기 위해 걸린 시간과 문제를 해결하기 위한 기회의 수를 함수로 나타냈다. 모든 기회는 각 시도를 나타내며, 동물이 옳은 해답을 찾으면 시도가 종료된다.

이러한 상황 아래 도출된 전형적인 그래프가 [그림 5-2]에 나와 있다. 손다이크는 시행의 수가 증가함에 따라 문제를 해결하는 데 걸린 시간(그의 종속 변인)이 체계적으로 줄어든다는 것에 시종일관 주목하였다. 즉, 동물은 더 많은 기회를 가질수록 더 빨리 문제를 해결하였다.

3) 학습은 통찰적이지 않으며 점진적이다

손다이크(Thorndike)는 시행이 계속되면 문제를 해결하는 데 걸리는 시간이 점차 줄어드는 것에 주목한 후, 학습이 통찰적(insightful)이라기보다는 점진적(incremental)이라는 결론을 내렸다. 달리 말하면, 학습은 비약적으로 이루어지는 것이 아니라 아주 작은 체계적 단계를 통해 이루어진다는 것이다.

그는 만약 학습이 통찰적이라면, 동물이 학습이 안 된 상태일 때 문제 해결에 걸리는 시간이 상대적으로 일정하고 높게 나타날 것이라고 보았다.

그리고 동물이 해결책에 대한 통찰을 얻게 되는 지점에서 그래프가 급격히 떨어지고 실험 기간 동안 그 지점을 유지할 것이라 보았다. [그림 5-2]는 학습이 통찰적으로 이루어진다면 그래프가 어떻게 나타날지를 보여 준다.

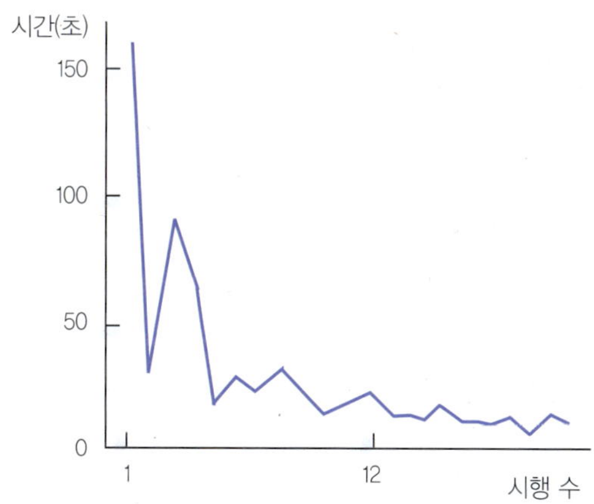

[그림 5-2] Thorndike가 도출한 그래프

출처: slidesplayer.org

4) 학습은 관념에 의해 매개되는 것이 아니다

손다이크(Thorndike)는, 그의 연구를 바탕으로, 학습은 생각이나 추론을 통해서가 아니라 직접적으로 이루어지는 과정이라고 다음과 같이 결론지었다.

> "고양이는 상황을 잘 살펴보지 않는다. 깊이 생각하지도 않는다. 곧 무엇을 할지 결정한다. 밖에 먹이가 있고 배고픈 감금 상태에서는 본능이나 경험을 통해 옳다고 여기는 반응의 행동을 즉각적으로 한다. 성공의 과정 중에서도 이러한 행동이 먹이를 가져다 줄 것이라는 것을 깨닫고 행동을 하기로 한 것으로 보이지 않는다. 그 이후부터는 충동이 아닌 결정에 따라 즉각적으로 행동한다."

손다이크는 원숭이를 통해 다음과 같은 주장을 한다.

> "우리는 이러한 사실들을 논의하기에 앞서 학습이 '추론'에 기인한다는 통속적인 설명에 대해 우선적으로 명확히 할 필요가 있다. 만약 우리가 추론이라는 단어를 관계, 비교, 추리의 지각에 의해 결론에 이르는 기능이라는 기술 심리적인 의미로 사용한다면, 그리고 관계의 느낌, 유사성의 지각, 일반적이고 추상적인 개념과 판단이 포함된 정신적 내용으로 생각한다면, 우리는 원숭이의 행동에서 추론의 증거를 찾을 수 없다. 그리고 이러한 사실은 개나 고양이의 경우와 마찬가지로 원숭이가 추론을 사용한다는 주장을 한다.
> 동물들의 일반적이고 본능적인 행동 중 어느 우연한 행동이 막대, 고리, 밧줄 등을 충분히 잘 다루도록 할 수 있음을 발견한다면, 동물들이 기계 장치를 잘 다룬다는 것 자체가 그 기계의 속성에 대한 추론을 내포하고 있다는 주장은 파기되어야 한다. 거기에는 추론의 그 어떤 일반적인 기능도 없다."

손다이크는 절약의 원리에 따라 학습에 대해 직접적인 선택과 연결을 지지하였으며 추론을 거부하였다. 미국에서는 행동주의적인 움직임이 시작됨에 따라 학습에 있어 추론과 관념의 중요성이 떨어졌다.

5) 모든 포유동물은 같은 방식으로 학습한다

모든 학습은 관념을 통해서가 아니라 직접적으로 이루어지는 과정이라는 손다이크(Thorndike)의 주장은 많은 반감을 샀다. 이는 특히 손다이크가 인간을 포함한 포유동물의 학습이 같은 법칙을 따른다고 주장했기 때문이었다.

손다이크에 따르면, 인간의 학습을 설명하기 위해 그 어떤 특별한 학습과정도 가정할 필요가 없다. 다음 인용문에 학습의 법칙이 모든 동물에게 적용된다는 손다이크의 믿음이 잘 드러나 있으며, 우리가 이후에 살펴보고자 하는 손다이크 이론의 다른 측면들이 소개되어 있다.

동물의 학습을 통해 드러난 것과 같은 간단하고 반기계적인 현상들은 인간학습의 원리이기도 하다. 물론 이러한 현상들은 바이올린 연주 기술, 미적분, 창의적 공학의 기술 습득과 같이 인간학습의 진보된 단계에서는 훨씬 복잡하게 이루어진다.

그러나 감각에 대한 신체적인 반응을 직접적으로 연결하는 초기 형태의 학습을 가능하게 만드는 힘에 대한 분명한 개념 없이, 인간의 미묘하고 보다 계획적인 학습을 이해하는 것은 불가능하다.

더욱이 설명하려는 학습의 형태가 얼마나 미묘하고 복잡하며 발달되어 있는 것인가와는 무관하게, 사용과 만족에 의한 연결의 선택, 불사용과 혐오에 의한 연결의 제거, 중다 반응, 하나의 조건으로서의 마음과 태도, 상황에 대한 단편적인 활동, 반응 결정에 있어서 어떤 요소의 우월성, 유추에 의한, 연합적 이동과 같은 단순한 사실들은 사실상 학습을 설명하기 위해 필요한 주되고 유일한 방법일 것이다.

2. S-R 이론

'고양이가 학습한 것이 무엇인가?'라는 질문에 대한 한 가지 명백한 답은 기대이다.

'만일 내가 걸쇠를 누른다면 문이 열릴 것이다.'라는 해석에 따르면, 동물의 학습은 본질적으로 합리적 과정이며, 그래서 고양이를 상자 안에 처음 집어넣으면 그 고양이는 먹이에 접근하는 방법을 찾아내기 위해 즉각 노력한다. 일단 고양이가 적절한 반응을 알아내면(이 경우에, 걸쇠를 미는 것) 다음 번에 상자를 넣어질 때 고양이는 이전의 성공을 회상하고 배고프면 먹이를 얻기 위해 의도적으로 그 반응을 반복한다.

그런데 이 설명은 보기보다 그렇게 간단하지만은 않다. 즉, 다소간의 아주 복잡한 기억과 추론 과정들이 묵시적으로 가정되어 있다는 것이다. 예를 들면, 일단 문을 열 수 있다면, 그 고양이는 어떤 동작을 행해야 다음번에 동일한 결과가 산출될 것인지를 이해해야만 한다. 이것은 쉬운 것처럼 보일지 모르나, 어떤 방향에서 문에 접근하든지 간에 문 손잡이를 돌릴 수 있는 로봇을 만드는 것을 상상해 보면 쉽지 않다는 것을 알 수 있다.

그럼에도 불구하고, 이는 고양이의 행동에 대한 그럴듯한 설명을 제공한다.

1) S-R 이론의 발달

우리가 기술한 실험을 처음으로 수행했던 손다이크(Thorndike)는 위에서 기술된 계통의 설명을 고려하였지만, 피험동물의 행동을 더 자세히 분석한 후에 그런 식의 설명을 기각하였다. 우선, 고양이를 문제상자에 처음 넣었을 때, 그 고양이는 탈출을 계획하는 노력으로 상황을 냉철하게 살피거나 합리적인 심사숙고를 한다는 어떤 분명한 지표도 보이지 않았다.

대신에, 즉각적인 격양된 반응만이 있었다. 손다이크는 다음과 같은 것을 관찰하였다. "고양이는 어떤 뚫린 곳으로나 빠져 나가려 하였으며, 철창과 막대를 할

퀴고 물어뜯었고, 아무 구멍으로나 발을 내밀고 닥치는 대로 할퀴었다. 고양이는 8분 내지 10분 동안의 그러한 몸부림 후에 드디어 우연히 방출기제에 접촉하여 탈출하게 되었다."

만일 고양이가 그 상황에 대한 합리적인 이해를 형성하였다면, 우리는 후속 시행에서 고양이가 즉각적으로 그 반응을 반복할 것이라고 기대할 수 있다.

> "만일 이 동물들에게 아무리 초보적이고 산발적이고 희미하긴 하더라도 어떤 추론 능력이 있다면, 상황을 바라보고 적절한 행동을 이해하고, 그 행동을 행하는 과정에서 나타나야 하며, 그 후로 그 상황에 직면하게 되면, 즉각 적절한 행동을 해야 할 것이다. 즉, 시간 곡선에서의 갑작스런 수직적 하강이 있어야 할 것이다."
>
> 〈손다이크〉

하지만, 손다이크가 검사한 모든 동물들의 점수에서, 그는 이런 종류의 갑작스럽고 지속적인 향상을 단 한 번도 관찰하지 못했다. 대부분의 예에서, 시행에 걸친 향상은 느리고 점진적인 것이었다. 어떤 때는 초기의 성공 후에 급격하게 잠재시간이 감소되었지만, 일련의 그러한 성공들 후에는 종종 똑같은 급작스러운 잠재기의 증가가 있곤 하였다.

실제로, 여러 번 탈출 반응을 성공적으로 수행한 후의 두 마리의 고양이(한 마리는 6번, 다른 한 마리는 8번)는 갑자기 모든 수행을 그만두었고 심지어는 20분 동안이나 상자에 있으면서 결코 다시 빠져 나오려고 하지 않았다.

손다이크는 이렇게 때때로 역전되고 때로는 실패하는 수행에서의 점진적 향상이 걸쇠와 문 사이의 관계를 충분히 자각하는 동물의 합리적 행동이라고는 전혀 믿을 수 없었다.

> "시간-곡선의 완만한 경사는… 추론의 부재를 보여 준다. 그것은 합리적인 의식적 결정이 아니라, 뇌에서 경로가 장기간에 걸쳐 다져진다는 것을 보여 주는 것이다."
>
> 〈손다이크〉

손다이크는 고양이가 탈출해서 먹이를 먹었을 때, 결과적으로 생기는 기쁨이 반응하려는 충동과 더 보상적일수록 그 연합은 강해지는데, 고양이가 상자에 들어가자마자 야기된 감각들이 반응을 행하려는 충동을 자동적으로 유발할 때까지 더 강해지게 되는 것이다. 바꾸어 말하면, 손다이크는 고양이의 행동을 설명하는 데 복잡한 추론 과정을 도입하는 것보다 오히려 단순한 연합의 각인만으로도 설명할 수 있다고 주장하였다.

학습에 대한 이런 연합적 분석은 추론으로 이루어진 초기의 설명으로부터 상당히 이탈된 것이었다. 손다이크는 성공이 그에 선행하는 어떤 행동이라도 자동적으로 강하게 만들고, 시행이 거듭되면서 동물의 행동은 매우 순응적이고 효율적으로 된다고 주장하였다.

따라서, 문제 해결이 합리적 행동을 의미할 필요는 없다. 적어도 일부의 예에서 그것은 단순한 연합만으로도 설명될 수 있다. 손다이크는 모든 학습이 그런 연합에 기인한다고 주장하지는 않았지만, 연합이 인식되었던 것보다는 (동물이나 인간이) 학습에서 훨씬 더 광범한 역할을 한다고 시사하였다.

S-R 이론이 다른 실험들에 전하는 강력한 시사점은 학습에 포함된 많은 과정들이 무의식적인 것이며, 내성은 기껏해야 그 과정에 대한 불완전하고 단편적인 설명밖에 제공할 수 없다는 것이다. 정신과정을 관찰하는 데 그러한 어려움이 있기 때문에, 행동주의자들은 객관적으로 관찰될 수 있는 가시적 행동의 변화로만 학습을 기술해야 한다고 주장하였다.

따라서, 헐과 왓슨(Hull & Watson)은 단순한 연합의 중요성에 대한 손다이크의 강조는 환영했지만, 정신적 사상들 사이에서 연합이 형성된다는 가정은 받아들이지 않았다.

손다이크는 감각 인상이나 감각에 관해 언급하였던 반면, 그들은 그 감각을 야기하는 환경의 가시적 대상(즉, 자극)으로 대체하였다. 그리고 손다이크가 언급하였던 반응하려는 정신적 충동은 그 결과로써 생기는 근육 운동(즉, 반응)으로 대체되었다. 그러므로, 학습은 자극과 반응 사이의 연합들(또는, 나중에 그렇게 불리게 된 것처럼 자극-반응 연합들)의 형성으로 구성되었다.

그러므로 자극-반응 이론(S-R theory)은 두 가지 근본적 신념으로부터의 생겨난 자연적이고 필연적인 결과였다.

(1) 연합주의(associationism): 학습은 근본적으로 단순한 연합에 기인한다는 신념이다.

(2) 행동주의(behaviorism): 마음은 직접 관찰될 수 없기 때문에, 심리학적 설명은 가시적이고 외현적인 행동으로 표현되어야 한다는 신념이 그것이다.

3. 1930년 이전의 Thorndike

1) 준비성의 법칙

손다이크(Thorndike)의 책 『인간의 본성(*The Original Nature of Man*)』(1913)에서 제안한 준비성의 법칙(law of readiness)은 다음과 같이 세 부분으로 나누어진다.

- 전도 단위(conduct unit)가 전도할 준비가 되어 있을 때, 전도는 만족스럽다.
- 전도할 준비가 된 전도 단위에게 전도하지 않는 것은 혐오스럽다.
- 전도할 준비가 되어 있지 않은 전도 단위가 전도하도록 강요받을 때, 전도는 혐오스럽다.

준비성의 법칙에는 현대 학습이론가들이 보기에 주관적으로 보이는 용어가 있다. 그러나 우리는 손다이크가 행동주의 움직임이 일어나기 전에 저술하였고, 그가 논의하였던 많은 것이 이전에는 체계적으로 분실된 적조차 없었음을 기억해야 한다. 또한 손다이크의 글에 주관적으로 보이는 용어들이 실제로는 그렇지 않을 수도 있음이 중요하다. 예를 들어, 여기에서 '전도할 준비가 되어 있는 전도 단위'가 의미하는 바는 행위 준비성 또는 목표 지향성이다. 현대의 용어를 사용하면, 손다이크의 준비성은 다음과 같이 새로 진술될 수 있다.

- 어떤 사람이 어떤 행동을 할 준비가 되어 있을 때, 수행을 하는 것은 만족스럽다.
- 어떤 사람이 어떤 행동을 할 준비가 되어 있을 때, 수행하지 않는 것은 혐오스럽다.
- 어떤 사람이 어떤 행동을 할 준비가 되어 있지 않을 때, 수행을 하도록 강요받는 것은 혐오스럽다.

일반적으로 목표 지향적인 행동이 방해를 받거나, 원하지 않는 행동을 하도록 강요받을 때 좌절을 경험한다.

만족과 혐오라는 용어조차 행동주의자들이 납득할 수 있도록 정의되어 있다. "만족스러운 상태란 동물이 회피하기 위한 행동은 아무것도 하지 않으면서 획득하고 보존하기 위한 행동은 자주 하는 상태이다. 불만족스럽거나 혐오적인 상태는 동물이 쉽게 회피하거나 포기하는 상태를 말한다."고 하였다. 손다이크에 대하여 다룰 때는 이러한 만족인(satisfier)과 혐오인(annoyer)에 대한 정의를 늘 염두에 두어야 한다.

2) 연습의 법칙

1930년 이전의 손다이크(Thorndike) 이론에는 두 부분으로 이루어진 연습의 법칙(law of exercise)이 포함되어 있었다.

- 자극과 반응 간의 연결은 그들이 사용될 때 강화된다. 달리 말하여, 단지 자극 상황과 반응 간의 연결을 연습하는 것만으로도 둘 간의 연합이 강화된다. 이것이 연습의 법칙 중 사용의 법칙(law of use)이라고 하는 부분이다.
- 상황과 반응 사이의 연결은 수행이 계속되지 않거나 신경 매듭이 사용되지 않을 때 약화된다. 이것이 연습의 법칙 중 불사용의 법칙(law of disuse)이라고 하는 부분이다.

손다이크가 연결의 보강과 약화를 통해 의미하는 것은 무엇인가? 우리는 여기서 그가 시대를 앞서갔음을 다시금 깨닫는다. 이 이슈는 오늘날에도 여전히 중요한 시사점을 갖고 있다. 그는 보강(strengthening)에 대하여 다음과 같이 정의하였다.

"보강은 자극이 다시 나타날 때 반응이 나타날 가능성이 증가하는 것이다. 만약 자극과 반응 사이의 매듭이 보강되면, 이후 자극이 발생할 때 반응이 일어날 확률은 증가한다. 만약 매듭이 약화되면, 이후 자극이 발생할 때 반응이 일어날 가능성은 감소한다. 요약하자면, 연습의 법칙은 우리가 행동하는 것을 통해 학습하고, 행동하지 않는 것을 통해 망각한다는 것이다."

3) 효과의 법칙: 강화에 대한 Thorndike의 연구

손다이크(Thorndike)의 초기 연구에서 강화(reinforcement)라는 용어가 거의 쓰이지 않았음에도 불구하고, 그는 향후 이 용어의 사용을 위한 기반을 제공하였다. 1930년 이전에 효과의 법칙(law of effet)은 반응의 결과에 대한 결과(a result of the consequencc of the response)로서, 자극과 반응 간의 연결의 보강 혹은 약화를 뜻하였다.

만약 반응 후에 만족스러운 상태가 지속되면 연결의 강도는 증가한다. 그러나 반응 후에 혐오적인 상태가 되면 연결의 강도는 줄어든다. 현대적인 용어로 바꾸어 보자면, 자극이 반응을 유발하였을 때 그 반응이 강화를 이끌면 S–R(stimulus–response) 연합은 보강된다. 반면 자극이 반응을 유발하였을 때 그 반응이 처벌을 이끌면, S–R 연합은 약화된다.

효과의 법칙은 발생 빈도나 단순한 인접(contiguity)이 연합강도의 결정 요인이라는 전통적인 연합주의 이론으로부터의 역사적인 분리라는 의미가 있다. 손다이크는 빈도의 법칙(law of frequency)과 인접의 법칙(law of contiguity)을 모두 받아들였으나 거기에서 훨씬 진전했다.

그는 반응의 결과가 상황과 반응 사이의 연합강도를 결정하는 데 중요하다고 하였다. 연합을 형성하는 데에 있어 행동의 결과가 중요하다는 것은 이전에 홉스(Hobbes)나 벤담(Bentham)과 같은 철학자들이 암시했을 뿐이었다. 여기서 우리는 손다이크의 관심사를 확인할 수 있다. 손다이크는 유기체가 환경에 적응함에 있어 행동이 어떤 유용성을 갖는가에 대해 주목하였는데, 이는 모든 기능주의 심리학자들의 관심사이기도 했다.

효과의 법칙에 따르면, 반응이 만족스러운 상태를 이끌어 낼 때, S–R의 연결은 강화된다. 만약 전도 단위가 만족스러운 상태가 되기 이전에 이미 흥분되었다면 어떻게 이런 일이 일어날 수 있을까? 손다이크는 이러한 질문에 답하기 위해 확인 반응(confirming reaction)을 가정하였다. 확인 반응은 반응이 만족스러운 상태를 이끌어 낼 때 신경 체계에서 촉발되는 것이다.

손다이크는 이런 확인 반응은 사실상 신경생리적인 반응으로, 유기체가 확인 반응을 인식하지 못한다고 보았다. 손다이크는 확인 반응의 특성에 대한 후속 연구를 하지는 않았지만, 이러한 신경생리학적인 반응이 신경 매듭을 강화시키는 강력한 요인이라고 생각하였다. 손다이크의 소속성(belongingness) 개념을 고려하면, 확인 반응에 대해 더 많은 이야기를 할 수 있다.

학습이론가 몇몇은 민족이 일어났을 때 여전히 활동 중인 신경흔적(neural trace)을 가정함으로써 '어떻게 강화가 반응을 보강하는가?'라는 질문에 대해 밝히고자 노력하였다.

즉, 이러한 학습이론가들은 유기체가 만족스러운 상태를 경험할 때에 전도 단위가 여전히 활동적이라고 생각한다. 강화가 반응을 강화시키는 이유에 대해 신경 흔적이라고 답한다면 이는 일반적인 답변일 수 있을 것이다. 그러나 여전히 강화가 반응을 어떻게 보강하는가에 대한 질문은 해결되지 않는다.

4. 1930년 이후의 Thorndike

1929년 9월, 손다이크(Thorndike)는 코네티컷 주 뉴헤이번에서 열린 국제심리학회에서 청중 앞에 서 있었다. 그는 "저는 틀렸습니다."라는 말로 연설을 시작했다. 이러한 행동은 훌륭한 과학자의 면모에 대해 보여 준다. 과학자는 자료가 요구할 때면 자신의 결론을 바꿀 의무가 있다.

1) 수정된 연습의 법칙

손다이크는 연습의 법칙 전체를 본질적으로 포기했다. 단순한 반복이 연결을 강화한다는 사용의 법칙이 정확하지 않다고 밝혔다. 마찬가지로 단순한 불사용이 연결을 크게 약화시키지도 않았다. 손다이크는 여전히 연습이 조금의 향상을 이끌며 연습이 부족하면 약간 잊을 뿐이라고 주장하지만, 그는 1930년 이후 모든 연습의 법칙을 폐기하였다.

2) 수정된 효과의 법칙

1930년 이후, 초기 효과의 법칙은 절반만 진실이라 밝혀졌다. 살아남은 절반은 만족스러운 상태로 지속되는 반응이 강화된다는 것이었다. 나머지 절반에 대해 손다이크는 처벌이 따라오는 반응이 연결을 강화시키는 데에 아무 효과가 없음을 밝혀내었다.

그의 수정된 효과의 법칙은 강화가 연결의 강도(strength of a connection)를 늘리지만, 처벌은 연결의 강도에 아무 역할을 하지 않는다는 것이다. 이러한 발견은 오늘날까지도 깊은 함의를 갖고 있다.

처벌의 효과에 대한 손다이크의 결론은 수천 년간의 상식에 반대되며, 교육, 아이, 양육, 일반적인 행동 수정에 대해서도 숱한 함의를 갖는다.

3) 소속성

손다이크(Thorndike)는 연합의 법칙에 인접성과 함께 효과의 법칙도 주요한 요소로서 작용함을 밝혀냈다. 만약 연합 요소가 어느 정도 함께 소속된 것이라면, 그들 간의 연합은 그들이 함께 소속되어 있지 않은 것보다 훨씬 쉽게 학습되고 유지된다. 이 같은 현상을 살펴보기 위해 고안된 실험에서 손다이크(Thorndike, 1932)는 실험 참여자들에게 다음과 같은 문장을 10번씩 읽어 주었다.

알프레드 듀크스와 그의 여동생은 구슬프게 일했다. 에드워드 데이비스와 그의 남동생은 거의 싸우지 않았다. 프랜시스 브래그와 그의 조카는 열심히 놀았다. 바니 크로프트와 그의 아버지는 열심히 관찰하였다. 링컨 블레이크와 그의 삼촌은 기쁘게 들었다. 잭슨 크레이그와 그의 아들은 자주 다투었다. 샬럿 딘과 그녀의 친구는 쉽게 공부하였다. 메리 보라와 그녀의 동료는 따분하게 불평하였다. 노먼 포스터와 그의 엄마는 많은 것을 샀다. 앨리스 핸슨과 그녀의 선생님은 어제 왔다.

그 후 참여자들은 다음의 질문을 받았다.

- '거의' 뒤에 온 단어는 무엇인가?
- '링컨' 뒤에 온 단어는 무엇인가?
- '기쁘게' 뒤에 온 단어는 무엇인가?
- '따분하게' 뒤에 온 단어는 무엇인가?

- '메리' 뒤에 온 단어는 무엇인가?
- '열심히' 뒤에 온 단어는 무엇인가?
- '노먼 포스어와 그의 엄마' 뒤에 온 단어는 무엇인가?
- '~와 그의 아들은 자주 다투었다' 뒤에 온 단어는 무엇인가?

만약 인접이 유일하게 영향을 끼치는 요인이라면 모든 단어는 똑같이 학습되고 기억되어야 한다. 그러나 그렇지 않았다. 문장의 끝에 있는 단어와 다음 문장의 처음에 있는 단어의 정확한 연합의 평균은 2.75였지만, 처음 단어와 두 번째 단어의 정확한 연합의 평균은 21.5였다. 이는 인접만이 아닌 다른 어떤 것이 작용하고 있다는 것을 분명하게 보여 준다.

손다이크는 이를 가리켜 소속성(belongingness)이라고 하였다. 한 문장의 마지막 단어의 첫 단어가 연합하는 정도보다 한 문장에서 주어와 동사가 연합되는 정도가 더 높은데, 이것을 소속성이라고 할 수 있다.

손다이크는 앞서 말한 확인 반응을 소속성의 개념과 관련지었다. 그는 유기체의 욕구 반응으로 야기된 결과 사이에 자연스러운 관계가 있으면, 없는 경우보다 학습이 더 잘 일어날 것이라고 보았다. 예를 들어, 배고픈 동물이 먹이를 찾으면 만족하고, 목마른 동물이 물을 찾으면 만족하는 식이다.

그러나 이 말이 배고프거나 목마른 동물이 다른 만족스러운 것을 찾지 않으리라는 것을 의미하지는 않는다. 구속으로부터의 도피와 고통으로부터의 자유는 둘 다 만족스러운 것이다. 그러나 강력한 욕구의 존재는 그 순간 가장 만족감을 주는 일련의 행동을 만들어 낸다.

손다이크는 유기체의 현재 욕구에 속하지 않는 효과가 다른 상황에서는 강력한 만족인이 된다 할지라도, 유기체의 현재 욕구에 속하는 효과가 현재 욕구에 속하지 않는 효과보다 강력한 확인적 반응을 이끌어 낸다고 주장한다.

손다이크가 소속성의 개념을 두 가지 방식으로 사용했음을 보았다. 첫 번째로는 사람들이 언어 자료를 학습할 때 학습한 내용을 함께 속한 것으로 여겨지는 단위로 조직화하는 경향이 있다는 이유를 설명하는 데 사용하였다. 둘째로는 반응에 의해 생긴 효과가 유기체의 욕구와 관련되어 있을 때, 유기체의 욕구와 관련되지 않을 때의 효과보다 학습에 더 효과적임을 설명하기 위해 사용하였다.

많은 이들은 손다이크가 자신의 소속성 개념을 통해 유기체가 구체적인 S–R 연결이 아닌 일반 원리를 학습한다고 주장하는 형태주의 심리학자들에게 항복하였다고 믿었다. 이러한 반응에 대해 손다이크는 학습된 반응은 이미 형성된 방향으로 일어나기 쉽다고 하는 극성 원리(principle of polarity)로 응한다. 예컨대, 거의 대부분의 사람이 알파벳을 차례대로 암송하기는 쉽지만 거꾸로 암송하기는 어렵다.

손다이크는 사람들이 특정 S–R 연결이 아닌 일반 원리와 이해를 학습한다면, 학습한 것을 어느 방향으로든 거의 같은 수준으로 수행할 수 있어야 한다고 지적한다. 그러므로 손다이크는 소속성의 개념을 통해서도 학습과정에 대한 기계적이고 비정신적인 관점을 유지했던 것이다.

4) 효과의 파급

1930년 이후, 손다이크(Thorndike)는 효과의 파급(spread of effect)이라는 새로운 주요 이론적 개념을 추가했다. 손다이크는 실험 중 만족스러운 상태는 이를 이끌어 낸 반응이 다시 나타날 가능성을 증가시킬 뿐만 아니라 강화된 반응을 둘러싼 다른 반응들이 다시 나타날 가능성까지 높인다는 것을 발견하였다.

이 효과를 증명하기 위한 전형적인 실험에서는 실험자들에게 catnip, debate, dazzle과 같은 10개의 단어를 제시하고, 단어들에 대하여 1에서 10까지의 숫자로 반응하도록 설계하였다. 만약 실험 참여자가 연구자가 단어마다 미리 정한 숫자로 정확하게 반응하면 연구자는 '맞았다'고 이야기한다. 만약 피실험자가 다른 숫자를 말한다면 '틀렸다'고 말한다. 실험은 같은 방식으로 여러 차례 진행된다.

이 연구를 통해 두 가지 중요한 결과가 나왔다. 첫째는 강화(연구자가 '맞았다'고 말하는 것)가 이후에 같은 단어의 자극이 주어졌을 때 동일한 숫자가 반복될 가능성을 크게 증가시킨다는 것이다.

그러나 처벌(연구자가 '틀렸다'고 말하는 것)은 잘못된 숫자가 계속해서 나타날 가능성을 줄이지 못한다. 손다이크가 그의 초기 주장인 효과의 법칙을 수정한 것은 부분적으로 이 연구의 결과 때문이다. 둘째는 강화 받은 숫자보다 앞서 나온 숫자와 뒤따라온 숫자는 그 숫자 자체가 강화를 받지 않았거나 심지어는 이전에 시행에서 처벌을 받았을지라도 다시 나타날 가능성이 증가하였다는 것이다.

이로써 손다이크가 만족스러운 상태라고 부른 현상은 강화 받은 반응에서 이웃한 반응으로 명백하게 '파급'된다. 그는 이러한 현상을 효과의 파급이라고 불렀다. 그는 또한 이러한 효과가 거리가 멀어짐에 따라 감소함을 발견하였다. 달리 말하면 강화된 반응은 다시 일어날 가능성이 가장 높고, 강화 받은 것 다음의 반응이 그 다음의 재현 가능성을 가지며, 그 다음의 반응은 그 다음의 가능성을 갖는 것이다.

그는 더불어 효과의 파급이 학습의 자동적이고 직접적인 특성을 증명하고 있다고 보았다.

5. Thorndike 이론에 대한 평가

1) 공헌

손다이크(Thorndike)의 선구적인 연구는 학습과 행동의 개념화에 분명한 대안을 제시한다. 그의 연구는 초기의 접근법들과는 크게 다르다. 손다이크 이전에는 학습을 체계적이거나 실험적으로 연구한 사람들이 없었다. 손다이크는 가용한 자료들을 토대로 학습에 대해 체계적으로 설명하고 종합했다. 더불어 학습이론 분야를 정의 내리게 될 시행착오 학습이나 훈련 전이와 같은 현상들을 발견하고 발달시켰다.

효과의 법칙을 통해, 손다이크는 행동의 결과가 그 행동 강도의 후진적인 효과를 만든다는 것을 통제된 조건 아래에서 최초로 관찰하였다. 효과의 이유, 제한, 기간, 정의와 측정에 관련된 문제들은 이후 50년 동안에도 행동주의자들의 연구 주제가 되었으며, 오늘날까지도 여전히 연구와 논쟁의 주제이다.

헌스타인(Herrnstein)의 효과의 법칙은 직접적으로 그 연구를 이어 갔으며, 동시대의 연습의 법칙에서도 손다이크의 흔적을 따라갈 수 있다. 손다이크는 초기 연습의 법칙에서 망각의 성질을 연구하고 처벌을 다루면서 행동의 억압을 연구한 최초의 사람이었다. 그는 자료가 자신의 가설과 상반되자 그 현상을 다룬 초기의 설명을 기꺼이 폐기하였다.

손다이크는 교육적 실제에 관한 보편적인 가정에 격렬하게 의문을 제기한 최초의 사람이기도 하였다. 그를 초기 행동주의자라고 볼 수 있음에도 불구하고, 요소의 우월성이나 유추의 반응에 대한 그의 생각은 현대의 인지학습 이론을 예시한 것이라 할 수 있다.

2) 비판

손다이크(Thorndike)가 발견한 몇 가지 현상(예: 효과의 파급)이 그가 확인한 것과 다른 과정에 의한 것이라 밝혀졌음에도 불구하고, 손다이크 이론에 대한 중요한 비판은 크게 두 가지이다.

첫 번째는 효과의 법칙에서 만족인의 정의에 관한 것이다.

두 번째 비판 또한 효과의 법칙과 관련된 것인데, 그것은 학습을 지나치게 기계론적으로 정의한다는 것이다.

효과의 법칙에 대해 비판하는 사람들은 손다이크의 논거가 순환론적(circular)이라고 말한다.

만약 반응 확률이 증가하면 만족스러운 상태가 존재하기 때문이라고 하고, 반응 확률이 증가하지 않으면 만족스러운 상태가 존재하지 않기 때문이라고 말한다. 이러한 설명은 이론의 검증을 할 수 없게 한다. 같은 사건(반응 확률의 증가)

이 학습과 만족스러운 상태 둘 다를 알아내기 위해 사용되었기 때문이다.

이후 손다이크를 옹호하는 사람들은 이러한 비난이 유효하지 않다고 주장하였다. 왜냐하면 무엇인가가 만족이라는 것이 드러나면 이것을 다른 상황에서도 행동을 수정하는 데에 사용할 수 있기 때문이다.

그러나 이러한 옹호는 실패했다. 손다이크의 효과의 법칙에 대한 두 번째 비판은 S-R 법칙이 강화되거나 약화되는 방법에 관한 것이다. 앞에서 살펴본 것처럼, 손다이크는 학습이 만족스러운 상태의 자동적인 기능이며, 사고나 추론 등의 의식적인 기제는 결과가 아니라고 믿었다. 손다이크는 만족인이 효과를 찾기 위해 유기체가 만족인과 반응 사이의 관계를 인식할 필요가 없다고 믿었다. 비슷하게, 학습자의 의도와 전략은 학습에 필수적이지 않다고 보았다. 손다이크는 사고, 계획, 전략, 의도의 존재를 부인하지 않았지만, 이러한 것들에 대해 언급이 없이도 학습이 적절하게 설명될 수 있다고 믿었다.

오늘날의 학생들은 손다이크 시대의 많은 이가 그랬듯, 학습 연구에 대한 기계적인 접근에 대해 부정적으로 반응한다. 예를 들어, 맥두걸(McDougall)은 1920년대의 손다이크의 선택과 연결에 대한 이론은 "바보 천치의, 바보 천치에 의한, 바보 천치를 위한 이론"이라고 썼다. 강화의 성질과 관련된 논쟁과 강화가 효과적이려면 학습자가 강화 유관(reinforcement contigencies)을 자각하여야 하는가에 대한 논쟁은 지금까지도 계속되고 있다.

6장 Bandura의 사회인지이론

Bandura
(1925~2021)

반두라(Bandura)는 작은 시골에서 태어나서 뒷날 브리티시컬럼비아의 남부 해안 지역으로 이사하였다. 브리티시컬럼비아 대학교(UBC)에서 대학을 다녀 1949년 졸업하였다. "무엇이 당신이 심리학자가 되게 영향을 미쳤는가?"라는 물음에 반두라는 "생애와 인생의 행로에 가장 중요한 결정자는 환경의 가장 사소한 것을 통해 일어난다는 견해를 갖게 되었다."라고 답하였다. 그는 매우 일찍 가야 했던 일단의 의예과와 공학 학생들과 함께 대학에 통학하였기 때문에 단지 스케줄의 짬을 메우려고 심리학 과목을 수강하였다고 설명하였다. 심리학 과목은 그를 매혹시켰으며, 브리티시컬럼비아 대학교 졸업 후 3년 뒤에 아이오와 주립 대학교에서 임상심리학 전공으로 철학박사학위를 받았다. 1년 뒤에 스탠포드 대학교의 교원이 되고, 마침내 정교수와 학과장이 되었다.

반두라의 초기의 저작과 이론화는 그 당시 지배적인 이론이었던 스키너(Skinner)와 헐(Hull)의 행동주의에서 나왔다. 그러나 그의 생애의 동틀 무렵부터 그는 이미 사고와 의도의 중요성을 거부하는 행동주의로부터 벗어나기 시작하였다. 반두라의 접근은 더욱 사회 지향적이었다. 그는 사람들이 어떻게 서로 영향을 주는지 그리고 사회적 행동이 어떻게 모방을 통해 습득되는지를 살펴보았다.

그의 접근 방법은 또한 더욱 인지적이었으며, 행동의 결과를 예상하는 인간 능력에 점차 중요한 역할을 부여하였다.

마침내, 이것은 Social Foundation of Thought and Action: A Social Cognitive Theory(1986)라는 제목의 저서로 요약되는 인간행동의 대한 사회인지 이론이다. 반두라는 주와 국가로부터 수많은 상을 받았으며, 미국심리학회 회장을 역임하였다.

사람들이 다른 사람들을 관찰함으로써 학습할 때 무엇이 일어나는지에 연구자들은 관심을 가져왔었다. 반두라에 의해 개척된 이런 입장을 사회인지이론이라 부른다. 사회학습이론(social learning theory)으로도 불리어지는 사회인지이론(social cognitive theory)은 사람들이 다른 사람들을 관찰함으로부터 학습하고 자신의 행동에 대해 차츰 통제하는 것에 내포된 과정을 연구한다. 사회인지이론은 그 역사적 뿌리를 행동주의에 두지만 행동주의를 넘어간다.

1. 사회인지이론의 특성

사회인지이론은 적어도 세 가지 점에서 행동주의와 차이가 있다.

학습은 즉시 행동 변화로 나타날 수도 혹은 나타나지 않을 수도 있는 내적 과정이다. 그러나 행동주의는 관찰 가능한 행동의 변화로 본다. TV에서 야구 경기를 보고서 "나도 할 수 있을 것 같다."라고 말하는 신념 혹은 기대는 행동주의자들이 고려하지 않는 내적 과정으로서 행동에 영향을 미친다.

행동, 환경, 개인의 3요인은 서로 영향을 미치는 상호작용을 한다. 행동주의는 환경이 직접적으로 행동을 일으키는 일방적 관계를 주장하는 반면에, 사회인지이론은 행동, 환경, 개인적 요인(예: 신념, 기대)은 서로 간에 영향을 미친다고 말한다. 인과 관계의 3요인 상호성 모형은 [그림 6-1]과 같다.

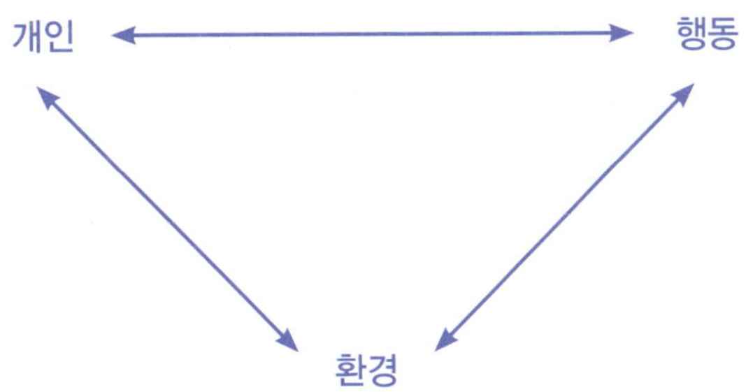

[그림 6-1] 인과 관계의 3요인 상호성 모형

예를 들면, 자기효능감(self-efficacy) 신념은 과제 선택, 지구력, 노력과 같은 성취행동에 영향을 미친다(개인→행동). 학습 목표를 향한 진보는 계속 학습에 대한 학생의 자기효능감을 높인다(행동→개인). 수행에 대한 낮은 자기효능감을 가진 학생은 자기 주변의 사람들로 하여금 학생의 실제 능력보다 낮은 효능감을 가진 학생들의 일반적 특성에 근거하여 학생에게 반응하게 할 수 있다(개인→환경). 만일 교사가 "너는 할 수 있다."라고 말할 때, 학생은 성공에 대해 더욱 자신감을 느낄 것이다(환경→개인). 학생이 아무런 생각 없이 칠판을 바라볼 때는 환경이 행동에 영향을 미친다(환경→행동). 학생이 교사의 질문에 틀린 답을 하면, 교사는 요점을 다시 가르칠 수 있다(행동→환경).

개인, 행동, 환경의 3요인 중 어느 하나가 다른 둘에 미치는 상호적 인과 관계(reciprocal causation)를 나타내면 〈표 6-1〉과 같다.

〈표 6-1〉 개인, 행동, 환경 간의 상호 영향(상호적 인과 관계)

독립 변인	종속 변인	일반적인 예
개인의 효과	환경	자기효능감은 활동의 선택에 그리고 그러므로 접하는 특정 환경에 영향을 미친다.
	행동	주의집중, 파지, 운동 재생 및 동기는 모델링하는 행동을 모방하는 정도에 영향을 미친다.
행동의 효과	환경	특정 행동은 받게 되는 강화와 처벌의 양에 영향을 미친다.
	개인	성공과 실패는 장차 수행에 대한 기대에 영향을 미친다.
환경의 효과	행동	강화와 처벌은 장차 행동에 영향을 미친다.
	개인	다른 사람들로부터 받는 피드백은 자기효능감에 영향을 미친다.

출처: Ormrod(2000).

강화와 처벌은 학습과 행동에 간접적 효과를 미친다. 행동주의는 강화와 처벌은 행동의 직접적 원인이라고 본다. 사회인지이론은 강화와 처벌은 기대(expectation)를 일으킨다고 주장한다. 만일 학생이 열심히 공부하여 시험을 잘 보았다면, 다음 시험도 같은 방식으로 공부하면 잘 볼 것으로 기대한다.

만일 어떤 사람이 어떤 행동에 대해 강화 받고 있는 것을 본다면, 학생은 비슷한 행동을 하면 강화 받을 것으로 기대한다. 사람들이 기대를 형성한다는 사실은 사람들은 어느 행동이 강화 받을 것인지를 인식한다는 것을 의미한다. 이 점은 중요하다. 왜냐하면 사회인지이론에 의하면, 무슨 행동이 강화 받고 있는지를 학습자들이 알 때에만 강화는 행동을 변화시키기 때문이다.

2. 관찰학습에 대한 Bandura의 설명

반두라(Bandura)에 따르면 관찰학습은 모방할 수도 있고 모방하지 않을 수도 있다. 예를 들어, 운전하는 동안 앞서가던 차가 웅덩이에 빠지는 것을 보았을 때, 이를 관찰한 당신은 웅덩이를 피해 운전하여 차가 망가지는 것을 막을 수 있을 것이다. 이러한 상황에서 당신은 관찰을 통해 학습을 하기는 했지만, 관찰했던 것을 그대로 모방하지는 않았다.

반두라에 따르면 학습된 것은 정보이며 이는 인지적으로 처리되고 당신에게 유리한 방식으로 작동된다. 그러므로 관찰학습은 대부분 다른 사람의 행동을 흉내내는 단순한 모방보다 훨씬 더 복잡하다.

반두라의 이론과 가장 유사한 이론을 뽑자면 톨먼(Tolman)의 이론이라 할 수 있다. 왓슨(Watson)은 행동주의자였지만, 행동을 설명하기 위해 심적인 개념들을 사용하였으며, 반두라도 이와 유사한 일을 하였다. 왓슨은 학습을 강화가 필요 없는 정적인 과정으로 보았고, 반두라도 이와 같았다.

왓슨과 반두라의 이론 모두 본질적으로는 인지적 접근을 취하고 있으며, 강화이론(reinforcement theories)은 아니다. 동기에 대한 개념에 있어서도 왓슨과 반두라 이론은 서로 일치한다.

왓슨은 학습을 정적인 과정으로 보았지만, 여기에서 더 나아가 학습을 통해 얻은 정보는 이를 사용할 욕구가 일어날 때와 같이 그렇게 행동할 이유가 있을 때에만 작용한다고 믿었다.

예를 들면, 식수대가 어디에 있는지를 알고 있는 사람은 이러한 정보를 목이 마를 때에 사용한다. 왓슨에게 있어 학습과 행동에 대한 이러한 구분은 매우 중요했고, 이는 반두라의 이론에서도 중요하다.

1) 경험적 관찰

학습과 수행 간의 구분은 반두라가 수행한 연구에서 잘 나타난다. 이 연구에서 아동들은 모델(model)이 커다란 인형을 발로 차는 영상을 보았다. 반두라의 이론에서 모델은 사람이나 영상, TV 프로그램, 시범을 보여 주는 것, 그림, 지시 등과 같은 정보일 수 있다. 반두라의 연구에서 모델은 인형에게 공격적인 행동을 모델링하는 영상이었다.

첫 번째 집단은 모델이 공격적인 행동을 한 것에 대해 강화하는 것을 보았다.

두 번째 집단은 모델이 처벌을 받는 것을 보았고,

세 번째 집단은 모델이 강화나 처벌 중 어느 것도 받지 않는 중립 집단이었다.

이후 세 집단이 인형에 노출되었을 때 보이는 아동들의 공격성이 측정되었다. 예상했던 바와 같이 공격적 행동에 강화를 받은 모델을 관찰한 아동들이 가장 높은 수준의 공격성을 보였다.

그리고 처벌을 받는 것을 본 아동들이 가장 낮은 정도의 공격성을 보였고, 중립 집단의 경우 중간 정도의 공격성을 보였다. 이 연구의 흥미로운 점은 아동들의 행동이 간접적 혹은 대리적 경험에 의해 영향을 받았다는 것이다. 아동들이 다른 사람의 경험을 관찰하는 것이 그들의 행동에 영향을 준 것이다.

첫 번째 집단의 아동들은 대리강화(vicarious reinforcement)를 경험하였고, 이는 아동들의 공격성을 촉발시켰다.

두 번째 집단의 아동들은 대리처벌(vicarious punishment)을 경험했고, 이는 아동들의 공격성을 제지했다. 아동들이 자신이 직접적으로 강화를 받거나 처벌을 받지 않았어도 이러한 관찰이 행동을 바꾸어 주었다.

이 같은 결과는 유기체에 있어 외현적 행동에 강화가 따라올 경우에만 관찰학습이 일어난다는 밀러와 달라드(Miller & Dollard)의 주장과는 다르다.

반두라의 연구에서는 두 번째 단계는 학습과 수행을 분명하게 구분하기 위해 진행되었다. 이 단계에서 아동들은 모두 모델의 행동을 재생산하는 것에 대해 매력적인 보상을 제공받았으며, 모두 모델의 행동을 따라 했다. 다시 말해, 아동들은 모두 모델의 공격적인 행동을 학습했다.

그러나 그들은 수행을 달리하였다. 이러한 수행이 달라진 것은 아동들이 모델이 강화를 받았는지, 처벌을 받았는지, 혹은 중립적 결과를 경험했는지에 따라 달라졌다.

반두라의 연구와 톨먼과 혼지크(Tomlan & Honzik)의 연구 간의 유사점에 주목해 보자. 후자의 연구에서 강화(reinforcement) 없이 미로를 달렸던 쥐가 갑자기 특정한 올바른 행동에 대해 강화를 받을 경우, 쥐의 수행(performance)은 모든 시행에서 강화가 제공되었던 쥐와 급격하게 비슷해지는 것을 검사할 수 있었다.

톨먼의 해석은 쥐들이 강화를 받지 못했더라도 미로에 대한 올바른 반응을 학습하고 있으며, 단순히 상황에 강화를 맞추는 것이 아니라 강화가 쥐들이 그동안 축적했던 많은 정보를 사용할 수 있게 만드는 것이었다.

반두라의 연구는 톨먼과 혼지크의 연구와 유사하며, 학습과 수행을 구분한 점에서도 유사하다. 두 연구 모두에서 확인할 수 있는 주된 발견은 강화는 학습과 관련된 변인이라기보다는 수행과 관련된 변인이라는 것이다. 물론 이는 강화에 대한 헐의 결론과는 정확하게 반대된다. 그에게는 강화가 학습과 관련된 변인이었을 뿐, 수행 변인은 아니었다.

따라서 관찰학습에 대한 반두라의 설명은 밀러와 달러드의 설명과는 확실히 불일치한다. 반두라는 관찰학습이 언제든지 일어난다고 생각하였다. 반두라는 "관찰에 의한 학습의 능력이 충분히 발달된 뒤에는 사람들이 관찰을 통해 학습하는 것을 막을 수 없다."라고 말했다. 밀러와 달러드와는 달리 반두라는 관찰학습이 외현적인 반응이나 강화를 요구하지 않는다고 생각했다.

반두라는 관찰학습에 대한 스키너, 밀러와 달러드의 설명과는 다른 몇몇 설명을 확인했다.

첫째, 이전에 제기되던 그들의 설명만으로는 모델 혹은 관찰자가 행위에 대해 강화 받지 못했을 때에도 학습이 일어나는 이유를 설명하지 못하였다.

둘째, 그들은 관찰자가 훨씬 이전에 관찰한 것을 학습하는 지연 모델링(delayed modeling)을 설명하지 못했다. 나아가 관찰을 한 사람은 이전에 학습한 것을 발현하는 데 강화를 받을 필요가 없다.

셋째, 강화가 자동적이고 기계적으로 행동을 촉진한다고 믿었던 밀러와 달러드, 스키너와는 달리, 관찰자가 강화에 대한 효과를 가지려면 먼저 관찰자가 강화 유관성을 인식해야 한다고 생각했다. 반두라는 "반응에 의한 학습은 많은 경우 인지적 과정이기 때문에 만약 이를 알아차리지 못한다면 결과들은 대부분 복잡한 행동에서 변화를 만들어 내지 못한다."고 말했다.

요약하자면, 반두라가 주장한 관찰학습에는 중요하게 여겨졌던 요소들인 변별 자극이나 외현적 반응, 강화가 빠져 있다.

3. 모델링

모델링(modeling)이란 다른 사람들의 행위를 관찰한 결과로서 생기는 변화를 말한다. 모델링은 사회인지이론의 중심 개념이다. 우리는 모델링을 통해 많은 상이한 것들을 학습한다. 우리는 다른 사람들이 하는 방식을 봄으로써 연필 잡기, 축구공 차기와 같은 운동 기능을 학습하고, 읽기와 수학의 학업 기능을 습득하고, 그리고 우리는 적어도 일부는 주변의 사람들을 바라보고 모방함으로써 대인 관계 기술과 도덕적 가치를 계발한다.

에건과 카우착(Eggen & Kauchak)의 모델링의 형태로는 세 가지가 있다. 단순히 모델의 행동을 모방하려고 시도하는 직접적 모델링(direct modeling; 예: 선생님이 쓰는 것과 동일한 방식으로 글자를 쓰는 아동), 책, 연극, 영화 또는 TV의 등장인물이 보이는 행동을 모방하는 상징적 모델링(symbolic modeling; 예: TV 쇼의 연예인처럼 옷을 입는 10대), 그리고 관찰된 행위의 부분들을 합병함으로써 행동을 계발하는 합성된 모델링(synthesized modeling; 예: 의자를 사용하여 서가의 책을 찾는 형과 찬장 문을 여는 어머니를 본 후 찬장 문을 열기 위해 의자를 사용하는 아동)이 있다.

1) 모델링을 통한 학습에 내포된 과정

반두라에 의하면, 학생이 다른 사람의 행동을 성공적으로 모델링할 수 있으려면 주의집중(attention), 파지(retention), 운동 재생(motor reproduction), 동기화(motivation)의 네 가지 조건이 필수적이다([그림 6-2] 참조).

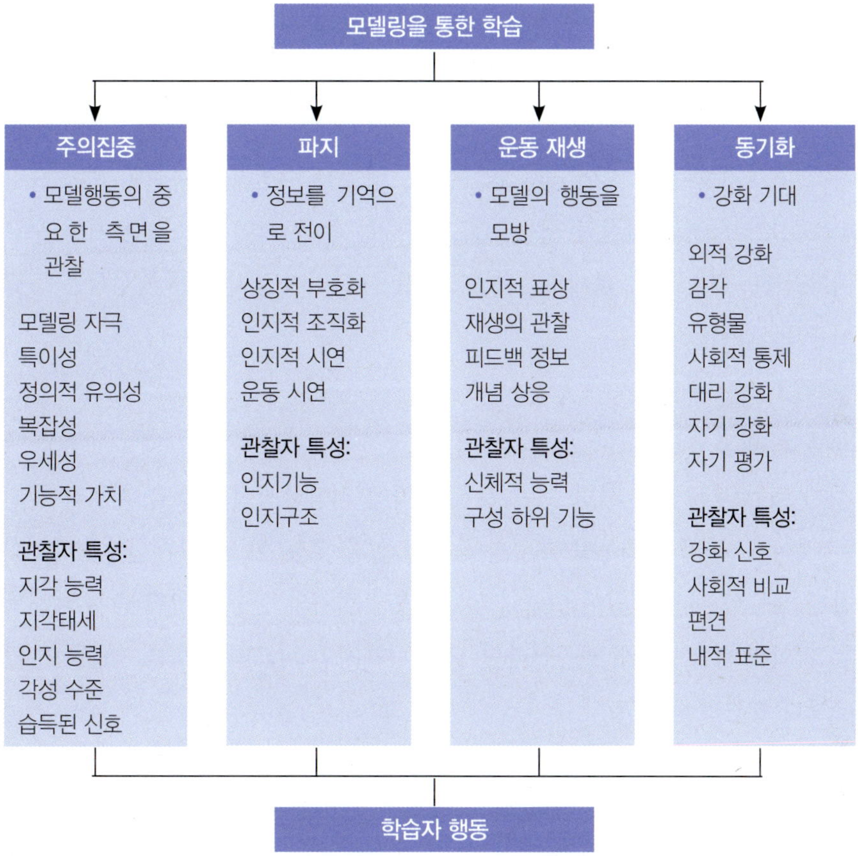

[그림 6-2] 모델링을 통한 학습에 내포된 과정들

출처: Bandura(1986); Eggen & Kauchak(2001); Lefrancois(2006).

● 주의집중

행동이 모델링되기 위해서는 학습자는 모델에, 특히 모델링되는 행동의 중요한 측면에 주의를 기울여야 한다. 학생은 선생님이 과학 실험에서 적절한 절차를 시범 보일 때 주의 깊게 관찰하고, 영어 시간에 발음할 때 주의 깊게 들어야 한다.

● 파지

주의집중한 다음에, 학습자는 모델이 행하는 것을 기억해야 한다. 사람들은 관찰하는 행동의 언어적 표상(단계별 지시와 같은)과 시각적 심상 양자를 기억에 저장한다. 이런 언어적 및 시각적 기억부호(memory code)는 모델이 시범을 보인 직후든, 또는 장차 얼마의 시간이 지난 후든 관찰한 행동을 수행할 때 안내자로 기능한다.

중요한 파지 과정은 시연(rehearsal)이다. 행동을 수행하는 자신의 모습을 상상하는 정신적 시연과 외현적 행동으로 나타내는 운동 시연은 중요한 기억 보조수단이다. 행동을 명칭의 형태로 표상하고 언어적·시각적 단서를 생성하는 능력은 파지를 높인다.

● 운동 재생

셋째 조건은 모델이 시범 보인 것을 기억에 저장하였던 행동을 재생하여 반복하는 것이다. 관찰된 행동을 재생할 능력이 없을 때는 이 단계는 일어날 수 없다. 관찰된 행동의 재생에 있어 연습과 맞는, 틀린 절차와 반응에 관한 즉시 피드백을 받는 기회를 학습자에게 제공한다면 그런 구체적인 피드백 기회를 제공하지 않는 경우보다 훨씬 도움이 된다.

● 동기화

마지막 요소는 모델링되는 행동을 재생하는 것에 대한 강화를 기대하여 그 행동을 나타내고자 동기화되어야 한다. 즉, 학습한 것을 나타내고자 원해야 한다. 아동들은 부모와 선생님이 수행하는 행동 모두를 모델링하는 것은 아니다. 그렇게 하고자 동기화될 때에만 행동을 모델링한다. 관찰학습에서 동기유발자로 기능하는 세 가지 과정은 직접적(외적) 강화, 대리강화(모델에게 주어지는 강화), 그리고 자기강화이다.

행동 모델, 학습자의 인지과정들, 학습과 수행 간의 관계를 나타내면 [그림 6-3]과 같다.

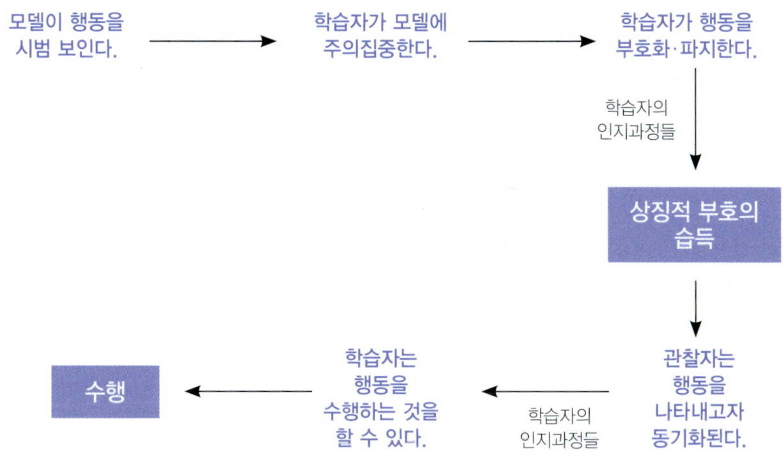

[그림 6-3] 사회인지이론에 의한 관찰학습 단계

출처: Gredler(2005), 재구성.

2) 모델링이 행동에 미치는 효과

모델링은 다섯 가지 면에서 행동에 영향을 미칠 수 있다.

● 관찰학습

관찰학습 효과란 관찰자가 모델이 시범 보이는 새 행동을 습득하는 효과를 말한다. 예컨대, 모델을 보고 들은 후 테니스의 포핸드 치기를 할 수 있고, 외국어 발음을 정확히 할 수 있다.

● 기존 행동의 촉진

모델이 이전에 학습한 행동을 하는 것에 대해 강화를 받고 있는 것을 본 후(즉, 대리강화를 받은 후), 관찰자는 그 행동을 더 자주 하게 된다. 예컨대, 학생들은 다른 학생들이 과제를 협동하여 제 때에 완수하여 강화를 받는 것을 본다면, 급우들과 경쟁하기보다는 협동하여 과제를 제 때에 제출할 가능성이 더 높다.

● 행동의 금지

행동의 금지(inhibition)란 모델이 관찰자가 이전에 학습한 행동을 하는 것에 대해 처벌을 받고 있는 것을 본 후(즉, 대리처벌을 받은 후), 관찰자는 그 행동을 덜 자주 하게 되는 것을 말한다. 예컨대, 만일 교사가 수업 중 말하기 전에 손을 들게 하는 규칙을 정할 경우, 한 급우가 허락을 받지 않고서 말하여 꾸중을 듣는 것을 본다면, 학생들은 그 규칙을 덜 위반할 것이다. 교실 관리 분야의 개척자적 연구자인 코우닌(Kounin)은 이 현상을 "잔물결 효과(ripple effet)"라 불렀다.

● 행동의 탈금지

행동의 탈금지(disinhibition)란 모델이 이전에 금지되거나 처벌을 받은 행동을 했는데도 불리한 결과를 받지 않는 것을 본다면 관찰자는 그런 행동을 더 자주 하게 된다. 앞의 예에서 한 학생이 허락을 받지 않고서 말하였는데도 꾸중을 받지 않는다면, 다른 학생들은 동일한 행동을 할 가능성이 높다. 즉 금지는 약해진다.

● 정서 유발

모델의 정서 표현을 관찰함으로써 관찰자의 정서적 반응은 변화될 수 있다. 예컨대, 높은 다이빙대에 서 있는 다이빙 선수의 불안을 관찰하는 것은 관찰자에게 다이빙대를 더욱 두려워하게 한다. 그러나 모델링되는 정서는 반드시 다른 사람들에게서 일어나는 것과 동일한 것은 아니다. 분노가 모델링되는 것을 볼 경우, 당신의 정서는 당황함 또는 불안일 가능성이 더 높다. 긍정적인 측면에서, 교사가 수업을 도취하여 열정적으로 하는 것을 관찰하는 것은 학생들에게서 비슷한 흥분을 일으킬 수 있다.

3) 효과적인 모델의 특성

모든 모델이 똑같이 효과적인 것은 아니다. 효과적인 모델은 다음과 같은 특성을 갖고 있다.

● 유사성

모델의 행동을 관찰할 때 모델이 관찰자와 비슷하다고 지각한다면 관찰자는 모방할 가능성이 더 크다. 한 연구에 의하면, 뺄셈 기능의 결함이 있는 아동들은 또래 모델들이 문제를 푸는 것을 관찰한 후 수행이 개선되었다.

● 지위

집단 혹은 사회 내에서 지위가 높고, 존경을 받고, 힘을 가진 사람은 모델링될 가능성이 크다. 아동과 청소년들은 세계적 지도자, 유명한 운동선수, 대중스타, 존경받는 전문가 등의 유명한 사람들을 종종 모방한다.

아동은 학급의 열등생의 행동보다는 학급 지도자의 행동을 모방하기 쉽다. 한 연구에 의하면, 인기 있는 급우들이 장애아동들과 상호작용하는 것을 본 비장애아동들은 그렇게 하였지만, 인기 없는 급우들이 동일한 행동을 하는 것을 본 아동들은 그렇게 하지 않았다.

● 능력

사람들은 유능하지 않은 것으로 지각되는 모델보다 유능한 것으로 지각되는 모델을 더욱 모방하고자 한다. 학생들은 무언가 잘 하는 사람을 모방하고, 잘 하지 못하는 사람은 모방하려고 하지 않는다. 학생들은 문제 풀이를 자주 틀리는 교사의 수학 문제 풀이 절차보다는 하고 있는 것을 잘 알고 있는 교사의 풀이 절차를 따를 것이다.

4. 자기효능감

1) 자기효능감의 개념

사람들은 자신이 어떤 행동을 성공적으로 수행할 수 있다고 믿을 때 그 행동을 더 자주 하게 된다. 자기효능감(self-efficacy)이란 특정 상황을 관리하는 데 필요한 행동을 학습하거나 수행할 수 있다는 자신의 능력에 대한 지각된 신념을 말한다.

자기효능감은 성과기대(outcome expectation)와 다르다. 자기효능감은 행동을 할 수 있는 자신의 능력에 대한 지각을 가리키는 반면에, 성과기대는 그 행동의 예상되는 성과에 관한 신념을 말한다. 예컨대, 철수는 선생님의 질문에 정답을 말하면, 선생님이 자기를 칭찬할 것이라고 생각할 수 있다(긍정적 성과기대). 그러나 정답을 할 자신의 능력에 의문을 가지면(낮은 자기효능감), 선생님의 질문에 답하려 하지 않을지 모른다.

자기효능감과 성과기대는 개념적으로 구별될지라도, 양자는 관련되어 있다. 전형적으로 잘 수행하는 학생들은 자신의 학습 능력에 자신감을 갖고 자신의 노력에 대해 긍정적 성과를 기대할 것이다. 한편, 높은 자기효능감을 가진 학생조차도 만일 교사가 자기를 좋아하지 않는다고 생각하면 성과로서 낮은 점수를 기대할 수 있다.

한편, 자기효능감은 자아개념(self-concept)과도 구별된다. 자기효능감은 영역 특유적인(domain-specific) 개념이다. 예컨대, 교재에서 추론하기, 등식 풀기, 분수 문제 풀기 등에 대한 자기효능감을 말할 수 있다. 그러나 자아개념은 경험을 통해 형성되며 중요한 타인들에 의한 강화와 평가에 크게 의존하는 집합적인 자기지각이다. 자기효능감은 특정 능력에 대한 지각인 반면에, 자아개념은 상이한 분야들에 있어서 효능감을 포함하는 일반적인 자기지각이다.

2) 심리적 과정에 미치는 효과

자기효능감 신념은 네 가지 심리적 과정 즉, 인지적, 동기적, 정의적, 선택 과정을 통해 간접적으로 인간의 기능화에 영향을 미친다.

● 인지적 과정

자기효능감을 가진 사람들은 성공의 시나리오를 만드는 반면에, 낮은 자기효능감을 가진 사람들은 그렇지 않다. 특정의, 큰 노력을 요하는 상황에서, 높은 자기효능감은 계속 분석적 사고를 하게 하는 반면에, 낮은 자기효능감은 산만한 방략과 사고과정을 수반하게 한다.

● 동기적 과정

효능감 신념은 개인이 설정하는 목표의 유형, 행사하는 노력의 범위 및 어려움의 직면에서 인내력에 영향을 미침으로써 동기를 높이거나 제한한다. 낮은 효능감은 노력을 감소시키고 쉽게 포기하게 한다.

● 정의적 과정

자기효능감에 의해 영향을 받는 정의적 과정으로는 불안, 좌절 및 우울을 들 수 있다. 효능감은 교란시키는 생각들을 통제하고 어려운 상황에서 대처 행동을 지원함으로써 돕는다. 높은 자기효능감은 어려운 상황에 대처할 수 있게 할 수 있는 긍정적인 심리적 환경을 만드는 데 기여한다.

● 선택 과정

끝으로, 자기효능감 신념은 개인이 선택하는 활동과 환경의 유형에 영향을 미친다. 사람들은 자신의 대처 능력을 벗어난다고 믿는 활동과 환경은 기피한다. 반면에, 높은 자기효능감을 가진 사람들은 어려운 과제를 정복해야 할 도전으로 접근한다.

다음 〈표 6-2〉는 자기효능감의 수준에 따른 과제 관련 행동 및 장기적 효과를 요약한 것이다.

〈표 6-2〉 지각된 자기효능감 효과의 비교

	높은 자기효능감	낮은 자기효능감
과제 관련 행동	1. 노력은 어려움의 직면에서 강해진다. 2. 이미 습득된 기능은 어려움의 직면에서 강해진다. 3. 노력과 주의는 상황의 요구에 집중된다.	1. 노력은 감소된다. 2. 과제는 어려움의 직면에서 함께 포기될지 모른다. 3. 주의는 개인적 결함과 어려움에 집중된다. 이런 문제들은 확대된다.
장기적 효과	4. 다양한 활동과 경험에 관여를 촉진시킴을 통해 자기발달을 돕는다. 5. 개인은 부담스러운 상황에서 스트레스를 별로 경험하지 않는다. 6. 전형적으로 실패의 원인을 능력의 부족보다 노력의 부족으로 돌린다. 7. 관심과 관여를 지속시키는 도전적인 목표를 향한다.	4. 풍부한 환경과 활동의 기피를 촉진시킴으로써 발달을 방해한다. 5. 개인은 다양한 수행 상황에서 불안과 스트레스를 경험한다. 6. 주의를 개인의 단점으로 돌림으로써 기능의 효과적 사용을 손상시킨다. 7. 스트레스를 기피하는 기제로서 낮은 포부로 인도한다.

출처: Bandura(1986); Gredler(2005).

5. 행동의 자기조절

반두라에 따르면 "만약 인간의 행동이 단순히 외부에서 주어지는 보상과 처벌에 의해 결정된다면, 사람들은 그 순간 풍향계처럼 끊임없이 다른 방향으로 움직이듯 행동할 것이다. 그들이 좋지 않은 사람과 함께 있을 때는 좋지 않게 행동할 것이고, 올바른 사람들과 있을 때는 올바르게, 그리고 권위주의적인 사람과 있을 때는 독단적으로 행동할 것이다." 이 인용문에서 설명하는 상황은 실제와 똑같지 않다. 그러나 만약 외부의 강화물과 처벌이 행동을 통제하지 않는다면 무엇이 통제할까? 반두라는 인간의 행동이 대개 자기조절적 행동(self-regulated behavior)에 의해 통제된다고 주장한다. 인간은 직접경험 혹은 대리경험을 통해 학습하는데, 이때 수행 기준(performance standards)도 함께 학습하게 된다.

이러한 기준들이 학습되고 나면 이는 자기평가의 기준으로 작용하게 된다. 특정 상황에서 개인의 수행이 기준을 넘는 경우에는 긍정적으로 평가되고, 만약 넘지 못하게 되면 부정적으로 평가된다.

사람이 세우는 기준은 강화 받은 직접적인 경험으로 생겨날 수 있다. 즉, 부모와 같이 개인의 인생에 관련 있는 사람들이 칭찬해 주었던 행동들에 대해 높은 가치를 두는 것이다. 또한 개인적인 기준은 자신이 아닌 다른 사람이 강화를 받는 것을 관찰함으로써 대리적으로 생겨날 수 있다. 예를 들면, 반두라와 쿠퍼스(Bandura & Kupers)는 높은 수행 기준을 세운 모델들을 보았던 아동들은 자신이 높은 수행을 했을 때에만 자신들을 강화했고, 낮은 수행에도 강화되었던 모델에 노출된 아동들은 낮은 수행을 했을 때에도 스스로를 강화하는 것을 확인하였다.

반두라는 자신을 평가한 뒤에 자기 스스로부터 오는 내적 강화가 타인에 의해 제공되는 외적 강화보다 더욱 큰 영향력을 가진다고 생각했다. 그는 어떤 활동에 참여함으로써 주어지는 외적 강화가 개인의 참여에 대한 동기를 줄이는 몇 가지 경우를 예로 들었다. 외적(외적으로 제공된) 강화와 내적(스스로 제공된) 강화의 상대적인 영향력에 대한 연구들을 살펴본 뒤, 반두라는 "자기 스스로에 대한 보상 행동은 이러한 행동에 대한 강화가 외적으로 제공될 때보다 더욱 효과적인 경향이 있다."라고 결론지었다.

불행히도 개인은 스스로 너무 높은 내적 기준을 가지고 있을 경우 개인적 고통을 받을 수 있다. 반두라는 "극단적인 형태의 자기 평가 기준은 우울감이나 만성적인 좌절감, 무가치함, 목적의 손실을 일으킨다."라고 하였다. 반두라에 따르면, 너무 높거나 너무 어려운 목표로 활동에 참여하는 것은 실망을 이끈다. 그는 "그러므로 적당한 난이도의 부가적 목표는 가장 높은 동기 수준과 만족감을 이끈다."라고 하였다.

내재화된 수행의 기준과 같이, 지각된 자기효능감(perceived self-efficacy)은 자기조절적 행동에서 주요 역할을 한다. 지각된 자기효능감은 어떤 특정 행동에 대해 자신이 할 수 있을지에 대한 개인의 신념을 말하는 것으로, 이를 형성하는 데 영향을 주는 요소는 다양하다. 이는 개인적인 성공과 실패, 자신과 비슷한 타인이 성공하거나 실패하는 것을 보는 것, 언어적인 설득 등이다. 언어적 설득이란 일시적으로 어떤 과제를 시도하거나 피해야 한다는 확신을 제공해 줄 수 있다.

그러나 결과적으로 어떤 과제에 성공하거나 실패하는 경험은 개인의 지각된 자기효능감에 가장 큰 영향을 줄 것이다. 예를 들면, 코치는 게임을 수행하기 전에 선수들에게 그들이 얼마나 훌륭한지를 말함으로써 동기를 불러일으킬 수 있지만, 이러한 동기도 상대 팀이 더 뛰어나다는 것을 알게 될 때 사라지게 된다. 지각된 자기효능감이 높은 개인은 낮은 개인들보다 더 많은 시도를 하고 더 많이 성취하고 더 오랫동안 과제를 지속한다.

또한 높은 자기효능감을 가진 개인은 공포나 수치심을 덜 경험하는 경향이 있다.

반두라는 지각된 자기효능감이 높은 사람들은 자신이 주변 환경에 대해 높은 통제력을 가진다고 지각하는 경향이 있어 낮은 불확실성을 경험한다고 생각했다. 사람들은 자신에게 통제력이 없는 불확실한 사건을 두려워하는 경향이 있다. 때문에 지각된 자기효능감이 높은 개인은 두려움을 덜 경험하는 경향이 있다.

개인이 지각하는 자기효능감은 실제 자기효능감(real self-efficacy)과 일치하거나 일치하지 않을 수 있다. 사람들은 실제로는 자신이 잘 할 수 있는 일인 경우에도 자신은 잘 할 수 없다는 낮은 지각된 자기효능감을 가질 수 있다.

이 반대의 상황도 일어날 수 있다. 개인의 포부와 개인의 능력이 일치하는 상황이 최선이라 할 수 있다. 계속해서 자신의 능력보다 높은 일을 해내려고 시도하는 사람들은 좌절감과 절망감을 경험하고, 나중에 가서는 거의 모든 것을 포기할 수도 있다. 반면에 적절한 도전을 하지 않는 사람의 경우에는 개인적 성장이 제지될 수 있다.

지난 20년 동안 여러 연령대를 대상으로 한 실험들과 실제 상황 모두를 검토하고 반두라와 로크(Bandura & Locke)는 다음과 같이 말했다.

> "효능감 신념은 자기효능감 수준이 다른 개인들의 행동의 기능을 예측하며, 개인 내에서도 수행했던 과제들이나 시도했으나 실패했던 과제들의 변화도 예측한다."

6. Bandura 이론에 대한 평가

반두라(Bandura)의 업적은 학습이론가와 사회심리학자, 인지학자들에게 많은 영향력을 끼쳤다. 에스테스(Estes)와 같이 그의 업적은 행동주의나 인지이론을 통합하고, 계속해서 다른 연구를 생성해 갔다. 반두라의 저서 『사고와 행동의 사회적 기반(*Social Foundation of Thought and Action*)』(1986) 이전에도 바우어와 힐가드(Bower & Hilgard)는 반두라의 관점에 대해 "현대 학습이론들 중 실질적으로 문제를 해결하는 데 기여할 수 있는 가장 뛰어난 이론… 이론 속의 언어에 대한 이해, 기억, 심상, 문제 해결의 정보처리 이론들이 존재할 수 있는 틀"이라고 말했다.

1) 공헌

반두라(Bandura)의 공헌에 대해 논하면 현대의 독자들은 그의 이론을 과거에 우리 모두가 했던 상식적인 관찰로 취급한다. 그러나 반두라 이론의 기본은 대부분의 학습이론이 학습에 대해 환경과의 직접적인 경험을 강조했던 시기에 발생했다는 점에 주목해야 한다. 손다이크와 왓슨 모두 관찰학습을 고려하지 않았고, 밀러와 달러드는 모방학습은 실제 모방 행동의 강화와 연결되어야 한다고 생각했다. 피아제(Piaget)도 어린 아동에서의 관찰학습을 완전히 부인하였다.

따라서 반두라가 강화가 있든 없든, 모방이 일어나든 일어나지 않든 타인을 봄으로써 학습이 일어난다고 주장한 것은 학습이론에 큰 공헌을 한다. 두 번째 중요한 공헌은 상호결정주의에 표상된 삼원 상호작용이다. 반두라는 초기의 행동적인 이론들이 행동을 사람과 환경의 최종 결과물이나 혹은 사람과 환경 간 상호작용의 최종 결과물로 보는 경향이 있다고 지적하였다.

이와는 다르게 상호결정주의는 행동을 사람과 환경의 결과물이자 사람과 환경에 대한 영향 모두로 보았다. 그럼으로써 우리의 시야는 행동 그 자체에서 인간, 환경, 행동의 역동적인 상호작용으로 넓어지게 되었다.

2) 비판

필립스와 오톤(Phillips & Orton)은 몇몇 내용에 기초하여 상호결정주의 원리를 비판하였다.

우선 그들은 이 같은 상호작용이 새로운 것이 아니며 19세기 과학적 저술뿐만 아니라 철학적 논의로도 그 뿌리를 찾을 수 있다고 하였다.

또한 반두라가 결정주의자라고 하였지만, 상호결정주의 원리는 인과적 해석을 허용하지 않는다고 주장한다. 즉, 사람이 행동을 변화시키고, 환경이 행동과 사람을 변화시키고, 행동이 사람을 변화시킨다면, 무엇이 무엇의 원인인지를 확인하는 것은 실제로 어렵게 된다.

반두라의 이론에 대한 또 다른 비판은 '좋은 것이 너무 많다'는 것이다. 지난 30년간의 학습이론들이 보다 세밀하고 좁은 범위에서 정확하게 학습을 설명하는 것과는 달리, 반두라의 이론은 스키너나 톨먼의 광범위하고 포괄적인 이론과 유사하다. 앞선 내용에서 보았듯이 반두라의 사회인지이론은 학습에서의 문제들, 기억, 언어, 동기, 성향, 도덕적 수행, 심리적 문제, 매체의 영향과 같은 사회적 이슈 등을 논한다. 이 같은 이론이 전문화되는 이론의 경향 속에서 살아남을 수 있을지는 미지수이다.

3부

인지주의 학습이론

7장 인지주의 학습이론

1. 인지심리학의 성격

1) 인지심리학이란?

인지심리학이란 광의의 일반적인 정의로서 '인간의 마음이 어떻게 작용하는가'를 연구하는 학문이다. 그러나 심리학 전체의 연구 문제들을 모두 포괄하는 정의보다는 협의의 구체적인 의미 정의가 일반적으로 받아들여지고 있다.

인간을 다른 동물들과 구별 짓는 본질적 특성은 인간이 마음을 지니고 있다는 것이다. 그리고 마음의 주 특성은 데카르트(Descartes)가 이야기했듯이 인지(앎)이다. 인간은 일상생활에서 대상을 인식하고, 주의하고, 기억하고, 학습하고, 언어를 사용하고, 생각하고 느끼는 등의 인지적 활동을 하며 생활을 영위한다. 이러한 활동들은 각종 생활 장면 내에서의 인간 내적, 외적 자극들에 대하여 지식, 정보를 획득하고, 그것을 변형시키고, 또 산출해 내는 고등 정신 활동들인 것이다. 마음은 이러한 '심적 과정(processes)'과 그 대상이 되는 정보들을 '내용(contents)'으로 하여 이루어진다.

심적 과정들에 의해 획득, 보유, 산출, 활용되는 지식, 즉 마음의 내용을 '표상(representations, 表象)'이라 한다. 또한 내외적 정보의 내용을 심적 표상으로 형성, 보유, 변환, 산출, 활용하는 과정들을 인지과정이라 한다. 이를 종합하면 인지심리학이란, 인간의 마음을 정보처리 체계로 간주하는 정보처리 관점에서, 인간의 내외적 정보의 처리과정과 지식 표상의 본질을 경험적, 체계적으로 탐구하는 학문으로 정의될 수 있다.

2) 인지심리학의 특성

인지심리학은 지각, 이해, 기억, 사고, 학습, 추론, 문제 해결과 인간의 고차 인지기능을 연구 대상으로 한다. 인지심리학은 뇌과학, 신경과학, 신경심리학, 정보과학, 언어학, 인공지능, 컴퓨터 과학 등과 관련이 있다. 심리학의 연구 방법뿐만 아니라, 인지심리학의 연구 성과를 바탕으로 컴퓨터 처리 모형을 구축하거나 사람의 인지 모형을 재검증하는 등 다양한 분야에 이용되고 있다. 최근에는 의식과 감정, 감성과 같은 문제도 다루고 있다. 또한 외적인 자극을 수용하여 처리하고 이에 대한 반응을 일으키는 내적 구조로서의 마음 또는 인지라는 이론적 구조와 과정을 인정하고 이 마음과 인지를 정보처리과정과 구조로서 개념화한 인지심리학의 특성을 그 강조점을 중심으로 다시 정리하면 다음과 같다.

(1) 마음 및 인지의 강조이다. 행동주의자가 주장하듯이 자극에 대한 반응으로서의 행동이 심리학에서 중요한 것이 아니라, 그러한 행동을 이끌어 내게 하는 내적 구조로서의 인간의 마음, 특히 인지과정과 구조가 심리학 연구의 주장이다. 이처럼 인지주의는 '행동'의 강조에서 탈피하여 내적 인지를 강조한다. 또한 인간의 마음 자체에 대해서도, 환경에 의한 수동적 또는 기계적으로 자극-반응의 연결들을 집적하는 장소가 아니라, 환경에 대해 능동적 또는 역동적으로 상호작용하는 체계(구조와 과정을 포함하는)로 개념화한다. 그래서 '환경'보다는 '마음과 인지'에 대한 강조를 하는 것이다.

(2) 정보처리 체계로서의 마음의 강조이다. 환경의 상황 자극에서 정보를 추출하여 이를 부호화, 해석 처리하여 저장하고, 저장된 정보를 후에 활용하여 내어놓는 정보처리 체계로서의 마음의 특성을 강조한다. 정보처리 체계는

정보처리의 구조 및 과정으로서 구성되며 이 체계 내의 사건들은 정보의 내용 및 정보를 처리하는 사건으로 개념화할 수 있다. 따라서 인간의 심리과정과 그 표상 내용은 정보처리과정 및 정보 내용으로서 분석, 접근할 수 있다는 것이다.

(3) 표상과정과 표상구조에 대한 강조이다. 환경에서 정보를 처리하여 저장한다는 것, 즉 내재화한다는 것은 대상 자체를 마음의 내용으로, 즉 정보 그대로 내재화할 수 있는 것이 아니라 대상에 대한 표상(representation)을 상징으로서, 정보로서 추상화하여 내재화하는 것이다. 따라서 인지과정, 심리과정이란 본질적으로 내적, 외적 환경 자극에서 정보를 추출하여 이를 표상으로 형성하여 저장하고 후에 그것을 다시 활용하는 과정이라는 것이다. 심적 내용은 이 표상구조, 특히 표상의 의미적 구조에 의해 나타나며 규정된다는 것이다.

(4) 인지심리학에서는 지식의 생성, 변환, 활용과 관련된 과정들인 기억, 사고, 언어 등의 고등정신 과정들이 주 연구 대상이 되어야 한다는 것이다. 동시에 지식 구조 특성이 인지과정 일반 및 심리 현상 전반에 미치는 영향이 중요하다는 것이 강조된다.

(5) 심리 시간 분석법(mental chronometry, 心理計時法)과 컴퓨터 시뮬레이션이라는 연구방법론의 강조이다. 정보처리의 단계와 처리 특성들의 내용들이 정보처리 시간에 반영되기 때문에, 자극 제시에서부터 반응까지의 시간을 측정하며 이 반응 시간의 특성으로부터 정보처리과정의 즉, 심리적 과정의 특성을 추론한다. 동시에 피험자들이 과제를 수행하는 과정에서 겪는 내적 과정들에 대한 내성 보고를 프로토콜(protocol)로 받고, 이를 분석하여 추출된 하위과정들을 컴퓨터 프로그램을 통해 모의실험(simulation)하고, 프로

토콜 결과와 실험 결과를 비교 분석하여 이론과 모형을 수정해 나가는 이성적(理性的) 실험법인 시뮬레이션의 중요성을 강조한다.

2. 인지심리학의 역사

1) 철학적 배경

인지심리학은 많은 학문 분야에서 나온 관념에 의해 다듬어지고 있다. 근자의 접근 방법은 데카르트(Descartes)와 칸트(Kant) 같은 초기의 생득론적(生得論的) 철학자들의 견해를 반영하고 있다. 오늘날, 생득론자들의 입장은 계속 인지적 연구와 이론의 지침이 되고 있다.

데카르트는 인간은 기계적 신체와 합리적, 비육체적인 영혼을 모두 갖고 있다는 심신이원론(心身二元論)의 견해를 가졌다. 데카르트는 인지과정을 과학의 영역으로 끌어들였으며, 오늘날 컴퓨터 인지 모형으로 표현된 기계론적 사고의 씨앗을 심었다. 그는 본유 관념을 강조한다. 칸트는 많은 인간의 지식은 경험에 의해 직접 제공되는 것이 아니라 마음에 의해 부과된다고 주장한다. 마음이 질서를 부여하고, 많은 우리들의 지식을 제공한다고 주장함으로써 칸트는 합리론(rationalism)의 입장을 취했다. 마음이야말로 우리가 이해해야 할 능동적인 지식의 원천이라는 견해는 인지에 대한 심리학적 분석에서 뒤이어 일어나고 있다.

2) 연합주의의 지적 전통

인지심리학에 대한 가장 직접적인 철학적 영향은 연합주의(associationism)라는 지적 전통이었다. 연합주의자들은 경험, 특히 시간적 접근을 통해 도출된 연합으로 마음을 분석했다. 이 입장이 에빙하우스(Ebbinghaus)의 연구를 유도하였다. 그의 개척적 연구는 정신과정에는 법칙성이 있고 실험적 분석이 가능하다는 점을 확립했다.

그들은 지식이 경험을 통해서 획득된 연합으로 이루어진다고 믿는 점에서는 영국 연합주의자들을 따랐으며, 그는 연합이 형성되는 원리를 찾고자 했다. 기존 학습의 영향을 최소화되게 한 조건에서 무의미 철자를 실험 자료로 하여 순수 기억을 연구함으로써 연합 형성과 파지(retention)의 기본 법칙을 정립하고자 했다. 그가 사용한 접근 방식의 엄밀성과 경험적 성공은 언어학습과 언어적 연합의 연구를 활발하게 했으며, 그가 사용한 방법들은 오늘날에도 연구에 영향을 끼치고 있다. 그의 위대한 공헌은 실험적 분석을 통해 사고와 그 원인들을 설명할 수 있다는 사실을 확증하였고, 후세에 심리학의 지배적 전통이 된 실험 계획을 수립했다는 점이다.

3. Piaget의 인지발달론

피아제(Piaget)는 20세기의 가장 영향력 있는 발달심리학자 중 한 사람이다. 그는 지금까지와는 다른 새로운 시각의 심리학 이론을 발표함으로써 1960년대 이후 심리학에서 인지이론이 발전하게 된 계기를 만들었다.

피아제는 어렸을 때 동물의 생태와 베르그송(Bergson)의 인식론에 깊은 관심을 가졌었다. 그는 1918년 생물학으로 박사학위를 받았으나, 곧 생물학은 지나치게 사실적이어서 인간을 충분히 설명하지 못하며, 철학은 반대로 지나치게 사변적이어서 역시 인간을 충분히 설명하지 못한다고 생각하게 되었다. 그리하여 그의 관심은 심리학으로 바뀌었다.

심리학과 교육에 거대한 영향을 끼친 인지이론가인 피아제의 이론 체계는 의심의 여지없이 인지적이다. 왜냐하면 최우선적 관심이 정신적 표상이기 때문이다.

피아제(Piaget)

Piaget
(1896~1980)

피아제(Piaget)는 1896년 8월 9일 스위스의 뉴샤텔(Neuchatel)에서 태어났다.

그는 15세 되던 해, 이미 지식의 생물학적인 해석을 지향하였다. 이러한 태도는 그의 연구에서 더 뚜렷하게 나타난다. 그가 18세 되던 해 1915년 피아제는 스위스 뉴샤텔 대학교에서 학사학위를 받았고, 3년 후인 1918년에는 동 대학에서 이학박사학위를 받았다. 박사학위를 받은 뒤 그는 관심을 심리학 분야로 돌렸다. 1918년에는 취리히(Zürich)로 가서 심리학적 임상(psychological clinics)을 연구하기 시작했다. 그 이듬해, 파리 소르본느 대학교로 건너가 2년간 공부하던 중, 비네(Binet) 실험실에서 심리검사의 표준화 작업에 참여하게 되었다. 이때의 일이 그의 심리학 실험의 첫 출발이었다. 후에 피아제는 30편이 넘는 책과 학술잡지에 게재된 100여 편의 논문, 제네바 대학교에서 뜻을 같이한 동료와 지은 여러 편의 저서를 남겼다. 그러나 그는 이러한 자신의 업적을 동료들에게 돌리는 인간미 넘치는 학자였다. 피아제는 출생부터 청년기까지 일어나는 '인지기능의 개체 발생적 변화(ontogenetic development)'를 연구했다는 점에서 발달심리학자이다. 이후 피아제는 스위스에서 프랑스 파리로 이주하여 비네 지능 검사를 만든 비네가 운영한 그헝쥬 오 벨르(Grange aux Belles)의 남학교에서 아이들을 가르쳤다. 이때 이 지능 검사의 몇 가지 실례들을 기록하면서 피아제는 나이 어린 어린이들이 특정한 질문에 시종일관하게 틀린 답을 내고 있음에 주목했다. 피아제는 어린이들의 답이 틀렸다는 사실에는 별로 주목하지는 않았지만, 나이 어린 어린이들이 나이 많은 어린이나 어른들이 하지 않는 같은 패턴의 실수를 반복하고 있음을 알아냈다. 923년 그는 자신의 학생인 샤트네(Châtenay)와 결혼하여, 3명의 아이를 두었다. 1929년에 장 피아제는 스위스 제네바(Geneva)의 국제 교육국 국장에 취임하여 1968년까지 국장 지위에 있었다.

이후, 30여 년 동안 그는 임상학 연구 방법을 사용해서 아동의 인지과정을 이해하는 일에 몰입하다가 1980년 9월에 작고했다.

1) 학습이론으로서 Piaget의 이론

피아제(Piaget)의 입장은 일차적으로는 인간발달이론이다. 그러나 대체로 지식의 발생에 대해 강조하기 때문에 또한 학습이론이다. 학습이론으로서의 입장은 다음과 같이 요약될 수 있다.

- 지식의 습득은 아동과 환경의 상호작용을 통해 가능하게 되는 단계적 발달과정이다.
- 세상에 대한 아동의 표상의 복잡화는 아동의 발달단계의 함수이다. 그 단계는 아동이 그 당시에 가지고 있는 사고 구조에 의해 정의된다.
- 성숙, 능동적 경험, 평형화, 사회적 상호작용이 학습을 구체화하는 요인이다.

2) 지식의 유형

피아제(Piaget)는 아동이 습득하는 지식을 물리적 지식, 논리 수학적 지식, 사회적 지식의 세 가지 유형으로 구분하였다.

물리적 지식(physical knowledge)은 경험적 지식으로도 불리며, 세상에 있는 대상들에 관한 지식과 관계되며, 대상의 지각적 속성을 통해 획득할 수 있다. 물리적 지식은 외관상으로 나타난 물체에 대한 지식을 말한다. 예를 들어, '공은 물에 뜬다', '공은 둥글다'와 같은 물리적 지식은 관찰을 통해 습득되므로 경험적 추상(empirical abstraction)이라고도 한다. 물리적 지식은 물체 자체에 지식의 근원이 있으며, 물리적 지식을 학습하기 위해서는 그 물체를 직접 보거나 듣고 만지고 그 변화를 관찰할 수 있는 다양한 기회를 제공해야 한다.

논리 수학적 지식(logical mathematical knowledge)은 '공은 장난감의 일종이다'나 '빨간 공은 까만 공과 (색깔이) 다르다'와 같이 사물과 사물의 관계에 대한 지식이다. 공이 장난감이라는 것은 공 자체만 보아서는 알 수 없으며, 머릿속에서 공과 장난감의 포함관계를 떠올림으로써 파악된다. 공의 색 차이도 빨간 공이나 까만 공 각각에 존재하는 것이 아니라 두 공을 색에 따라 비교함으로써 구성되는 지식이다. 만약 색이 아니라 크기에 따라 두 공을 비교한다면 '빨간 공과 까만 공은 (크기가) 같다'고 할 수도 있다. 즉 보는 관점에 따라 두 공은 다를 수도 있고 같을 수도 있는 것이다. 이와 같이 두 공을 어떤 관계로 연관시키느냐 하는 것은 바로 논리 수학적 지식, 즉 내성적 추상(reflective abstraction)으로 얻는 지식으로서 관계성의 지식이라고도 한다.

사회적 지식(social knowledge)은 문화 특유적이며 문화 집단 내의 다른 사람들로부터만 학습될 수 있다. 다른 사람들에 대한 행위 또는 상호작용이 사회적 지식의 습득에 열쇠이다. 피아제가 제안한 지식의 유형을 요약하면 아래 〈표 7-1〉과 같다.

〈표 7-1〉 지식의 세 가지 유형

	물리적 지식	논리 수학적 지식	사회적 지식
정의	대상의 물리적 속성에 관한 지식	추상적 지식	사람들에 의해 만들어지는 지식
습득 방법	다른 사람들에 대한 행위에 의해 발견됨 : 대상이 원천임	대상에 대한 행위로부터 발명됨 : 행위가 원천임	다른 사람들에 대한 행위와 상호작용으로부터 습득됨 : 사람들이 원천임
강화 인자	대상들	대상들	사람들
지식 영역의 예	크기, 색깔, 결, 두께, 맛, 소리, 신축성, 밀도	수, 질량, 면적, 부피, 길이, 계급, 순서, 시간, 속도	언어, 도덕 규칙, 가치, 문화, 역사, 기호 체계

출처: Driscoll(2005).

3) 학습과 지식 성장

(1) 학습의 기제

피아제(Piaget)는 학습과 지식 성장에 대해 구성주의(constructivism)를 창조하였다. 구성주의는 기존의 경험론 및 생득론과 차이가 있다. 학생의 지식은 벽돌담과 같으며 개개 벽돌은 다른 정보 조각들과 상호 연결되는 정보의 조각이라고 상상해 보자. 경험론자들은 아동의 머리 안에 담을 만드는 교사에게는 아동의 마음은 단지 그릇일 뿐이라고 생각한다. 교사는 옳은 장소에 다른 벽돌을 놓는다. 대조적으로, 생득론자들은 담은 아동이 태어날 때 이미 만들어져 있다고 생각한다. 교사는 아동이 내부로 향해 이미 아는 것을 보도록 돕거나 또는 아동의 두뇌가 성숙함에 따라 아동의 마음속에 담이 저절로 만들어지기를 기다린다.

구성주의자들은 교사는 벽돌을 제공하지만, 교사는 단지 "벽돌을 학생들에게 던져 주며 학생들이 스스로 벽돌을 놓으려고 한다."고 생각한다. 때로는 학생이 "벽돌을 이해하지 못하며, 그래서 벽돌을 떨어뜨리고, 틀린 곳에 놓고, 또는 머리 위로 던진다."고 생각한다는 것이다.

피아제의 이론에서 많은 개념은 물론 오개념의 경우에 접하는 이해의 느린 발달을 설명한다. 그는 동화(assimilation)의 개념을 사용하여 학생이 어떤 경험 또는 정보의 조각을 취하여 자신의 기존 지식 구조 내에 그 제 자리를 찾는(즉, 방금 던져진 벽돌이 담에 놓일 장소를 찾는) 과정을 기술한다. 때로는 아이디어가 아동이 생각하는 것과 너무 어긋나서 동화될 수 없다는 것이다.

그는 조절(astohmodation)의 개념을 사용하여 다루기 힘든 아이디어가 동화될 수 있도록 기존 지식 구조를 변경시키는 과정을 기술한다. 앞에서 든 벽돌담 유추의 경우, 조절은 새 벽돌이 제 자리를 찾을 수 있도록 벽에 있는 벽돌들을 재배열하는 것과 같다. 이처럼 대부분의 경우, 아동은 단지 자신의 현재 이해와 일치하는 경험의 그 부분을 동화한다는 의미이므로 동화는 항상 부분적이다.

피아제는 동화와 조절은 서로 반대로 작용한다고 주장하였다. 그러므로 동화 또는 조절 중 하나만 어떤 장면에서든 수행된다는 것이다. 어떤 아이디어에 대한 동화와 조절 간의 '싸움'이 해결되고 균형이 복원될 때는 이 해결을 평형화(equilibration)라 부른다. 그리고 아동의 이해는 대개 상위 수준의 통찰로 이동하며, 더욱 추상적이 된다는 것이다. 예컨대, 아동이 개와 사람은 둘 다 동물임을 이해하게 되기 위해서는 '동물'의 개념을 더욱 추상적인 방식으로 변화시켜야 한다(예컨대, '털이 있고 다리가 네 개인 것'으로부터 '움직일 수 있고 살아 있는 것'으로 변화). 따라서 학습은 아동들이 인지 갈등을 경험하고 내적 구조(도식)를 구성하거나 바꾸기 위해 동화 또는 조절을 착수할 때 일어난다. 그러나 갈등이 너무 크면 평형화를 유발하지 않을 것임을 유의해야 한다. 정보는 구조적 변화(조절)를 촉진할 수 있기 전에 부분적으로 이해(동화)되어야 한다. 그러므로 학습은 발달적 제약을 받는다는 것이다.

(2) 발달의 단계

피아제(Piaget)는 발달은 일련의 단계들을 통해 진행된다고 생각하였다. 단계는 아동들이 수행할 수 있는 조작의 형태로 생각될 수 있으며, 아동들이 세상을 보는 방식에 의해 정의된다.

피아제의 인지발달이론에 따르면, 인지발달과정은 감각운동기, 전조작기, 구체적 조작기, 형식적 조작기 4단계로 구분된다. 4단계의 인지발달은 개인의 지능이나 사회 환경에 따라 각 단계에 도달하는 개인 간 연령의 차이는 있을 수 있으나, 발달 순서는 결코 뒤바뀌지 않는다고 가정하고 있다. 또한 각 단계는 주요 행동양식으로 설명될 수 있는 전체적인 심리 구조로 특징 지워진다. 각 단계는 전 단계의 심리적 구조가 통합된 것이며, 다음 단계의 심리적 구조로 통합되기 위한 준비과정이기도 하다. 즉, 각 단계의 사고과정은 서로 다르며 시간이 경과함에 따라 더욱 복잡하고 객관적이며 타인의 관점을 생각하는 방향으로 발전하게 된다.

단계별 특징은 다음 〈표 7-2〉와 같다.

〈표 7-2〉 Piaget 인지발달단계

단계	연령	중심적인 특징
1단계 감각운동기 (sensorimotor period)	0~2세	• 감각-동작에 의한 학습, 의도적인 반모방, 기억, 사고의 시작 • 대상 영속성 인식 • 단순 반사행동에서 목적을 가진 행동으로 발전
2단계 전조작기 (preoperational period)	2~7세	• 직관적, 자기중심적·문화론적 사고 • 언어가 점차적으로 발달하고 상징적인 형태로 사고 • 일방적인 관점에서 사고할 수 있음 • 사고와 언어가 자아중심적인 특징을 보임
3단계 구체적 조작기 (concrete operational period)	7~11세	• 논리적·가역적 사고, 보존 개념 습득 • 논리적으로 구체적인 문제를 해결할 수 있음 • 보존의 개념을 이해하고, 유목화하고 서열화할 수 있음 • 가역성을 습득
4단계 형식적 조작기 (formal operational period)	11세 이후	• 추상적·가설적 사고 • 논리적으로 추상적인 문제를 해결할 수 있음 • 사고가 점차로 과학적이 됨 • 복잡한 언어 과제나 가설적인 문제를 해결할 수 있음

출처: Driscoll(2005); Lefrancois(2006).

(3) 각 발달단계별 특성

1단계 감각운동기(sensorimotor period)는 출생에서 약 2세까지를 말한다. 이 시기의 영아는 자신의 감각이나 손가락을 입에 넣고 빠는 등의 운동을 통해서 자신의 주변 세계를 탐색한다. 즉, 새로운 정보를 얻기 위해 자신의 감각을 사용하고 새로운 경험을 찾기 위해 운동 능력을 사용하고자 애쓴다. 그 결과 반사 활동에서부터 제법 잘 조직된 활동을 할 수 있으며, 간단한 지각 능력이나 운동 능력이 이 시기에 발달한다. 이 시기의 주요 발달과업으로는 주변의 여러 대상물로부터 자신을 분리시키기, 빛과 소리 자극에 반응하기, 흥미 있는 일을 계속하기, 조작을 통한 물체의 속성 알기, 대상 영속성의 개념 획득하기 등을 들 수 있다.

1단계 감각운동기를 여섯 가지의 소단계로 구분해서 살펴보면 다음과 같다.

- 반사작용 단계는 출생부터 1개월까지이며 이 단계의 영아는 빨기, 파악반사, 미소반사 등 타고난 반사적 행동을 통해 환경과 접촉하고 적응적 방향으로 수정된다.
- 1차 순환 반응의 성립 단계는 1개월에서 4개월까지를 말하며, 이 단계에서는 우연한 행동으로 흥미 있는 결과를 얻었을 때 행동을 재현하려는 적극적 노력을 보인다.
- 2차 순환 반응의 성립 단계는 4개월에서 8개월까지를 말하며, 행위 자체에 대한 흥미에서 벗어나 환경 변화에 흥미를 가지고 행위를 반복한다. 또한 자신의 행동이 외계에 미치는 영향과 그 결과들에 관심을 가지며, 자신의 욕구 충족을 위하여 의도적인 행동을 한다.
- 2차 도식의 협응 단계는 10개월에서 12개월까지를 말하며, 친숙한 행동이나 수단을 통해 새로운 결과를 얻으려는 의도적·목적적인 행동을 보인다. 즉, 1차 도식과 2차 도식의 협응이 이루어지는 단계이다.
- 3차 순환 반응의 성립 단계는 12개월에서 18개월까지를 말하며, 친숙한 행동으로 목표에 도달할 수 없을 경우 전략을 수정하며, 도식 자체가 크게 변화하고, 능동적으로 새로운 수단을 발견한다.
- 사고의 시작 단계는 18개월에서 24개월까지를 말하며, 이 단계에는 행동 전에 생각을 함으로써 돌연한 이해와 통찰을 얻게 되고, 수단과 목적의 관계에 대한 정신적 조작이 가능해지며, 몸으로 직접 행동하는 대신 마음속으로 행동의 결과를 예측할 수 있게 된다.

2단계 전조작기(preoperational period)는 2~7세까지의 연령에 해당하는 시기이다. 피아제는 이 시기를 전개념기와 직관적 사고기의 두 소단계로 다시 구분하고 있다. 전개념기는 2~4세까지, 직관적 사고기는 4~7세까지로 보고 있다. 이 시기의 유아들은 자기중심적 사고를 하며, 문제 해결 시 논리적 추론보다는 보고 듣는 것, 즉 직관적 사고에 의존한다. 소꿉놀이, 학교놀이 등 상징적 사고를 하며, 모든 사물이 생명이 있다고 간주하는 물활론적 사고를 한다. 또한 동기보다 행위의 결과에 따라 잘못한 정도를 파악하는 도덕적 실재론의 태도를 보이며, 꿈이 실제로 일어나는 것이라고 믿고 자신의 꿈이 다른 사람에게도 보인다는 생각을 한다. 그 밖에도 모든 자연 현상이 인간에 의해 이루어지다고 믿는 인공론적 사고를 하며, 보존성의 원리를 어렴풋이 이해하기 시작하지만, 아직 형성되지는 않는다.

3단계 구체적 조작기(concrete operational period) 는 7~11세에 해당하는 시기이다. 이 시기는 구체적인 문제에 대한 논리적 사고가 가능하며, 특정 사실에 따라 사물을 분류할 수 있게 된다. 따라서 이 시기의 아동은 사물을 위계에 따라 분류하는 유목화가 가능하다. 또한 이 시기는 양, 무게, 부피의 보존 개념을 확실하게 획득하여, 동일성, 보상성, 역조작성의 논리를 충분히 이해하게 되며, 전조작기의 자기중심적 사고는 이 시기에 와서 탈중심적 사고로 바뀌게 된다.

4단계 형식적 조작기(formal operational period)는 11세 이후, 12세경의 사춘기에서 성인기에 접어들기까지를 말한다. 형식적 조작기의 가장 중요한 특징은 추상적인 사고가 가능하다는 사실이다. 추상적 사고란 융통성 있는 사고, 효율적인 사고, 복잡한 추리, 가설을 세우고 체계적으로 검증하는 일, 직면한 문제 사태에서 해결 가능한 모든 방안을 종합적으로 고려해 보는 일 등을 말한다. 이 시기가 되면 청소년들은 처음으로 도덕적, 정치적, 철학적인 생각과 가치 문제 등을 이해하기 시작하며, 타인의 사고과정을 이해하고, 다른 사람들은 문제를 어떻게 보고, 어떻게 생각할까 등의 문제에도 관심을 갖게 된다. 또한 구체적 조작기 아동이 구체적 세계 안에서 논리적 사고를 하는 반면, 형식적 조작기의 아동은 현실적 세계를 넘어서 가상적 추론이 가능해진다.

4) Piaget 이론의 수업 적용

피아제 이론이 수업에 주는 실제적 적용성을 위한 일반적인 함의는 다음과 같다.

학생들의 인지 수준을 고려하여 가르쳐라. 교사는 수업의 주제와 방법을 계획할 때는 학생들의 인지발달 수준을 고려해야 한다. 예컨대, 구체적 조작 논리에 기초한 설명은 전조작기의 유치원 아동들에게는 아이디어를 제시하는 효과적인 방법이 아니다. 구체적 조작기의 초등학생들은 그들의 경험과 일치되지 않는 추상적 아이디어를 이해하는 데 어려움이 있으며, 동일한 정보가 구체적인 사례를 통해 제시되면 더욱 효과적으로 학습할 것이다.

아동들의 사고과정은 성인의 사고과정과 다름을 기억하라. 지식의 양에 있어서 뿐만 아니라 사고의 질에 있어서 아동과 성인은 다르다. 아동은 성인과 동일한 방식으로 사고하지 않으며, 단지 경험이 적기 때문에 상이한 결론에 도달하는 것은 아니다. 그 대신에 아동은 고유한 방식으로 지각한다. 그러므로 아동은 성인의 축소판이 아니다. 따라서 교사는 현상과 문제를 아동이 보는 방식대로 보기 위하여 자신을 아동의 입장에 두는 특별한 노력을 할 필요가 있다. 이런 종류의 "지적 공감(intellectual empathy)"은 쉽지 않지만, 면접, 관찰 및 질문지를 통해 성취될 수 있다.

아동의 사고의 특징을 알면 왜 아동들이 오류(error)를 범하는지를 설명할 수 있다. 예컨대, 저학년의 아동들은 가역성을 이해하기 곤란하므로 $5+4=9$이기 때문에 $9-4=5$가 되어야 함은 이들에게는 논리적이 아니다. 모든 중등학생들이 형식적 사고 수준에 도달했다고 가정하지 마라. 최근 연구에 의하면, 10대 3명 중 한 사람만이 일상적으로 형식적 조작 논리를 사용하며, 대학생들 중 약 60퍼센트는 친숙하지 않은 내용이 포함된 형식적 조작 문제를 풀지 못하는 것으로 추정된다. 단지 학생들에게 틀렸다는 것을 알려주는 것보다 학생들이 범하는 오류를 분석하고 해석하는 시간을 갖는 교사는 많이 가르칠 수 있다.

학습을 촉진시키기 위하여 사회적 상호작용이 조장되어야 한다. 즉 상호작용은 정의적 가치는 물론 인지적 가치를 갖는다. 아동 초기의 사고의 자기중심성은 마치 자신이 우주의 중심인 것처럼 모든 것을 보게 한다. 자기중심성은 아동으로 하여금 사회적 상호작용을 통해 다른 사람들의 견해를 직면하게 할 때 더 타당한 생각에게 양보하게 된다. 이처럼 사회적 상호작용은 언어에 의해 계속되기 때문에 운동 혹은 손 조작 및 직관적 수준으로부터 언어수준을 높여야 한다.

학습 환경은 아동의 활동을 지원해야 한다. 피아제에 의하면, 활동은 지능의 성장에 최고로 중요하다. 아동들은 활동을 통해 지식을 습득하며, 사고는 활동에 기반을 둔다. 따라서 아동들로 하여금 자신의 활동을 시작하여 완성하도록 조장하는 학습 환경이 창안되어야 한다. 더불어 아동으로 하여금 사고에 있어 갈등과 불일치를 인식하게 하는 수업 방략을 채택해야 한다. 아동은 발달의 새 단계로 나아가기 위해서는 불 평형, 즉 현재의 인지구조와 동화되어야 할 새정보 간의 불균형을 경험해야 한다.

4. Bruner의 학습이론

브루너(Bruner)는 인지성장이론을 수립하였다. 피아제처럼 발달의 변화를 인지구조에 연계하기보다 브루너는 아동들이 지식을 표상하는 다양한 방식을 강조하였다.

브루너의 경우 첫 번째로 가장 중요한 인지발달의 결과는 사고이다. 즉, 잘 발달된 마음(지성적인 정신)은 경험을 통해서 주어진 자료 이상으로 새롭고 실질적인 예견을 가능케 하는 일반적 부호 체계를 창출한다. 더욱이 교육의 목적은 학습자를 될 수 있는 한 "자율적이고 자력으로 생각할 수 있는 사람"으로 기르는 데 있다. 안다는 것의 의미와 알게 되는 방법을 모두 이해하기 위한 시도로서 브루너는 초기에 경험적 및 개념적 연구에 몇 가지 단계를 설정하였다.

브루너(Bruner)

Bruner
(1915~2016)

브루너(Bruner)미국의 교육 심리학자이다. 듀크 대학교에서 문학 공부를 하였으나, 후에 사회 심리학을 연구하였다. 1941년 나치스 선전 기술에 관한 논문을 발표하고 박사학위를 받았으며, 후에 미국 심리학협회 회장이 되었다. 1960년 『교육 과정(*The Process of Education*)』이 출판되면서부터 교육계의 관심을 끌기 시작하였다. 이 책은 1959년 매사추세츠 주에서 35명의 학자가 모여 초·중등학교에 있어서의 과학 교육의 개선에 관한 회의를 열었을 때 의장으로 활약한 브루너가 그 성과를 바탕으로 기술한 것이다. 그의 연구는 가르치는 이론 · 교육 내용 · 교육 방법 · 교육 제도 등 여러 분야에 걸쳐 있다. 저서로 『교육론』, 『학습 연구』, 『인지 발달 연구』 등이 있다. 그는 1937년 노스캐롤라이나 더럼의 듀크 대학교에서 문학 전공 후 심리학에 흥미를 가지고 듀크 대학교 대학원에서 1년간 심리학 공부를 한 뒤 하버드 대학교로 전학하여 동물의 지각, 사회 심리학 등을 공부하였다. 그 후 1941년 박사학위를 취득했으며, 제2차 세계대전 중에는 연합군 총사령부의 심리전부에서 종사하였고 종전이 되자 1945년 하버드로 돌아왔다. 1950년 메사추세스주 우즈홀에서 35인의 학자들이 모여서 초등학교와 중학교에 있어서의 수학 교육 개선에 관한 회의가 열렸을 때 브루너는 의장으로서 지도적인 역할을 했다. 1951년 프린스턴 고등연구소에서 실험 심리학을 연구하였고, 1952년 하버드 대학교의 심리학 교수가 되었다. 그는 인지과정을 연구하기 위하여 인지 연구 그룹에서 학습장애 아동에 관한 연구를 하였고 그 과정에서 아동의 발달에 흥미를 가지고 교육 문제에 관심을 가지게 되었다. 1955년 케임브리지 대학교의 연구소에서도 실험 심리학 연구에 주력하였다. 1960년~1972년에는 하버드 대학교 인지연구센터를 이끌다가 1972년 하버드를 떠나 옥스퍼드 대학교 실험 심리학 교수가 되었다. 그는 이 밖에도 정부기관의 고문이나 위원, 아프리카 교육조사단장 등을 역임했다. 그리고 여러 대학교에서 교환 교수로서 강의도 하였으며, 미국 심리학회의 회장을 역임하기도 했다. 뿐만 아니라 많은 교육학 저서를 발표하여 듀이 이후 세계적으로 각광받는 미국 교육학자로 지목되었다.

1) 세 가지 표상양식(modes of representation)

브루너(Bruner)는 아동이 성장함에 따라 그들의 환경에서 반복적으로 일어나는 규칙성을 표상하는 방법을 습득해야 한다고 말했다. 이것은 오랜 기간에 걸쳐서 진화해 온 인간의 기본적 능력과 이들 능력의 확대자로 수행하는 문화적으로 발전된 과학기술 간의 상호작용을 의미한다. 또한 브로너는 인지성장은 내부에서 밖으로 이뤄지는 방식과 함께 외부에서 안으로 이뤄지는 방식으로 이루어진다고 언급한다. 특히 브루너는 인간의 진화 연구에 근거해서 사람이 세상을 이해하는 세 가지 체계를 제안하였다. 그는 인간은 행위나 양태로 굳어진 운동, 인습화된 심상과 지각, 그리고 언어와 추리를 통해서 환경에 반응한다고 주장하였다. 이러한 능력은 동작적 표상, 영상적 표상, 그리고 상징적 표상이라고 브루너는 명명하였다.

(1) 동작적 표상(enactive representation)은 적절한 운동 반응을 통해서 과거 사태를 표상하는 양식이다. 예를 들면, 유아는 자신의 집에서 가게로 가는 방향을 여러 사람에게 말로 표현할 수는 없지만, 이전에 그쪽으로 지나가 본 길을 따라 사람들을 그곳으로 데리고 갈 수는 있다. 많은 성인들도 사무실이 밀집해 있는 구역의 배치도를 적절하게 기술하거나 묘사할 수는 없지만, 복도를 통해서 쉽게 사무실을 매일 드나든다. 마찬가지로 피아니스트는 피아노 소리를 알기 위해서 이미지상의 피아노 코드를 연주할 필요성을 기술하였다. 즉 피아니스트의 손가락이 코드의 의미를 전달하는 것 같다. 그러므로 어떤 유형의 이해는 우리의 근육 내에서도 표상되는 것이다.

(2) 영상적 표상(iconic representation)은 지각적 장면과 변형된 심상의 공간적 및 시간적, 그리고 질적 구조에 따라 지각하고 자가 인식과 심상의 선택적 조직으로 사태를 요약할 수 있게 한다. 집에서 가게까지의 길을 묘사하는 지도를 그릴 수 있는 아동은 영상적 양식으로 그 길의 경험과 이해를 표상한다. 마찬가지로 화재를 경험한 사람은 붉은 화염, 검은 연기, 그리고 그을린

잔해에 대한 심상으로 화재 경험의 이해를 표상할 수 있다.

(3) 상징적 표상(symbolic representation)은 원격성과 임의성을 포함하는 설계 특징으로 사물을 표상하는 상징 체계의 습득으로 일어난다. 예를 들면, 언어는 인간이 경험을 약호화하고 표상할 수 있는 일차적인 상징 체계이다. 단어는 대상, 사상, 아이디어 등에 대한 임의적 지정일 뿐만 아니라 '심상이나 행위로 수행될 수 있는 것을 훨씬 초월하여' 생성하도록 결합될 수 있다

브루너의 지식 표상의 양식을 요약하면 〈표 7-3〉과 같다.

〈표 7-3〉 Bruner의 지식 표상의 양식

양식	정의	표상 유형	수업 함의
동작적	이해를 운동 반응을 통해 포상	대상과 환경의 측면을 조작하는 방식	학습자들이 선행 경험을 갖고 있지 않은 개념을 가르치기 위해선 어린 아동들에게 조작할 수 있고 감촉할 수 있는 수업 방략을 사용하라.
영상적	이해를 표상하기 위해 심상을 사용	활동을 배제한 정신적 심상, 변경될 수 있는 대상과 사태의 시각적 속성	수업에 도형과 상상에 호소하는 기타 방략들을 더하라.
상징적	이해를 표상하기 위해 상징 체계를 사용	상징 체계(예컨대, 언어, 수학 기수법, 음악 기보법); 먼 그리고 임의적인	학습자가 이미 선행 경험을 갖고 있는 교과에서 새 개념을 가르칠 때 친숙한 상징 체계를 사용하라.

출처: Driscoll(2005); Schunk(2004).

2) 표상 단계의 계열

브루너(Bruner)는 지적 발달의 일상적 과정은 동작적 표상을 거쳐 영상적 표상에서 상징적 표상으로 진행된다고 믿었지만, 어떤 교과라도 발달의 어떤 단계에 있는 어떤 아동에게 지적으로 순수한 형태에서 효과적으로 가르칠 수 있다는 진술로도 유명하다. 피아제의 이론과 같은 단계이론에서 발달의 단계는 고정된 계

열로 진행하고, 단계 간의 전이는 비슷한 연령 수준에서 일어나며, 단계마다 특정한 논리적 조작이 발달한다고 주장한다. 또한, 각 단계의 조작은 앞선 단계의 조작보다 복잡하면서 적응적이다. 그러므로 피아제 학파는 이러한 조작이 발달되지 못한 단계에 있는 아동에게 논리적 조작을 요구하는 어떤 교과를 가르치는 것은 무익한 일로 생각할 것이다. 이와는 대조적으로 브루너는 아동이 통과하는 단계의 불변적 계열을 신뢰하지만 아동의 연령에 의존하는 단계는 믿지 않았다. 대신에, 그는 학습자가 소유한 내적 능력을 확대하는 데 환경이 중요한 역할을 한다고 주장하였다. 바꾸어 말하면, 아동이 동작적, 영상적, 상징적 표상양식을 순서대로 습득한다는 사실은 내부에서 밖으로 일어나는 발달의 측면을 의미한다. 환경이 구체적으로 이러한 양식의 습득에 영향을 주는 방법에 관한 검토는 외부에서 안으로 일어나는 발달의 측면을 설명할 수 있다.

브루너와 피아제 이론의 이러한 구별은 적어도 두 가지의 중요한 함의를 갖는다. 첫째는 학습 준비성의 의미를 다시 검토해 보게 된다. 피아제는 각 교재의 독특한 논리적 조작을 이해하는 데 필요한 학습자의 인지적 준비(cognitive readiness)를 언급할 수 있는 반면에, 브루너는 가르칠 교재가 학습자에게 맞도록 준비되었는지를 물을 수 있다. 다시 말하면, 가르칠 교재는 학습자의 내적 및 인지적 구조에 맞도록 구조화되었는가? 어떤 아이디어라도 학령기에 있는 아동의 사고 양식에 맞도록 순수하고 유용하게 표상될 수 있다는 것이다. 즉, 브루너의 관점에서는 아동의 사고방식에 맞도록 학습 과제를 번역하고, 아동의 사고방식에 적합하면서 보다 강력한 양식으로 아동을 유혹하는 것이 수업의 과제이다.

브루너는 발달과 수업이론은 서로 손을 맞잡고 가야 한다고 생각하였다. 그에 의하면 인지성장은 내부로부터 외부로 만큼 외부로부터 내부로 성장하는 문제이다.

선천적인 생물학적인 것은 인지발달의 내부로부터 외부로의 측면에 방향을 제공하는 반면에, 외부로부터 내부로는 학습자의 문화의 대행자에 의해 전해지는 기법과 인지적 도구를 완전 습득하는 것에 달려 있다고 할 수 있다. 따라서 인지발달은 효과적 수업을 통해 촉진될 수 있고 심지어 가속화될 수 있다고 할 수 있다. 더불어 문화 간 연구에 의하면, 어떤 문화는 인지성장을 다른 문화보다 더 잘, 더 일찍, 그리고 더 오래 확장할 수 있다.

브루너는 인지성장을 촉진하는 수단으로서 수업을 강조하였다. 적절한 수업이론은 지식의 성격, 학습자의 성격 및 지식습득과정의 성격을 함께 고려해야 한다. 앞의 두 요소는 지식의 표상양식에 관한 결정에 영향을 미친다.

지식은 상이한 방식으로 표상될 수 있다는 것은 교사가 수업의 제시 방식을 학습자의 발달 수준에 따라 다양하게 해야 함을 시사한다. 아동들이 추상적인 수학 기수법을 이해할 수 있기 전에는 수학 개념과 조작은 동작적으로(블록으로) 그리고 영상적으로(그림으로) 표상해서 가르쳐야 한다는 것이다. 그리고 수업은 아동들의 능력과 어울려야 할 필요성이 있으며 지식습득과정은 최적으로 효과 있는 수업이 되기 위해 채택되어야 할 수업 방략의 유형을 가리킨다.

브루너는 문제 해결에서 발견을 촉진시키는 방략을 추천하였다. 문제 해결 활동은 문제가 구체화되는 문화에 의해 영향을 받는다. 이런 이유로 교수자는 문화에 의해 직면되는 특정 문제를 해결할 가능성을 최대로 할 인지 방략을 조장해야 한다.

브루너에 의하면, 발견은 자신의 마음을 사용하여 스스로 지식을 획득하는 모든 형태이다. 발견은 부가적인 새 통찰로 모아지도록 증거를 넘어 나아갈 수 있도록 하는 방식으로 증거를 재배열하거나 변환시키는 문제이다. 발견의 과정은 지적 발달에 중요하게 기여하며, 발견의 방법은 문제 해결의 연습을 통해서만 학습될 수 있다는 것이다.

브루너는 학교에서 검증되어야 할 교육적 방략으로서 발견학습(discovery learning)을 제안하였다. 발견에는 환경에서 규칙성과 관계성을 찾아내는 기대가 내포되어 있다. 이 기대를 가지고 학습자는 규칙성과 관계성이 무엇인지를 탐색하고 찾아내는 다양한 방략들을 고안한다. 이 탐색과 찾아냄은 구성주의의 태도가 되어야 한다. 구성주의의 태도는 마구잡이식으로 가설을 생성하는 것이 아니라 문제를 해결하는 데 도움이 될 정보를 수집함에 있어 체계적이고 조직적임을 말한다. 브루너의 이론은 어떤 연령이든 학습자들은 자신의 인지 능력과 사회적·

물리적 환경과의 경험에 기초하여 자극과 사태들에 의미를 부여하기 때문에 구성주의자이다.

3) 계열과 수업

동작적 표상을 통해서 영상적 표상과 상징적 표상으로 진행하는 지적 발달의 계열은 수업을 위한 가장 적합한 계열(즉, 동일한 방향으로 진행하는 수업 계열)을 내포한다. 어떤 영역의 지식도 이들 세 가지 양식으로 각각 표상될 수 있다고 주장하였다. "학습자가 잘 발달된 상징 체계를 소유하고 있으면 동작적 및 영상적 표상 단계를 지나갈 수 있다. 그러나 학습자가 자신의 상징 체계로 문제 해결의 목표를 달성하지 못할 때 의지할 심상을 갖지 못할 위험성이 있는 데도 동작적 및 영상적 표상 단계를 지나갈 수 있다. 그러므로 어떤 표상양식이 수업에 가장 적합할지를 결정하기 위해서는 학습자의 선행 지식과 지배적 사고 양식에 관한 이해를 필요로 한다.

4) 인지성장의 과정

아동이 세 가지의 표상 체계를 습득하는 데 대한 환경의 영향을 인정하는 것 외에 단계 간의 이행은 어떻게 일어나는지에 대해서는 아직 언급하지 않았다.

브루너가 상호작용을 점차 강조하는 것을 보면서 이 문제에 대한 해답을 발견할 수 있다. 발생적 선행경향성(predispositions)과 경험 간에 상호작용이 있다. 가령, 학습자는 영상적 양식에서 그들의 경험을 표상하는 선행경향성을 나타낼 수 있지만, 학습 안내자로부터 중간 수준의 적절한 질문을 받음으로써 어떤 아이디어에 대한 상징적 이해에 이를 수 있다. 대인 간의 상호작용도 있다. 학습은 사회적 활동이다. 그리고 개인과 문화 간에 상호작용이 일어난다. 사실, 문화는 모든 형태의 상호작용이 이루어지는 배경을 제공한다. 그러므로 '지성의 성장'은 새로운 변화가 채택되는 것처럼 힘차게 앞으로 나아간다. 대부분의 변화는 문화의 주도자에 의해서 원형적 형태로 아동에게 전파된다. 반응하는 방식, 관찰하고 상상하는 방식, 그리고 가장 중요한 것으로서 우리가 언어로 전달된 것을 번역하는 방식, 즉 '어떤 상호작용이 인지발달을 조장하는 변화를 가장 잘 전달하는가?'이다.

이처럼 발달에 대한 브루너의 제안은 교육과 학교학습에 관한 그의 생각을 알아 간다는 점에서도 의의가 있을 것이다.

(1) 발견학습

브루너(Bruner)는 발견(discovery)을 "자신의 생각을 활용해서 스스로 지식을 획득하는 모든 방식"이라고 정의하였다. 본질적으로 발견은 모아진 증거를 통해서 나오는 것이 아니라 그 증거 이상의 추가적인 새로운 통찰을 가능하게 하는 방식으로 증거를 재배열하거나 변형하는 문제이다. 브루너는 발견의 과정은 지적 발달에 중요하게 기여하며, 발견학습은 문제 해결의 연습을 통해서 이뤄지는 것으로 믿었다. 그러므로 그는 학교에서 검증되어야 하는 중요한 인간적 함의(human implications)를 가진 교수전략으로써 발견학습을 제안하였다. 또한 브루너는 진정한 발견의 행위를 어쩌다가 일어나는 사건으로 보지 않는다. 발견은 환경에 내재되어 있는 규칙성과 관계성을 찾는 기대감을 내포하고 있다. 학습자는 이 기대감을 가지고 규칙성과 관계성이 무엇인지를 탐색하고 발견하는 전략을 고안한다. 그러나 이러한 탐색과 발견은 구성주의 특성도 있어야 한다. 즉, 제한점을 고려하지 않고 정보를 찾고 가설을 생성하는 것으로 되지는 않는다.

브루너는 이렇게 수행한 아동(예컨대, 어떤 정보를 찾기 위해서 제멋대로 가설을 생성한 아동)을 "멋대로 행동하는 자(potshotters)"로 표현하였다. 그들이 수집한 정보는 연결성과 조직성이 결여되고, 그 결과로 문제 해결 능력에 결함을 초래하였다. 이와 대조적으로, 연합주의자적 접근을 보여 준 아동들은 문제를 해결하는 데 도움이 될 정보를 수집하는 데 체계적이고 조직적이었다.

그러면, 진정한 발견을 촉진하는 조건은 무엇인가? 한 예를 들면, 신선한 충격처럼 발견은 잘 준비된 정신을 선호한다. 즉, 어떤 문제를 해결하기 위해서 학습자는 무슨 변인이 관련되고, 그 변인에 관해서 어떤 정보가 수집되어야 하며, 그리고 정보가 습득되면 그것으로 무엇이 수행되어야 하는지를 결정해야 한다. 대체로 이러한 수행은 이와 관련된 현상에 관한 선행 지식의 범위에 달려 있다. 이러한 선행 지식이 없는 학습자는 발견학습 환경에 좌절감이나 낭패감을 분명히 느낄 것이다.

(2) 문화와 인지성장

브루너(Bruner)는 '내재적 반문화주의(intrinsicanticulturalisim)'가 인지발달에 대한 맥락무관접근(context-free approaches)의 약점이라는 것을 발견하였다. 그는 은근히 제네바 딜레마를 언급하였다. "아동이 '동화할 준비'가 된 것만을 받아들인다면, 왜 준비되기 전에 가르치려고 귀찮게 하며, 이동은 준비가 되면 자연적으로 받아들이는데 왜 그 이후를 성가시게 하는가?"라고 하였다. 브루너의 관점에서 준비되기 전에 가르치려고 성가시게 하는 이유는 인간의 상태를 규정할 인간발달 및 생물학이 문화와 어떻게 상호작용하는가에 대한 이해로부터 연유한다는 것이다.

브루너는 "지능은 어느 정도 특정한 문화에서 제공된 '도구'의 내면화이다."라고 말하면서 각기 다른 문화의 구성원은 각 사회에서 생존에 필요한 구체적이고 독특한 요구 때문에 서로 다른 방식으로 그들의 경험을 이해한다고 언급한다.

예를 들면, 에스키모 사람들은 생존에 필요한 물개나 어류를 잡기 위해서 집단적으로 협력한다. 그렇기 때문에 그들의 자녀들은 미국과 유럽 아동들의 특성인 자기중심성을 나타내지 않는다는 것이다.

5. Vygotsky의 사회문화적 인지이론

1) Vygotsky 이론

비고츠키(Vygotsky)의 인지발달이론에서는 아동이 과제를 혼자서 해결할 수 있는 실제적 발달 수준과 성인, 혹은 유능한 타인의 도움을 받아 해결할 수 있는 잠재적 발달 수준을 구분하고 있다. 따라서 아동은 실제적 발달 수준에 머무르거나 계속해서 유능한 타인의 도움만을 받아 해결하게 할 것이 아니라 이 둘 사이의 간극을 줄여 현재 발달 수준을 점차 늘려 가야 한다. 여기서 중요한 것은 실제적 발달 수준과 잠재적 발달 수준 사이의 간극인데, 이 간극을 근접발달영역이라고 한다.

근접발달영역 안에서 정교한 교수-학습 작용이 일어나게 되면 학습자의 현재 발달 수준이 늘어나게 되고, 아동이 성인과 같은 수준으로 계속해서 발달해 나간다는 것이다. 이는 앞서 서양 학계에서 널리 알려졌던 피아제의 이론에서 발달이 개인에 의해 일어난다고 보았던 것과는 다른 인식으로 개인과 사회가 지속적으로 접촉하고 교류하면서 인지적 발달이 일어난다고 본다.

비고츠키(Vygotsky)

Vygotsky
(1896~1934)

1896년, 벨라루스 오르샤(Orsha)의 유복한 유태인 가정에서 태어나 남부의 호멜(Homyel)에서 자란다. 모스크바 대학교에 입학해 법학을 전공하다가, 재학 중에 러시아 혁명을 경험한다. 그는 대학 시절에 철학, 사회과학, 심리학, 언어학, 문학, 미술 등, 광대한 영역의 백과사전적 지식을 익히는데, 이것은 훗날 심리학 연구의 기초가 된다. 1918년, 대학을 졸업한 비고츠키는 고멜로 돌아가 교직에 종사하며 학문을 계속한다. 1924년, 다시 모스크바로 가서 본격적인 연구 활동을 개시한다.

1934년 비고츠키는 폐결핵으로 사망하게 되었다. 발달심리학 및 인지심리학에 있어 개척자적인 비고츠키의 연구는 1936년부터 스탈린(Stalin)의 학문 탄압과 문화 혁명 노선에 따라 기계론의 일종으로 여겨지기도 하였지만, 여전히 소비에트 연방의 주요 심리학자로서 거론되었다. 그의 연구는 후학의 지속적 노력으로 인해 1960년대 초반부터 다시 기반을 잡게 되었으며, 이후 소비에트 연방 및 기타 공산권의 학교 교육에 깊은 영향을 주었고, 서구 사회의 교육에도 영향을 끼쳤다. 소련 붕괴 후 그의 논문은 전 세계에 퍼져 나갔는데, 특히 첨단 뇌과학과 결합한, 인지주의 형성에 지대한 영향을 주었다.

비고츠키(Vygotsky)의 사회문화적 인지이론들을 살펴보면 다음과 같다.

첫 번째 수준은 '실제적 발달 수준'이라고 이름 붙일 수 있다. 이는 이미 완수된 발달 주기의 결과로 정해진 아동의 정신기능 발달 수준을 말한다. 검사를 사용해 아동의 정신 연령을 결정할 때, 우리는 실제적 발달 수준을 다루고 있는 것이다. 아동의 정신발달에 관한 연구들은 아동이 혼자서 할 수 있는 것들이 정신 능력의 지표라고 가정한다. 아동에게 여러 검사를 하거나 다양한 난이도의 여러 과업을 수행하게 하여, 아동이 어떤 난이도의 과업을 어떻게 해결하는가를 기반으로 아동의 정신발달의 정도를 판단한다. 반면에, 안내하는 질문을 제공하거나 문제를 해결하는 방법을 보여 줬을 때 아동이 그 문제를 해결한다면, 혹은 교사가 문제 해결을 시작하고 아동이 이를 끝내고, 또는 다른 아이들과 협동하여 문제를 해결한다면 이러한 문제 해결은 아동의 정신발달을 나타내는 것으로 간주되지 않는다. 이러한 '진실'은 익숙한 것이었고, 상식에 의해서 강화돼 왔다. 지난 10년 동안 가장 심오한 사색가들도 이러한 가정에 의문을 제기하지 않았다. 그들은 아동이 혼자서 할 수 있는 것보다 다른 사람의 도움으로 할 수 있는 것이 어떤 의미에서는 아동의 정신발달을 더 잘 보여 준다는 생각을 하지 못했다.

아동의 실제적 발달 수준은 이미 성숙한 기능들이라고 간단하게 정의할 수 있다. 만일 어떤 아동이 이러저러한 것들을 독립적으로 할 수 있으면, 이것은 이러저러한 기능들이 아동의 내부에서 성숙했다는 것을 의미한다. 근접발달영역은 독립적으로는 해결할 수 없지만 도움을 받으면 풀 수 있는 문제들에 의해 결정된다. 근접발달영역은 성숙하지는 않았지만 성숙과정에 있는 기능들, 미래에 성숙할 것이지만 현재는 태아 상태에 있는 기능들이라고 정의된다. 이러한 기능들은 발달의 '새싹' 혹은 '꽃'이라고 이름 붙일 수 있다. 실제적 발달 수준은 이미 이뤄진 정신발달을 기술하는 반면, 근접발달영역은 기대되는 정신발달을 기술한다.

비고츠키의 사회문화적 인지이론의 특징은 먼저 인간발달에 대한 사회문화적 접근에 관심을 두었고, 개개인의 발달과정은 그 개인이 속한 문화의 산물로 보았다. 다음으로는 부모를 문화의 전수자로 보았으며, 부모를 비롯한 타인과의 상호작용이 대화를 통해서 이루어지므로 언어적 대화를 중요시하였으며 인간발달에서 사회, 문화, 역사적 측면을 강조하였다. 또한 유능한 사람과의 상호작용이 학습 및 발달에 중요한 영향을 주며, 언어는 학습 및 발달에서 중요한 역할을 한다고 보았다. 그리고 학습은 발달에 선행하며 발달을 촉진한다고 보았다.

(1) 문화의 역할

복잡한 정신 활동은 사회적 상호작용으로써 시작한다. 아동은 발달함에 따라 이 과정을 내면화하며 독자적으로 사용하기 시작한다. 사회적 상호작용이란 문화와의 상호작용을 의미한다.

문화는 우리들이 무엇을 학습해야 하는지, 세상에 성공적으로 적응하려면 어떤 종류의 능력이 요구되는지를 결정한다. 문화는 인간의 정신적 기능화를 형성한다. 모든 기능은 아동의 문화적 발달에서 두 번 즉, 처음에는 사회적 수준에서, 사람들 사이에, 그리고 나중에는 개인적 수준에서, 아동 내부에서 나타나는데 이것은 주의집중, 논리적 기억 및 개념 형성에도 똑같이 적용된다고 비고츠키는 설명하였다.

비고츠키의 견해에 의하면, 성인들이나 또래와의 대화가 아동의 인지발달의 촉진에 필수조건이다. 점차 아동들은 성인과 다른 사람들이 세상에 관해 이야기하고 해석하는 방식을 아동 자신의 사고방식에 합병한다. 사회적 활동이 내적 정신 활동으로 진화하는 과정을 내면 (insernalization)이라고 부른다. 본질적으로 아동들은 그들이 세상에서 관찰하는 상호작용을 자신의 내부에 재창조한다. 아동이 내면화하는 지식과 신념은 이런 사회적·문화적·역사적 힘에 의해 형성된다.

(2) 언어의 역할

고차적 정신과정인 사고는 주로 언어를 통해 가능하게 된다. 아동과 성인들 간에 일어나는 언어적 상호작용을 통해 아동은 언어를 발달시키고 그 결과로 논리적 사고를 발달시킨다고 비고츠키는 말한다.

비고츠키(Vygotsky)는 언어는 사회적 상호작용의 결과로 3단계를 거쳐 발달한다고 하였다.

첫째 단계(대략 3세까지)는 사회적 말(social speech; 외적 말[external speech]이라고도 함)로서 주로 다른 사람의 행동을 통제하고(예컨대, "물 줘."), 간단한 사고와 정서를 표현한다.

둘째 단계(3~7세)는 자기중심적 말로서 첫 단계의 매우 공적인, 외적 말과 셋째 단계의 더욱 사적인, 내적 말 사이의 일종의 다리이다. 이 단계에서 아동은 자신의 행동을 통제하려고 자신에게 말하며, 종종 큰 소리로 이야기한다. 자기중심적 말의 역할에 대해서 비고츠키와 피아제의 이론은 아주 다르다. 피아제는 자기중심적 언어는 자기중심적 사고의 단순한 표현으로 본 반면에, 비고츠키는 자기중심적 말은 단지 사고의 부속물이 아니라 발달하는 정신에 대한 표현 수단이라고 하였다. 즉, 자기중심적 말은 곧 문제의 해결책을 추구하고 계획함에 있어 사고의 도구가 된다.

셋째 단계(7세 이상)는 내적 말이다. 사고와 행동을 안내하고 모든 고차적인 정신적 기능화에 내포되어 있다. 자기 자신에게 이야기함으로써 아동들은 성인들이 이전에 그들 자신을 안내하였던 것과 아주 동일한 방식으로 어려운 과제를 통해 자신의 행동을 안내하기를 학습한다. 그러므로 자기 대화와 내적 말은 내면화 과정이다.

(3) 근접발달영역

비고츠키는 근접발달영역(zone of proximal development: ZPD)을 어떤 다른 사람의 도움을 받지 않고서 독자적으로 수행할 수 있는 아동의 실제 발달 수준(actual developmental level)과 성인의 지도 하에 또는 더욱 유능한 또래들과 협력하여 수행할 수 있는 아동의 잠재적 발달 수준(level of potential development) 간의 차이로 정의하였다. ZPD는 적절한 수업 조건이 주어지면 학생이 할 수 있는 학습의 양을 나타낸다. ZPD에서 교사와 학습자(성인/아동, 개별 지도자/지도

받는 사람, 모델/관찰자, 장인/도제, 전문가/초심자)는 학습자가 곤란 수준 때문에 혼자서 수행할 수 없는 과제를 함께 다룬다. 이처럼 비고츠키의 근접발달영역의 개념화를 이해하기 위해 다음의 [그림 7-1]을 참조하기 바란다.

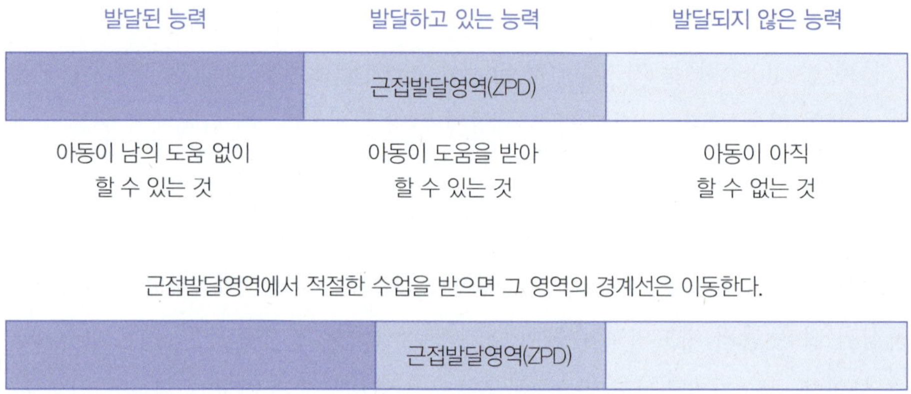

[그림 7-1] Vygotsky의 근접발달영역의 개념화

출처: Driscoll(2005).

(4) 근접발달영역의 4단계

● 1단계 : 보다 유능한 타자에 의해 도움을 받아 이루어지는 수행이다. 이 단계는 아동이 독립적인 수행을 하기 이전에 성인이나 유능한 또래에게 의존해 있는 단계이다. 아동에게 필요한 타인조절(other regulation)의 종류와 양은 과제의 성격과 아동의 연령에 따라 다르게 된다.

근접발달영역의 시초에 아동은 과제, 상황, 달성해야 할 목표에 대한 이해가 매우 제한적일 수 있다. 부모, 교사, 보다 유능한 또래가 지시를 주거나 시범을 보이게 되는데 이때 아동의 반응은 묵묵히 따르거나 모방적이게 된다. 아동은 점차 어떤 활동의 부분들이 서로 어떻게 관련되는지를 이해하게 되고 수행의 의미를 이해하게 된다. 보통 이러한 이해는 과제를 수행하는 동안 보다 유능한 타인들과 갖는 대화를 통해 발달하는데 이 대화 속에는 질문이나 피드백 등이 있게 된다. 이처럼 1단계의 전환은 과제 수행에 대한 책무감이 아동에게 넘겨지면서 점진적으로 이루어지게 된다.

● 2단계 : 자기 자신에 의해 도움을 받는 수행이다. 이 단계에서는 전환이 이루어지고 있는 동안 아동을 주의 깊게 관찰해 보면, 아동의 행위 양식이 개인 간 정신(intermental) 국면에서 문제 해결을 위한 노력에 참여하다가 이제 개인 내적 정신(intramental) 국면에서 과제를 수행할 수 있도록 변화됨을 볼 수 있다. 이 단계에서 아동은 다른 사람들의 도움 없이 과제를 수행하지만 이것은 수행이 완전히 발달하거나 자동화되었음을 의미하지는 않는다. 성인으로부터 받았던 조절이 아동 자신에게로 넘어와 자기조절(self-regulation)의 형태를 띤 분명한 구두화로 이루어진다. 자기 지향적 말이 나타나는 현상은 매우 의미 있는 발달이 일어나고 있음을 반영한다.

● 3단계 : 내면화되고, 자동화되고, 화석화되는 수행이다. 이 단계는 자기조절이 사라지면서 아동은 근접발달영역으로부터 빠져 나오게 된다. 과제 수행은 보다 원활해지고 통합되며 자동화된다. 성인이나 자기 자신으로부터의 도움도 더 이상 필요하지 않게 된다. 이 단계에서 타인에 의해 도움이 계속된다면 아동은 혼란스럽게 된다. 심지어 자의식(self-constiousness)조차 모든 과제 요소들을 원활하게 통합하는 데 해가 된다. 그리고 이 단계는 자기 통제 및 사회적 통제를 넘어서며 수행은 더 이상 발달하지 않는데, 그 이유는 이때 발달했기 때문이다. 비고츠키는 이것을 발달의 "과실"이라고 일컫는다. 그러나 이것은 사회적, 정신적 변화의 힘과는 거리가 있는 것으로서 '화석화된(fossilized)' 것으로 묘사되기도 한다.

● 4단계 : 근접발달영역을 통한 회귀로 탈자동화가 이루어지는 수행이다. 어떤 개인에게 있어서나 일생에 걸친 학습은 근접발달영역은 연속체로 이루어지게 된다. 즉 타인의 도움으로부터 자기 자신에 의한 도움으로, 그리고 새로운 능력의

발달을 위해 다시 근접발달영역으로 회귀하게 된다. 모든 사람에게는 타인조절, 자기조절, 그리고 자동화 과정이 혼재해 있기 마련이다. 여기에서 중요하게 고려해야 할 점은 탈자동화와 회귀가 규칙적으로 일어나서 그것들이 정상적인 발달과정의 네 번째 단계를 이룬다는 점이다. 수행 능력을 회복하는 데에 때때로 자기조절이 충분치 않는 경우가 있는데 이때는 더 많은 회귀, 즉 타인조절로 대체되는 것이 필요하다.

(5) 비계설정(Scaffolding)

비고츠키(Vygotsky)는 아동의 사회적 세계와 심리적 세계 간의 관계를 강조하면서 언어 등의 기호 체계의 사용을 통한 성인과 아동, 혹은 보다 유능한 아동과 아동 간의 상호작용은 아동의 발달을 선도하는 교육을 가능케 한다고 보았다. 바로 아동의 근접발달영역 내에서의 비계설정을 통해 가능하다는 것이다. 비계설정의 사전적 의미는 '건물을 건축하거나 수리할 때 인부들이 건축 재료를 운반하며 오르내릴 수 있도록 건물 주변에 세우는 장대와 두꺼운 판자로 된 발판을 세우는 것이다. 이것을 교육 분야에서는 아동의 근접발달영역 내에서의 효과적인 교수-학습을 위해 성인이 아동과의 상호작용 중 도움을 적절히 조절하며 제공하는 것을 묘사하기 위해 은유적으로 사용하게 되었다. 교사의 도움을 통해 문제 해결 방식을 익히고 내면화하여 다음에 비슷한 문제 상황에 직면했을 때에는 학습자 스스로 해결할 수 있어야 한다. 즉, 도움을 받아 높은 단계에 올라섰지만 도움이 제거되었을 때 다시 내려오지 않고 그 단계에 그대로 서 있게 하는 것, 그것이 진정한 비계설정이라 할 수 있다. 따라서 이 은유에 대한 가장 유용한 설명은 비계설정을 공사 중인 아치나 터널을 지탱하는 데 사용되며, 나중에 공사가 완공되었을 때 아치나 터널이 붕괴될 위험이 없이 제거될 수 있는 일시적인 구조물(temporary structure)로 부르는 것이 적합하다고 볼 수 있다. 다시 말하면, 비계설정은 보다 유능한 또래, 교사, 부모가 학습자에게 적절한 인내나 도움을 제공함으로써 학습에 도움을 주어 인지발달을 돕는 발판 역할을 하는 체계를 말한다.

2) Vygotsky 이론의 수업 적용

비고츠키(Vygotsky) 이론에서 교사들은 학생들이 발견할 수 있도록 환경을 배열하는 것 이상으로 더 많이 다양하게 제공할 필요가 있음을 시사한다. 학생들은 그들의 학습을 안내받고 도움을 받아야 한다는 것이다. 학생의 학습과 발달에는 교사, 부모 및 다른 성인들이 중요하다. 다음의 방략들을 사용하여 인지발달을 촉진시킬 수 있다.

(1) 안내된 참여

아동보다 나이가 더 많은 가족들은 음식 만들기, 청소하기, 페인트칠하기 등을 하는 방법에 관한 지도를 통해 가정의 일을 수행하게 한다. 교사들 역시 학생들에게 실험하기, 편지 쓰기, 인터넷에서 특정 정보 탐색하기와 같은 과제를 수행하게 하고서 그런 과제를 성공적으로 성취하는 데 필요한 지원을 제공해야 한다. 따라서 학생들이 성인다운 활동을 수행하거나 그들이 필요로 하는 도움을 제공할 때, 학생들이 성인의 세계로 안내된 참여(guided participation) 또는 도움 받는 학습(assisted learming)을 하게 하는 것이다. 예컨대, 학생들이 과학실험을 할 때, 절차와 결과를 평가하는 것을 돕기 위해서는 가설, 증거, 이론과 같은 용어들을 사용해야 한다.

(2) 발판

발판(scaffolding)이란 학생이 독자적으로 완성할 수 없는 과제를 완성하게 하는 것이다. 즉, 학생으로 하여금 근접발달영역에 있는 과제를 수행할 수 있도록 성인과 유능한 사람이 어떤 형태의 지도나 구조를 제공하는 것이다. 전형적으로, 발판은 학습의 초기 단계에는 아동에게 많은 지원을 제공하고 그다음에는 지원을 줄이고 아동으로 하여금 점차 책임을 감당하도록 하는 것을 의미한다. 수업 발판(instructional scaffolding)은 학습자의 능력을 벗어나는 과제 요소를 통제하는 과정으로서 학습자에게 학습과 문제 해결을 위한 지원을 제공한다. 수업 발판은 다섯 가지 주요 기능을 수행한다. 즉, 실제의 발판이 노동자가 페인트칠을 할 때 노동자를 받치듯이 발판은 학생을 위한 도구로 기능한다. 또한 발판은 지원을 제공하며, 학습자의 범위를 확장하고, 그렇지 않으면 불가능할 과제의 획득을 가능케 하며, 그리고 필요할 때에만 선택적으로 사용한다. 수업 발판의 유형들은 다음의 〈표 7-4〉와 같다.

〈표 7-4〉 수업 발판의 유형

발판의 유형	예
모델링	미술교사는 학생들에게 혼자서 새 스케치를 시도하도록 요구하기 전에 두 점 원근법의 스케치를 시범한다.
입으로 중얼거리면서 생각하기(think aloud)	물리교사는 칠판에서 운동량 문제를 풀 때 생각을 말로 나타낸다.
질문	모델링하고 입으로 중얼거리면서 생각하기를 한 후, 물리교사는 학생들이 몇 문제들을 쉽게 풀게 하고, 중요한 시점에서 질문을 한다.
수업 자료를 조절하기	초등학교 체육교사는 슈팅 기법을 가르칠 때에는 바스켓의 높이를 낮추며, 그다음에 학생들이 숙달하게 되면 높인다.
단서 제공	취학 전의 아동들에게 구두끈 매기를 학습할 때 "토끼는 굴 주변을 돌아다니다가 굴속에 뛰어든다."고 가르친다.
절차적 촉진자(procedural facilitator)	묵시적 기능(implicit skil)의 학습을 도울 경우, 예를 들어 교재를 읽은 후 누가, 무엇을, 어디에, 언제, 왜 그리고 어떻게 질문을 하는가와 같은 신호 단어(signal word)를 사용하도록 학생들을 격려한다.
어려운 분야를 예상하기	수업의 모델링과 설명 단계에서 교사는 잠정적인 학생의 오류를 예상하고 토의한다.
난이도 조절하기	묵시적 기능이 내포된 과제를 도입할 경우, 간단한 문제들로 시작하고, 각 단계 후에 연습을 하게 하고, 점차 과제의 복잡성을 증가시킨다.
절반쯤 행해진 예들을 제공하기	학생들에게 절반쯤 행해진 문제 예들을 제공하고서 결론을 도출하게 하는 것이 궁극적으로 학생 스스로 문제를 해결하는 방법을 가르치는 효과적인 방법일 수 있다.
상호교수(reciprocal teaching)	교사와 학생들이 교사의 역할을 교대한다. 교사는 학생들이 토의를 이끌고 질문하는 것을 학습할 때 학생들에게 지원을 제공한다.
체크 리스트를 제공하기	학생들에게 자신의 반응의 질을 조절하는 것을 돕기 위해 자기 점검 절차(self-checking procedures)를 가르칠 수 있다.

출처: 문선모(2004).

(3) 또래 협력

또래들이 협동학습(cooperative learning)을 할 때는 사회적 상호작용을 분담한다. 추리, 이해, 비판적 사고와 같은 고차적 정신기능들은 사회적 상호작용에서 비롯되며 그다음에 개인에 의해 내면화되기 때문에 학습에 중요하다고 시사한다. 아동들은 혼자서 할 수 있기 전에 사회적 지원을 받음으로써 성취할 수 있다. 협동학습에 관한 많은 연구들에 의하면, 개인적 책임과 팀 보상이 필수적임을 지적한다.

(4) 도제

도제(apprenticeship)의 경우, 학습자는 독자적으로는 결코 할 수 없는 복잡한 과제를 성취하기 위해 전문가와 함께 집중적으로 활동한다. 전문가는 전 과정을 통해 상당한 구조와 지도를 제공하며, 점차 발판을 제거하며, 능력이 증가함에 따라 학습자에게 더 많은 책임을 지운다. 예컨대, 음악 수업에서 악기를 연주하는 방법을 가르칠 때에 도제를 사용함을 볼 수 있다.

도제를 통하여 학생은 과제를 수행하는 방법뿐만 아니라 과제에 관하여 사고하는 방법을 학습한다. 그런 상황을 인지적 도제(sognitive apprenticeship)라 부른다.

8장 인지정보처리

1. 인지정보처리 개념

인지정보처리이론(Cognitive Information Processing Theory)은 인간이 어떻게 학습하고 기억하는지에 관한 인간의 인지기능을 컴퓨터의 기능에 비유한 이론적 틀로서 교실 수업의 질을 향상시키는 데 많은 시사점을 줄 수 있다. 이는 또 전통적 수업 방법을 지원하고 개선할 수 있는 강력한 이론적 기반을 제공한다. 인지정보처리이론이 주는 시사점을 수업에 잘 적용한다면 수업 방법의 개선을 통해 학습의 결과는 물론 학습 태도까지 개선할 수 있다. 또한 인지정보처리이론을 잘 이해하면 수업 내용에 대한 학습자의 주의력을 높이고 주변 환경을 어떻게 바꾸어야 하는지에 대해서도 많은 아이디어를 얻을 수 있다. 또한 집행 기능이나 작업 기억 훈련을 통해 상위인지를 강화하고 자기조절이나 자기주도 학습의 기반을 마련할 수도 있다. 또 정교한 시연(elaborate rehearsal)이나 깊이 있는 정보처리(deep processing)를 요하는 활동을 고안할 수도 있을 것이다. 이처럼 인지정보처리이론의 관점에 따르면, 인간 학습자는 컴퓨터가 정보를 처리하는 것과 흡사한 방법으로 정보를 처리하는 것으로 간주한다. 학습이 일어날 때, 정보는 환경에서 투입되고, 기억에서 처리 및 저장되며, 학습된 능력의 어떤 형태로 산출된다. 행동주의자들처럼, CIP(Cognitive Information Processing) 모형의 지지자들도 환경이 인간 행동을 어떻게 수정하는지를 설명하려고 시도한다. 그러나 행동주의자들과는 달리 그들은 환경과 행동 간에 중재변인을 추정한다. 그 변인이 학습자의 정보처리 체계이다.

대부분의 정보처리 모형은 기억의 중다저장(multistore)과 중다단계(multistage) 이론을 제안한 애킨슨과 쉬프린(Atkinson & Shiffrin, 1968)에 뿌리를 두고 있다. 즉 처리 체계가 정보를 받는 시각부터 기억에 영구적으로 정보가 저장될 수 있을 때까지 일련의 변형과정을 거친다. 정보의 이러한 흐름이 [그림 8-1]에 나타나 있다. 제안된 기억 체계의 세 가지 기본 단계(감각기억, 단기기억, 장기기억)가 제시되어 있다. 이들 단계는 무엇이며, 어떻게 작용하는지 간단하게 살펴보자.

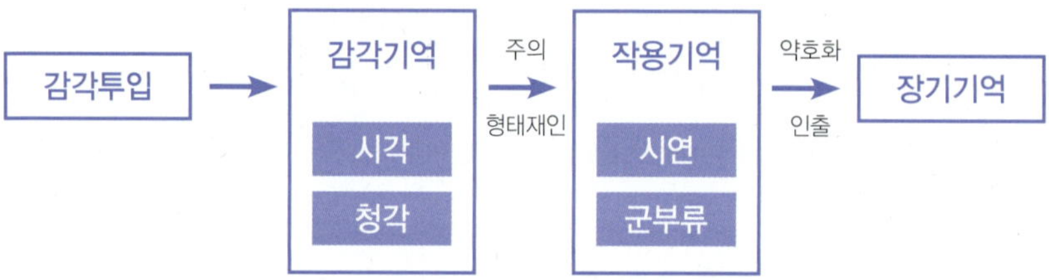

[그림 8-1] 정보처리이론에서 일반적으로 개념화된 정보의 흐름

출처: 황진숙(2013).

1) 정보처리의 단계

감각기억(sensory memory)은 정보처리의 최초 단계이다. 이 단계는 감각과 연합되어서 정보가 처리되는 데 소요될 아주 짧은 시각 동안 정보를 포착하는 기능을 한다. 예를 들면, 낯선 어두운 방에 있다고 상상해 보자. 성냥불을 켜면 짧은 섬광을 내고 곧이어 꺼진다. 성냥불이 꺼지고 난 후 약 0.5초 동안 그 방의 시각적 잔상을 느낀다. 잔상은 방의 문이나 전기 스위치가 어디에 있는지를 결정하는 데 충분한 시간 동안 여러분에게 남아 있다. 다섯 가지 감각별로 그에 따른 감각기억이 있으나 그들은 모두 본질적으로 같은 방식에서 작용하는 것으로 추정된다. 작용기억(working memory)은 단기기억(short-term memory)이라고도 하는데 정보

가 장기 저장이나 반응을 위한 준비를 하도록 더 깊은 처리가 수행되는 단계이다. 작용기억은 원래 단일 구성 요소인데, 일반적으로 감각 양식별로 독립된 처리자를 갖는 것으로 간주된다.

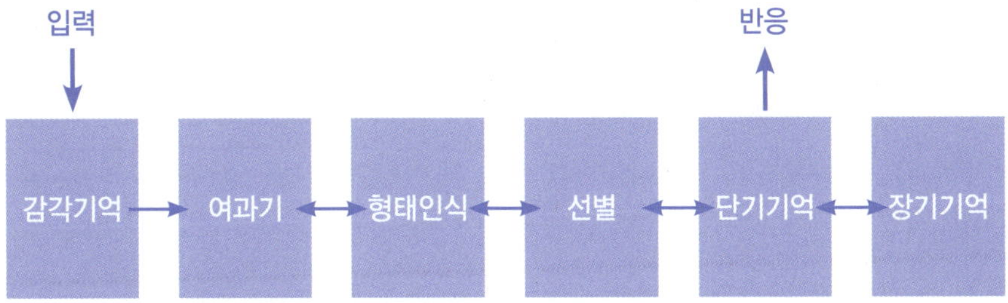

[그림 8-2] 정보처리 모형의 각 단계

출처: 황진숙(2013).

작용기억은 의식에 비유되었다. 여러분이 아이디어에 관해서 생각하고 의식 작용기억은 정보를 유지하는 시간의 제한뿐만 아니라 정보의 양도 제한된다. 즉, 여러분은 한꺼번에 몇 가지의 아이디어만 생각할 수 있거나 몇 구절만 읽고 이해할 수 있다. 예를 들면, 아주 길고 복잡한 문장을 읽을 때 우리는 문장의 끝부분에 이르면 문장의 처음 부분은 일반적으로 잊어버리게 된다. 사물을 기억하는 데 이러한 제한된 용량이 이해와 회상에 미칠 영향을 여러분은 상상해 볼 수 있다.

장기기억(long-term memory)은 정보의 영구적인 저장고를 나타낸다. 어떤 내용이 장기간 기억되려면 단기기억에서 장기기억으로 전이되어야 한다. 망각은 우리 모두가 경험하는 현상이지만, 정보가 일단 장기기억으로 처리되면 사실상 결코 상실되지 않는 것으로 추정한다. 기억의 용량에 관해서 많은 이들이 의문을 갖고 있지만, 장기기억은 채워질 수 없다. 장기기억은 무한정보의 양과 종류를 파지할 수 있는 것으로 알려져 있다.

2) 정보의 흐름

정보는 한 단계의 기억에서 다음 단계의 기억으로 지나가면서 변형 또는 처리된다. 이러한 변형을 일으키는 것으로 추정된 과정은 무엇인가? 학습 도중에 일어날 수 있는 것을 추적하기 위해서 다음 예를 들어 볼 수 있다.

만약 어떤 이가 이야기를 읽고 있는 도중 다음 문장에 이른다고 가정하자. "이 도시의 방문객은 항상 진달래가 만개한 넓은 도로의 아름다움에 매료된다." 이 페이지에 있는 글자는 이 사람의 시각기억을 자극한다. 이것은 원래 정보를 그대로 수용하고 순간적으로 기록한다. 따라서 친숙한 형태의 글자와 단어가 형태재인이 일어나는 것처럼 지각된다. 주의의 과정이 효력을 발휘하는 것은 바로 이 시점이다. 친숙하지 않은 단어는 느리게 처리된다. 왜냐하면 그 단어는 한 개 단어로 주의를 받는 것보다 개별 철자마다 주의를 받아야 하기 때문이다.

그 정보가 작용기억으로 들어가면 곧 바로 개념적으로 부호화된다. 이 사람에게 전체 문장의 표상을 형성하는 데 도움을 주기 위해서 개별 단어의 의미가 장기기억에서 인출된다. 그 문장은 여러 개의 단어로 되어 있기 때문에 문장의 끝부분이 지각되는 동안에 처음에 읽었던 단어를 계속 기억에 남아 있게 하기 위해 내적 시연(internal rehearsal)이 일어날 수도 있다. 끝으로, 정보가 장기기억으로 처리되기 위해서 이 사람은 정보의 의미를 약호화해야 한다. 이것은 이 사람의 문장을 형성하는 표상이 유의미해야 하고, 장기기억에 있는 관련 지식과 결합되어야 함을 뜻한다. 가령, 진달래와 넓은 도로에 대한 이 사람의 이전 경험이 이 문장에서 기술하는 내용에 대한 심상을 형성하도록 한다. 따라서 그 심상은 이 사람이 읽은 내용을 회상하게 될 때 유용한 인출단서(retrieval cue)가 된다.

정보의 흐름에 영향을 주는 통제과정에 대해서는 지금까지 거의 언급되지 않았다. 통제과정은 시스템의 구성 요소를 포함하거나 구성 요소의 내부 및 사이에서 정보의 흐름을 수정하는 과정으로 생각되든지 간에 그 영향은 동일하다. 어떤 면에서 실행 모니터(executive monitor)는 정보의 흐름을 파악하고, 처리의 우선

순위를 결정한다. 이것은 의식적이고 전략적인 방식, 또는 무의식적이고 자동적인 방식으로 일어날 수 있다. 예를 들면, 자신이 읽은 문장과 어떤 심상을 연합하기 위해서 매우 신중하게 선택하였을 수 있다. 왜냐하면, 심상형성이 학습에 매우 효과적인 전략으로 알고 있기 때문이다. 반면에, 그 이야기가 마을 사람들의 잔디밭을 더 아름답게 하는 동백나무만을 먼저 묘사하였다고 가정해 보자. 그러면, 원래의 문장에서 실수로 '진달래' 대신에 '동백나무'로 지각하게 할 수 있는 기대감을 나타내었을 수 있다. 어느 경우든지, 통제과정은 정보의 흐름과 이해되고 학습된 내용을 수정한다.

3) 감각기억(Sensory Memory)

인간은 청각, 후각, 미각, 촉각, 시각 등의 감각기관을 통해 주변 환경으로부터 자극을 받아들인다. 이러한 감각기억으로 저장되는 자극은 인간이 무한정 받아들일 수 있으므로 저장할 수 있는 용량은 무제한이다. 하지만, 인간은 감각기관으로 들어오는 자극을 모두 받아들일 수 없다. 감각기억으로 저장되는 것들은 인간이 주의와 집중을 기울인 것에 한하여 이루어진다.

예를 들어, 한 학급에서 여러 명의 학생들이 떠들고 있다고 가정하자. 선생님은 여러 명의 학생들이 동시에 무슨 이야기를 하고 있는지 인식할 수 없다. 하지만, 철수와 영희의 대화에 주의를 기울인다면 나머지 학생들이 무슨 대화를 하고 있는지는 알 수 없어도 철수와 영희가 무슨 대화를 하고 있는지는 알 수 있다. 이렇게 감각기억으로 정보를 저장하기 위해서는 주의와 집중이 필요하다. 이처럼 정보를 기록하고 아주 짧게 유지하는 정보처리시스템에 있는 어떤 지각저장고의 존재가 스펠링(Sperling)이 수행한 일련의 실험으로 밝혀졌다. 스펠링은 피험자에게 12개의 철자를 시각적으로 배열하여 (한 행에 네 개의 철자는 1/20초 동안[50 milliseconds] 스크린에 철자 배열을 비추고 나서) [그림 8-3]에 보는 것처럼 피험자에게 제시하였다. 그에게 어떤 철자를 보았는지 보고하도록 하였다. 이러한 순간적 노출에서도 피험자는 3개 또는 4개의 철자를 정확하고 일관성 있게 보고할 수 있었다.

[그림 8-3] Sperling(1960)의 배열과 유사한 시각적 배열

이 결과가 제한된 처리 용량을 지적한 것 같지만, 스펠링은 사실상 제시된 모든 철자가 감각기억에 들어갔음을 증명할 수 있었다. 그는 부분 보고법(partial report technique)을 활용해서 이것을 증명하였다. 즉, 그는 피험자에게 어느 행을 보고하려고 하였는지를 신호해 주도록 하기 위해서 높은 음조, 중간 음조, 그리고 낮은 음조를 사용하였다. 피험자들이 12개 철자 중에서 3개나 4개를 보고한 것은 상대적으로 낮은 수행으로 볼 수 있지만, 어느 행에 상관없이 일단 신호를 보낸 행에서는 3개나 4개의 철자를 정확하게 보고하는 높은 수행을 보여 주었다.

따라서 감각기억은 시각적으로 제한되기보다는 시간적으로 제한된 것으로 보인다. 즉, 스펠링의 실험에 의하면, 엄청난 시각적 정보가 기록되지만, 그 정보는 1/4초 이내에 어떤 처리가 더 진행되지 않으면 빠르게 사라진다. 그 외의 감각기관에서 일어나는 감각기억에 관해서는 상대적으로 알려진 것이 적기는 하지만, 거의 유사한 방식에서 작용하는 것으로 추정된다.

다윈(Darwin)과 터비(Turvey)는 청각기억으로 스펠링의 결과를 다시 연구하였다. 그러나 그들은 청각기억(잔향)은 시각기억(잔상)보다 더 오래 지속됨을 발견하였다.

잔향은 부분 보고 조건에서 최고 4초까지 지속되었다. 이러한 차이는 담화지각

(speech perception)에 대한 요건과 관련해서 설명될 수 있다.

즉, 담화가 이해되기 위해서 음향은 다른 음향과 결합되기에 충분한 기간 동안 감각기억에 남아 있어야 한다. 스펠링이 활용한 부분 보고법은 주의가 정보처리에 영향을 주고 있음도 예시하고 있다. 음조(tone)는 제시된 철자가 더 깊이 처리되어 회상될 수 있도록 철자의 특별한 부분에 주의를 모으는 단서의 역할을 하였다. 주의는 여러 가지 방식으로 개념화된 과정(process)이다. 교사는 학생들에게 수업에 주의를 기울이도록 훈계하지만, 수업의 특정한 내용에 주의를 집중하도록 어떤 조치를 취하기도 한다. 어느 방식이든 주의를 기울이지 않는 학생은 학습 정보의 일부를 놓치게 된다. 어떤 정보가 처리 도중에 상실되는 현상을 주시하면서, 주의는 시스템에 들어오는 정보를 막아 주는 병목(bottleneck)이나 여과기(filter)로서 역할을 하였다고 인지심리학자들은 처음에 생각하였다.

그러나 트라이즈만(Treisman)은 주의는 실무율 명제(all-or-none proposition)가 아니고, 자극을 약화시키거나 무시하는 역할을 한다고 생각하였다. 이 생각은 파티에서 일어나는 것을 고려해 보면 쉽게 증명된다. 파티에서 여러분은 주변에서 일어나고 있는 대화에 거의 신경을 쓰지 않고 한 대화에만 주의를 기울일 수 있다. 그러나 여러분의 이름을 말하는 것을 듣거나, 여러분의 관심을 끄는 주제로 대화하는 것을 듣게 되면 여러분의 주의는 그쪽으로 쏠리게 된다. 그 대화로 주의가 더 쏠리고 반응을 하도록 자극하기에 충분한 정보가 처리되고 있었다.

4) 선택적 주의

선택적 주의(selective attention)는 어떤 정보를 선택하고, 처리하면서 동시에 다른 정보를 무시하는 학습자의 능력을 말한다. 개인이 두 개 이상의 과제나 정보원에 자신의 주의를 분배하거나 한 과제 내에서 선택된 정보에 초점을 둘 수 있는 정도는 많은 요인에 달려 있다. 우선, 과제나 정보가 개인의 주의를 끄는 가장 분명한 것은 의미(meaning)이다. 군중이 모여 있는 시끌벅적한 공간에서

들리는 여러분의 이름은 여러분에게 아주 의미 있기 때문에 여러분의 주의를 끈다.

다음으로, 경쟁적 관계에 있는 과제나 정보원 간의 유사성에 따라 주의집중이 다르다. 성별이 같은 두 명의 연사가 비슷한 음색과 음량으로 연설을 할 때 두 연설을 동시에 집중해서 듣기는 어렵다. 예를 들면, 친구가 말을 걸어오는데 교사의 설명을 들으려는 학생을 상상해 보라. 비슷하게, 학습자는 고전음악을 들으면서 공부를 할 수 있으나 성악이 연주될 때 공부에 대한 집중력은 떨어짐을 느낄 수 있다.

주의에 영향을 주는 세 번째 요인은 과제 복잡성이나 곤란도이다. 실타래에 실을 감는 것과 같은 단순한 과제는 주의를 거의 요구하지 않기 때문에 다른 일을 하면서 쉽게 수행할 수 있다. 부담 없는 TV 코미디를 보고 직소퍼즐을 맞추면서 내일 일정에 대한 가족과의 대화는 모두 동시에 수행될 수 있는 과제들이다. 그러나 진단을 목적으로 병력을 검토하는 일이나 복잡한 전기회로를 연결하는 일은 보다 철저한 주의집중을 요구한다.

학습자가 선행 지식이 거의 없는 과제를 수행할 때도 물론 더 많은 주의를 요구한다. 예를 들면, 학습이론을 처음으로 수강하는 학부생은 강사의 강의와 교재 내용 모두 엄밀한 주의를 기울일 필요가 있을 것이다.

끝으로, 주의의 통제 능력은 일반적 및 구체적 의미로 연령, 과잉 활동성, 지능, 학습장애에 따라 다르다. 예를 들면, 주의력 결핍장애는 청소년 전기에 간혹 나타나는 증상이다. 그들은 주의를 한 곳으로 모을 수 없거나 관련 없는 자극을 무시하지 못하는 것 같다. 그로 인해서 학업 성적은 낮을 수밖에 없다. 그러면, 주의는 수업 상황에서 어떻게 관리되는가? 수업 도중에 학습자의 주의나 각성에 영향을 주기 위해서 교사는 일반적 신호를 활용해야 할 것이다.

예를 들어, 어느 3학년 담임교사는 학생들이 짝이나 소집단으로 학습할 때 모든 학생들의 주의를 모으기 위해서 리듬악기를 사용한다. 그 교사는 수업 첫날부터 그 신호를 사용하였기 때문에 학생들은 이 신호를 들으면 하던 일을 멈추고 지시를 듣기 위해서 선생님을 쳐다본다. 수업 내용의 어떤 부분에 학생의 주의를 모으는 것이 중요하다면, 색상이나 인쇄 활자체(교재 자료에), 억양이나 표정(설명할 때), 그리고 신기성을 활용해서 자극 특징을 강조할 수 있다. 가령, 컴퓨터 컨설턴트가 수행하는 다양한 종류의 역할을 강조하기 위해서 강사는 각기 역할에 적합한 다양한 모자를 쓰고 강의할 수 있다. 마지막으로, 학습자들이 스스로 과제에 몰두하고 수업의 중요한 부분에 선택적으로 주의를 기울이기 위해서 학습해야 할 방식을 검토해야 한다.

5) 자동성(Automaticity)

과제가 과잉 학습되거나 정보원이 습관적일 경우에 그것에 대한 주의집중의 요구가 최소화되면서 자동성(automaticity)이 일어난다. 슈프린과 슈나이더(Schneider & Shiffrin, 1977)는 자동처리와 통제처리를 구별한 좋은 예로서 자동차 운전을 들었다. 대부분의 경우에 운전은 자동적이기 때문에 운전자는 라디오를 들으면서 운전을 할 수 있다.

그러나 교통량이 많아서 운전자가 주의를 기울여야 할 경우에 운전은 통제처리로 바뀐다. 운전자는 운전에 더 세심하게 주의를 집중하여 학습될 중요한 정보에 학습자의 주의가 기울여지도록 할 필요가 있다. 독자는 책을 읽는 목적에 따라 자신의 주의를 다르게 할당한다. 가령, 소설은 대체로 이야기의 줄거리를 이해할 목적으로 읽는다. 이 경우에 소설을 다 읽고 나서 아주 구체인 내용을 다시 말하려면 어려울 수 있다.

한편, 교재나 교범은 중요한 정보를 찾아서 학습할 구체적인 목적으로 읽는다. 교재에 수업 목표나 질문을 넣는 것은 교재의 구체적 정보에 학습자의 주의를 집중하도록 돕는 데 효과적인 것으로 입증되었다.

독서와 함께 기초적 기능(연산과 문법 규칙 같은 내용)의 자동화도 초등학교의 중요한 교육 목적이다. 이를 확대해 보면, 우리는 성인에게서도 어떤 과제의 학습에서 자동화의 유용성을 이해할 수 있다. 비행기 조종사는 조종석에 있는 다양한 정보원에 자동적으로 반응해야 한다. 천문학자는 새로운 별이나 별자리의 징조일 수 있는 근점 거리의 탐색에서 별의 형태를 자동적으로 처리한다. 그리고 능숙한 치료전문가에게 약물 남용의 신호 탐지는 자동적으로 처리된다.

6) 형태재인과 지각

정보에 주의를 기울이는 것만으로 그 정보의 처리를 보장해 주지는 못한다. 우리는 정보의 처리에 주의가 필요하지만 충분하지는 않다고 말할 수 있다. 정보는 처리 바탕을 제공하기 위해서 친숙한 형태로 분석되어야 한다. 환경 자극이 기억에 있는 개념과 원리의 전형으로서 재인되는 과정을 형태재인(patterm recognition)이라고 한다. 재인은 모양이나 형판이 실제로 나타내는 것을 확인하지 않고, 어떤 형판과 일치하는 모양을 찾는 것과 같다는 점에서 개념 이전 상태이다.

형태재인은 인간의 정보처리 체계에서 모형화하기 특별히 어려운 과정이기 때문에 여러 가지 다양한 모형들이 제안되었다. 각 모형은 과정이 작동하는 방법과 정보가 기억에 표상되는 형태에 대한 특별한 함의를 지니고 있다.

2. 인지처리의 주요 가정

1) 기본 가정

행동주의와는 근본적으로 다른 인지정보처리의 주요 가정들은 다음과 같다.

- 어떤 학습과정들은 인간에게 고유하다. 사람들은 고유한 어떤 능력들(예컨대, 복잡한 언어)을 소유하고 있기 때문에 인간학습의 과정들은 동물학습의 것과 다를 것이다. 따라서 거의 모든 정보처리 연구는 인간 피험자들에게 행해진다.
- 정신 사태가 연구의 초점이다. 정신 사태는 인간학습에 중심적으로 관여된다. 각 개인은 동일 장면에 대해 달리 생각하는 만큼 그 장면으로부터 다른 정보를 학습할 것이다.
- 인간학습의 연구는 객관적이고 과학적이어야 한다. 인간정보처리이론은 행동주의자들처럼 객관적 연구의 중요성을 강조한다. 그러나 그들과는 달리 정신 사태는 주의 깊게 설계된 실험으로부터 추론될 수 있다고 믿는다.
- 개인은 학습과정에 능동적으로 관여된다. 사람들은 단지 환경 조건의 수동적 희생자이기보다는 학습과정에의 능동적 참여자이며, 사실상 자신의 학습을 통제한다. 각 개인은 자신이 받는 정보를 어떻게 정신적으로 처리하는지를 결정하며, 이런 인지과정은 일정 장면에서 무엇이 학습되는지를 결정한다.
- 학습에는 반드시 외현적 행동 변화로 반영되지는 않는 정신적 연합의 형성이 포함된다. 현대 인지심리학자들에 의하면, 학습에는 내적, 정신적 변화가 포함되지만, 많은 행동주의자들이 제안하는 외적 행동 변화를 반드시 포함하는 것은 아니다. 그러므로 학습은 개인의 관찰된 수행에 반영되지 않고서 일어날 수 있다.
- 지식은 조직된다. 개인의 지식, 신념, 태도 및 정서는 서로 간에 분리된 것이 아니라 사실상 모두 연합되고 상호 연결되어 있다.

- 학습은 새 정보를 이전에 학습된 정보와 관련짓는 과정이다. 조절에는 거의 언제나 동화가 포함된다는 피아제의 주장과 비슷하게, 정보처리론자들은 학습은 개인이 새 경험을 이전의 경험들로부터 습득하였던 정보와 관련지을 수 있을 때 가장 잘 일어난다고 믿는다.
- 정보처리는 자극을 받아들이는 것과 반응을 산출하는 것 사이에 개재하는 단계들에서 일어난다. 정보가 정신적으로 표상되는 방식은 단계에 따라 다르다. 단계들은 서로 질적으로 다르다.
- 인간정보처리는 적어도 은유적으로는 컴퓨터 처리와 유사하다. 인간 체계는 컴퓨터와 비슷하게 기능한다. 정보를 받아들이고, 정보를 기억에 저장하고 그리고 필요할 때 정보를 인출한다. 연구자들은 이 유추를 확장하는 범위에 있어 차이가 있다. 어떤 연구자들은 컴퓨터 유추는 단지 은유(metaphor)일 뿐이다. 다른 연구자들은 인간의 활동을 모의하기 위해 컴퓨터를 채택한다.
- 정보처리는 지각, 시연, 심상화 기억, 망각, 사고, 문제 해결 등의 모든 인지 활동에 영향을 미친다.

2) 인간과 컴퓨터

기계인 컴퓨터에는 정서도 없고 의지도 없다. 그러나 오늘날 컴퓨터 공학의 시대에 컴퓨터가 인간 인지의 강력한 은유가 되었음은 놀라운 일이 아니다.

컴퓨터 은유는 소위 인지과학에서는 지극히 보편적이다. 컴퓨터와 인간은 구조와 기능 면에서 유사성을 갖고 있다. 구조 면에서 보면, 컴퓨터는 칩, 디스크, 드라이브, 스위치 등 소위 하드웨어(hardware)라는 전자 요소들의 복잡한 배열로 구성되어 있다.

인간의 뇌는 신경원, 다양한 세포, 화학전달물질 등 소위 웨트웨어(wetware)라는 신경물질의 복잡한 배열로 구성되어 있다.

기본적인 컴퓨터 은유는 하드웨어와 웨트웨어를 비교한다. 마찬가지로 입력과 출력을 자극과 반응에 비교한다. 비록 컴퓨터의 하드웨어가 컴퓨터의 기능을 가능하게 할지라도, 컴퓨터가 기능할 것인지 여부와 어떻게 기능할 것인지는 컴퓨터 지시 또는 프로그램(즉, 소프트웨어)이 결정한다. 다음 〈표 8-1〉의 인간과 컴퓨터의 기능 비교를 보면, 사람과 컴퓨터의 기능이 다르다는 것을 알 수 있다. 여기서는 컴퓨터의 프로그램 조작을 인간의 인지과정과 비교한다. 이런 인간의 인지과정을 정보처리라 부르는데, 결국 정보처리란 컴퓨터가 행하는 것이다.

〈표 8-1〉 인간과 컴퓨터의 기능 비교

기능	사람	컴퓨터	
입력	감각기관	입력장치	
기억	두뇌	주기억장치	
연산	두뇌	연산장치	중앙처리장치
제어	두뇌	제어장치	
출력	반응기관(입, 손, 발)	출력장치	
보조기억	노트	보조기억장치	

출처: Lefrancois(2006).

3) 정보처리 조망

문제 해결을 단순한 연산들의 연쇄로 보는 정보처리 분석틀이 광범하게 수용되어 왔는데, 그것은 선행 단계의 출력정보가 하나의 더 나아간 과정 또는 수정(즉, 기억 칸에 저장되는 것)의 대상이 된다는 것이다. 이러한 기기적 분석은 인지 접근 방법과 연합 접근 방법 모두와 공통되는 측면을 지니고 있다. 내부과정의 이해를 강조하는 점에서는 인지적 접근 방법과 가장 유사함이 분명하지만, 또 어떤 면에서는 연합이론을 많이 닮았다.

단순한 구성 요소로 복잡한 행동을 합성할 수 있다는 신념에는 이제 친숙해져 있을 것인데, 그 이유는 그것이 헐(Hull)과 같은 자극-반응 이론가들에 의해서도 표현되었고 레스콜라-와그너(Rescorla-Wagner) 모델과 같은 후기 연합이론에서도 표명되었던 것과 사실상 동일한 것이기 때문이다. 따라서 정보처리는 내부 과정에 대한 인지적 강조와 이런 과정들은 근본적으로 단순하다는 연합적 신념을 결합한 것이며, 이런 접근 방식들을 종합하는 그 능력은 정보처리의 인기를 높이는 주요인임이 거의 확실하다.

4) 부호화, 저장, 인출

우리는 정보처리 접근 방법이 기억이나 다른 인지과정들을 비교적 단순한 연산들이나 과정들의 연쇄로서 간주한다는 것을 알고 있다. 기억의 경우에 이 하위 과정들이 정확히 무엇인가와 관련하여, 정보처리 이론가들은 컴퓨터가 자료를 기억할 때 거치는 세 단계들, 즉 입력의 부호화, 저장, 필요시의 인출을 그 출발점으로 삼는다.

정보가 제시될 때, 컴퓨터가 하는 첫 번째 일은 그 입력을 처리할 수 있는 형태로 변형, 또는 부호화하는 것이다. 이것은 부호화로 알려져 있다.

3. 인지처리과정 모델

기억은 경험과 학습의 중심이 되는 정신적인 과정으로 정보의 부호화(encoding), 저장(storage), 파지(retention, 경험에서 얻은 정보를 유지하고 있는 작용) 및 인출(retrieval) 등의 포괄적인 인지과정이다. 정보처리이론에서 기억의 구조는 시각, 촉각, 후각, 청각과 같은 감각으로부터 들어온 정보를 아주 짧은 기간 동안 정확하게 기록하는 저장 체계인 감각기억(sensory memory), 인간의 의식 속에 일시적으로 존재하는 단기기억(short-term memory), 단기기억이 확장된 개념으로 정보들을 일시적으로 보유하고 각종 인지과정들을 계획하고 실제로 수행하며, 인지행위가 의식적으로 일어나는 처리 체계인 작업기억(working memory) 및 평생 저장되고 보존되어 언제든지 필요에 따라 인출할 수 있는 장기기억(long-term memory)으로 나눌 수 있으며 이러한 기억의 유형은 각각 다른 방식으로 정보를 파지하고 상실한다.

1) 부호화(encoding)

감각 부호화에서 어떤 자극을 기억하기 위한 첫째 요건은 그 자극이 나타날 때 그것을 정확히 확인하는 것이다. 즉, 감각 정보가 기억 속에 저장 가능한 표상으로 전환되는 과정이다.

2) 저장

저장한 자극이 성공적으로 부호화되어 한 주 후에도 그것을 기억할 수 있다고 가정하자. 그렇다면 여러분은 우리가 그것을 영원히 기억할 것이라고 생각할 수도 있겠으나, 분명히 그렇지는 않다. 우리가 재료를 성공적으로 학습한 후에 왜 그것을 망각하는가? 한 가지 분명한 가능성은 시간의 흐름에 따라 기억흔적이 소멸된다는 것이다. 고대 그리스 철학자 아리스토텔레스(Aristoteles)는 기억을 부드러운 점토판에 비유하였다. 자극이 최초로 만들어지면 그것은 분명하고 생생하다. 하지만 시간이 지남에 따라 그것은 점점 더 흐려져서 결국에는 완전히 사라진다. 마찬가지로, 어떤 자극에 대한 신경 약호화도 시간이 지남에 따라 더 이상 해독될 수 없을 때까지 퇴화될 수도 있다.

3) 인출

부호화되어 저장되고 파지된 기억정보는 인출되지 않으면 의미가 없다. 이러한 인출은 기억의 첫 번째 단계인 부호화와 밀접한 관련이 있는데, 부호화할 때 처리된 단서가 인출과정에서 제시된 단서와 일치할수록 기억하기가 더 쉽다는 뜻이며, 사람은 기억을 인출하는 과정에서 정보들을 재구성하게 된다.

4. 메타인지

1) 메타인지 개념

메타인지는 'meta'라는 접두사가 사용되는데 이 접두사는 이후(after), 넘어서(beyond), 따라서(along), 함께(with)의 뜻을 가진 사건을 '멀리 떨어져서 관찰하여, 그 사건을 초월하여, 제기할 수 있는'이란 의미로 사용되고 있다. 와이너트(Weinert)에 의하면 심리학에서 메타기억, 메타이해, 메타집중, 메타의 사교환, 메타언어, 메타인지 등 많은 메타 개념이 연구되고 있는데 이 메타의 개념 측면에서 보면 기억, 이해, 집중, 의사교환, 언어 그리고 인지 그 자체가 다시 인지의 대상이 되는 인지라고 할 수 있다. 그러므로 메타 용어들의 가장 포괄적인 의미를 가지고 있는 것은 메타인지라 할 수 있다.

메타인지는 일반적으로 '사고에 대한 사고'로 정의되며 플라벨(Flavell)의 상, 기억에서 그 기원을 발견할 수 있다. 메타기억은 상위기억이라고도 하며 암기 활동 자체에 대한 지식이라는 의미로 초등학교 저학년과 고학년의 학업 차이를 설명하기 위해 사용되었다. 메타기억은 그 후에 다양한 학자들의 연구를 통해 기억 활동을 포함한 인지 현상의 전반적인 인지를 의미하는 메타인지라는 확장된 개념으로 사용되었다. 따라서 메타인지라는 용어는 말 그대로 '인지 이상의 것'을 의미하며, 인지에 대한 인지를 가리키거나, 보다 비격식적으로는 생각에 대해 생각하는 것을 의미한다. 플라벨은 메타인지를 인지 및 인지의 제어에 대한 지식으로 정의했다. 예를 들어, 어떤 사람이 B보다 A를 배우는 데 더 많은 문제가 있음을 알아차리거나, 사실로 받아들이기 전에 C를 다시 확인해야 한다고 생각하면 메타인지를 활용한 것이다.

안드레아스 데메트리오(Andreas Demetriou)의 이론(신 피아제 인지발달이론 중 하나)은 인간 정신의 필수 구성 요소로 간주되는 자기 모니터링, 자기표현 및 자기조절과정을 지칭하기 위해 과인지(Hyper-Cognition)라는 용어를 사용했다. 더욱이, 그는 그의 동료들과 함께 이러한 과정이 전통적으로 유동지능(Fluid and crystallized intelligence)을 구성하는 것으로 간주되었던 처리 효율성 및 추론과 일반 지능에 관여한다는 것을 보여 주었다.

메타인지에는 학습 기술, 기억력 및 학습 모니터링 능력과 같은 자신의 사고과정에 대해 생각하는 것도 포함된다. 이 개념은 실질적인 교육과 함께 명시적으로 가르칠 필요가 있다. 메타인지 지식은 자신의 인지과정과 학습을 극대화하기 위해 그 과정을 조절하는 방법에 대한 이해다.

(1) 메타인지의 3가지 범주

- 메타기억과 메타이해 : '아는 상태에 대한' 스스로의 주관적인 평가를 말한다. 예를 들어 스스로 대답할 수 있다고 생각하거나 평가하는 것, 독서를 하면서 스스로 이해를 잘하고 있는지 판단하는 것이다.
- 문제 해결 : 무엇을 해야 할지 명확히 알지 못하는 상태에서도 무엇인가를 하는 것을 의미한다. 예를 들어 문제 해결 과정에서 객관적으로 목표를 다

시 한 번 확인하고 목표를 위해 현시점에서 해야 할 다음 것들을 계획하는 것이다.

- 비판적 사고 : 생각들을 평가하고, 말이 되는지 아닌지를 판단하는 것이다. 예를 들어 하나의 아이디어가 다른 것과 논리적으로 연결되는지 판단하는 것으로 나눌 수 있다.

2) 학자들의 관점

메타인지에 대한 개념은 학자마다 관점의 차이가 있다. 플라벨(Flavell)은 '메타인지는 모든 인지적 활동을 대상으로 하며 인지적 활동을 조절하는 지식이나 인지 작용으로 다소 넓게 정의 된다.'고 하였다. 웰만(Wellmann)은 메타인지를 존재성 인식, 정신 활동에 대한 지식 등 메타적 인지 활동으로 설명하고, 쇤펠드(Schoenfeld)는 메타인지를 자신 내면의 사고과정에 연관된 지식, 통제, 또는 자기 조정, 주관적 지식과 해석의 틀을 가지는 신념과 직관으로 정의하였다. 또한 브라운(Brown)은 개인의 인지과정을 이해하고 제어하고 조정하기 위한 지식과 능력에 대한 인식이라고 정의하고 있다. 와이너트(Weinert)는 메타인지가 사고에 대한 사고로 지식에 대한 지식이며 행동에 대한 성찰과 같은 이차적인 인지라고 정의하였다. 레스터와 가로팔로(Lester & Garofalo)는 메타인지가 신념과 태도뿐만 아니라 과제 불안, 동기, 인내심과 같은 개인의 정서 혹은 느낌까지도 관련 있다고 주장한다. 메타인지 정의는 이렇게 학자들마다 그 관점에 있어서 상이점이 존재한다. 이에 메타인지에 대한 대표적인 학자들의 관점을 살펴보고자 한다.

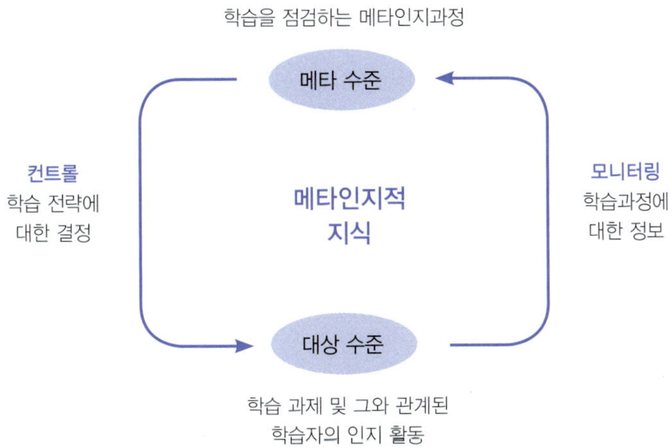

[그림 8-4] 메타인지과정

출처: 김세희(2019).

(1) Flavell의 견해

플라벨(Flavell)은 메타인지는 '자신 내면의 인지과정에 대한 자신의 지식과 그 인지 작용의 결과물과 또한 자신 안에 있는 인지 대상 또는 정보와 관련한 인지과정의 능동적인 관찰과 지속적인 조정과 조합'이라 정의한다. 메타인지 정의의 초안은 자신의 사고에 대한 생각이라는 개념이다. 메타인지적 사고는 인간이 접한 외부 세계에서 도출하지 않고 다소 그 전 세계에 대한 인간 자신 내면의 정신적 표상과 관련된다. 그러므로 메타인지를 종종 생각에 대한 생각, 인지에 대한 사고, 인지적 현상에 대한 지식 또는 인지라고 설명한다.

플라벨은 기억이라는 사고과정에서 자신이 기억 상태를 자신 스스로 관찰하거나 점검하는 정신적 활동의 차이가 기억 산출물의 차이가 된다고 생각하여 그러한 격차를 가져온 정신적 활동을 메타기억이라고 하였다. 플라벨의 설명에 의하면 메타기억이 인지적 구조와 기억장치 인지적 탐색과 검색, 인지적 관찰을 포함한다는 관점은 메타인지적 사고가 지적 과제를 성취하는 데 활용될 수 있는 의도적이며 목적 지향적이며 미래 중심적임을 나타낸다.

플라벨은 메타인지를 자신의 환경에서 행동자의 정보를 적극적이고 의도적으로 저장하고 검색하는 인간으로서 더 나아가서는 강화된 개념의 자아로서 스스로에 대한 인식(awareness)이며 개인이 지금까지 개발한 모든 인지적 기술을 기억 속 과제에 적용하는 응용 인지로서 기억의 발달이라고 정의하였다.

여러 연구자들은 정보를 어떻게 정신적 구조로 저장하고 재생하는지 정신적 구조가 연령에 따라 어떻게 발달하는지 기억과 검색을 어떻게 통제하는지 등과 같은 물음에 많은 관심을 보였다. 이러한 의문을 풀기 위해 플라벨은 메타인지의 특징을 지적 관찰에 두고 그 원인을 메타인지적 지식, 메타인지적 경험, 메타인지적 목표, 메타인지적 활동으로 분류하고 그 상호관계를 모델화하였다.

플라벨의 정의에 따르면, 사고는 자신이 아는 것, 다시 말해 메타인지적 지식과 현재 진행 중인 사고과정인 메타인지적 기능과 자신의 인지에서 도출되는 정서적 측면인 메타인지적 경험을 설명하고 있다.

메타인지적 지식에는 사람변인과 과제변인과 전략변인 세 가지가 있다. 우선 사람변인은 학습자가 어떤 인지적 기능이 있는지에 대한 지식으로서 과제 수행에 영향을 주는 모든 개인적 특징을 가리키는 것으로 이는 인간이 인지적 유기체로서 습득하게 되는 일종의 지식이나 신념과 관련이 있다. 이는 다시 개인적인 신념인 개인 내면적 특징과 개인과 개인 사이의 비교에 대한 신념인 개인 상호 간의 특징과 인간이 성장하면서 점차 갖게 되는 사고에 대한 일반적 성질에 대한 신념인 보편적 특징으로 구분된다.

과제변인은 과제에 따라 필요한 능력이 어떤 것인지에 대한 지식으로서 과제 수행을 하는 동안 사용하는 정보의 성격과 과제 요구의 처리 기술에 관한 지식을 의미한다.

전략변인은 문제 해결 방법으로 어떤 인지적 전략이 적합한지에 관한 인지과정에 대한 전반적인 지식이다. 더불어 수행에서 어떤 목표를 성취하기 위해 어떤 전략이 가장 효과가 있는가에 대한 개인이 획득하게 되는 지식과 관련이 있다.

메타인지적 기능이란 기억과 사고과정 속에서 의식적이고 계획적인 것을 말한다. 즉 자신이 모르는 것이 무엇인지를 알고, 또 모르는 것으로 인해 발생하는 일이 어떤 것인지를 파악하여 부족한 점을 발견하는 등 노력을 한다. 더불어 해결할 수 있는 학습 계획 및 활동 등을 마련하고 노력과 시간 등을 분배하며 인지과정에 대한 결과 확인 및 평가까지의 기능을 한다.

메타인지적 경험은 인지과정 중에 산출되는 정서적 감정 경험이다. 이는 메타인지의 과정 중에 즉시적 반응으로 이것을 알고 있다고 느끼는 인지경험에서 도출되는 정의적 측면이다. 플라벨은 메타인지적 지식을 지적 산물과 그것들의 다양한 인지적 과제, 목표, 활동, 경험을 인지적 계획을 동반하고 그것과 연관 있는 의식적인 인지적 또는 정서적 경험이라고 하였다.

(2) Brown의 견해

브라운(Brown)은 플라벨과 마찬가지로 메타인지 연구를 수행한 학자의 한 사람이지만 메타인지 연구 방법에서 플라벨과는 차이를 보이고 있다. 플라벨은 메타인지를 전문적인 용어로서 대중화하는 데 기여하고 독창적인 이론 개발에 공헌하였고, 브라운은 학습 전략의 모니터링과 조절에 포함된 메타인지과정에 대한 영향력 있는 이론들을 발표하였다. 브라운은 연구 초반부터 확실히 교육 분야에 관심을 보였다. 메타인지를 적절하게 훈련하여 인지적 활동을 통제하게 되면 교육적 효과가 증대될 것이라는 생각으로 메타인지의 인지과정의 제어에 대한 기술을 연구하였다.

그는 어떤 의미에서 메타인지는 인지를 통제하는 것으로 생각하였으며 메타인지를 인지에 대한 자신의 지식과 통제라고 설명하면서 메타인지적 활동을 사고에 대한 지식, 즉 메타인지적 지식과 사고에 대한 조절로 메타인지적 기술을 분류하였다. 그리하여 인지에 대한 조정이 메타인지 연구와 발전에 있어서 가장 훌륭한 도구로 제안하지만 과학적인 조작과 모델 작성에 있어서는 거의 역할을 수행하지 못한다고 하면서 인지의 조정에 대한 연구에 많은 관심을 보였다. 메타인지의 조절 기능으로는 계획(planning), 모니터링(monitoring), 평가(checking)를 제시하였다.

그러나 인지과정에서 산출되는 정의적인 측면인 메타인지적 경험은 다루지 않았다. 브라운은 인지에 대한 메타인지 기능 중 모니터링(monitoring)을 가장 핵심적인 도구로 제언하였다.

(3) Schoenfeld의 견해

쇤펠드(Schoenfeld)는 메타인지를 사고과정에 대한 지식과 통제와 자기조절, 신념과 직관의 세 영역으로 나누고 이 세 영역이 서로 상호 연결이 되어 있는 동시에 또한 각각의 별개임을 주장한다.

첫째, 사고과정에 대한 지식이다. 자신의 지식에 대해서 살펴보면 '당신은 얼마나 자신의 생각을 정확하게 서술할 수 있는가?'와 같이 자신이 인지과정을 얼마나 정확하게 서술할 수 있는지와 관계가 있다. 이것은 자신의 인지과정을 묘사할 수 있는 능력, 자신의 기억에 대해 표현할 수 있는 능력, 즉 '메타기억'과 연관되며, 어릴 때는 자신의 정신 활동을 묘사하는 데 익숙하지 못하지만 나이가 들수록 성장한다.

둘째, 통제와 자기조절이다. '당신은 문제를 풀 때, 자신이 수행하고 있는 것을 얼마나 잘 관찰하는가? 또한 이러한 자기 관찰로부터 과제 해결 행동을 지시하는 정보를 얼마나 잘 이용하는가?'와 같이 과제 해결과정의 관리적 능력을 뜻하는 것이다. 관리의 대상으로는 자기가 가진 자원 해결과정, 그리고 자신의 인지상태 등을 들 수 있다. 과제를 처리하는 과정에서 성공과 실패의 차이는 자기 자신이 알고 있는 학문적 내용이라기보다는 알고 있는 지식을 어떻게 사용했는가 하는 관리에 관한 능력에 있다. 이러한 능력에는 해답에 대한 성급한 시도 전에 과제가 무엇인지 자기 자신이 바르게 이해하고 확인하는 것, 계획하는 것, 모니터링하는 것 혹은 풀이과정 동안 과제가 어떻게 진행되었는지를 기억하는 것, 과제를 풀 때 자료를 분배하고, 무엇을 해야 할지를 결단하고 그에 따른 시간을 배분하는 것 등이 있다.

셋째, 신념과 직관이다. '당신은 과학을 할 때, 과학에 관해 어떤 사고를 하며, 이 사고는 자신이 과학하는 방법에 어떤 영향을 주는가?'와 같이 지적 삶을 살면서 습득된 세계에 대한 주관적 지식이며, 세계관을 뜻한다. 학생이 가진 과학에 대한 왜곡된 신념은 학생의 과학 행동에 안 좋은 영향을 주고 이것은 신념과 직관의 통제, 자기조절 등과 마찬가지로 학생의 과학 행동의 중요한 결정적 역할을 한다. 이것은 플라벨의 메타인지적 지식과 비슷하지만 쇤펠드는 특히 그릇된 신념, 오개념, 선 개념 등에 관심을 보인다.

(4) Schraw & Graham의 견해

슈로와 그레이엄(Schraw & Graham)은 메타인지를 크게 메타인지적 지식과 메타인지적 통제로 나누는데, 지식이란 보편적인 인지에 대한 지식이나 자기 내면의 인지에 대한 지식을 말한다. 지식은 다시 개인의 인지 기술이나 전략 등 학습 수행에 영향을 주는 요소에 관한 지식인 선언적 지식, 과제를 수행하는 과정에 대한 지식인 절차적 지식, 인지가 어떤 때 적합한지 왜 그것이 적절한지 또는 왜 그렇지 않는지에 대한 개인적 지식인 조건적 지식으로 세분화한다.

통제란 자신의 사고나 학습을 조정하도록 돕는 일련의 메타인지적 사고작용을 의미하며 계획 활동, 모니터링 활동, 결과 점검 활동으로 구성된다. 계획은 학습 전에 미리 계획하고 목표를 설정하며 인지 전략을 재조정하는 활동을 말하며 모니터링은 학습 중 학습 전략을 점검하고 조정하고 사용 시기를 조절하는 것을 의미한다. 결과 점검은 학습이 끝난 후, 수행과 전략의 효과성을 분석하는 활동이다.

9장 지각과 주의집중

1. 지각의 개념

지각은 감각기관들이 등록하는 자극들을 수집하고 해석하기 위해 이전의 지식을 사용하는 과정이다. 인지심리학과 관련된 두 가지 지각 과제는 대상(형태)을 인식하고 주의를 기울이는 것이다. 따라서 감각과 지각을 구분한다. 감각(sensation)은 환경적 자극화에 대한 감각수용기의 반응을 가리킨다. 반면에 지각(perception)은 그 자극화에 주어지는 의미(재인과 해석)를 가리킨다. 감각은 생리적 과정이다. 몸이 환경으로부터의 에너지에 반응한다. 지각은 심리적 과정이다. 몸이 감각하였던 것을 정신이 해석하고 재인한다는 것이다. 다시 말해 지각은 환경 내의 사물을 인지하는 일이며, 대뇌피질에 그 사물에 관한 전체상(全體像)이 형성되었음을 의미한다. 즉 과거의 학습이나 경험을 통해서, 자기를 포함하는 세계에 관해 상당히 객관적인 견해를 가질 수 있으며, 자기 나름대로의 인지도를 가지고 있기 때문에, 환경에서 얻어지는 개개의 감각적 인식을 인지도에 따라서 이해하고, 체제화하며 또한 수정할 수 있다. 신생아는 미분화이기 때문에 모호하고 정리되지 않는 지각밖에 할 수 없으나, 신경계의 성숙과 경험·학습의 상호작용에 의해 발달해 나간다.

1) 형상의 지각

형상에 대한 흥미는 비교적 빨리 발달한다. 신변에 있는 구체물의 분별은 0세부터 시작되어 1세경부터 가능하며, 원·사각형·삼각형 등의 간단한 형의 판별은 2세경부터, 숫자·한글·알파벳 등 상당히 복잡한 형의 판별은 5세경부터 시작된다. 색(色)이 먼저냐 형이 먼저냐가 자주 문제가 되는데, 실험 재료에 의해서 결과가 다르며, 일반적으로는 추상적인 모호(模糊) 도형에서는 색이 우선하며, 구체물이나 구체 도형에서는 형이 우선한다. 즉 최초는 어린이의 흥미를 끄는 것, 어린이에게 있어서 본질적인 것에 반응하나, 발달과 함께 대상의 본질을 이해하고, 객관적인 본질로 반응하게 된다.

많은 심리학 연구에서, 생후 3~5개월을 전후해서 엄마의 얼굴을 인식하며 낯선 얼굴보다 선호하는 것으로 나타났으며, 더불어 낯선 얼굴을 구분할 수 있는 것으로 보고되고 있다. 이는 얼굴에서 감정을 지각하고 나아가 사회적 참조 기능을 형성하는 데 필수적이다.

2) 부분지각과 전체지각

처음은 미분화된 전체적 지각밖에 없고, 사물의 결정적인 특징을 전체에서 종합할 수 없다. 이것은 사물을 사물로서 객관적으로 파악하지 않고, 직관이나 정서를 엉기게 하여 정신화해서 파악하는 소위 상모적(相貌的) 지각이라든지, 소리가 들리면 동시에 색이 보이는 따위의 두 가지 지각이 결부된 소위 공감각(共感覺) 등과 직접적으로 연관된다. 그러나 보고 만지고 하는 따위의 경험이 증가함에 따라서 부분에 관심을 나타내며, 의식적 탐색을 비롯하여 드디어 부분이 고정성을 획득한다. 아동기가 되면 갑자기 개별적·분석적 지각이 왕성해진다. 이것은 사물의 부분이나 측면을 주목하여 전체를 정확하게 파악하고, 다시 분석하는 태도가 개발되기 때문이다.

3) 감각등록기

환경적 입력은 시각, 청각, 촉각, 후각, 미각의 감각기관을 통하여 수용된다. 각 감각기관은 정보가 수용되는 것과 동일한 형태로 짧은 시간 유지하는 그 자체의 등록기를 갖고 있다. 즉, 시각 정보는 시각 형태로, 청각 정보는 청각 형태로 유지된다. 정보는 1초의 몇 분의 1 동안만 감각등록기에 머문다. 어떤 감각 입력은 처리를 위해 작업기억(working meanory)으로 전이된다. 다른 입력은 지워지며 새로운 입력과 대체된다. 감각기관은 병렬식으로 작용하는 정보처리 체계의 유일한 구성 요소이다. 왜냐하면 몇몇 감각기관들이 동시에 그리고 서로 독립적으로 관여될 수 있기 때문이다. 가장 널리 탐구되어 왔었던 감각기억은 시각과 청각이다.

시각 및 청각 감각저장고 간에는 몇 가지 흥미 있는 차이가 있다. 가장 분명한 것은 정보가 등록기에 저장되는 시간 길이이다. 영상 기억에서는 0.5초 이하 그리고 음향 기억에서는 3초 약간 이상이다. 음향의 정보 보존 능력이 더 크다는 것은 언어 처리와 관계되는 것 같다. 피험자들은 항목들이 시각적으로 제시될 경우보다 청각적으로 제시될 때 더 잘 기억한다.

4) 대상인식

우리는 매일 많은 시각적 형태를 인식하고 있다. 우리가 생존하기 위해서는 음식과 물, 위험한 상황, 다가오는 차량 등을 인식할 수 있어야 하기 때문에 대상인식 또는 형태재인(pattern recognition)이 중요하다. 그런데 학생은 철자 A를 볼 때 그것을 어떻게 아는가? 물론, 그것은 A처럼 보이기 때문에 A이다. 무엇이 그것을 A처럼 보이게 하는가? 대상인식 과정은 간단해 보일지 모르지만, 아주 복잡하다.

대상인식 또는 형태재인이란 환경의 자극이 기억 속에 저장된 어떤 것으로 재인되는 방식을 가리킨다. 대상인식 과정은 자극이 감각기관에 의해 골라져서 감각등록기에 유지되는 동안 의미의 분석이 수행되는 것으로 가정된다. 들어오는 정보는 기억 속에 저장된 지식과 비교되어 결정이 이루어진다. 대상인식의 주요 상향식 이론(bottom-up theories)으로 ① 형판대조이론, ② 원형대조이론, ③ 속성대조이론, ④ 구조적 기술이론의 네 가지가 제안되어 왔다.

(1) 형판대조이론(template-matching theory)

사람들은 환경적 자극의 축소형 복사인 형판(型)을 장기기억에 저장한다. 들어오는 자극을 접할 때, 그 자극을 기존 형판(N, 예컨대, 문자 N에 대한 형판)과 비교하여 배합이 되면 그 자극 형태를 인식한다. 이 이론은 모든 형태를 인식할 수 있으려면 머릿속에 무수한 형판들을 지니고 다녀야 한다는 문제점이 있다. 그러나 우리는 철자 A가 쓰인 크기, 방향 및 형태의 다양성에도 불구하고 A를 A로 인식할 수 있다.

(2) 원형대조이론(prototype-matching theory)

형판대조이론은 다루기 어렵고 엄격하기 때문에 곧 원형대조이론이라는 대안적 설명이 나왔다. 형판은 어떤 변이(variation)를 가질 수 있다. 원형(原型)은 어떤 대상 또는 형태의 엄격한, 특정의, 구체적인 복사의 표상이 아니라 그 대상 또는 형태의 가장 전형적인(가장 자주 관찰되는) 속성들 모두를 통합하는 관련 대상들 또는 형태들의 한 유목(class)의 최상의 사례(a best-guess example)이다. 즉, 원형은 한 형태를 아주 대표한다.

예를 들어, 어떤 특정의 그네를 나타내는 것이 아니라, 그네라는 대상들의 집합의 중요 속성들을 나타내는 한 형태이다. 사람들은 각 자극의 경우 수많은 변이를 대신에 하나의 원형만을 지니고 다닌다는 점에서 형판이론에 비해 이점이 있다. 이 이론은 제한된 정보에 기초한 지각 (예컨대, 창 밖에 몸을 숨긴 채 귀만 보이는 고양이처럼 숨겨진 대상을 단편적으로 흘끗 보는 경우)을 설명할 수 없다는 문제점이 있다.

(3) 속성대조이론(feature-matching theory)

속성대조이론은 원형대조이론의 한 변이이다. 이 이론은 하나의 전체 형태를 형판 또는 원형과 대조하기보다는 한 형태의 속성들을 기억에 저장된 속성들과 대조한다는 것이다. 이 이론에 의하면, 사람들은 자극의 중요한 속성들을 학습하여 그 속성들을 장기기억에 심상 부호 또는 언어 부호로 저장한다. 자극이 감각등록기에 들어올 때, 그 자극의 속성들이 기억 표상들과 비교된다.

의자의 경우, 중요한 속성들은 다리, 앉는 부분, 그리고 등받이 이다. 많은 다른 속성들(예컨대, 색상, 크기)은 부적절하다. 원형 분석과 달리 기억에 저장된 정보는 의자의 추상적 표상이 아니라 의자의 중요한 속성들이다. 대상인식이 오로지 속성에만 의존한다면, 우리들은 꼬리가 없는 고양이를 고양이로 확인할 수 없을 것이라는 문제점이 있다.

(4) 구조적 기술이론(structural description theory)

구조적 기술이론은 지식이 형판, 원형 또는 특징적 속성들의 소형 형판으로 저장된다기보다는 특정 한 대상 또는 대상들의 한 부류에 관한 진술들의 집합으로 저장된다고 주장한다. 사람들은 관련 진술들의 집합으로써 대상에 대한 모형을 구성한다. 들어오는 정보는 이 모형과 대조된다. 모형은 필요한 속성들에 초점을 맞추지만, 세부 사항들에 관해서는 덜 현저하다.

5) 지각에 있어 지식의 역할

지식은 지각에 직접적으로 영향을 미친다. 지식은 지각이 일어나게 하며, 새 정보에 대한 우리의 지각을 안내한다. 지식을 보는 한 가지 방식은 도식(schema, 복수는 schemata)에 의한 것이다. 도식이란 관련 정보의 요소들을 담고 있는 장기기억에 있는 가설화된 지식 구조로서 새 정보의 약호와, 기억 내에 정보의 저장, 그리고 저장된 정보의 인출을 통제한다.

도식은 앞에서 언급한 원형, 특이한 속성 및 구조적 기술을 합병한다. 예컨대, '나무'에 대한 도식은 구조적 기술뿐만 아니라 나무의 성질(이산화탄소를 흡수하고 산소를 방출한다), 나무가 발견되는 장소(어떤 고도 이하 또는 너무 건조하나 춥지 않은 지역), 그리고 나무의 관리(가지를 자르고 물을 주어야 한다)에 관한 정보를 담고 있을 것이다.

어떤 장면에서는 대상인식 과정의 결과 때문에 적절한 도식이 활성화되는 것 같다. 도식은 우리들이 접하는 것에 대해 의미를 찾게 하고 환경에 대해 계속 분석하도록 우리를 준비시킨다. 도식이 환경에 있는 자료들에 의해 활성화되기 때문에 이런 유형의 처리를 자료 주도적(data-dimyen) 또는 상향식(bottom-up) 처리라고 한다.

상향식 처리는 대상인식에서 자극의 중요성을 강조한다. 정보는 가장 기본적인 것(bottom)으로부터 정교한 인지과정에 도달할 때까지 위로(up) 작용한다. 이것과 대조적인 개념 주도적(conceptually driven) 또는 하향식(top-down) 처리에서는 도식은 지시(예컨대, "먼저, 중심 내용을 찾아라.") 또는 관련 도식(예컨대, 이전의 기억들이 저장되는 방식에 관해 생각하는 것은 첫 기억에 대한 도식을 활성화할지 모른다)에 의해 활성화된다.

여기서 도식은 지각되고 있는 어떤 항목에 의해 주로 활성화되는 것이 아니다. 그 대신, 도식 활성화는 항목을 접하는 맥락(context, 脈絡)으로부터 비롯된다.

(1) 단어 우위성 효과(word superiority effect)

우리들은 단일 문자는 그 문자 하나만 혼자 나타나거나 무관한 문자들의 배열(orwk) 내에 나타날 때보다 단어 속(work)에 나타날 때 정확하게, 빨리 확인할 수 있다. 단어 우위성 효과에 대한 하나의 설명은 하향식 처리와 상향식 처리는 상호작용한다는 것이다.

연결주의 또는 병렬분산처리(PDP) 모형에 의하면, 한 단어 속의 속성들을 볼 때, 이 속성들은 문자 단위들을 활성화시킨다. 그다음 이 문자 단위들은 문자들의 조합에 대한 개인의 정신적 사전에 있는 단어 단위를 활성화시킨다. 일단 그 단어 단위가 활성화되면, 흥분신경 피드백이 개개 문자들의 확인을 돕는다.

그 결과, 사람들은 비단어 맥락이 흥분 피드백을 제공할 때보다 빠르게 문자들을 확인할 수 있다. 그러므로 문자는 단어 맥락 내에서 더욱 쉽게 인식될 수 있음을 알 수 있다. 이 연구는 하향식 처리의 중요성을 예시하여 준다.

(2) 문장 내의 단어 연구(word-in-sentence studies)

단어 우위성 효과와 마찬가지로, 문장의 맥락은 문장 내의 단어 인식을 촉진할 수 있다. 예컨대, 사람들은 "Mary drank her orange juice."라는 문장 내의 juice라는 단어를 쉽게 인식한다. 뤼클(Rueckl)과 오뎅(Oden)은 자극의 속성과 맥락의 성격 양자가 단어 인식에 영향을 미침을 입증하였다. 즉, 상향식 처리와 하향식 처리 양자가 일어난다. 문자들과 문자 비슷한 자체들로 된 자극들을 사용하였다.

2. 주의집중

1) 주의집중의 개념

주의집중은 어떤 것을 선택하여 집중하고 다른 것들을 무시하는 (ignore) 인지 과정이다. 주의집중(attention)이란 말을 몇 가지 종류의 정신 활동을 내포하는 것으로 사용한다. 심리학자들 또한 그 말을 많은 상이한 맥락에서 사용한다. 주의집중은 어떤 종류의 지각적 자극들을 선택하는 정신적 과제에 대한 집중을 가리킬 수 있다.

예를 들어 시험을 칠 때, 시험지에 담겨 있는 시 자극에는 집중하고, 다른 감각 정보는 무시한다. 주의집중은 또한 정보를 받기 위해 더 준비하고 있음을 가리킨다. 예컨대, 어떤 사람이 당신에게 중요한 안내 방송에 주의를 기울이라고 말할지 모른다. 또한 주의집중은 몇 가지 메시지를 동시에 받아들이고 그 외의 모든 것은 무시하는 것을 가리킨다.

이런 모든 종류의 주의집중에 적용되는 일반적인 정의에 따르면, 주의집중이란 정신 활동의 집중을 뜻한다. 때로는 우리들은 환경의 흥미 있는 자극이 우리의 주의를 끌기 때문에 정신 활동을 집중한다. 이런 종류의 주의집중은 상향식 처리에 초점을 둔다.

당신의 시계(視界)의 대상이 갑자기 이동할지 모른다. 다른 때는 우리들은 어떤 특정 자극에 주의를 기울일 목적을 갖기 때문에 정신 활동을 집중한다. 이런 종류의 주의집중은 하향식 처리에 초점을 둔다. 예컨대, 당신은 군중 속에서 특정 친구의 얼굴을 탐색하고 있을지 모른다.

가까이 있는 과제에 인지자원을 할당하는 주의집중은 지각과 뒤섞여 있다. 주의집중은 사람들이 받아들이는 환경적 입력 중에서 인지처리를 위해 어떤 것을 선택하는 과정이다. 일반적으로, 인간은 동시에 주의를 기울일 수 있는 사물의 수에 있어 대단히 제한되어 있다. 이 제한성으로 인해 학생은 수업의 중요한 부분에 주의집중해야 한다. 주의집중하지 않는 것은 지각되지 않을 것이다.

주의집중은 교육 장면에서 자주 듣는 용어이다. 학생들은 수업에 또는 지시에 주의를 기울이지 않는다. 학생들은 주의집중 범위가 짧거나 혹은 주의집중 결함 장애를 갖고 있다. 성적이 우수한 학생들조차 항상 수업의 관련 자극들에 주의집중하는 것은 아니다. 어떤 순간에 개인은 시각, 청각, 후각, 미각, 촉각 등의 감각들에 폭격을 당하고 있다. 이 모두에 주의집중할 수도 없고 그럴 필요도 없다. 사람들의 주의집중 능력은 제한되어 있다.

주의집중은 목표를 달성하는 데 다양한 인지과정들을 가동하여 지지하는 데 소비되는 제한된 인간의 자원(resources)을 가리킨다.

주의집중은 주의를 기울인 영역의 자극 정보를 효율적으로 처리하게 하는 일종의 증폭기로 작용한다. 즉, 주의집중은 자극처리를 높이거나 또는 교란을 일으키는 정보를 여과함으로써 지각에 영향을 미칠지 모른다.

또한 주의집중은 정보처리의 후기 단계에 영향을 미칠 수도 있다. 예컨대, 장면의 어떤 측면에 주의를 기울이는 것은 지각된 정보와 연합된 다른 정보를 기억하게 할지 모른다. 또한 어떤 과제든 수행하기 위해서는 어떤 수준의 생리적 각성(arousal) 또는 경계(alertness)가 필요하다.

2) 주의집중과 학습

주의집중은 학습의 필수적인 선수 요건이다. 글자 구별하기를 학습할 때에 아동은 독특한 속성들을 학습한다. 교사로부터 학습하기 위해서는 학생은 교사의 목소리에 주의를 기울이고 다른 소리들은 무시해야 한다. 독해기능을 개발하려면, 학생들은 인쇄된 단어들에 주의를 기울이고 페이지 크기와 색상과 같은 무관한 것들은 무시해야 한다.

학습과 수업 장면에서 유용한 몇 가지 예를 들기로 한다. 각 예에서 학생은 다른 것보다는 한 원천의 정보 또는 활동에 주의집중하고 있음에 주목한다.

(1) 하나의 문자를 다른 문자와 구별하기를 학습할 때에(예컨대, d와 b) 학생은 문자의 어떤 속성들은 결정을 함에 중요하며 그리고 다른 속성들보다 주의 깊게 고려되어야 함을 학습한다. b와 d를 구별할 때에 어떤 학생은 수직선이 원의 왼쪽에 있는지 또는 오른쪽에 있는지를 주의 깊게 주목한다.

(2) 수업에서 잘 하기 위해선, 2학년 학생은 교사의 말에 주의 깊게 귀를 기울이고 바로 밑의 음악실에서 들려오는 소리를 무시할 수 있어야 한다.

(3) 내일의 퀴즈를 준비할 때에, 고등학생은 자신의 독서 과제에서 어떤 이슈들에 주의 깊게 주목하라는 말을 들었다. 효율적인 독서행동은 학생으로 하여금 어떻게 해서든지 그날의 과제를 공부할 때에 이 목표와 관련되는 자료를 강조하게 한다.

(4) 생물학 강의를 들을 때에, 대학생은 우성 및 열성 유전인자에 대한 강의 설명에는 주의 깊게 집중하지만, 강사의 어린 시절에 관한 이야기 중에는 공상에 잠긴다.

교사들이 교실에서 학생들의 주의집중을 개선할 수 있는 방법들에 대하여 알아본다. 특히 두 가지 기술이 요구된다.

하나는 선택적 주의집중 기술의 촉진이다. 선택적 주의집중에는 ① 장면의 중요한 구성 요소들을 찾아내고, ② 이런 중요한 속성들에 주의집중 자원을 소비하고, ③ 다른 중요하지 않은 속성들을 무시하는 능력이 포함된다. 다른 하나는 학생 경계 및 관여의 유지 기술 촉진이다. 이것에는 선택한 중요한 요소들에 대해 주의집중을 오래 지속하는 능력이 포함된다.

3) 연구에 있어서 주의집중의 측정

선택적 주의집중 연구에 채택되는 변인들은 과정측도(process measure)와 산출측도(product measure)로 구별될 수 있다.

(1) 과정측도

과정측도는 처리 체계가 행하고 있는 것에 대한 직접적인 또는 온라인 지표를 제공한다.

● 이차적 과제 기법(secondary task technique)

그 이름이 의미하듯이, 실험에 참여하는 피험자들에게 일차적 및 이차적 과제가 제시된다. 일차적 및 이차적이란 피험자들이 두 활동에 부여하도록 요청받는 우선권을 가리킨다. 일차적 과제(즉, 목적적 활동)에 관여하지 않을 때조차 어떤 능력은 환경을 계속 점검(monitor)하는 데 사용되고 있다.

카너먼(Kahneman)이 예비 능력(spare capacity)이라 부르는 이 능력은 이차적 과제에 충당될 주의집중 지원을 나타낸다. 이 이차적 과제 기법은 상이한 활동들의 상대적 주의집중 요건을 결정하기 위해 또는 특정 과제에 대한 주의집중 할당의 변동을 탐지하기 위해 사용된다.

- 동공 팽창(pupil dilation)

동공 팽창은 정신적 노력의 측정으로 기능할 수 있다. 카너먼은 동공 직경은 각성 촉발의 지표로 기능하며, 그리고 한 활동에 투자되는 노력, 환경이 생성하는 흥미, 또는 약물이나 충동 상태에 의해 유발되는 유기체의 상태를 반영할 수 있음에 주목하였다. 동공 팽창 정도와 산수 문제(예컨대, 7×8 대 16×24) 또는 문장 이해의 곤란도 간에는 관계가 있다.

- 안구 응시(eye fixation)

시각적 전시물의 한 구성 요소에 충당된 응시 빈도(frequency of fixation)는 주의집중의 할당 측도를 제공한다. 피험자들은 그들이 받는 질문의 초점에 따라 그림 또는 교재의 상이한 구성 요소들에 주의를 기울인다. 또한 안구 응시의 지속기간(duration)이 더 긴 것은 정신적 노력이 더 많이 소비되었다는 지적으로 사용된다. 읽기에서 예측하기 어려운 단어들은 예측 가능한 단어들보다 더 오랫동안 응시된다.

- 바라보는 시간

어떤 장면의 경우, 특정 자극에 반응하는 시간의 양은 주의집중의 측도가 될 수 있다. 즉, 시간 투입이 더 많다는 것은 주의집중 자원의 투입이 더 많다는 것과 같다.

- 교실 관찰 체계

주의집중의 관찰측도는 교실평정자로 하여금 학생의 주의집중의 초점에 관해 어떤 판단을 하게 요구한다. 몇 가지 행동유목들 중 어느 것이 짧은 시간 간격에 학생의 행위를 가장 잘 기술하는지를 판단하도록 한다. 주의집중 성-부주의 성(attentiveness–inattentiveness)의 행동적 정의에는 특정 활동들의 리스트(눈을 교재 또는 교사에게로 향함, 칠판을 바라봄, 눈을 감은, 부과되지 않은 자료를 가지고 놀고 있음 등) 또는 초점에 대한 일반적 기술(예컨대, 학생은 그 장면에서 적절한 것을 하고 있음)이 포함될 수 있다.

(2) 산출측도

산출측도는 처리 조작이 완성되었을 때 이용 가능한 출력 또는 결과에 대한 평가를 나타낸다.

- 파지(retention)

많은 연구들은 선택적으로 주의집중하거나 또는 무엇이 주의집중되었는지를 지적하는 능력에 대한 증거로서 피험자들의 회상(recall)을 채택하여 왔었다. 선택적 주의집중을 연구하는 고전적 실험법 중의 하나가 양분청취 과제이다. 피험자에게 한 쪽 귀의 입력에만 특별히 주의를 기울이게 하고선 양쪽 귀의 입력을 회상하게 한다. 기대하듯이, 주의를 기울인 귀의 입력이 주의집중의 초점이 아닌 귀의 입력보다 더 높은 수준에서 회상된다.

- 다른 산출변인

회상 이외의 다른 산출변인들도 채택된다. 교란원(source of distraction) 유·무에 따른 어떤 유형의 수행의 질을 비교한다. 사무엘스(Samuels)는 우수학생과 부진학생으로 하여금 그림이 제시된 교재와 제시되지 않은 교재를 읽게 하였다. 이 경우 그림은 잠정적 교란 자극으로 작용하였다. 부진학생은 그림의 제시에 의해 불리하게 영향을 받았음이 입증되었다.

4) 주의집중의 촉진

교실 실제에서 학생의 기능화를 개선시킬 주의집중의 개선에 대해 알아보기로 한다. 교사는 학생들의 주의집중을 유지·집중시키기 위한 기법을 활용하여야 한다. 교사는 학생의 주의집중 수준을 각성해야 한다. 코우닌(Kounin)에 의하면, 학생에 대해 더 많이 항상 알고 있는 교사는 수업 중에 학급 전체에 대해 부단한 주사(scanning, 走査)를 한다. 교사가 자신의 행동을 점검하고 있음을 알고 있는 학생들은 학업에 더욱 주의집중할지 모른다.

(1) 선택적 주의집중 기술의 촉진

선택적 주의집중에는 앞에서 언급한 바와 같이 ① 특정 과제에서 중요한 구성 요소들을 찾아내고, ② 이런 중요한 속성들에 주의집중 자원을 소비하고, ③ 다른 중요하지 않은 속성들을 무시하는 능력이 포함된다.

교사의 주요 과제는 학생들로 하여금 중요한 정보 출처를 확인하고 교란을 피하도록 돕는 것일 것이다.

- 밝은 색, 큰 소리 및 신기함과 같은 자극 속성들은 주의집중의 초점을 통제하는 데 사용될 수 있다. 교사는 핵심단어들을 큰 글자 또는 색깔로 쓸 수 있다. 강의의 중요한 점은 큰 목소리로 강조될 수 있다. 특히 중요한 강의는 새로운 방식으로 시작될 수도 있다.

- 목적적 방식으로 조장될 수 있다. "이것에 주목하라, 그것은 중요하다."라고 지시한다. 교재의 중요한 용어나 구들에 밑줄을 긋는다. 답을 하도록 질문을 할 수 있다.

- 교란을 감소시킴으로써 개선될 수 있다. 학습을 촉진시킬 수 있는 각성 촉발과 소음의 최적 수준이 있는 것 같다.

- 학생들은 선택적으로 주의집중하는 것을 돕는 방략을 학습할 수 있다. 밑줄 긋기 또는 복사하기가 그 한 예이다.

(2) 학생 경계 및 관여의 유지 기술 촉진

교사는 학생들의 동기를 유발시키고 최적 경계 수준을 유지하여 계속 관여할 수 있도록 해야 한다.

- 교실이 너무 예측 가능하고 반복적이 되지 않게 하는 것이다. 교사는 목소리의 질과 얼굴 표정, 제시 유형(예컨대, 강의, 토의), 그리고 제기되는 질문의 유형을 다양화시켜야 한다.

- 교사는 학생들과 상호작용한다. ① 활동을 시작하기 전에 학생들의 주의를 끌고, 잠시 멈춘 다음 시작하는 표준적 신호(예컨대, "좋아요, 시작 합시다.")를 사용한다. ② 수업을 움직이게 한다(예컨대, 이미 이해된 요점을 재탕하거나, 필요 없는 종합 검토를 하거나, 특정 학생에게 열중하거나, 수업 장비를 다루는 데 너무 많은 시간을 소비하는 것 등은 주의집중을 흐리게 한다). ③ 교사는 질문을 한다(예컨대, 학생들로 하여금 다른 학생이 한 답에 대해 논평하게 한다).

- 교실의 물리적 배열을 고려한다. 학생들을 "세력 범위(action zone) 안으로 또는 밖으로 이동시킨다. 세력 범위 내에 있다는 것은 학생이 더 많이 참여하게 되며 교사의 관심을 더 많이 받게 된다.

- 행동 수정 기법을 통하여 학생의 주의집중 행동을 수정시킨다. 학생에게 적절한 행동을 가르치고 보상을 준다.

3. 주의집중 역량이론

사람이 어떤 일을 하는 데 있어서 여러 가지 일들을 동시에 수행할 수 있기도 하고, 또 다른 상황에서 동시에 수행할 수 없는 것은 주의집중의 역량과 관련이 있다. 지금까지 많은 학자들은 한 번에 주의를 기울여 처리할 수 있는 정보의 양에는 한계가 있다는 사실에 주목하면서, 운동 수행의 한계 요인으로 작용하는 주의와 관련하여 다양한 이론을 제시하였다.

1950년에 인간은 정보처리를 위한 체제가 단일 통로로 구성되어 있다고 간주하고, 두 가지 이상의 일을 동시에 수행하는 것은 불가능하다는 주장이 대두되었다. 이러한 입장을 단일통로이론(single-channel theory), 또는 필터이론(filter theory)이라고 한다. 이 이론은 한 번에 한 가지의 일만을 수행할 수 있기 때문에 한가지의 일에 대한 처리가 완전히 끝난 후에야 다음 일을 처리할 수 있다고 주장한다. 즉, 인간의 정보처리 체계가 그 기능을 수행하기 위해서는 각 단계별로 정보처리를 위한 시간이 필요하며, 한 번에 제한된 수의 기능만을 수행할 수 있다는 것이다.

하지만 정보처리에 한계가 있다는 단일 통로의 견해가 주의집중의 한계를 충분히 설명할 수 없다는 주장이 보편적으로 수용되면서 제한 역량이론의 세 가지 모양이 수년간에 걸쳐서 제시되었다.

이 이론들 중에서 두 타입은 역량의 한계가 총체적 (global), 중추적(central) 한계라는 것이다. 즉, 정보의 출처, 특성, 발현에 상관없이 인간의 정보처리 체제로 들어가는 모든 정보는 단일 처리 기재의 공간을 차지하기 위하여 서로 경쟁한다는 것이다. 그중 한 이론은 그 기제가 고정된 역량을 가졌다고 보기 때문에 비록 쉬운 두 과제일 경우에는 가능하지만, 그렇지 않을 때는 두 과제를 동시에 수행할 수 없다고 보는 고정 역량이론(fixed-capacity theory)이다.

다른 하나는 그 역량이 개인의 상황과 관련된 조건에 따라서 커지기도 작아지기도 하는 가변적이라고 보는 가변 역량이론(undifferentiated capacity theory)이다. 가변 역량이론을 발전시킨 주의의 한계 역량을 고정된 것으로 간주해서는 안 되며, 개인, 과제, 상황에 따라 주의 역량이 결정된다는 것이다.

즉, 동시에 두 과제를 수행하는 것이 어려운 경우에는 더 많은 주의 역량을 활용할 수 있으며, 모든 처리 단계에서 최대 역량을 넘어서지 않는 범위 내에서는 정보의 병렬적인 처리가 가능하다고 하였다.

마지막 이론은 인간이 한정된 역량을 가진 단 하나의 중추적 정보처리 체제를 가진 존재가 아니라 몇 개의 체제를 가지고 있으며, 각각의 출처는 제각기 역량의 한계를 지녔다고 보면서 주의의 다수 출처를 주장하는 다중 자원이론(multiple resource theory)이다.

즉, 수행하는 기술에 따라서 각각 다른 주의 자원을 갖는다는 것이다. 따라서 동시에 수행해야 하는 두 가지의 과제가 서로 다른 자원을 포함할 때보다 공통적인 자원을 공유할 때에 수행이 더 어려워진다는 것이다.

1) 선택적 주의집중

선택적 주의집중은 내적 또는 외적 환경으로부터 얻어지는 많은 정보 중에서 어떤 정보는 무시되거나 또는 배제되는 과정으로 규정할 수 있다. 환경으로부터 얻어지는 정보는 끊임없이 받아들여지고 있지만 특정 순간에는 한정된 양의 정보만 소화시킬 수 있다. 따라서 한정된 양의 정보가 효율적으로 처리되기 위해서는 선택적인 주의집중이 필요하다.

신체의 기관은 행동에 직접적으로 영향을 미치는 정보에 초점을 맞추는 반면에 나머지 정보는 행동을 수행하는 배경으로 활용된다.

선택적 주의집중은 스포츠 기술을 수행하는 데 필요한 자극을 선별하는 중요한 역할을 한다. 출전의 행동을 수행하기 위하여 필요한 자극은 연습과 기술의 발달에 따라서 부자연스러운 의식적 과정이 자연스럽고 무의식적인 과정으로 변화될 수 있다. 예를 들면, 농구나 축구의 드리블을 배우는 초보자는 볼을 쳐다보는 데만 자신의 주의를 집중시킬 수 있으나, 주변에 있는 다른 선수들에게 주의를 기울일 수 있는 여력이 없다. 그러나 연습을 통하여 드리블 기술이 숙달되면 볼을 쳐다볼 필요가 없을 정도로 자동화되어서 주변 상황을 살필 수 있다. 이러한 면은 제어과정(control processing)과 자동화과정(automaticprocessing)이라고 명명되었다(Schneider, Dumais, & Shiffrin, 1984).

제어과정은 새롭거나 일관성이 없는 정보를 처리하는 데 주로 동원되며, 속도가 느리고, 의식적인 노력이 필요하며, 역량이 제한적이고, 개인이 의도적으로 조절한다. 반대로 자동화과정은 고도로 숙달된 기술을 구사하는 데 동원되며, 속도가 빠르고 의식적인 노력이 필요하지 않고, 개인이 의도적으로 조절도 하지 않는다. 자동화과정은 선수가 수년간에 걸친 연습을 통하여, 기술을 고도로 숙달한 경우에 동원되며, 힘이 들어가지 않으면서 주의집중이 되고 운동에 대한 감을 자각할 수 있는 반면에, 제어과정은 힘이 들어가면서 많은 주의집중이 요구되고 높은 수준의 자각을 필요로 하는 것이 큰 차이점이다.

선수가 자신의 기량을 최대로 발휘하는 상태(flow or peak performance)는 무의식적으로 기술을 수행할 때이다. 무의식은 자동화과정과 연관되어 있다. 스트레스를 받는 시합 상황에서 선수가 운동을 잘 수행하기 위해서 운동 수행의 과정에 초점을 맞추는 경향이 있으며, 정확한 기술을 구사하는 것이 중요하다는 것을 인식할 때, 선수들은 운동 수행의 과정을 의식적으로 점검하려고 한다.

하지만 의식(제어과정)에는 운동 수행에 필요한 근육의 움직임과 협응 동작에 관련된 정보가 포함되어 있지 않아 기술의 수행과정을 의도적으로 또는 의식적으로 조정하려는 시도는 운동 수행을 저하시키는 결과를 가져올 수 있다. 이러한 현상을 분석적으로 생각하면서 수행하면 경기력이 저하된다고 주장하였으며, 이와 같은 현상을 분석 증후군 마비(Paralysis of analysis syndrome)라고 명명하였다.

10장 기억의 정의

1. 기억(memory)의 과학적 개념

인간은 태어나면서부터 자연스럽게 주변 환경과 상호작용하며, 외부의 수많은 자극과 정보를 경험하고 받아들이면서 신체의 모든 능력이 성장하고 발달하게 된다. 특히 외부 환경으로부터 제공된 정보 중 60%는 시각적인 방법으로, 그리고 20%는 청각적인 방법으로 정보를 수용한다고 알려지면서 시각적인 정보가 더 중요하다고 인식되어 왔다. 하지만 어린 아동들은 시각적인 정보보다는 청각적인 정보를 더 선호하는 경향을 보이며 언어적 의사소통의 대부분은 청각처리과정을 통해서 감각기관으로 수용되고 두뇌의 인지정보 처리과정을 거치게 된다. 그러므로 청각처리과정에 대한 특성들의 분석기억은 외부에서 온 정보를 저장하고, 필요할 때 그것을 다시 꺼내는 과정이다. 이처럼 인간은 눈, 코와 같은 감각기관을 통해 새로운 정보를 받아들인다. 이때 주의집중을 하면 단기기억이 된다. 하지만 단기기억은 금방 사라진다. 장기기억이 되려면 공고화(consolidation)의 과정이 필요하다.

공고화를 통해 기억이 단단하게 굳어진다. 그러면 그 기억은 장기기억이 되고, 어느 날 단서가 주어지면 그 기억은 회상이 된다. 하지만 공고화가 이루어진다고 기억이 영원히 저장되지는 않는다. 재공고화 (reconsolidation)를 통해 다시 굳어지는 과정을 거쳐야 장기기억에 저장되는 것이다. 이러한 과정은 뇌 신경세포의 작용을 통해 일어난다. 뇌 신경세포는 세포체(cell body), 수상돌기(dendrite), 축색돌기(axon)로 이루어져 있다.

그리고 신경세포의 축색돌기와 다른 신경세포의 수상돌기가 만나는 틈을 시냅스(synapse)라고 한다. 아래 [그림 10-1]과 [그림 10-2]와 같이 외부로부터 들어온 정보는 뇌 신경세포 간 연결망을 통해 전달되며, 전달된 정보는 시냅스의 연결 양상을 변화시킨다. 그리고 변화된 신경세포 간의 연결을 통해 이루어지는 정보의 조합은 기억이 된다.

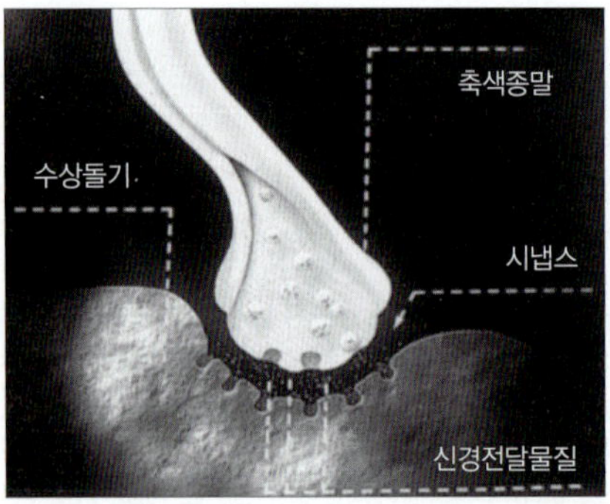

[그림 10-1]
뇌 신경세포의 구조

출처: Newquist, Kasnot, & Brace(2004).

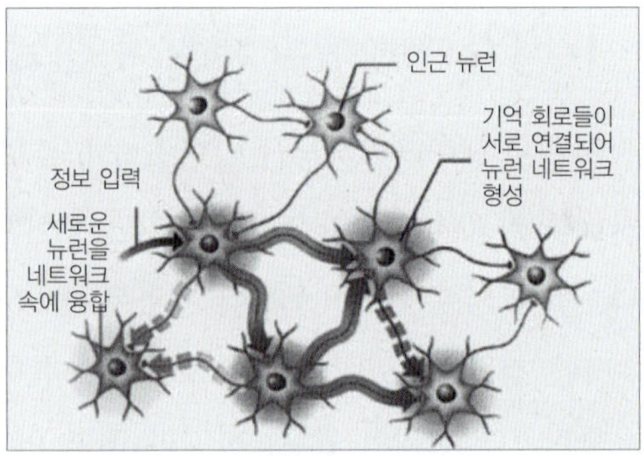

[그림 10-2]
뉴런과 시냅스 – 정보 전달과 기억 형성

출처: Carter(2004).

초등학생은 교실에서 운동장에서 아이들이 뛰어노는 소리, 옆 반에서 수업하는 소리, 교실 앞에 있는 태극기 등 여러 감각 자극을 접한다. 하지만 이 중에서도 학생이 주의를 기울인 것만 단기기억이 된다. 만약 교사의 설명에 주의를 기울였다면, 설명 속의 정보는 단기기억으로 저장된다. 그런데 그 기억은 몇 분에서 몇 시간 정도만 유지된다. 설명 속의 정보 중에서도 뇌 신경세포의 작용을 통해 공고화의 과정을 거친 소수의 정보만이 장기기억으로 저장된다. 즉, 장기기억은 외부로부터 들어온 정보가 공고화의 과정을 거쳐 신경세포 간의 연결망의 변화를 통해 저장되어 하루 이상이 지나도 떠올릴 수 있는 기억을 말한다.

기억과 유사한 용어로 학습(learning)이 있다. 그런데 학습은 행동의 무의식적인 조건형성을 강조하는 행동주의적 전통과 연관이 있다. 반면 기억은 정보를 의식적으로 회상하는 것과 관련된 인지적 접근과 연관이 있다. 즉, 학습이 지식이나 행동을 습득하는 것을 의미한다면, 기억은 지식이나 행동을 유지하고 회상하는 것을 의미한다는 면에서 차이가 있다.

2. 기억의 단계

기억은 저장되는 시간의 길이에 따라 감각기억(sensory memory), 단기기억(short-term memory)과 장기기억(long-term memory)으로 나뉜다.

이러한 기억 구조이론에 따른 기억을 살펴보면 다음과 같다. 먼저, 감각기관을 통해 새로운 정보가 들어온다. 감각기억은 우리가 의식하지 않아도 눈, 코, 귀, 입 등의 감각기관을 통해 외부로부터 들어오는 자극으로 인한 기억이다.

감각기억 중에서 주의를 받지 못한 정보는 필터에서 걸러져서 대부분 처리되지 않고 1초에서 4초 동안 정보를 유지한 후 사라진다.

감각기억 중 주의를 기울인 정보는 단기기억이 된다. 9개의 정보가 약 20초 동안 잊히지 않고 기억하는 것이다. 단기기억은 장기기억으로 저장되기 전 정보를 임시로 저장하는 작업기억의 역할을 담당한다. 여기서 작업기억이란, 여러 정보들을 마음속에 동시에 담아 놓고, 서로 연관 짓도록 해 주는 체계를 말한다.

예를 들어, '그는 court를 가로질러 걸어가서 상대가 규정을 위반했다고 항의했다.'라는 문장이 있다. 이때 문장을 끝까지 듣고 기억하지 않으면 court의 의미가 테니스 코트인지 법정인지 판단할 수 없다. 따라서 단기기억이 작업기억의 역할을 하여 수 초간 기억을 임시로 저장하여 인간의 판단을 돕는 것이다.

그리고 단기기억 역시 이후 적절한 처리과정을 거치지 않으면 사라진다. 따라서 장기기억이 되려면 공고화(consolidation)과정이 일어나야 한다. 그 공고화과정은 시냅스 수준에서 일어난다. 대표적인 것이 장기강화현상(long tem potentiation)이다. 이후 기억은 뇌 곳곳의 여러 뉴런 다발로 분산 저장된다. 예를 들어, 시각 피질에 있는 뉴런 다발은 시각정보를 저장하고, 편도의 뉴런은 감정을 저장한다. 이렇게 뉴런 다발들이 동시에 활성화되면서 하나의 기억을 구성하는 것이다. 이후 비슷한 정보를 경험하면 뉴런 다발들이 활성화되면서 회상이 일어나는 것이다.

3. 기억의 종류

기억은 경험과 학습의 중심이 되는 정신적인 과정으로, 정보의 부호화(encoding), 저장(storage), 파지(retention, 경험에서 얻은 정보를 유지하고 있는 작용), 인출(retrieval) 등의 포괄적인 인지과정이다. 즉, 기억은 경험한 사실을 그대로 저장하고 인출하는 것이다. 만약 기억력이 없거나 이 능력에 장애가 있다면 우리는 정상적인 삶을 유지할 수 없을 것이다. 인간의 인지적 과정에서 기억의 역할을 중요시하는 이론은 정보처리이론이다.

애킨슨과 쉬프린(Atkinson & Shiffrin, 1968)이 제안한 모형은 인간의 마음에 여전히 가장 보편적인 틀로 사용되고 있으며, 기억의 절차와 종류는 다음 [그림 10-3]과 같다.

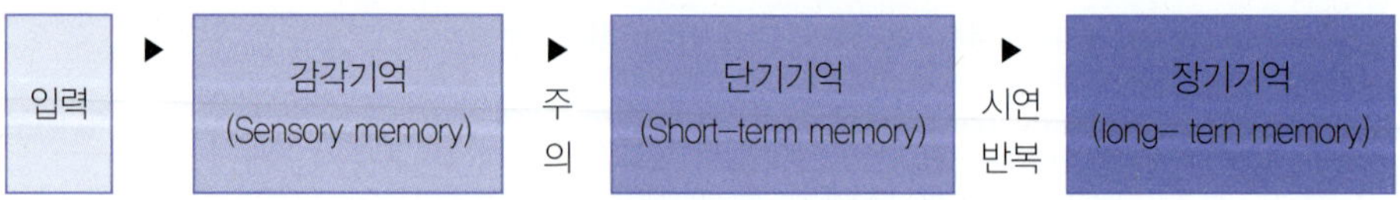

[그림 10-3] Atkinson과 Shiffrin의 다중기억

출처: 강봉균 외(2016).

기억을 세 가지 구조로 나누면 저장 기간 혹은 의식의 여부에 따라 감각기억(sensory memory), 단기기억(short-term memory), 장기기억(long-term memory)으로 크게 나누어 볼 수 있다,

첫째, 감각기억은 인간에게 들어오는 자극 정보들이 감각기관을 통하여 들어온 이후 단기기억으로 옮겨가기 전까지 1초에서 30초 정도로 극히 짧은 시간 동안 기억되는 기억을 말한다. 이렇게 감각기억에 들어온 자극정보에 주의를 기울이게 되면 다음 단계인 단기기억 저장소로 들어간다.

둘째, 단기기억은 감각기억으로부터 받은 정보를 잠시 유지하고 있는 기억으로 이내 약 20~40초 정도 저장되는 기억이다. 단기기억 정보 중에서 기억해야 할 정보는 장기기억으로 이동하여 저장되거나 새로운 정보가 단기기억저장소로 입력되면서 이전에 있던 단기기억은 망각될 수도 있는 단시간 동안 잠시 가지고 있던 기억이 된다.

정보가 충분히 처리되지 않은 일시적인 상태로 저장되기 때문에 유입된 정보가 표상으로 전환되는 부호화가 필요하다. 이후 기억할 정보를 선택하고 정보를 좀 더 큰 단위로 묶어 덩이 짓기(chunking) 하거나 암송하는 전략을 사용하여 기억이 공고화될 수 있다.

정보를 반복하여 되뇌는 시연(rehearsal)을 하면 그 정보가 단기기억에 머무르는 시간이 늘어나고 장기기억으로 들어가 저장하게 된다. 또한, 단기기억에서 망각되지 않고 제대로 부호화 처리가 이루어진 내용은 장기기억으로 넘어가게 된다.

셋째, 장기기억은 단기기억을 거쳐 온 정보가 비교적 영구적으로 저장되어 있으며, 기억해 낼 필요가 없는 한 의식하지 못하고 지내는 기억이다. 장기기억은 기억의 용량이나 시간에 제한이 없으나 이전 단계인 단기기억이 형성되지 않고서는 장기기억으로 전환되기 어려워 단기기억의 좀 더 확실한 기억 처리가 이루어져야 한다.

1) 단기기억과 장기기억

(1) 단기기억

단기기억은 어떠한 순간에 우리가 머릿속으로 느낄 수 있는 즉각적인 자각(awareness)으로 인간의 의식 속에 일시적으로 존재하는 기억을 의미하며, 약

20~30초 정도 지속된다. 즉, 단기기억에 입력된 정보는 암송하지 않으면 시간이 지남에 재빨리 소멸되는 특징이 있는데, 피터슨과 피터슨(Peterson & Peterson, 1959)은 자음 회상률 실험을 통해서 이론적 근거를 제시하였다.

자음 회상률 실험에서 먼저 참가자들에게 "GJL"과 같은 세 개의 자음을 짧은 시간 동안 제시한 후, 곧 이어서 547과 같은 숫자를 들려주면서 회상 단서가 제시될 때까지 참가자들에게 암송하지 못하도록 그 숫자에서 계속 3을 빼도록 지시하였다.

만약 회상 단서가 제시되면 셈을 멈추고 제시된 세 개의 자음을 회상하도록 하였다.

자음 제시와 회상 시간 간의 시간 즉, 파지 간격을 3, 6, 9, 12, 15, 18초로 달리하면서 회상률을 측정한 결과, 시간이 흐름에 따라 자음에 대한 회상률이 감소했으며, 18초 후에는 거의 모든 자음을 회상할 수 없었다고 한다.

결론적으로 단기기억으로 입력된 정보는 암송하지 않을 경우 최대 유지 시간이 약 20~30초라는 결과를 나타내었고, 단기기억에 저장되는 기억이 매우 취약하다는 중요한 정보를 제공하였다.

그러므로 단기기억 이론에 의하면 주의를 받은 정보는 중간 단계의 단기기억으로 들어가서 암송되어야만 비교적 영구적인 장기기억으로 들어가며, 암송의 양이 많으면 많을수록 장기기억으로 전이되는 정보의 양이 많기 때문에 암송의 양이 장기기억으로 전이되는 정보의 양을 조절한다고 볼 수 있다.

한편, 단기기억의 용량 즉, 기억폭(memory span)도 감각기억과는 달리 상당히 제한적이다. 밀러(Miller)는 「마법의 수 7±2 : 정보처리 용량의 한계」(1956)라는 논문을 발표하면서 사람들은 다섯 개에서 아홉 개 사이의 제한된 수의 항목만을 유지할 수 있으며, 단기기억의 기본 단위를 기술하기 위해서 최대 유의미 단위를 나타내는 청크(chunk)를 사용하여 단기기억이 약 일곱 개의 청크를 유지한다고 주장하였다. 즉, 사람은 자극의 구체적인 항목(낱자, 음절, 단어, 숫자 등)의 수보다 의미 있는 청크의 수에 의해 제한되어 있고, 단기기억에서 7±2의 한계는 개개의 항목을 기억하는 능력을 의미하는 것이 아니라, 청크를 기억하는 한계를 가리킨다고 하였다.

그 후 크레이크와 록하트(Craik & Lockhart, 1972)는 정보를 얼마나 오래 암송하는가도 중요하지만, 얼마나 깊이 있게 처리하는가가 더 중요하다고 밝히기도 하였다.

정보를 심도 있고 의미 있는 방식으로 암송해야만 기억을 증진시킬 수 있다는 입장인 것이다. 이처럼 단기기억의 중요한 특성 중의 하나는 일시적으로 정보를 저장하는 것인데 단기기억의 정보가 유지되는 기간은 대략 18초로 알려져 있다. 또 다른 특성은 저장하는 정보의 용량 제한을 들 수 있다. 이 용량의 제한은 7±2로 밝혀졌다(Miller, 1956). 이렇게 제한된 정보를 오래 머물게 하기 위해서 여러 가지 통제과정이 이루어진다.

첫째는 되뇌이기 과정을 통해서 그 정보를 기억 체계 속에 계속 유지할 수 있다. 하지만 되뇌이기 과정에만 의존하고 있으면 이 정보는 약화 상태에 놓이게 되고 결국 쇠잔된다. 따라서 부호화과정이 필요하다. 들어온 정보의 탐색과정을 통해 선택적 변형이나 첨가를 시켜 오래 머무르도록 하는 것이다. 따라서 그 정보를 유지하기 위해 몇 개의 덩어리로 묶게 되면 기억을 유지할 수 있다.

가네(Gagné)는 정보처리의 한 국면인 단기기억은 정보의 유지나 이해를 쉽게 하도록 분할해야 한다고 주장하면서 새로운 정보가 장기기억으로 전이되도록 반복연습(시연)과 단기기억에 있는 정보를 장기기억에 있는 정보와 관련짓는 과정이 필요하다고 하였다.

(2) 장기기억

기억정보가 뇌에 입력되어 매우 오랜 기간 동안 저장되는 장기기억은 감기기억이나 단기기억과는 달리 기억 용량은 거의 무한대이며, 내용의 성격에 따라 단일 체계가 아니라 여러 하부 처계로 구성되어 있다는 관점이 지배적이다. 이러한 관점을 기억체계이론(memory system theory)이라고 하는데 구체적으로 살펴보면 다음과 같다.

첫째, 장기기억은 대상 간의 관계 또는 단어 의미들 간의 관계에 대한 지식으로서 과거 경험했던 특정 사건, 특정 시점 및 맥락적 정보와는 무관한 의미기억(semantic memory)과 개인의 경험, 즉 자전적 사건에 관한 기억으로 사건이 일어났던 시간, 장소 및 상황 등의 맥락적 정보를 포함하여 우리에게 일어났던 사건의 기억에 초점을 맞추는 일화기억(episodic memory)으로 나눌 수 있다. 특히 "세계에서 가장 높은 산은 무엇인가?" 혹은 "한국의 수도는 어디인가?"와 같은 질문에 대답해야 할 때 우리는 의미기억을 참조해야 한다.

둘째, 장기기억은 서술기억(declarative knowledge)과 절차기억(procedure knowledge)으로도 구분하는데, 서술기억은 어떤 개념이나 사실에 관한 지식으로 의도적으로 그 기억 내용에 접근할 수 있고 이야기할 수 있으며, 앞에서 설명한 일화기억을 모두 포함하는 기억체계라고 말할 수 있다. 반면에 절차기억은 어떤 행위를 수행하는 과정 및 지식과 관련된 기억으로 우리가 쉽게 이행하고 표현할 수 있는 지식을 의미한다. 즉, 우리가 수학공식을 기억하는 것은 서술기억에 속하고, 모국어에 대한 문법을 명확하게 표현하지 못하면서도 모국어를 쉽게 구사하는 것은 절차기억에 관련된 것이다.

결론적으로 서술기억은 "무엇"에 관한 기억이라고 한다면, 절차기억은 "어떻게"에 관한 기억이라고 할 수 있다. 이러한 장기기억 속의 정보는 부호로 입력되어 비활성화되어 있기 때문에 실제로 그 정보를 사용하려면 장기기억으로부터 정보를 인출해서 활성화시켜야 하고, 일단 활성화된 정보는 장기기억이 아니라 단기기억으로 간주하게 된다.

사람들은 보다 효율적으로 단기기억을 장기기억으로 전이시키기 위해 다양한 장기기억 전략을 사용하게 되는데 연구자마다 제시하는 전략들이 조금씩 다르지만, 대략 주의집중, 조직화(organization), 정교화(elaboration), 맥락(context)형성 및 암송 전략 등으로 구분할 수 있다. 주의집중 전략은 감각기억에서 단기기억으로 정보를 전이시킬 때 특히 더 중요하지만, 학습한 정보를 기억하는 데 있어서는 모든 단계에서 필수적이며 장기기억 전략으로서의 주의집중도 기억 용량이 제한적이라는 점 때문에 중요한 의미를 가진다.

조직화 전략은 정보를 유의미한 범주로 일관성 있게 묶는 방법이며, 정교화 전략은 새로운 정보를 기존에 저장된 지식이나 기억과 연결하거나 정보에 의미를 부여하는 과정 혹은 주어진 정보 이외에 부가적으로 연결되는 명제를 생성하는 과정으로 조직화 전략과 마찬가지로 장기기억으로의 전이과정뿐만 아니라, 장기기억에 저장된 정보를 인출하는 과정에서도 중요한 역할을 담당한다. 맥락형성 전략은 하나의 사건이나 정보와 관련된 물리적(외부적 환경) 또는 정서적인(학습자의 감정 및 정서) 배경이며, 마지막 암송 전략은 정보를 소리 내어 읽거나, 마음 속으로 반복하는 전략을 의미한다.

또한 기억의 단계를 거쳐 형성된 장기기억은 크게 두 종류로 나뉜다. 첫 번째는 서술기억이고, 두 번째는 비서술 기억이다. 서술기억은 우리가 말로 서술할 수 있는 기억이다. 한반도의 지리적 위치와 임진왜란이 발발한 해 등을 기억하는 것이 대표적인 예이다. 서술기억은 기억을 습득하기는 쉽지만, 왜곡되기도 쉽다. 두 번째 비서술 기억은 무의식적으로 일어날 수 있는 기억이다. 예를 들어, 운동 기술, 악기 연주 또는 습관 등이다. 암묵기억이라고도 불리는 비서술 기억은 처음에 습득하기가 어렵다. 수영을이나 자전거를 처음 배울 때 시간이 걸리는 것을 통해 설명할 수 있다. 하지만 서술기억에 비해 잘 잊어버리지 않는다. 우리가 몸이 기억한다고 표현하는 것을 비서술 기억이라고 할 수 있다.

서술기억과 비서술 기억은 관장하는 위치가 다르다. 서술기억은 해마를 포함한 내측 전두엽이 관장한다. 비서술 기억은 기저핵(운동 기술, 습관), 소뇌(고전적 조건화), 편도(정서반응)에서 관장한다. 정리하자면, 서술기억은 말이나 시각적 이미지로 불러낼 수 있는 정보(언어, 음악 등)이며 비서술 기억은 회상이 아닌 행동의 변화(운동 기술 등)로 표출되는 기억으로 각각 관장하는 부위가 다르다.

2) 단기기억과 장기기억의 주요 특성

기억의 이중과정 이론들(dual process theories)에서 가장 보편적인 구분은 단기기억(short-term memory)과 장기기억(long-term memory)이다. 단기기억과 장기기억의 주요 특성을 비교하면 〈표 10-1〉과 같다.

〈표 10-1〉 단기기억과 장기기억의 비교

	단기기억	장기기억
용량	제한적; 7+2 또는 7-2 항목	무제한적
저장의 형태	음성적	조직적, 의미적
지속 기간	일시적 시연 없이 18초	영구적
통제과정	시연, 약호화	조직화
상실	치환 또는 시연 실패	인출 실패 또는 간섭

출처: 강봉균 외(2016).

4. 장기기억 형성과 뇌과학

장기기억이 형성되기 위해서는 자기장연상을 통해 공고화가 일어나야 한다. 장기강화(long-term potentiation: LTP) 현상은 주로 해마에서 시냅스 수준으로 일어난다. 이때 해마의 시냅스 가소성이 풍부해야 장기강화 현상이 발생할 수 있으며, 이를 통해 기억이 지속될 수 있다.

1) 시냅스 가소성

가소성이란 외부의 힘에 의해 물체에 변형이 일어났을 때 힘이 사라져도 원래의 형태로 돌아오지 않는 물질의 성질을 말한다. 뇌 또한 외부의 힘으로 인해 물리적, 화학적 변화가 일어났을 때 그 힘이 사라져도 변화를 계속 유지하려는 가소성이 있다. 외부로부터 온 새로운 정보는 뇌에 그대로 쌓이는 것이 아니라, 기존의 정보와 활발하게 상호작용해 새롭게 재구성되어 뇌에 물리적·화학적 변화를 가져오기 때문이다.

뇌의 물리적·화학적 변화는 새로운 기억의 형성을 의미한다. 뇌의 물리적·화학적 변화는 신경세포 간 시냅스의 신호전달이 잘 이뤄지는 신경회로망의 변화를 통해 이루어진다. 이를 시냅스 가소성이라고 한다.

시냅스 가소성은 새로운 기억 형성을 위해 필수적이다. 특히, 해마는 시냅스 가소성이 풍부하다. 따라서 다양한 정보들이 해마를 지나가면서 새로운 기억이 형성될 수 있다. 해마의 역할을 보여 주는 예로 심한 간질을 앓던 환자 H. M을 들 수 있다. 간질을 치료하기 위해 해마를 절제한 H. M은 새 기억을 영구적인 기억으로 변환하는 기능을 상실하였다.

H. M은 수술을 받기 전에 일어난 사건들에 대해서도 완벽하게 좋은 장기기억을 가지고 있었다. 영어를 기억했고, 지능도 좋았으며, 어린 시절의 많은 일들도 생생하게 회상했다. 하지만 새로운 단기기억을 새로운 장기기억으로 변환하는 기능이 사라졌다. 원래는 해마에서 시냅스 가소성을 통해 뇌가 물리적·화학적으로 변화하며 장기기억이 형성되는 것이다. 그런데 해마를 절제해 버렸으니, 시냅스 가소성이 제대로 작동하지 못했던 것이다. 새 정보에 주의를 기울이고 있는 한에서는 그 정보를 보유했지만, 1~2분이 지나면 좀 전의 정보를 기억할 수 없었다. 그러나 H. M은 매일 관찰하는 의사 또한 매번 처음 만나는 사람으로 인식했다. 이렇게 해마가 지닌 풍부한 시냅스 가소성은 세포 분자적 관점에서 장기강화 현상으로 나타난다.

2) 장기강화 현상의 원리

장기강화(ITP) 현상은 신경세포들 사이에서 신호를 전달하는 신경신호가 장기적으로 지속되는 현상이다. 이처럼 신경세포들 간의 연결 강도는 해마와 뉴런 두 개가 시냅스로 연결되어 있다. 시냅스 위쪽에 있는 뉴런은 전달자이고, 시냅스 아래에 있는 뉴런은 수용자이다. 전달자 뉴런은 전기로 된 정보를 수용자에게 전달해야 한다. 전달자 뉴런은 자극을 주어서 세포가 수용자에게 전기신호를 보낸다.

이때 전기적 신호는 시냅스의 미세한 틈에서 화학적 신호로 바뀌어 다음 신경세포에 전달된다. 여기서 신경세포 간 정보를 전달하는 역할을 하는 화학물질을 신경전달물질이라 한다. 해마에서는 글루타메이트(glutamate)라는 흥분성 신경전달물질이 중요한 역할을 한다.

화학적 신호를 전달받은 수용자는 새로운 전기적 신호를 일으키며, 그에 대한 응답으로 흥분을 한다. 이렇게 전달자와 수용자 사이의 시냅스 상호작용은 일시적으로 강화된다. 평소에 자극에 5라는 반응을 보인 시냅스 후 세포에 거듭해서 자극을 가하면, 이후 같은 자극에 10이라는 반응을 보이게 되는 것이다.

이는 전달자가 수용자에 신호를 보낼 때 수용자의 세포막에 새로운 AMPA 수용체가 삽입되면서 생기는 현상이다. 수용자로 유입된 칼슘이온의 작용으로 AMPA 수용체가 수용자에 삽입되어 상승된 전압이 높은 상태로 유지되면서 기억이 지속되는 것이다. 이런 현상은 초기 장기강화 현상이다.

하지만 이러한 흥분은 한두 시간 정도밖에 되지 않는다. 수용자의 일시적인 반응을 장기적으로 바꾸려면 반복이 필요하다. 전달자 뉴런이 정보를 일정 간격을 두고, 거듭 전하면 전달자 뉴런과 수용자 뉴런 사이의 관계는 변한다.

이후 전달자 뉴런이 수용자 뉴런으로부터 더 강한 신호를 얻으려면 입력신호를 점점 더 적게 보내야 한다. 이 반응을 후기 장기강화 현상이라고 부른다. 후기 장기강화 현상에서는 전달자 뉴런이 입력신호를 보내 단백질 키나아제를 활성화시켜 유전자 전사인자를 자극한다.

그리고 유전자 선사인자는 새로운 단백질을 만들어 새로운 스파인 돌기가 생겨나게 한다. 이를 통해 기억이 공고화된다. 이렇게 단기기억은 장기기억으로 전환된다. 신호를 내보내는 시냅스 전 신경세포와 신호를 받아들이는 시냅스 후 신경세포 간의 연결이 강화되어진다. 이렇게 단기기억은 장기기억으로 전환된다. 신호를 내보내는 시냅스가 전 신경세포와 신호를 받아들이는 시냅스 후 신경세포 간의 연결이 강화되어 장기기억으로 오래 지속된다.

특히, 서술기억은 해마에서 일어나는 장기강화 현상을 통해 장기기억으로 전환된다. 장기강화 현상은 해마가 뇌 중심부에서 다른 뇌 부위들과의 역동적인 상호작용을 통해 받아들인 다양한 감각정보들을 적절히 처리하여 장기적인 기억으로 형성시키는 과정의 핵심이라고 볼 수 있다.

3) 장기기억 형성과정의 특성

장기기억 형성과정의 특성은 다음과 같다.

첫째, 장기강화 현상이 잘 이루어지게 하려면 적절한 자극을 여러 경로의 시냅스를 통해 반복하는 것이 효과적이다. 장기강화 현상은 여러 입력정보들이 협동적으로 신경세포를 자극하여 충분히 활성화시킬 때 일어나기 쉽다.

학습에서도 장기기억을 형성하기 위해서는 정보를 연합하여 제시하는 것이 중요하다. 다양한 뇌 부위를 통해 해마로 전해지는 수많은 감각정보들 중 관련되는 것끼리 적절한 연합을 이루면 풍부한 자극이 전달되고, 이를 통해 보다 효과적으로 장기기억으로 형성될 수 있다. 하지만, 관련 없는 자극이 주어졌을 때 이는 시냅스 연결에 영향을 주지 않는다.

따라서 장기강화 현상의 효율성을 높이기 위해서는 불필요한 자극을 억제하고, 관련된 자극을 적절하게 연합하여 재공 해야 한다.

둘째, 정보를 정교화·조직화하여 저장하면 장기기억이 효율적으로 형성된다. 정교화는 주어진 정보에 다른 정보를 부가하는 과정이다. 즉, 정보를 그대로 저장하는 것이 아니라 그 항목과 관련된 정보와 연합하여 함께 기억하는 것이다.

예를 들어, 통장의 비밀번호를 자신의 친구 전화번호와 관련지어 외우는 것이다. 이렇게 정교화를 하면 시냅스 사이의 연결이 많아지면서 장기기억을 보존하는 역할을 하여 정교한 기억 구조를 형성할 수 있다.

조직화된 정보에서도 장기기억의 형성이 효율적으로 일어난다. 조직화란 정보 간 관계에 따라 정보 조각들을 더 큰 덩어리로 묶어 주는 것이다. 정보를 덩어리로 묶어 제시할 경우, 불필요한 정보에 의한 방해를 적게 받으므로 시냅스 연결이 효율적으로 일어나 장기기억이 잘 형성될 수 있다.

셋째, 정서를 활용하면 장기기억이 잘 형성된다. 해마는 가까운 과거의 기억을 유지시키고, 기억 내용을 피질로 보내는 기관이다. 해마가 보낸 기억은 피질에서 장기기억으로 남아 있게 된다. 이때 편도체는 해마가 기억을 선별하는 데 영향을 준다. 편도체는 정서에 관련된 정보에 반응해 해마로 신호를 보낸다. 그리고 신호를 받은 해마는 시냅스에 높은 주파수의 자극을 주게 된다. 그리고 높은 자극은 시냅스 전달 효율성을 상승시키며 이 현상은 자극이 있는 다음에도 장기간 지속된다. 따라서 정서가 개입된 기억은 장기강화 현상이 쉽게 일어나기 때문에 쉽게 기억되고, 시간이 지나도 회상을 쉽게 할 수 있다

넷째, 지나친 스트레스는 해마를 위축시켜 장기기억 형성을 어렵게 한다. 스트레스를 받으면 코르티솔이라는 호르몬이 분비된다. 해마가 코르티솔을 적절히 수용하면 기억 효과가 높아진다. 그래서 암기를 할 때 적절한 긴장 상태에서 하는 것이 더 효율적이다. 하지만 코르티솔이 필요 이상으로 분비될 경우 해마 뉴런이 손실되고, 수상돌기가 감소한다. 이는 내재적으로 생성된 아미노산으로 인해 해마가 취약해지기 때문이다. 이로 인해 장기기억 형성이 어려워진다.

5. 정보처리 체계 모형

1) 주의집중

정보는 수업 자료 또는 교사의 강의와 같은 외부 세계로부터 감각기억을 통해 학습자의 기억 체계로 들어온다고 하지만 감각기억에 저장된 정보는 즉시 사라지기 때문에 학습자는 주의를 집중해야 한다. 감각기억의 어떤 정보에 주의집중함으로써 그 정보를 단기기억으로 전이할 수 있다.

2) 시연

일단 정보가 단기기억에 도달하면 학습자는 그 자료에 관해 능동적으로 사고하게 된다. 단기기억 내의 정보는 곧 사라지기 때문에 자료의 능동적인 시연이 필요하다. 시연과정을 목적으로 하는 학습 전략은 시연이 일어나는 정도나 횟수 정보가 단기기억이 지속되는 시간에 영향을 미칠 수 있다. 즉, 시연을 더 많이 할수록 더 많은 정보가 단기기억에 저장될 수 있다.

3) 약호화(부호화/Encoding/略號化)

약호화 과정이란 정보를 단기기억으로부터 장기기억으로 전이하는 단계다. 약호화 과정을 목적으로 하는 학습 전략은 정보가 얼마나 빨리 약호화되는지 얼마나 많이 약호화되는지에 영향을 미칠 수 있다. 또한 학습 전략은 새 정보가 기존 지식과 통합되는 정도에 영향을 미칠 수도 있다.

4) 인출

인출은 지식을 장기기억으로부터 단기기억으로 전이하는 것을 말한다. 학습 중 선행 지식의 인출은 전체 학습량에 영향을 미칠 수 있지만, 어떻게 정보가 장기기억에 저장되는지에는 영향을 미치지 않는다. 학습의 성과는 제시되는 것과 그것에 동화되는 기존 지식에 달려 있다.

11장 연합학습

1. 인지도

톨먼(Tolman)은 일부 상황에서 동물들도 상당히 복잡한 기대를 학습할 것이라고 믿었다. 특히, 그는 새로운 환경에 노출된 동물들이 환경의 여러 가지 세부 특징, 즉 위치와 그것들을 연결하는 경로를 표시하는 환경에 대한 지도와 같은 표상을 뇌 속에 형성할 것이라고 하였다. 심리학자들은 이런 표상을 인지도(cognitive map, 認知圖)라고 지칭한다.

1) Olton의 방사형 미로

1976년에 출판된 실험에서, 존스 홉킨스 대학의 올튼(Olton)은 학습을 연구하기 위해 새로운 미로를 도입하였는데, 그것은 인지도에 대한 관심의 부활에 중요한 역할을 하였다. 그 미로는 중심 플랫폼으로부터 뻗어 나간 8개의 가지들로 구성되어 있다.

[그림 11-1]은 각 시행의 시작에서 이들 각 가지들의 끝에는 먹이를 넣어 둔다. 쥐들은 어떤 순서로든지 그 가지에 들어가도록 허용되었고, 모든 이용 가능한 먹이를 나 찾아먹을 때까지 시행은 계속되었다.

주요 관심사는 얼마나 효율적으로 수행하느냐이다. 즉, 그들이 이미 들어가서 먹었기 때문에 더 이상 먹이를 담고 있지 않은 가지에 다시 들어가는 실수를 얼마나 많이 저지르는가가 관심사였다.

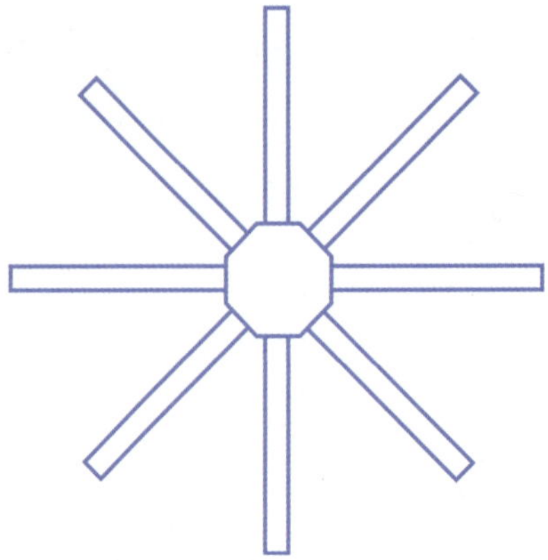

[그림 11-1] Olton의 방사형 미로

출처: 문선모(2004).

올튼(Olton)은 쥐들이 첫 8번의 선택 중 평균 7.9번을 정확한 가지를 선택하여 거의 완벽한 수행을 한다는 것을 발견하였다. 이 정확한 수행이 한 가지를 떠나 항상 같은 방향으로 돈다거나 이전의 방문에서 남긴 냄새가 나는 가지를 회피하는 것 등의 '요령'에 근거한 것이 아님을 확실히 해 주는 여러 가지 통제가 사용되었다.

쥐들은 정말로 그들이 어떤 가지를 방문하였는지를 기억하고 있었다. 하지만 이 기억의 근거는 덜 명확하다. 한 가지 가능성은 쥐들이 톨먼(Tolman)이 의미하는 진짜 인지도를 형성하였다는 것이다.

미로의 배치에 대한 정신적 표상을 가졌고, 그들이 방문하였던 가지에 대해 표시해 놓아서 미래에 그 가지들을 회피할 수 있었다. 하지만 그럴듯한 대안이 있다. 쥐들이 미로의 구조에 대한 전반적인 개념을 가진다기보다는, 개별적인 단일 단서에 근거해서 반응하였을 수도 있다.

예로서, 만일 쥐가 특정한 가지에서 먹이를 얻었다면, 그 가지의 입구 바닥에 있는 긁힌 자국이나, 혹은 그 가지 뒤에 위치한 방의 세부 특징 같은 그 가지와 연합된 단일한 속성을 기억함으로써 미래에 그 가지를 회피할 수 있을 것이다. 달리 말하면, 쥐는 이 단서들 사이의 공간적 관계에 관한 어떤 정보를 저장하지 않고, 8개의 개별 단서들을 기억함으로써 문제를 해결할 수 있는 것이다.

2) Morris의 수중미로

모리스(Morris)에 의해 대안들을 구분하는 아주 간단한 절차가 보고되었다. 훈련 기간 동안에 쥐가 헤엄쳐서 도피할 수 있도록 물이 담긴 원형 욕조에 작은 플랫폼을 설치해 놓고 쥐를 넣었다. 플랫폼은 바로 물 표면 아래에 위치하고, 쥐는 이것을 직접 볼 수 없었다. 확실히 보이지 않게 하려고 모리스는 물에 우유를 타서 불투명하게 만들었다. 그럼에도 불구하고, 쥐들은 풀려나자마자 곧장 플랫폼으로 헤엄치는 것을 빨리 학습하였다.

이 신속한 학습에 대한 한 가지 가능한 설명은 쥐가 공간 내에서 다른 지점들에 대한 플랫폼의 상대적 위치를 나타내는 인지도를 형성하였다는 것이다.

하지만, 항상 욕조 가장자리의 동일한 출발점에서 쥐를 풀어놓았기 때문에, 쥐들은 문과 같은 공간 내에 있는 고정된 기준점을 향하여 헤엄치는 것을 학습함으로써 문제를 해결했을 수도 있다.

어느 설명이 맞는지를 알아내기 위해, 모리스는 항상 새로운 출발점에서 쥐를 풀어놓는 검사 시행을 도입하였다. 만일 그들이 플랫폼의 위치를 지도로 형성하였다면, 그들은 계속해서 직접 플랫폼으로 헤엄칠 수 있어야 할 것이다.

3) 지도 복잡성

톨먼(Tolman)이 말한 것처럼 동물은 그들의 환경에 관한 인지도를 형성한다는 것이 옳은듯하다. 더구나 동물들은 상당한 기술을 가지고 이러한 지도들을 형성하고 사용한다는 증거가 있다.

올튼의 미로에서 쥐를 관찰한 결과는 쥐들의 수행에 대한 몇 가지 인상적인 특징을 드러냈다. 한 가지는 쥐들이 선택을 행하는 데 있어서 속도가 빠르다는 것이었다. 미로에서 쥐의 수행을 지켜본 관찰자들은 쥐의 선택 속도에 말로 표현하기 어려울 정도로 놀랐다. 인간 관찰자는 쥐가 이미 들어갔던 가지를 기억하려고 애쓰고 있는 반면, 쥐는 분명히 우선적으로 선택된 새로운 장소를 빠르게 탐사하면서 이미 찾았던 장소를 효율적으로 회피하였다.

또 다른 두드러진 특징은 쥐가 기억할 수 있는 가지의 수였다. 올튼의 원래 미로에는 8개의 가지들이 있었는데, 쥐가 단지 한 번 짧게 방문한 후에 8개의 가지 위치를 기억할 수 있었다는 것은 충분히 인상적인 것이다.

그러나 로버츠(Roberts)가 고안한 수정된 미로에서는 24개의 가지들이 있었는데, 로버츠의 실험에서 쥐는 여전히 우연 수준을 훨씬 뛰어넘는 수행을 유지하였다. 쥐의 공간기억의 상한계는 아직 알려지지 않고 있으나 상당한 것이 분명하다.

쥐의 공간기억에 관한 세 번째 인상적인 특징은 망각에 대한 저항이다. 비티와 샤발리아의 실험에서, 쥐들은 4번의 선택을 한 후 미로에서 끌어내어 원래 우리로 돌려보내 지연을 시킨 후 나머지 선택을 마저 하도록 하였다. 4시간 후에 쥐들은 90%의 시행에서 이전에 찾았던 가지가 아닌 가지를 선택하였다. 심지어 12시간 지연 후에도 수행은 여전히 우연 수준을 훨씬 넘어섰다.

2. 규칙 및 개념학습

1) 규칙

복잡한 학습의 또 다른 예는 사상이 발생하는 순서를 지배하는 규칙을 학습하는 것이다. 비록 우리가 초점을 맞추는 규칙이 비교적 두 사상, 즉 조건 자극(CS)과 무조건 자극(US) 사이이나 반응과 강화물 사이의 간단한 수반성에 관한 것이라 하더라도, 규칙학습에 관한 것을 다루고 있다.

우리는 동물이 비교적 단순한 규칙들을 학습할 수 있다는 증거를 보았다. 하지만, 동물들이 훨씬 더 복잡한 규칙들도 학습할 수 있다는 증거가 있다. 이 절에서, 우리는 두 가지 예, 즉 학습세트와 학습된 무력감에 집중할 것이다.

심리학에서 가장 오래된 논쟁 중의 하나는 동물에서의 학습이 연합에 기초한 느리고 점진적인 과정인가 아니면 갑작스런 통찰에 의해 특징지워지는 더 지적인 과정인가의 여부이다.

손다이크(Thorndike)는 동물이 매우 느리게 문제상자에서 탈출하는 것을 학습한다는 것을 발견하였고, 이 향상의 점진적 성질은 그로 하여금 학습이 문제의 성질에 대한 갑작스러운 통찰이라기보다는 점진적 연합형성의 산물이라는 결론을 내리도록 하였다. 하지만, 쾰러(Köhler)는 문제상자의 물리적 배열이 걸쇠 누르기와 문 열기 사이의 관계를 흐리게 하였다고 주장하였으며, 쾰러는 침팬지의 손이 닿지 않도록 침팬지의 우리 밖에 먹이를 놓아 두었을 때, 그 침팬지가 갑작스런 섬광과 같은 통찰과 아주 흡사하게 갑자기 문제를 해결하는 것을 발견하였다. 그러므로 손다이크의 상황에서 학습은 아주 점신적인 반면에, 쾰러의 상황에서 학습은 순간적인 듯하다.

이 결과들의 차이에 대한 설명은 학습세트(learning set)의 형성에 관한 할로우(Harlow)의 연구에서 마침내 마련되었다. 그는 두 개의 대상물 중 먹이를 숨기고 있는 것이 어느 것인지를 학습해야만 하는 일련의 문제들을 원숭이에게 제시하였다.

처음에는 학습이 아주 느렸다. 만일 원숭이가 새로운 쌍의 대상물로 구성된 첫 번째 시행에서 먹이를 얻었다면, 다음 시행에서도 그 맞는 대상물을 고를 확률은 대략 53%였다. 하지만, 연속적으로 312문제를 풀면서 수행은 점진적으로 향상되었으며, 마침내 단 한 번의 시행 후에 맞는 대상을 고를 확률은 증가되었다. 할로우는 시행에 걸친 이 점진적 향상을 학습세트(learning set, 學習)의 발달에 귀인시켰고, 쾰러의 침팬지들의 외현적인 통찰행동도 유사한 학습세트를 형성시켜 준 막대를 사용하는 광범한 과거 경험에 기초한 것일 수 있다고 제안하였다.

그렇다면 적어도 어떤 상황에서는, 지적이고 통찰적 행동도 훨씬 더 점진적인 학습을 포함하는 광범한 경험의 결실일 수 있는데, 이것은 동물에서와 마찬가지로 인간들에게서도 거의 확실한 사실이다(예로서, 어린이들이 걷고 말하는 것을 배우는 데 얼마나 많은 시간이 걸리는 지를 생각해 보라).

하지만, 우리의 관심은 학습세트를 형성하는 속도에 관한 것이 아니라 그 획득에 기저하는 기제에 관한 것이다. S-R 이론의 관점에서, 이러한 향상을 설명하기는 아주 어렵다. 정확한 대상의 선택이 반복적으로 강화되는 한 문제 내에서 수행이 향상되는 것은 쉽게 이해가 된다.

2) 개념학습

개념학습은 규칙이나 속성에 따라 사물을 분류하는 것을 넘어선다. 또 개념은 복잡한 네트워크나 스키마의 구성 요소이기에 사물이나 현상을 분류하는 것 이외에 추론 같은 더 복잡한 활용을 통해서 평가할 수 있다. 개념학습 및 수업 설계에 관한 대안적 관점은 개념이 활용된다는 것을 사물이나 대상을 잘 분류할 수 있다는 관점에서 벗어나 다른 각도에서 본다.

즉, 개념이 다른 학습 목표나 결과와 관계를 맺고 있으면서도 세계를 설명하는 이론이나 지식으로부터 나온다는 점, 개념이 역동적으로 맥락 속에서 구조적으로 변화한다는 점에 기반을 둔다.

그리하여 개념의 성격, 개념이 학습되는 방법, 그 측정이나 평가, 그리고 개념학습이 교수 설계되어야 하는 조건에 관한 가정들을 다시 재검토하면서 시야를 넓혀 준다.

(1) 고전적 관점

개념에 관한 가장 두드러진 관점은 고전적 관점이다. 개념은 필요 충분 속성들의 집합이며, 서로를 결정짓는 내포와 외연을 가지고 있다는 것이다. 개념의 내포는 바로 개념을 정의하는 결정적 속성들의 집합이며, 바로 이것이 개념의 의미이다.

개념의 외연은 그 개념의 구성원이 되는 사례들의 집합, 즉 내포적 정의를 만족하는 대상들의 집합으로서 일반적으로 범주라 부르는 것에 해당한다. 이 고전적 관점은 교수 설계 문화에서 속성 분리 관점이라 불린다.

아리스토텔레스(Aristoteles)의 견해에 따르면 개념은 공통된 속성에 따라 함께 묶여진 대상, 상징, 혹은 사건들이다. 이 속성들은 예들을 범주화하는 데 필요하고 충분한 것들이다. 고전적 견해에서 사람들을 특정 대상의 속성들을 이용해 적당한 범주로 대상들을 나누게 된다. 또 이때 나누면서 학습된 것은 예들을 변별하는 능력이다. 이렇게 대상들을 나누는 동안 부류(class)에 속하는 모든 예들이 같은 범주에 속하는 것으로 범주화, 즉 일반화하게 된다.

학습자가 이전에 본 적이 없는 새로운 예를 만나면 어떤 부류에 속하는지를 결정하기 위하여 사물이나 대상의 속성을 분석하게 된다. 이 과정은 전체 대상이 아닌 일부의 대상만이 가지고 있는 가변적 속성 때문에 복잡해진다.

또 어떤 예가 결정적 속성을 가지지 못하면 그것은 해당하는 부류에 속하는 것으로 간주될 수 없다. 개념의 고전적 견해는 개념을 가르치는 교수 전략을 비교적 체계적으로 처방한다.

(2) 원형이론(prototype theory)적 관점

개념의 확률적 관점은 범주를 특징짓는 속성이 본질적이라기보다는 확률적이라는 점에 착안한다. 고전적, 확률적 관점 모두 예(examples)들 사이의 유사성을 기반으로 범주화가 이루어진다고 본다. 그러나 확률적 혹은 원형적 관점에서는 개념의 필요 충분적인 속성들을 이용하여 예들을 범주화하는 고전적 관점과는 다르게 확률적 관점을 이용하여 예들이 범주화된다.

원형적 관점에서는 개념들이 기억 장소에 원형으로 표현된다. 그것들은 그 범주에 속하느냐를 결정짓는 전형적인 공통 속성들을 가진 맥락적 실체인 것이다.

즉, 부류의 어떤 구성원들은 다른 부류보다 더 대표적이다. 가령 참새는 펭귄이나 공작보다 새로서 더 전형적이다. 따라서 원형과 더 비슷한 예들은 더 쉽게 그 원형에 속하는 것으로 분류된다.

수엡손티(Suebsonthi)와 조나센(Jonassen)은 원형으로 개념을 학습하는 학습자들이 학습 후 직후검사나 지연검사에서 사물을 더 잘 분류함을 보였다. 개념의 원형이론적 관점은 고전적 견해의 제한점을 보인다. 본질적 속성에 관심을 유지하는 원형이론은 그 개념과 관련된 더 많은 속성이나 특성을 가진 전형적인 속성에 관심을 둔다. 원형이론가들은 참새가 '새'라는 개념의 예이면서 더 원형으로서 기능한다고 본다. 철학자 비트겐슈타인(Wittgenstein)은 가족들이 서로가 부분적으로 닮아 있으면서 모두가 닮아 있지는 않는 현상을 가족 유사성(familiy resemblance)이라 불렀다. 사실 원형은 개별 사례에서 평균적으로 추출된 특성들을 가진 사물이나 대상일 수 있다.

가족 유사성을 가진 개념들은 개념 안의 유사성은 최대화하면서 범주들 간의 유사성은 최소화하게 된다. 개념의 구성원들은 원형과 비슷할수록 더 빨리 쉽게 분류된다.

3. 가설 및 이론

1) 가설

가설이란 옳을 것으로 추정되는 가정으로 현상을 설명한다. 예를 들어, 혜성이 지구와 충돌하였다는 가설은 하나의 가정이며, 공룡이 왜 멸종했는지를 설명한다. 그녀가 분노를 느끼고 있다는 가설은 옳을 것으로 추정되는 가정으로서 그녀가 왜 무서운 표정을 짓고 있는지를 설명한다.

우리는 과학을 할 때나 일상생활을 할 때, 늘 관찰 사실에 근거해 가설을 세운다. 가설을 검증하기 위해 더 많은 관찰 사실을 수집하기도 한다. 즉, 가설은 현실적 조건에서는 증명하거나 검증하기 어려운 사물, 현상의 원인 또는 합법칙성에 관하여 예측하는 이론이다.

과학적 자료들에 근거하여 논리적으로 유추하여 설정한 것이므로 개연성을 띠나 아무런 과학적 근거도 없이 자의적으로 꾸며 내는 억측과는 구별된다. 그 예측이 옳다는 것이 논리적으로 그리고 실험적으로 증명될 때에는 확고한 정설로, 과학적 학설로 된다.

가설은 사람들이 자연과 사회에 대한 지식을 확대 발전시키는 데에서 중요한 역할을 한다. 천문학에서 이룩한 새로운 행성들의 발견이나 물리학에서 이룩한 원자와 핵의 구조 해명, 여러 가지 입자들의 발견들은 모두 다 가설의 설정과 그 증명에 의해서 이루어진 것들이다.

가설은 주로 귀납적 추리를 통하여 이미 알려진 개별적 자료들을 대비, 유추하고 일반화한 데 기초하여 설정된다.

그리고 그것은 주로 연역적 추리를 통하여 가설로부터 끌어낸 논리적 귀결이 현실과 부합되는가 하는 것이 검증됨으로써 진리로 확증된다. 물론 가설은 어디까지나 예측이며 가정이므로 그 후의 오랜 기간의 수많은 이론적 사유와 실험적 검토를 통하여 논박되고 정설로 피지 못할 수도 있다. 이때에는 그 가설 대신에 다른 새로운 가설이 설정되고 검증되는 과정을 통하여 진리의 발견으로 나아가게 된다.

2) 이론

피험자들이 복잡한 문제들을 해결하는 방도에 관한 한 가지 설명은 가설이론에 의해 제공된다. 이 견해에 따르면, 피험자들은 해결책에 대한 일련의 가설들을 가지고 어떤 문제에 접근하며, 한 번에 하나의 가설을 검증해 나간다.

예로서, 학습 자세의 경우에, 레빈(Levine)은 원숭이들이 가능한 해결책에 관한 9개의 기본 가정들을 가지고 훈련을 시작한다고 말했다.

우리는 이미 하나의 가설– 득–지속, 실–변경 –을 이미 고려하였다. 두 번째 가설 – 득–변경, 실–지속 –도 슈스터만(Schusterman, 1962)의 침팬지 학습 자세에 관한 연구와 관련해서 역시 언급되는데, 그것은 한 시행에서 맞는 대상은 무엇이든지 다음 시행에서는 틀릴 것이라고 가정한다(이것은 보기보다 불가능한 것은 아니다: 자연에서 어떤 장소에서 먹이가 없어지고 나서 몇 초 후에 그곳에 다시 먹이가 나타날 가능성은 아주 희박하다). 레빈에 의해 제안된 다른 가설들은 대상과 위치 선호(항상 동일 대상이나 위치를 선택하는 것) 및 대상 교체를 포함하고 있다.

각 시행에서, 피험자들은 이 가설들 중 하나를 검증하기 위해 선택하고, 그것에 근거하여 반응하는 것으로 가정된다. 만일 강화되면, 그 가설은 강하게 되지만 만일 강화되지 않으면 그것은 약해지게 된다. 할로우의 절차에서, 만일 원숭이가 오른쪽에 있는 대상물을 선택하는 것과 같은 위치 가설을 채택한다면, 그것은 시행들의 50%에서 맞을 것이고, 만일 원숭이가 득-지속, 실-변경 가설을 선택한다면, 그것은 모든 시행에서 강화될 것이다. 그러므로 일련의 시행들에 걸쳐, 득 지속 가설이 대안적 가설들보다 점차적으로 더 강력하게 될 것이고, 이것이 제 2시행에서의 점진적인 수행 향상을 설명해 준다.

레빈은 인간의 개념학습을 설명하기 위해 이 모델의 수정판을 제안하였는데, 두 모델의 주요 차이점은 학습의 속도였다. 원숭이에게서 강화는 어떤 가설이 선택될 확률에서 단지 적은 증가를 가져오는 것으로 가정되며 우리는 인간 피험자들은 어떤 가설이 맞을 때에는 항상 그것을 유지할 것이라고 가정된다.

레빈(Levine)의 모델은 다음과 같이 가정한다.

(1) 피험자들은 해결책에 관한 일단의 가설들을 가지고 어떤 문제를 시작한다.
(2) 각 시행에서, 피험자들은 한 가설을 검증하기 위해 선택하고, 그 가설에 근거하여 반응한다.
(3) 만일 맞으면, 그들은 다음 시행에서도 이 가설을 검증하기 위해 유지하지만 만일 틀리면 그것을 버리고 일단의 가설들 중 나머지 것들 중에서 또 다른 하나의 가설을 선택한다.

4. 평가

1) 가설이론의 평가

학습이 큰 집합으로부터 뽑은 단순한 가설의 체계적 검증에 기초하고 있다는 가정을 지지한다. 그 성공에도 불구하고, 가설이론은 우리가 인식해야 할 두 가지 중요한 약점 또는 제한점들을 지니고 있다.

첫째로, 모든 학습이 가설의 검증에 토대를 두는 것 같지는 않다. 학습이 때로는 그 모델이 예언하는 실무율 패턴을 따르는 반면, 우리는 학습이 매우 느린 경우도 많이 보아 왔다. 문제상자에서 탈출하려 애쓰는 고양이들, 자동차를 운전하는 것, 또는 엄지손가락에 있는 보이지 않는 작은 근육을 수축시키는 것을 학습하는 인간 등이 그런 예이다.

이런 상황들에서의 학습은 그 이론이 시사한 방식으로 가설을 체계적으로 검증하는 것에 근거한 것 같지는 않다. 보다 그럴듯한 결론은 학습이 어떤 상황에서는 가설의 검증을 포함하지만 다른 상황에서는 더 간단한 연합적 기제들을 포함한다는 것이다.

이 이론의 두 번째 약점은 그것이 피험자의 가설의 원천에 관한 아무런 지침도 제공해 주지 않는다는 것이다. 예로서, 어떤 피험자가 10개의 가설을 가지고 한 문제를 시작한다고 생각해 보자. 그렇다면 이런 가설들은 어디서 나오는가? 한 가지 가능성은 피험자들이 과거의 유사한 문제들에서 성공적인 것으로 입증된 해결책들을 회상한다는 것이다.

5. 추상작용의 문제

우리는 어떤 반응이 강화되거나 다른 반응이 처벌되는 비교적 간단한 상황에서조차도 학습이 놀라울 만큼 복잡할 수 있다는 증거를 개관하였다. 강화에 선행한 특정 자극이나 반응을 학습하기보다는, 동물들은 이 정보를 이전 시행에서 정보와 아주 복잡한 방식으로 결합시킬 수 있다.

미로에서의 쥐는 오른쪽으로 도는 것만을 학습하지는 않으며, 그 쥐는 그 미로의 모든 구역들이 어떻게 관련되어 있는지에 관한 인지도를 형성할 수도 있다. 백 쌍의 대상물들 각각에서 하나를 선택하여 강화 받은 원숭이는 강화 받은 특정 대상을 학습할 뿐만 아니라 그것이 더 이상 강화되지 않을 때까지 이전 시행에서 맞았던 대상물을 계속 선택하는 일반 방략도 획득할 수 있다.

그리고 슬라이드들을 쪼는 것에 대해 강화 받은 비둘기는 특정 슬라이드를 쪼는 것을 학습한다기보다는 모든 옳은 그림들이 공통적으로 지니고 있는 특징들에 관해 학습할 수도 있다. 이런 대부분의 경우에서, 검사 동물들은 공유된 특징들이나 공통의 원리들을 탐지하거나 추출해 내기 위해 많은 상황들에 걸쳐 그들의 경험을 결합하고 있는 듯하다.

"먹이는 항상 이전 시행에서 강화 받았던 대상물의 아래에 있다.", "내가 하는 어떤 반응도 나를 쇼크에서 도피하게 하지는 않는다.", "모든 맞는 그림들에는 사람이 있다." 만일 우리가 이 추상작용(abstraction, 抽象作用)의 과정을 이해할 수 있다면, 우리는 모든 복잡한 학습에 대한 관건을 갖게 될 것이다.

6. 뇌와 컴퓨터

대부분이 수분으로 구성되어 있는 뇌가 컴퓨터의 전자 회로와 같은 모양으로 짜여 있다고 말하면 이상하게 들릴지 모르겠다. 몸의 한 부분인 뇌에는 반도체 칩과 같은 전자 부품이 전혀 없으나 뇌의 기능은 컴퓨터의 기능과 매우 비슷하다.

뇌는 사고를 하고 컴퓨터는 계산을 한다. 그러나 뇌의 사고나 컴퓨터의 계산은 동일한 논리에 의하여 수행된다는 점에서 뇌와 컴퓨터의 기본적 원리는 같다고 할 수 있다. 모든 계산과 수학은 논리이며, 대부분의 사고 행위도 하나하나 잘라서 보면 논리의 집합에 불과하다.

가장 고단위의 창조적 행위는 아마도 이러한 논리적 분석으로 풀이될 수 없을런지도 모르겠다. 그러나 가장 깊은 내면의 직관적 사고가 무의식 속에서만 잠겨 있는 것이 아니고 섬광처럼 의식의 세계에 그 빛을 발한다면, 창조적 사고라 할지라도 의식적 논리의 범주에서 크게 벗어나지는 못할 것으로 생각된다.

즉, 병렬처리라는 새로운 접근 방법의 핵심에는 심리학적 모델들을 통해 알려진 두뇌의 속성에 가능한한 밀접하게 근거해야 한다는 믿음이 있다. 이 견해를 이해하기 위해, 지난 20년 동안 인지심리학을 지배해 왔던 컴퓨터나 정보처리 은유를 이 접근 방법과 비교하면서 시작하는 것이 도움이 될 것이다.

디지털 컴퓨터의 기본 구조는 중앙처리단위(central processing unit: CPU)와 기억저장으로 구성된다. CPU는 기억으로부터 항목들을 인출하고, 가산(加算)이나 감산(減筆)과 같은 일련의 조작을 수행하고, 그 결과를 다시 기억으로 옮긴다. 컴퓨터는 아주 단순한 조작만을 수행할 수 있지만, 그것들을 적절한 순서로 비상하게 빠른 속도 1초에 100만 개 이상의 연산을 수행함으로써 고도로 복잡한 문제들을 풀 수 있다. 하지만 두뇌는 매우 다르게 조직화되어 있다. 그 한 가지로, 두뇌에는 정보의 처리와 그 저장 사이에 분명한 구분이 없다. 어떻게든 두 기능 모두를 수행해야 하는 하나의 단위인 뉴런만이 있다. 이 충동이 축색종말에 도달하면 신경전달 화학물질을 방출시키는데, 이것은 시냅스 틈을 가로질러 다음 뉴런으로 이동한다. 이 신경전달물질의 도달은 두 번째 뉴런에서 전기 충동을 산출한다. 두뇌는 신경망(neural network, 神經網)이라고 부르는 밀도 있게 상호 연결된 망들로 조직되어 있는데 거의 상상할 수 없을 정도로 많은 수백억 개 이상의 뉴런들로 구성되어 있다. 하나의 뉴런은 5만 개에 달하는 다른 뉴런들로부터 입력을 받을 수 있다. [그림 11-2]는 뉴런 사이의 연결들을 보여 주는, 두뇌의 한 작은 부분을 보여 준다. 상호 연결의 복잡성이 두드러진다.

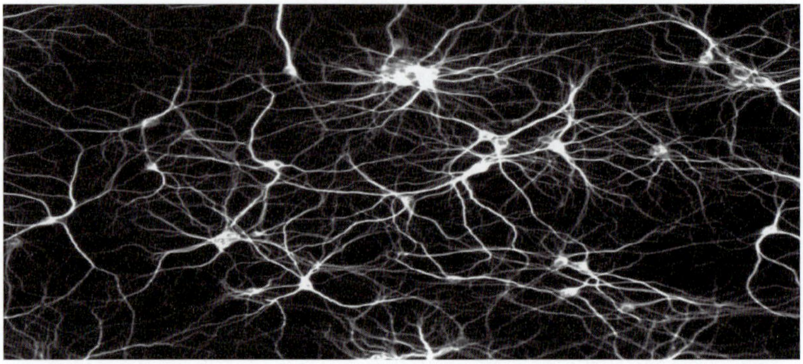

[그림 11-2] 피질 뉴런

출처: 강봉균(2016).

[그림 11-2]는 피질 뉴런에 관한 그림으로 빽빽한 상호작용의 망을 보여 주고 있다. 그렇다면 한 번에 단지 하나의 조작만을 수행하는 대부분의 컴퓨터와는 대조적으로, 두뇌는 특정 순간에 수백만 혹은 심지어 수십억 개가 활동하는 광대한 뉴런의 배열을 포함하고 있다. 전기회로의 용어로, 두뇌는 엄청난 수의 회로들이 동시에 작동하는 거대한 병렬 체계이다. 그렇다면 대부분의 컴퓨터와는 달리, 두뇌는 병렬처리(parallel processing)로 특징지워진다.

구조에서의 이런 차이는 기능에 대해서 중요한 함축성을 지닌다. 두뇌의 구조는 불가능하지는 않더라도 컴퓨터가 풀기 어려운 문제들을 쉽게 풀 수 있도록 해준다. 예로서, 대부분의 사람들은 다른 사람의 글씨를 쉽게 읽을 수 있지만, 이 사소한 기술은 대부분의 현대 컴퓨터의 능력을 넘어서는 것이다. 따라서 신경망 이론가들은 컴퓨터가 두뇌의 기능을 부분적으로 오도하고 있는 모델이므로, 심리학적 모델들은 그 대신에 두뇌의 구성에 근거를 두어야 한다고 믿는다.

심리학적 모델은 단지 제한된 범위의 점화 상태를 지니면서, 밀도 있는 망으로 상호 연결되어 있는 뉴런과 같은 단위들을 통합해야 한다. 그러면 우리가 기술한 것과 같은 신경망에서 학습이 어떻게 일어날 수 있는가? 신경생리학에 대한 우리의 지식은 아직 불완전하지만, 그 해답의 윤곽은 분명해지고 있다. 학습은 시냅스에서의 변화에 의해 매개되는데, 그 변화는 뉴런들 사이의 전기적 충동을 더욱 효과적으로 전달해 준다.

1) 뇌와 컴퓨터의 관계

뇌 과학자들은 컴퓨터를 흠모하여 뇌(brain)를 컴퓨터로 보고자 한다. 그러나 인공지능연구자들은 뇌를 흠모하여 뇌를 닮은 새로운 컴퓨터를 만들고자 한다. 즉, 컴퓨터 과학자의 관점에서는 현재의 컴퓨터는 뇌와 비교해 볼 때 부족한 점이 많기 때문에 뇌를 이상적인 모델로 삼고자 하나 뇌 과학자들은 현재의 컴퓨터를 이상적인 모델로 하여 뇌를 연구하고자 하니 흥미로운 아이러니라 하지 않을 수 없다.

컴퓨터는 어떤 방식으로 정보를 처리하는 것이 더 효율적일까? 자료 구조를 잘 정의해서 정보를 조직화하는 데 더 많은 자원을 투입할 것인가? 아니면 대충 빨리 저장해 놓고 알고리즘을 효율적으로 수행하여 잘 찾는 데 더욱 많은 자원을 할당할 것인가? 전자는 정리 정돈을 잘 하는 사람의 방식과, 후자는 찾는 일을 잘 하는 사람의 방식과 유사하다.

인간의 뇌는 어떤 방식의 정보처리를 수행하도록 진화하였는가? 메모리에 더욱 의존하는가? 아니면 계산에 더욱 의존하는가? 원시 환경 하에서 인간의 눈앞에 맹수가 나타났다고 가정해 보자. 어느 방향으로 도망칠지를 정확히 계산하는 것이 중요할 것인가? 아니면 일단 빨리 도망가는 것이 중요할 것인가? 적어도 생물학적으로 뇌는 지금의 디지털 컴퓨터와 같이 정확한 연산을 수행하는 계산 장치로 진화한 것으로 보이지는 않는다. 그것보다는 실시간에 환경을 지각하고 신속히 행동을 선택하는 '예측 장치'로 진화한 것으로 보인다. 인공지능 관점에서 메모리 의존과 계산 의존의 관계는 학습과 추론의 관계와 유사하다.

학습의 결과는 메모리에 저장되므로 학습은 미리 계산을 수행해 두는 것이고 추론은 현장에서 계산을 수행하는 것이다.

곱셈 계산을 예로 들어보자. 9 곱하기 8은 얼마인가? 여러분은 지금 이 문제에 대한 답을 얻기 위해서 어떤 정보처리과정을 거쳤는가? 알고리즘을 수행하는 계산과정을 거쳤는가? 아니면 바로 72라는 답을 메모리에서 인출하였는가? 아니면 다른 어떤 정보처리를 수행하였는가?

인지 과학적으로 곱셈 연산은 기억에 의존하는, 즉 외우는 것으로 알려져 있다. 그러나 처음으로 곱셈을 배울 때는 손가락 등을 이용하여 계산을 한다. 이처럼 새로운 문제를 접하거나 문제 해결의 초기에는 우리가 처리(계산) 능력을 활용한다. 즉, 추론에 더욱 의존한다. 하지만 다양한 경험을 하게 되면 점차 추론보다는 학습에 의한 기억에 의존하여 수행하는 경향이 강하다. 일반적으로 추론에 의존하던 일들을 기억처리과정으로 전환하는 것은 많은 장점을 가진다.

일단 빠른 시간 내에 작업을 수행할 수 있다. 또한 기억에 의존한 처리는 다양한 정보를 순간적으로 연합하기 때문에 순차적인 계산 위주의 추론보다는 가변적인 상황이나 불확실성 하에서 안정된 의사 결정을 하는 데도 오히려 유리하다.

뇌에서는 넓은 영역에 걸쳐 분산된 신경망이 현재 지각한 정보들을 기존의 저장된 기억과 연합하여 패턴 형태로 학습하고 저장하기 때문에 시간에 대한 적분(integration) 연산을 기본적으로 수행하고 있다. 뇌는 시간에 대한 '적분 기계'인 것이다. 이는 현재의 컴퓨터가 복잡한 문제를 잘게 나누어 하나하나를 순차적으로 해결하는 미분 장치(Differe– ntial Engine)라는 점과 반대되는 개념이다.

뇌는 시간에 대한 적분 기계일 뿐만 아니라 또한 공간에 대한 적분 기계이기도 하다. 운전하는 것을 생각해 보자. 눈으로 길을 보면서, 귀로는 주변의 소리(라디오 방송 포함)를 들으면서, 손으로는 핸들의 감각을 느끼면서, 발로는 브레이크와 가속도 페달의 감각을 감지하여 이 정보를 모두 동시에 적분하며(integrate) 운전 방향과 속도를 결정한다.

즉, 다양한 감각정보들이 서로 통합되어(Multimodal Sensory Integration) 처리된다. 이 중에 어느 하나의 감각정보가 부족하여도 운전은 자연스럽지 못하다. 이것은 우리가 운전을 배울 때 이 모든 감각을 사용하였기 때문이다. 우리가 많은 일상적인 일들을 수행할 때 실제로 얼마나 많은 차원의 다양한 정보(감각, 모달리티)를 활용하는지 관찰해 보라. 이 중에 어느 하나가 부족하면 일이 얼마나 어려워지는지를 알게 될 것이다.

지금의 컴퓨터가 언어나 시각처리와 같은 인공지능 문제를 잘 해결하지 못하는 중요한 이유가 있다면 그중 하나는 분명히 이와 같은 다양한 정보를 시간적, 공간적, 연속적으로 통합하여 처리하는, 즉 '적분' 하는 능력이 결여되어 있기 때문일 것이다.

4부

학습동기이론

12장 학습동기

학습동기는 학습 활동과 관련한 학습행동의 원인과 이유를 설명한다.

학습 과제를 성실하게 수행하려는 학습자와 도중에 포기하는 학습자의 성취동기 수준은 다르다. 성취동기에 의해 동기화된 학습 활동은 두 방향의 서로 다른 목표를 갖는데, 하나는 좋은 평가나 사회적 인정이고 또 다른 하나는 새로운 것을 배우는 즐거움이다. 또한 이러한 학습 활동의 목적에 따라 학습 활동의 지속 여부와 학습 실패를 극복하는 힘에 차이가 있다.

학습동기에서는 학습 활동 수준에 영향을 주는 학습에서 동기와 자기조절, 자기조절의 조건, 교사의 기대, 동기설계를 다룬다.

1. 학습에서 동기와 자기조절

추동이론가(drive theorists)는 심리적 욕구(예: 배고픔)가 유기체의 행동(예: 음식 찾기)을 유발하는 것으로 명료하게 증명하였지만, 반면에 인지이론가들은 인지과정이 동기의 중요한 매개자임을 점차 분명하게 하고 있다. 음식물의 예를 계속해서 생각해 보면, 인간이 배고픔을 면하기 위해서 음식을 찾을 때 무슨 음식이든지 찾지는 않을 것이다. 가령 여러분은 가까운 곳에 있는 햄버거 가게에 들르지 않고 집에 가서 점심용 야채 샐러드를 만들 수 있다. 여러분은 왜 이렇게 하는가? 아마 여러분은 지방질이 낮고 영향이 높은 음식이 건강한 생활에 도움이 된다고 생각하기 때문일 것이다. 따라서 여러분의 건강한 생활에 대한 가치가 추동(배고픔)과 여러분의 반응(먹음) 사이를 중재하였다고 볼 수 있다. 마찬가지로 학습 과제에 참여하려는 결정과 그 과제에 지속적 수행은 간단한 문제가 아니다. 우리가 앞에서 살펴 본 바와 같이, 동기는 개인의 성취 욕구나 통제 소재(내부 대 외부 지향성)의 영향을 받을 수 있다. 동기는 또한 수행할 과제, 과제 완성의 결과, 그리고 과제의 수행 능력에 대한 개인의 인지기능이다.

1) 호기심과 흥미

호기심은 아동과 성인을 막론하고 학습의 강력한 동기유발자이다. 호기심의 일종인 지각적 각성은 신기하고 복잡하거나 환경에 어울리지 않는 모습으로 자극을 준다. 학습자는 이렇게 기대하지 않던 사태에 더 많은 주의를 기울일 뿐만 아니라, 그들이 보고 있는 것을 지각하는 새로운 방법을 시도하려는 마음이 일어나기도 한다.

교사는 학습자의 호기심을 자극하기 위해서 흥미로운 사태를 잘 활용할 수도 있다. 위장 훈련에서 동전으로 강의를 시작한 교관 랍(Rob)의 시범은 좋은 보기이다. 우선, 병사들은 교관이 교탁 위에 있는 동전으로 무엇을 하려는지 분명하게 감지하지 못하였었다. 이것은 병사들의 주의를 끌게 하고, 시범의 결과는 그들의 호기심을 돋우었다. 사람은 경이로운 사태에 재빨리 적응하기 때문에 호기심이 계속해서 동기의 원천이 되도록 유지되어야 한다. 교관은 병사들에게 시범과 학습하려고 하는 내용과의 관련성을 의식적으로 연결하려고 이것을 시도하였다. 만약 이런 전략이 성공적이면 학습자들은 흥미를 유지하고 수업에 계속해서 주의를 기울일 것이다.

수업이나 훈련에 활용된 수업 방법을 다양화함으로써 지각적 수준의 주의는 유지될 수도 있다.

호기심을 유지하는 또 다른 수단은 환상(fantasy)이다. 학습에서 환상의 활용은 학습자의 상상력을 높이기 쉽고 유의미한 학습 맥락을 제공하게 된다. 이 맥락은 아주 개인적 수준의 매료됨과 흥분을 부여한다는 점에서 학습자에게 유의미하다.

2) 자기 목표와 목표 지향성

목표를 능동적으로 설정하는 것은 동기유발의 중요한 원천이 될 수 있다. 개인이 목표를 설정할 때 자신의 현재 수행 수준을 내적으로 평가할 외적 표준을 결정한다. 이 표준이 충족되지 않고 목표에 도달하지 않는 한, 학습자는 노력을 계속할 것이다. 분명히 우리들 대부분은 스스로 설정한 목표에 도달할 때까지 '목표에 집착'하는 경험을 하였다.

모든 목표를 학습하는 데 이러한 끈기가 필요한 것은 아니다. 목표의 어떤 속성은 목표의 설정과정에 중요성이 있는 것 같다.

가까운 목표의 설정과 먼 목표의 설정 간에도 차이가 있다. 가까운 목표(proximal goals)는 쉽게 도달될 수 있는 목표(예: "나는 부적 강화와 벌을 구별할 수 있다.")인 반면에, 먼 목표(distal goals)는 상당한 미래에 도달될 준거를 설정하는 목표(예: "나는 학교를 졸업한 후에 심리상담사로 활동할 것이다.")이다. 당연히 먼 목표를 설정하는 것보다 가까운 목표를 설정하는 것이 자기 동기와 수행을 어느 정도까지 개선하는 것으로 지적되었다. 이 결과는 유아들의 수업에 특별히 중요한 것 같다. 왜냐하면 그들은 먼 목표를 나타낼 수 있는 사고를 할 수 없기 때문이다.

학습자가 설정한 성취 목표의 유형이 자신의 과제 지속성과 문제 해결 노력에 영향을 준다. 학습자가 학습 목표를 설정할 때, 그들은 자신의 능력을 높이려 하고, 새로운 것을 이해하거나 숙달하려고 한다.

예를 들어 "나는 이번 시험에서 A학점을 받길 원한다."(수행 목표) "나는 미국이 제2차 세계대전에 맨 나중 참전한 국가 중 하나였던 이유를 이해하길 원한다."(학습 목표)

수행 목표와 학습 목표 간에 이런 차이가 나타나는 이유는 개인이 두 가지의 목표 지향성에서 실패를 해석하는 방법에 있는 것 같다. 수행 목표는 지능이 고정되어 있다는 묵시적 신념에 두고 있다. 따라서 수행 목표 지향성을 가진 학습자는 자신의 능력이 과제에 적합한지의 여부를 묻고, 그 대답이 "적합지 않다."라면 실패로 받아들인다. 이와 대조적으로 학습 목표는 지능이 변하고 발달될 수 있다는 신념과 연합되어 있다. 학습 목표 지향성에서는 과제완성 전략이 강조되고, 학습자는 목표를 성취하기 위해서 자신의 능력이 가장 잘 응용되고 증가될 수 있는 방법을 자문해 본다. 학습 목표 지향성을 기르기 위한 제안은 현재의 수행 목표 지향성 내에서 학습자에게 자신감을 심어 주려는 많은 교육 실제와 배치되고 있다. 학습의 행동주의 강화(구체적으로 정적 강화)는 이러한 상황에 기여한 것 같다. 가령, 학습에 있어서 정적 강화의 효과를 회상해 보며, 동기와 어떻게 관련되는가? 아마도 동기유발된 것으로 설명되는 행동은 일관성 있는 강화를 통해서 일어난다. 그러나 강화의 원리를 깊이 이해한다고 해서 간단하고 쉬운 과제에 대한 빈번한 칭찬이 장기적이고 도전적인 과제에 대한 열정을 불러일으키거나, 실패하였을 때 끈기를 조정할 것으로 기대되지는 않을 것이다.

도전적이고 가까운 목표를 설정하는 것이 동기에 유리하고 수행을 높일 수 있는 것은 분명하다. 그러나 이것은 그 목표가 학습 지향적일 때 일어날 가능성이 높고, 그 목표가 수행 지향적일 때는 이와 반대인 것 같다.

3) 학습 목표와 수행 목표

성취동기(achievement motive)는 가치 있는 목표를 달성하고 훌륭한 행위기준에 도달하려는 개인의 요구다. 어떤 일을 이루겠다는 내적 의욕으로써 과제 성공과 능력의 우월성에 대한 요구인 성취동기는 수준의 높고 낮음에 따라 학습과 행동에 다르게 영향을 준다. 성취동기 수준이 높은 사람은 어려운 상황에 놓여도 이에 굴하지 않고 끝까지 노력하여 목표를 달성하지만 성취동기 수준이 낮은 사람은 행동 수행을 쉽게 포기하는 경향이 있다. 마찬가지로 학습 활동에서 학습 성취동기가 높은 학습자는 학습 활동을 병행하는 상황이나 요인에 잘 대처하면서 과제를 성공적으로 수행하기 위한 노력에 최선을 다한다. 또한 성취동기 수준이 높은 학습자는 쉽게 해결할 수 있는 과제보다 도전할 만한 어려운 과제를 선택하고 성공적인 수행을 기대하면서 인내하며 노력한다.

이러한 성취동기 수준을 결정하는 중요한 요인 중의 하나가 바로 목표(goal)다. 목표는 한 학습 활동이 지향하는 최종적인 결과로 행동의 방향을 제시하고 행동을 유지하도록 한다. 학습 활동 목표가 A학점을 받는 것이라면 요점 정리, 반복학습 등 목표에 도달할 수 있는 학습행동을 선택적으로 수행할 것이다. 목표는 목표를 향한 행동을 선택적으로 동기화하고 현재 행동을 점검하며 수정·보완하도록 유도한다.

이렇게 학습 활동을 동기화하는 목표에는 두 가지 유형이 있다. 하나는 학습 목표(learning goal)이고, 또 다른 하나는 수행 목표(performance goal)다. 학습 목표를 시행하는 학습 활동은 새로운 것을 배우고 학습하는 즐거움에 초점을 맞추며, 수행 목표를 지향하는 학습 활동은 자신의 유능함을 보여 주는 것에 초점을 둔다. 〈표 12-1〉은 학습 목표와 수행 목표 학습자의 차이를 요약한 것이다.

〈표 12-1〉 학습 목표 학습자와 수행 목표 학습자

구분	학습 목표 학습자	수행 목표 학습자
능력	• 능력은 노력과 연습에 의해 발전	• 능력은 고정적이며 능력이 있는 사람과 없는 사람으로 구분
성공	• 능력의 향상이 곧 성공	• 높은 등급과 수준 높은 성취가 성공
만족	• 열심히 공부하고 도전할 수 있는 것에 만족 • 노력의 결과가 실패이더라도 수행에 만족	• 다른 사람보다 잘 수행한 것에 만족 • 단지 성공할 때만 수행에 만족
과제 선택	• 학습할 수 있는 기회를 최대화하는 과제를 선택 • 성공 추구	• 능력을 보여 줄 수 있는 기회를 최대화하는 과제를 선택 • 실패 회피
쉬운 과제	• 쉬운 과제에 대해 실망	• 쉬운 과제에 대해 안도하고 과제 완성에 대해 자부심을 갖음

구분	학습 목표 학습자	수행 목표 학습자
실수	• 실수를 통한 학습 기회	• 실수는 불안 요인
동기	• 내적 동기에 의한 학습 활동	• 외적 동기에 의한 학습 활동
학습 전략	• 수업 내용을 이해하기 위한 학습 전략 사용	• 수업 내용을 반복·암기하는 습관적인 학습을 계속하는 학습 전략 사용
평가	• 수행과정 평가 • 학습과정에 초점(절대평가, 형성평가)	• 수행 결과 평가 • 상대평가 초점(규준평가)
귀인	• 실패를 노력에 귀인	• 실패를 능력에 귀인
교사	• 교사는 학습 활동을 돕는 안내자와 자원	• 교사는 판단자, 보상자, 처벌자

출처: 정순례 외(2020).

(1) 학습 목표

학습 목표는 자기 향상과 지식 습득에 일차적인 관심을 두고 있으며 학습 활동 자체에 흥미를 갖고 완전학습을 지향하는 것이다. 학습 목표를 갖고 있는 학습자는 학습 활동에서 자신이 배운 것에 초점을 두기 때문에 다른 학습자와 비교한 상대적 우위에 대해 관심을 두지 않는 경향이 있다. 학습 목표를 지향하는 학습자는 새로운 것을 배우고 도전하는 것에서 즐거움을 얻기 때문에 실패나 좌절을 극복하려고 노력한다. 또한 실패를 자신의 노력 부족이나 수행과정의 문제에 귀인하기 때문에 실패를 두려워하지 않고 적극적으로 재도전한다. 즉, 학습 목표를 지향하는 학습자는 실패를 자연스러운 배움의 과정으로 생각하고, 실패 상황에서도 낙관적이며 자신감을 유지한다. 실패를 통해 새로운 사실과 원리를 발견하고 문제 해결 능력을 갖게 되는 것을 즐긴다. 또한 도전과 새로운 학습을 좋아하기 때문에 쉬운 문제와 노력이 필요한 어려운 문제가 제시되면 노력이 필요한 문제를 선택한다.

학습 목표는 과제를 완성하고 자기만족을 할 수 있을 때까지 학습 활동을 동기화하기 때문에 숙달 목표(mastery goal)라고도 한다.

(2) 수행 목표

수행 목표는 최고 점수를 받는 것, 우수한 학생이 되는 것, 축구 경기에서 우승을 하는 것과 같이 다른 사람을 이기거나 타인의 인정을 얻는 것을 지향하는 목표로 평가 목표라고도 한다. 수행 목표를 갖고 있는 학습자는 자신이 얼마나 잘하며 능력이 있는가를 보여 주는 것에 집중하기 때문에 다른 사람의 호평, 점수, 순위, 경쟁에 관심을 두고 행동한다. 따라서 좋은 성적, 우승, 인정과 같이 좋은 평가를 받을 수 있는 학습 활동에는 적극적으로 참여하지만 낮은 평가를 받을 가능성이 있는 학습 활동은 회피하며, 실패 상황에 직면하면 포기하고 자신감도 쉽게 상실한다. 수행 목표 학습자는 우수한 능력을 갖고 있는 실패를 경험하면 동기 수준이 쉽게 낮아진다. 이들은 실패란 곧 자기 자신과 자신의 능력을 보여 주는 중요한 요인이라고 생각하기 때문이다.

(3) 목표 방향과 학습 활동

학습자의 학습 활동은 학습자 자신의 목표 방향뿐 아니라 학습 과제의 목표 방향, 교사나 부모의 목표 방향 설정에 의해서도 많은 영향을 받는다. 2013년에 방영한 EBS 기획 다큐 프로그램 '동기, 배움의 씨앗' 편에서 학습자의 목표 방향, 학습 목표 과제/수행 목표 과제의 여부, 교사나 부모의 목표 방향에 대한 태도가 학습자의 학습 활동에 대한 인내와 노력에 많은 영향을 주고 있음을 보여 주었다.

① 학습 목표 학습자와 수행 목표 학습자

학습 목표 학습자와 수행 목표 학습자에게 조각이 빠진 그림퍼즐을 제시하고 그림조각을 완성하는 과제를 주었다. 처음부터 조각이 부족했기 때문에 두 학습자 모두 그림을 완성하지 못했다. 이후에 두 학습자가 이미 완성한 그림퍼즐과 조각이 부족해 완성하지 못한 그림퍼즐을 제시한 뒤, 각 학습자에게 퍼즐게임을 선택하도록 했다. 학습 목표 학습자는 조각이 부족해서 그림조각을 완성하지 못한 이전 과제를 선택하고 "완성한 퍼즐은 쉬워서 재미없고 실패한 퍼즐은 다시 맞춰 보겠다."며 재도전했다. 반면에 수행 목표 학습자는 간단한 퍼즐을 선택했는데 "실패한 퍼즐은 어려워서 재미없지만 완성한 그림조각은 쉬워서 재미있다."며 선택한 이유를 설명했다.

학습 목표와 수행 목표는 실패에 대한 귀인과 실패 상황에 대처하는 행동에서 분명하게 차이가 나타난다. 수행 목표 학습자는 실패를 '능력 부족'으로 해석하면서 흥미를 잃고 재도전을 포기한다. 반면에 학습 목표 학습자는 실패를 노력 부족에 귀인하기 때문에 더욱 노력하여 학습하려고 하며 수행을 늘리고 문제 해결과정에서 즐거움을 찾는다.

② 학습 목표 과제와 수행 목표 과제

학습 과제가 학습 목표 또는 수행 목표를 지향하느냐에 따라서 학습자의 학습 활동도 달라진다. 학습 과제가 수행 목표를 지향하느냐 또는 학습 목표를 지향하느냐에 따라 학습자의 학습행동도 달라질 수 있다. 점수, 순위, 경쟁과 관련된 수행 목표 상황에서는 학습 목표를 지향한다. 결국 학습자 개인의 목표 방향뿐 아니라 학습 과제의 목표 방향이 학습자의 학습 목표 선택에 영향을 주고 있음을 알 수 있다. 상대적 평가, 경쟁적 분위기, 능력 귀인, 결과 중심의 평가가 이루어지고 있는 학교 학습 상황에서 학습자는 수행 목표를 선택할 가능성이 더 많다고 할 수 있다.

③ 교사와 부모의 목표 방향

교사와 부모의 태도도 학습자의 목표 방향 선택을 결정하는 중요한 요인이 된다. 부모의 양육 태도, 가령 학습자의 능력이나 높은 학업 성취에 대한 부모의 칭찬은 학습자가 수행 목표를 설정하도록 조절하는 역할을 한다. "똑똑하다." "머리가 좋다." "몇 점 받았니?" "학교에서 잘했지?" "몇 등 했니?" "몇 명이 100점을 받았니?"와 같은 부모의 칭찬이나 질문은 학습자가 수행 목표를 선택하도록 만드는 요인이다. 일반적으로 부모가 학습자를 격려하고 칭찬하는 내용은 거의 대부분 위의 예처럼 수행 목표(평가 목표)를 지향하는 표현이다.

"오늘은 학교에서 무엇을 배웠니?" "재미있었니?" "이해했니?"와 같이 학습 목표와 관련한 부모의 질문은 개인의 향상과 학습 내용에 초점을 둔 학습 활동에 관심을 갖게 함으로써 학습 목표를 설정하도록 할 수 있다.

학급 목표 방향 설정은 학습자 개인보다 교사, 학부모, 그리고 학습 상황에 의해 결정될 가능성이 많다. 따라서 학습 활동의 목적은 성적이나 타인의 인정이 아니라 학습(배움) 자체임을 학습자 스스로 인식하도록 해야 한다. 학습 목표와 학습동기를 조성하기 위해 첫째, 교과 내용을 현재와 미래의 학습자의 요구와 관련하고, 둘째, 도전을 즐길 수 있는 과제를 제시하고, 셋째, 학습자의 관심을 적절하게 다루고 활용하는 학습 활동을 다루며, 넷째, 개인의 발전과 변화에 대한 피드백을 제공하는 개별적 평가를 하고, 다섯째, 노력의 가치를 강조하고, 여섯째, 실수를 건설적으로 사용하도록 격려하고 새로운 것을 학습하는 기회임을 이해하도록 해야 한다.

④ 성공 추구자와 실패 회피자

학습 목표 학습자와 수행 목표 학습자는 다른 목적에 의해 학습 활동이 동기화됨을 알 수 있다. 학습 목표 학습자는 성공적인 성취를 위해 학습 활동을 선택하는 성공-추구자다. 반면에 수행 목표 학습자는 실패를 피할 수 있는 학습 활동을 선택하는 실패-회피자다.

실패-회피자는 거의 실패할 가능성이 없는 쉬운 과제나 실패를 하더라도 비난받지 않을 아주 어려운 과제를 선호한다. 따라서 실패를 경험하면 이를 극복하기 위한 노력을 하지 않는 경향이 있으며 수행 결과는 자신의 유능감과 가치를 판단하는 중요한 근거로 여긴다. 따라서 실패 경험을 줄이고 쉽게 성공을 할 수 있는 과제를 선택하여 자기 가치감을 유지하려고 한다. 그런데 학습자가 언제나 학습 활동 수준을 선택할 수 없고 실패 또한 완벽하게 회피할 수 없기 때문에 실패-회피자는 실패가 반복되면 자기 가치감과 효능을 쉽게 잃는다. 결국 실패 경험을 자신과 동일시하여 무능함과 좌절을 느끼고 결국 학습 활동을 회피하려고 한다.

성공 추구는 쉬운 과제보다 사고력이 필요하고 도전할 만하며 재미있으면서도 어려운 과제를 선택하는 경향이 있다. 지식의 습득과 기술의 숙련에 초점을 맞추고 실패를 극복하기 위해 더 많은 노력과 효과적인 학습 활동을 계획한다. 간혹 반복되는 실패에 대해서도 쉽게 좌절하지 않고 높은 자기효능감과 가치감을 유지하면서 실패를 성공으로 이끌어 가려고 노력한다. 성공적인 성취와 실패를 통제 가능한 노력에 귀인하는 경향이 있어서 학습 활동 수준이 높고 지속적이다.

2. 자기조절행동의 구성 요소

자기조절학습에 관한 연구는 1980년대 중반 이후부터 지메르만(Zimmerman) 등을 중심으로 본격적으로 시작되어 많은 학자들의 관심 속에서 최근까지 연구되어 왔다.

많은 학자들의 관심을 받고 있는 만큼 자기조절학습에 대해서는 다양한 정의가 존재하며, 학자들마다 용어도 조금씩 다르다. 자기조절에 대한 다양한 정의가 존재하지만 대다수의 정의들은 학습자의 자발적인 학습 참여, 학습 계획과 자기 평가, 효과적인 학습 전략의 사용을 공통적인 요건으로 포함하고 있다.

여기에서는 자기조절행동의 구성 요소로 자기결정 목표와 표준, 자기점검, 자기지시, 자기평가 순으로 살펴보고자 한다.

1) 자기결정 목표와 표준

스스로 목표를 설정하고 그 목표를 성취하는 데 도움이 될 수 있는 그런 종류의 행동을 하는 경향이 있다. 또한 우리는 행동에 대한 표준, 즉 준거를 설정한다. 학생들은 서로 다른 목표와 표준을 설정한다.

2) 자기점검

자기관찰로도 불리는 자기점검은 행동 중인 자신을 관찰하는 것을 말한다. 우리는 중요한 목표를 향해 진보하기 위해서는 우리가 현재 얼마나 잘 하고 있는지 알아야 하고, 수행의 어떤 측면이 잘 되고 있고 어떤 측면을 개선할 필요가 있는지를 알아야 한다. 우리들은 자신이 목표를 향해 진보하고 있음을 알 때 더욱 노력을 계속한다.

학생들은 자신의 행동을 항상 정확히 관찰할 수는 없다. 이럴 경우 자신의 행동을 관찰하여 기록하게 할 수 있다. 해리스(Harris, 1986)의 연구에 의하면, 그런 자기집중 관찰과 기록은 학생의 행동에 변화를 일으킬 수 있다. 예컨대, 자기관찰은 학생들이 과제에 주의를 기울이는 정도와 완성하는 과제의 수를 증가시키기 위해 사용될 수 있다. 또한 공격적 반응을 감소시키는 데 효과적이다.

3) 자기지시

학생들은 특정 상황에서 어떻게 반응해야 하는지에 관해 생각해 봐야 할 때가 있다. 자기지시를 사용하여 그런 상황에서 자신에게 말하는 방법을 가르침으로써, 적절한 행동을 생각나게 하는 수단을 제공하여 자신의 행동을 통제하도록 도울 수 있다.

학생들에게 자기지시를 가르치는 효과적인 한 방법은 5개 단계로 구성된다.

(1) 성인 모델이 자신에게 소리 내어 말하면서 과제를 푼다(인지적 모델링).
(2) 아동은 모델의 지시 하에 똑같은 방법으로 과제를 푼다(외형적 안내).
(3) 아동은 자신에게 소리 내어 말하면서 과제를 푼다(외형적 자기안내).
(4) 과제를 풀 때, 아동은 지시 사항을 자신에게 속삭인다(외형적 자기안내의 소멸).
(5) 아동은 사적인 언어를 통해 과제 수행을 안내해 가면서 과제를 해결한다(내재적 자기지시).

이러한 자기지시 훈련은 과잉 행동적이거나 충동적인 아동에게 문제 해결을 체계적으로 하고, 행동하기 전에 생각하며, 다른 관점에서 자기대화를 갖도록 가르치는 데 효과적이다. 즉, '답하기 전에 멈춰라, 들어라, 바라보라, 그리고 생각하라.'는 지시를 언어화하고 사용토록 조장한다.

4) 자기평가

학교에서 학생들의 행동을 평가하지만, 궁극적으로 학생은 자신의 행동을 판단해야, 즉 자기평가를 해야 한다. 학생이 적절한 목표와 표준을 설정하고 자신의 행동을 관찰할 객관적 기법을 발달시켰다면, 학생으로 하여금 자신의 수행을 평가하도록 권장할 수 있는 방법은 많이 있다. 예컨대, 학생 자신이 가장 잘하였다고 생각하는 것들에 각 항목마다 자기평가를 덧붙인 포트폴리오를 수집하는 것, 자신의 수행의 감정과 약점을 기록하는 일지의 매일 또는 주간 작성, 몇몇 학생들이 서로 간에 다른 학생의 작품에 대한 자신의 생각을 토의하는 또래 협의회에의 참여, 자기평가도구(예: 설문지)를 완성하는 것 등을 들 수 있다.

3. 교사의 기대

학습자의 자기효능, 귀인성향, 목표방향과 같은 내적 특성뿐 아니라 타인의 기대 수준도 학습자의 학습 활동을 동기화한다. 특히 학습자의 학습 활동에 대한 교사의 기대 수준은 학습동기의 중요한 요인이 된다. 교사는 성적, 생활기록 보고서, 심리검사 자료, 사회경제적 수준을 포함한 가정 환경 자료, 다른 교사의 평가와 정보 등을 통해 학습자에 대한 기대를 형성한다.

1) 교사의 기대와 성취

학습자에 대한 교사의 기대는 긍정적이든 부정적이든 간에 학생의 행동에 영향을 준다. 이렇게 타인의 기대나 관심으로 인하여 능률이 오르거나 결과가 좋아지는 현상을 피그말리온 효과(pygmalion effect)라고 한다.

그리스 신화에서부터 유래된 조각가 피그말리온이라는 사람이 있었는데 공들여 여자 조각상을 완성하였다. 너무나 잘 만든 나머지 이 조각상을 사랑하게 되고 간절히 원하자 아프로디테가 이 조각상에 생명을 주어 진짜 사람이 되었다는 신화이다. 정말 간절히 원하면 이루어진다는 내용이다.

피그말리온 효과는 타인의 긍정적 기대와 믿음, 희망, 존중이 그 기대에 부응하는 방향으로 행동을 동기화하고 노력하게 함으로써 기대한 대로 이루어진다는 것을 의미한다. 미국 샌프란시스코의 한 초등학교에서 전교생을 대상으로 지능 검사를 한 후 검사 결과와 상관없이 무작위로 한 반에서 20% 정도의 학생을 뽑았다. 그 학생들의 명단을 교사에게 주면서 '지적 능력이나 학업 성취의 향상 가능성이 높은 잠재력 있는 학생'이라는 정보를 주었다. 잠재적 능력이 있는 것으로 알려진 이 학습자들은 실제로는 다른 평균적인 학습자들과 비슷한 수준이었다. 그런데 8개월 뒤 학년 말에 실시한 두 번째 지능 테스트 결과에서 잠재적 능력자로 알려진 학습자들의 지능은 다른 학생들보다 평균 점수가 높게 나왔고 학교 성적도 크게 향상하였다. 잠재적 능력의 학습자로 알려진 이들의 지능 향상은 교사의 기대와 격려가 중요한 요인으로 작용했다. 이 연구는 교사의 학습자에 대한 기대와 관심이 실제로 학업 성취 향상에 영향을 주고 있음을 보여 주었다. 특히 교육에서는 교사의 관심과 긍정적인 기대가 학습자의 학업 성취에 긍정적인 영향을 미치는 심리적 요인이 된다는 것을 의미한다. 피그말리온 효과는 교사 기대 효과, 로젠탈 효과, 실험자 효과라고도 한다.

교사의 기대는 학습자에게 전달되어 자기충족적 예언(self-fulfilling prophecy)으로 작용하여 그들의 행동에 영향을 줌으로써 교사 기대 효과(teacher expectancy effect)를 가져온다. 자기충족 예언은 세 단계의 과정을 거치면서 학습자의 행동에 영향을 준다. 첫 번째 단계는 교사가 학습자에 기대를 형성하는 것이다. 두 번째 단계에서는 교사가 학습자에 대한 자신의 기대에 근거해서 학습자를 차별적으로 다룬다. 그리고 세 번째 단계에서 학습자는 교사의 기대대로 행동한다. 교사가 자신의 기대에 맞춰 학습자를 차별적으로 다루는 것은 일반적이다. 교사는 능력이 낮은 학습자보다 우수한 학습자와 더 많이 접촉하는 것으로 나타나 있다.

교사는 우수한 학습자에게 더 많이 질문하고 대답을 하기까지 더 많은 시간을 기다려 주며, 오답에 대해 실수라고 생각하는 관용적인 태도를 보인다. 반면에 열등한 학습자에게는 대답할 기회를 적게 주고, 신속한 대답을 요구하며 학습자의 오답을 능력 부족이나 당연한 것으로 여긴다. 교사의 차별적 태도는 학습자에게 긍정적 또는 부정적인 교사 기대로 전달되고 자기충족적 예언으로 작용한다.

교사의 차별적인 기대로 인해 학습자는 실제로 차별적인 학습 활동을 경험한다. 교사는 잠재 능력이 있고 학업 능력이 향상될 것으로 기대하는 학습자에게 더 많은 관심을 두며, 충분히 학습할 때까지 반복해서 설명하고 개별 과제를 주어 개인 지도를 한다. 교사의 긍정적인 기대를 받고 있는 학습자가 그렇지 못한 학습자보다 더 많은 격려와 학습 기회 그리고 수업 참여 기회를 갖기 때문에 학업 성취 수준이 향상되는 것은 당연하다.

2) 교사 기대 관리

교사는 학습자에 대한 태도나 행동이 어떻게 기대로 전달되는지를 확인하고 바람직한 학습 활동을 동기화하는 긍정적 기대를 형성하고 관리해야 한다.

첫째, 일상적인 편견이나 틀에 박힌 생각에 근거한 행동이나 신념은 학습자에게 잘못된 기대로 전달될 수 있다. 가령 여자보다 남자에게 더 특별한 과제를 주는지, 학습 활동에 모든 학습자를 균등하게 참여시키거나 관심을 주고 있는지, 그리고 수업 자료, 수업 방법, 평가 방법에서 성별, 환경, 능력과 관계없이 모든 학습자를 공정하게 다루고 있는지에 대해 검토해야 한다. 교사는 교수 활동 전반에 걸쳐서 부정적 기대를 전달할 수 있는 편견이나 행동을 구체적으로 확인해야 한다.

둘째, 학습자에 대한 정보를 어떻게 사용하고 있는지에 대해 주의해야 한다. 이러한 정보는 학습자의 요구 이해, 효과적인 수업 설계의 기초 자료로 활용되지만 부정적 기대를 갖게 되는 근거로 사용될 수 있다. 가령 편부모의 가정 환경과 학업 성취가 직접적으로 관계가 없어도 교사는 결손가정의 학습자가 심리적으로 불안하고 주의산만해서 성취 수준이 낮을 것으로 기대한다. 또한 그들의 적절치 못한 학습행동을 당연하게 여기고 그대로 방치할 수 있다.

셋째, 교사 기대는 학습자의 학습 능력 향상과 변화에 따라 조절될 수 있어야 한다. 울포크(Woolfolk, 2001)는 학급에서 발생하는 두 가지 종류의 기대 효과를 지적하고 있다. 첫째는 자기충족적 예언의 효과로 학기 초에 정확한 자료에 근거하지 않고 교사의 막연한 기대가 학습자에게 기대한 방향으로 성취하도록 하는 것이다. 둘째는 학습자에 대한 정확한 평가에 근거해 갖게 된 적절한 교사 기대가 학습자의 능력이 향상되었음에도 여전히 이전 수준의 기대를 유지함으로써 학습자의 성취다. 성취에 영향을 주는 기대지속 효과다. 학습자의 새로운 능력의 성취와 변화에도 불구하고 이전의 낮은 기대를 유지함으로써 학습자의 성취 수준이 교사의 낮은 기대 수준에 맞춰 조절된다. 실제로 자기충족 예언의 효과보다 기대의 지속 효과가 더 일반화되어 있다.

넷째, 교사는 학습 상황에서 학습자에 대한 언어적·비언어적 반응을 잘 관리해야 한다. 교사의 기대를 나타내는 직접적인 표현뿐 아니라 미소, 시선, 고개 끄덕임 등과 같은 얼굴 표현을 통해서도 기대가 전달된다. 교사의 사소한 감정 표현이나 인상, 몸짓이 교사 기대의 단서로 작용할 수 있다. 수업 시간에 교사의 시선이나 질문을 받아 보지 못한 학습자는 자신은 교사의 기대나 관심 밖에 있다고 생각할 수 있다. 사소한 언어적 또는 비언어적 행동은 교사의 기대를 확인하는 중요한 단서로 사용된다. 학습자의 잘못에 대한 정당한 처벌이나 지적도 교사의 기대에 대한 단서로 사용될 수 있기 때문에 교사는 처벌을 지양하고 바람직한 행동을 격려함으로써 긍정적인 기대를 전달해 주어야 한다.

13장 동기이론

1. 동기이론

동기(motive)는 행동을 유발하고, 방향을 제시하며 유지시키는 것으로, 성크(Shunk, 1991)는 학습동기를 학습자가 스스로 선택한 과제를 끊임없이 해결하기 위해 노력하며 지속적으로 학습에 임하고자 하는 근원이 되는 힘이라고 하였다. 이러한 학습동기는 학습자가 과제를 선택하게 하고, 과제 해결을 위해 노력하도록 유도하며, 학습 상황에서 난관에 부딪쳤을 때 학습을 지속할 수 있도록 하는 등 학습 성공과 관련이 높은 교수학습 변인이라고 할 수 있다. 이러한 학습동기를 욕구, 흥미, 호기심, 즐거움 등 내적이고 개인적인 요인으로 설명하기도 하며, 외적이고 환경적인 요인인 보상, 사회적 압력, 처벌 등으로 설명하기도 한다. 내재적 동기는 개인적인 흥미를 추구하고 능력을 발휘하는 과정에서 도전할 만한 것을 찾고 정복하는 자연스러운 과정이다.

1) 동기의 개념

동기(motive)는 행동을 일으키고 유지하는 원인 또는 힘이다. 행동을 하게 된 계기와 그 행동을 지속하는 이유를 질문하는 것은 바로 행동의 '동기'를 알고자 하는 것이다. 동기이론은 모든 행동에 원인과 이유가 있다고 본다. 주위의 관심과 주목을 얻기 위해 모범적인 행동을 하기도 하고 이와 반대로 이탈된 행동을 통해 관심을 얻으려고도 한다. 동기는 행동의 방향뿐 아니라 행동의 유지에 영향을 준다. 목이 마른 사람은 쉬는 시간에 음료수를 마실 것이고 피곤한 사람은 휴식을 취할 것이다. 또한 동기의 수준은 행동이 얼마나 오랫동안 지속되는가에 영향을 준다. 대학에 진학했지만 학습행동이 얼마나 지속되는가는 배움에 대한 동기 수준에 달려 있다. 가령 배움에 대한 요구가 아주 강한 사람은 시험이나 평가와 관계없이 관심 분야에 대한 지적 탐구를 계속할 것이다.

2) 내적 동기와 외적 동기

오로지 일등이 되기 위해 또는 명문대학에 입학하기 위해 공부를 하기도 하며, 많은 돈을 벌거나 이름을 알리기 위해 열심히 일을 하기도 한다. 어린 시절 우연한 기회에 골프를 배운 것이 계기가 되어 프로골프로서의 길을 걷기도 하며, 학점을 이수하기 위해 아동보호시설에서 봉사 활동을 한 학생이 사회복지사의 꿈을 가지기도 한다. 발명가는 몇 년 동안 어떤 보상이나 대가를 받지 못해도 자신의 아이디어에 대한 연구를 포기하지 않는다. 사람마다 행동을 시작하게 된 계기와 그 행동을 지속하게 되는 이유는 다양하다.

보상, 인정, 승진, 일에 대한 만족, 성취, 가치관, 신념, 흥미, 호기심, 공포, 기대 등의 요인은 행동의 원인이 될 수 있다. 어떤 행동의 원인은 단순하지만 또 다른 행동의 원인은 복합적이어서 간단하게 설명하기 어렵다. 행동을 일으키는 요인은 매우 다양하고 복잡하지만, 개인의 내적 특성과 상황적 요인으로 분류해 볼 수 있다. 연극을 좋아해서 자주 공연을 관람하고, 시험 불안 때문에 공부를 하기도 하지만 과제를 하기 위해 연극 공연을 보거나 시험 때문에 심리학 공부를 하기도 한다. 전자의 경우처럼 연극에 대한 선호나 시험 불안과 같이 개인의 내적인 특성에 의해 행동이 동기화되는 것을 내적 동기(intrinsic motive)라고 한다. 반면에 과제나 시험이라는 일시적인 외적 상황이 행동을 동기화한 것은 외적 동기(extrinsic motive)라 한다.

(1) 내적 동기

만화책을 읽거나 비디오를 보는 것 그리고 컴퓨터 게임을 하는 행동은 시키지 않아도 자주 쉽게 일어난다. 보상이 주어지지 않아도 학습자가 자주 선택하는 행동은 활동 자체가 즐겁거나 학습자의 관심과 흥미와 관련한 것이다. 음악에 대해 열정을 갖고 있는 사람은 끼니를 굶어 가며 낡은 지하실에서 연습하더라도 음악을 할 수 있는 것만으로도 행복하다고 말한다. 탐험에 대해 열정을 갖고 있는 사람이 미지의 세계에 대한 호기심으로 위험을 무릅쓰고 세계 탐험을 계속한다. 행동을 유발하는 개인의 흥미, 관심, 호기심, 신념, 가치 등은 개인의 내면에서 발생하는 특성으로 내적 동기다. 내적 동기는 개인적 흥미와 관심을 추구하면서 능력을 발휘하고 힘든 일에 도전하여 성취감을 얻으며 일을 완성하려는 경향이 있다. 내적으로 동기화된 사람은 외부에서 요구하거나 보상하지 않아도 일 자체의 즐거움 때문에 행동을 선택하고 수행하면서 성취감과 만족감을 얻는다.

(2) 외적 동기

일 자체에 대한 만족이나 즐거움과 관계없이 일시적인 외적 상황 때문에 일어나는 행동도 많다. 부모의 인정이나 보상, 그리고 시험이나 평가는 학습행동을 유발하고 유지하는 외적 상황이다. 보상, 사회적 지위와 명예 그리고 타인의 요구나 압력과 같은 외적 상황이나 요인이 행동을 일으키는 것을 외적 동기라고 한다. 시험 때문에 공부하고 여름이 다가오면 몸을 만들기 시작하고, 남자 친구 만나는 날에 멋있게 옷을 입고 예쁘게 화장하는 것은 외적 동기의 예다. 외적으로 동기화된 행동은 시험, 계절, 여자 친구와 같이 외적 상황과 요인에 초점이 맞춰져 있기 때문에 이 외적 요인이 사라지면 행동도 함께 사라질 가능성이 많다.

그러나 실제로 행동을 내적 동기 또는 외적 동기로 완전히 구분하기는 어렵다. 대부분의 행동은 내적 동기와 외적 동기의 연속선상에 있으며 부분적으로 동시에 영향을 준다. 부모의 권유로 바이올린을 시작했지만 열정적인 바이올린 연주자로 활동하는 것은 외적 동기(부모의 권유)가 내적 동기(열정, 만족)로 내면화된 것이다.

따라서 모든 행동이나 활동이 내적 동기에 의해서만 시작되는 것은 아니며 행동을 유발한 외적 동기는 내적 동기로 변화할 수 있다. 〈표 13-1〉은 외적 동기와 내적 동기 요인을 비교한 것이다.

〈표 13-1〉 외적 동기와 내적 동기 요인

외적 동기 요인	내적 동기 요인
환경과 사람들 특성	성격 특성
강화	과거 경험
보상	요구, 선호 가치
피드백	목적 지향
상	불안 수준
유인	자아개념과 자아존중감
외부의 기대	기대와 귀인
목표와 기준	자기효능감과 통제의 소재
내적 요인을 자극하는 사건	성공과 실패에 대한 기대
	호기심과 관심
	자기강화

출처: 정순례 외(2020).

(3) 외적 동기와 내적 동기의 차이

학습 활동에서 내적 동기와 외적 동기 모두 중요하지만 내적 동기에 의한 학습 활동은 적극적이며 오래 지속되고 다시 반복될 가능성이 높다. 모든 학습 활동이 내적 동기에 의해서만 일어나는 것이 아니기 때문에 보상과 같은 외적 자극을 통해 학습행동을 동기화하여야 한다. 외적 동기에 의해 학습자가 성공적인 학습 활동을 경험하고 관심과 흥미를 갖게 되면 다음 학습 활동을 내적으로 동기화할 수 있다.

외적 동기는 학습 활동을 동기화하는 데 중요한 역할을 하지만 보상, 인정, 평가와 같은 외적 보상으로 동기화한 학습 활동은 보상이 사라지면 유지하기 어렵다. 또한 반복해서 외적으로 동기화하는 것은 학습자의 내적 관심이나 호기심을 약화할 수 있다. 그렇지만 외적 동기가 언제나 내적 동기를 약화하는 것은 아니다. 가령 훌륭한 업적을 이룬 과학자나 예술성에 대해 수상 경력을 갖고 있는 예술가에게 더 이상 주위의 찬사와 관심이 주어지지 않더라도 연구 활동과 예술 활동에 대한 그들의 열정은 사라지지 않는다. 학습자가 학습 활동에 전혀 흥미를 갖고 있지 않을 때 학습자의 성공적인 성취에 대해 적절한 보상이 주어진다면 학습자의 내적 동기가 증가할 수 있다. 부모의 권유로 야구를 시작했지만 야구가 인생의 가장 중요한 의미가 되어 반복되는 좌절을 극복하며 고된 훈련과 연습을 이겨내기도 한다.

외적 동기 요인은 행동을 동기화하는 기능뿐 아니라 내적 동기를 강화하는 기능도 한다. 가산점을 받기 위해 사이버 강의 자료실에 참여하지만 내용에 흥미를 갖게 되어 적극적인 탐구 활동을 할 수 있다. 학습 활동에 있어서 외적 동기가 중요한 역할을 하지만 학습의 요구, 흥미, 관심, 필요에 의해 동기화한 학습 활동이 외적으로 동기화한 학습행동보다 일반적으로 더 오래 유지된다.

2. 동기이론의 개요

1) 행동주의 동기이론

행동주의 동기이론은 과거에 보상을 받은 행동이 처벌을 받았거나 보상을 받지 못한 행동보다 더 쉽게 반복된다는 원리에 기초한다.

연합학습, 강화, 충동이 동기가 되어 목표 도달을 위한 원동력이 된다. 또한 손다이크(Thorndike)는 자극과 반응이 연합하여 학습이 일어나며, 학습은 점진적으로 일어나고, 결과가 만족스러우면 동기가 형성된다.

스키너(Skinner)의 조작적 조건화는 동기를 특히 강조하는데 강화(정적 강화와 부적 강화)는 행동유발에 효과적이고, 행동은 효과적인 강화를 통해 증가된 반응 행동이다.

신행동주의자는 자극이 반응으로 나타나고 그 반응이 생리적인 욕구를 만족시키면 해당 자극과 반응의 결합은 강해진다. 인간의 행동은 특정 결핍에 의해 발생하는 욕구를 해소하기 위한 충동을 감소시키는 것이다. 이것을 충동-감소이론이라고 한다.

2) 인본주의 동기이론

매슬로(Maslow, 1943)를 비롯해서 인본주의자는 욕구를 충족하기 위해 행동이 동기화된다고 설명한다. 인본주의에 따르면 인간의 욕구는 위계적으로 배열되어 있고 위계적인 욕구를 충족하기 위해 행동이 발생한다. 욕구의 위계에 따라 하위 수준의 욕구가 충족되어야 상위 수준의 새로운 욕구가 발생한다. 즉, 인간의 생득적인 욕구 체계가 행동의 방향과 지속성(강도)을 결정한다.

욕구의 위계에서 하위 수준에 있는 생리적 욕구, 안정에 대한 욕구, 사랑과 소속에 대한 욕구, 존중의 욕구는 반드시 충족하여야 하는 기본적인 욕구다. 생리적 욕구를 충족하면 위험에서 보호를 받고 편안함을 추구하는 안전에 대한 욕구가 발생한다. 안전에 대한 욕구가 충족되며, 존중에 대한 욕구가 발생한다.

욕구의 위계에 제시되어 있는 일곱 가지 욕구는 결핍욕구와 성장욕구로 구분된다. 결핍욕구는 생리적 만족, 안전, 사랑, 존중의 욕구로 신체적·심리적 행복과 안정에 관련되어 있다. 결핍욕구는 반드시 충족하여야 하고 일단 충족하면 이 욕구에 의한 동기는 약해진다. 반면에 성장욕구인 지식의 욕구, 심미적 욕구, 자아실현의 욕구는 결핍욕구와 달리 완전하게 충족하지 못한다. 알고자 하는 지식의 욕구를 충족할수록 여전히 더 많은 지식을 얻고자 하는 욕구가 생긴다. 욕구의 위계 가운데 가장 상위 수준에 있는 자아실현의 욕구는 자신의 잠재력을 실현하고 자기다움을 갖추려는 바람이다. 자아실현의 욕구는 현실에 대한 인식, 자신과 타인에 대한 수용, 문제 중심적, 자발성, 독립과 자립, 창의성, 자유, 유머 등의 특징을 보이며 정신적으로 건강하고 성숙된 상태를 의미한다.

그러나 욕구가 언제나 매슬로의 욕구위계에 따라 일어나는 것은 아니다. 욕구의 중요성은 개인이나 상황에 따라 달라질 수 있다. 자아실현에 대한 욕구가 강한 사람은 생리적 안전에 대한 욕구를 무시할 수 있으며, 물질적 안정에 대한 욕구는 강하게 발생하지만 자아실현에 대한 욕구는 약하거나 발생하지 않을 수도 있다.

3) 인지주의 동기이론

동기를 사건이나 상황에 대한 개인의 해석에 초점을 두고 내적 동기를 강조하는 인지주의의 대표적인 동기이론이 위너(Weiner, 1980, 1985)의 귀인이론, 에드워즈(Edwards, 1954)와 앳킨슨(Atkinson, 1964)의 기대이론, 그리고 데시(Deci, 1985)와 라이언(Ryan, 1985)의 자기결정성이론이다.

(1) 귀인이론(attribution theory)

귀인이론은 행동에 대한 개인의 해석에 따라 행동의 동기화가 달라짐을 설명한다. 귀인은 '원인의 귀착'의 줄임말로 성공 또는 실패의 원인을 설명하는 방식을 말하며, 가능한 행위 원인 중 무엇을 당해 결과에 귀속시켜야 하는지 추론하고 결정하는 과정을 포함한다. 인간은 환경 내에서 일어난 사건의 인과적 구조를 알아내려는 동기를 지니며 인간의 행동은 자극을 지각하는 유기체 내의 매개적 인지 과정을 거쳐 나타난다.

개인은 귀인과정에서 기본적 귀인 오류를 나타낼 수 있다. 이는 관찰자가 다른 이의 행동을 설명할 때 상황 요인의 영향을 과소평가하고 행위자의 내적, 기질적 요인의 영향을 과대평가하는 경향을 말한다. 쉽게 말해 다른 이의 행동의 원인을 그가 처한 상황적 조건보다는 그의 성격이나 능력, 동기, 태도, 신념 등에 돌리는 경향을 말한다. 이 현상은 자신의 행동을 설명할 때는 잘 나타나지 않으며, 서구 사회에서 더 자주 관찰됨이 알려져 있다.

① 귀인의 세 가지 차원

성공이나 실패를 귀인하는 요인은 세 차원으로 분류된다. 첫째, 귀인의 방향 차원으로 성공과 실패의 원인을 어디에서 찾는가 하는 것이다. 즉, 원인의 소재(locos) 차원으로 성공과 실패의 원인을 개인의 내부 또는 외부에 귀인하는 것이다. 내적 귀인은 행위 당사자의 성격, 태도, 능력, 노력 등 개인의 내적 특성(내부)에서 성공과 실패의 원인을 찾는 것이다. 외적 귀인이란 환경, 운, 타인, 압력, 과제의 난이도와 같은 상황적 요인(외부)에 귀인하는 것이다.

둘째, 안정성 차원으로 능력이나 과제의 난이도는 비교적 안정적 요인으로 변하지 않지만 노력이나 운은 변할 수 있는 요인이다. 성공을 예측할 수 없는 '운'에 귀인하면 다음 기회의 성공 가능성을 기대하지 않기 때문에 행동이 동기화되지 않을 수 있다. 또한 낮은 성적의 원인을 쉽게 바뀌지 않는 '능력'에 귀인한다면 마찬가지로 학습행동이 동기화되기 어렵다. 반면에 실패를 변화할 수 있는 '노력'에 귀인하면 실패를 극복하기 위한 행동이 동기화된다.

셋째, 통제 가능성 차원으로 성공과 실패의 원인을 개인이 조절할 수 있는가의 문제다. 성공과 실패의 원인에 대한 가능성은 자신감과 행동의 동기 증진과 관계가 있다. 우수한 학업 결과를 자신의 노력에 귀인하면 미래의 좋은 결과에 대한 기대와 자신감이 생기고 학습행동을 더욱 잘 동기화할 것이다. 그러나 개인이 통제할 수 없는 행운이나 쉬운 난이도에 귀인한다면 우수한 성취에 대한 기대나 자신감도 낮을 것이고 학습행동은 동기화되기 어렵다.

〈표 13-2〉는 귀인의 요인을 귀인의 소재, 안정성, 통제성 차원으로 분류하고 그에 대한 예를 제시한 것이다.

〈표 13-2〉 귀인의 요인

차원 분류			귀인 내용
소재	안정성	통제성	
내적	안정	통제 불능	능력 '나는 능력이 부족해.'
		통제 가능	성격 '게을러서 공부 계획을 실천하지 못 해.'
	불안정	통제 불능	건강 '몸이 약해서 공부하기 힘들어.'
		통제 가능	노력 '시험 준비를 못 했어.'
외적	안정	통제 불능	평가기준 '과제가 너무 많아.'
		통제 가능	교사의 태도 '교사의 편견이 심해.'
	불안정	통제 불능	운 '시험 운이 없었어.'
		통제 가능	교수방법 '단 한 번 설명했어.'

출처: 이경화 외(2011).

② 통제 가능성과 동기화

귀인이론에서 성공과 실패를 어디에 귀인하느냐는 기대와 자신감 그리고 행동의 동기와 관계가 있다.

성공적인 학업 성취를 내적-안정적 요인인 능력이나 내적-불안정 요인인 노력에 귀인한다면 학습행동을 동기화할 가능성이 높다. 반면에 학업의 실패를 내적-안정적 요인인 능력의 부족에 귀인하면 능력은 통제가 어렵기 때문에 학습행동을 동기화하기 어렵다. 한편 학업 실패를 내적-불안정 요인인 노력의 부족에 귀인한다면 노력은 통제 가능하기 때문에 학습행동을 동기화할 가능성이 높다.

또한 학업의 성공과 실패를 상황적 요인에 귀인하면 외적 통제가 안정이든 불안정이든 간에 개인의 통제 범위 밖에 있기 때문에 행동을 동기화할 가능성이 적다. 좋은 성적을 운이나 교사의 배려와 같은 외적 요인에 귀인하는 학생은 열심히 노력하지 않을 것이다. 내용을 정리하면 〈표 13-3〉과 같다.

〈표 13-3〉 성공과 실패의 귀인의 소재와 통제 가능성 여부

귀인 소재/안정성		안정	변화
내적 귀인 (부분 통제)	성공	능력 '나는 똑똑하다.'	노력 '나는 열심히 준비했어.'
	실패	능력 '나는 둔하다.'	노력 '나는 노력이 부족했어.'
외적 귀인 (통제 불능)	성공	문제의 난이도 '문제가 쉬웠어.'	운 '재수가 좋았어.'
	실패	문제의 난이도 '문제가 너무 어려웠어.'	운 '재수가 없었어.'

출처: 이경화 외(2011).

그런데 성공과 실패를 내적 또는 외적 요인의 어느 한 방향으로만 귀인할 수 있는 것은 아니다. 귀인에서 중요한 문제는 지나치게 확대하여 어느 한 요인에 귀인하는 귀인 편향의 경향이다. 성공이나 실패의 원인을 설명할 때 상황의 영향을 과소평가하고 개인의 내적 특성의 영향을 과대평가하는 경향이 있다.

③ 귀인에 영향을 주는 요인

귀인에 영향을 주는 요인은 첫째, 과거의 성공과 실패에 대한 경험이다. 성공과 실패를 어디에 귀인하느냐는 이전 경험의 영향을 받는다.

둘째, 강화와 처벌이다. 성공에 대해 보상을 받고 실패에 대해 처벌을 받지 않았을 때 일반적으로 개인은 내적이며 통제 가능한 요인에 귀인하는 경향이 있다. 성공에 대해 격려와 보상을 주고 실패에 대해 지나친 질책을 하지 않음으로써 자신의 실패에 대한 책임을 갖도록 해야 한다.

셋째, 부모는 교사의 기대다. 학업 성취에 대한 부모와 교사의 긍정적 기대는 노력과 같은 통제 가능한 내적 요인에 주의를 돌리게 함으로써 행동의 동기를 높인다.

넷째, 성공과 실패에 대한 언어적 설득이나 해석은 귀인 양식에 영향을 준다. 학업 성취에 대한 교사나 부모의 언어적 표현에 따라 학생의 귀인 양식이 달라진

다. 언어적 설득에서 중요한 것은 성공과 실패의 원인을 다룰 때 적절하고 낙관적인 기대를 할 수 있도록 귀인하는 것이다.

④ 귀인이론의 교육적 시사점

학습자가 학업 결과에 대한 원인을 어떻게 지각하느냐에 따라서 후속적인 성취지향적 행동의 여부와 학습동기의 증감이 결정된다. 자신의 학업 결과의 성공을 능력이나 노력으로 귀인하고, 실패의 원인을 노력의 부족으로 돌리는 학생은 실패해도 포기하지 않고 계속 노력하게 될 것이다. 반면에 성공의 결과를 운으로 귀인하고, 실패에 대해서 능력 부족으로 귀인하는 학습자들은 학습된 무기력에 빠지게 될 수 있다.

이와 같이 귀인 성향과 학업 성취가 관계가 있다면 교사들은 학생들로 하여금 자신의 행동에 관해 사고하는 방식을 변화시킴으로써 학업 성취를 증가시킬 수 있는 방법을 모색해야 한다. 경쟁적 학습 상황보다 개별화 수업 혹은 협동적 학습 상황에서의 학습이 유용하다.

(2) 기대이론(expectancy theory)

에드워즈와 앳킨슨은 성공 가능성에 대한 지각(perceived probability of success)과 성공의 유인적 가치(incentive value of success)가 상호작용하여 행동을 동기화한다고 설명하였다. 따라서 동기의 공식은 '동기(m) = 성공 가능성에 대한 지각(ps) × 성공의 유인적 가치(Is)'로 표시된다.

이 공식은 동기가 보상에 대한 기대에 의존하기 때문에 기대 모형 또는 기댓값 모형이라고 한다. 사람들은 자신의 행동이 어떤 결과를 초래할지를 예측하며 기대한다. 그래서 어떤 것을 성취하고자 하는 동기는 성공할 가능성에 대한 지각(ps)과 성공 결과에 대한 가치(Is)에 의존한다. 기대이론에서 또 한 가지 중요한 것은 성공 가능성이 지나치게 높으면 오히려 동기가 약해진다는 것이다.

너무 쉬운 과제나 어려운 과제는 학습자의 학습행동을 동기화하기 어렵다. 그렇다고 절반의 학습자가 성공하고 절반의 학습자는 실패하는 수준의 과제를 제시해야 한다는 것은 아니다. 중요한 것은 쉽게 성공에 도달할 수 있는 과제가 학습 행동을 동기화하는 것이 아니라 노력을 통해 성공적인 성취를 할 수 있는 과제가 효과적으로 학습동기를 유발할 수 있다는 것이다.

(3) 자기결정성이론

1970년대 내적 동기와 외적 동기의 관계에 대한 연구 결과는 대부분 내적 동기로 행해진 행동에 대해 보상과 같은 외적 동기 요인이 주어지면 그 행동에 대한 내적 동기는 감소한다는 주장을 했다.

그러나 1980년대 이후 내적 동기와 외적 동기의 관계에 대해 새로운 시각의 연구와 주장이 제기되었다. 외적 동기가 외적으로 통제되는 것으로 지각되거나 정보적인 것으로 지각될 수 있다는 관점에 근거하여, 한 개인의 내적 동기가 높으면 외적 동기가 낮아지는 것이 아니라 외적 동기 역시 높일 수 있는 부가관계에 있다고 주장하여 기존의 내적 동기와 외적 동기의 관계에 대한 논쟁을 새롭게 부각하였다. 이러한 두 진영의 해결되지 않은 논쟁에 대한 대안으로 데시(Deci)와 라이언(Ryan)은 내재적 동기이론을 학습자의 자율성이라는 자기도식(self-schema) 개념을 구심점으로 하여 자기결정성이론(self-determination theory:SDT)으로 발전시켰다. 그들은 외재적 동기와 내재적 동기의 관계가 단순히 대립적이고 경계가 분명히 구분되는 것이 아니라 자율성 혹은 자기결정성에 따라 연속선상에 위치하며 외재적 동기의 개입이 있어도 자기결정성을 가질 수 있다고 주장한다. 이는 외재적 동기가 개인이 지각하는 상대적인 자율성 정도에 따라 다양하게 존재한다는 것이다. 동기 간의 관계도 단순히 대립적이라기보다는 서로 상호작용하면서 공존한다고 본다.

자기결정성이론에서는 동기를 촉진하거나 저해하는 환경에 초점을 맞추고 있다. 개인은 알맞은 사회 환경적 조건에 처해 있을 때 내적 동기가 촉발되고, 자율성, 유능성, 관계성의 세 가지 기본 욕구가 만족될 때 내적 동기가 증진된다고 본다.

① 자율성(autonomy)

내가 어떤 결정을 할 때, 다른 사람의 지시로 인해 하는 것이 아니라, 선택해서 하는 것을 말한다.

② 유능성(competence)

과업의 수행에서 본인이 유능함을 지각하고 싶어 하는 욕구로서 개인 혼자서는 획득하기 어렵고, 타인과의 상호작용 기회가 주어질 때 충족된다. 그래서 유능성 욕구의 충족에는 타인과의 상호작용, 특히 긍정적 피드백이 반드시 필요하다.

③ 관계성(relatedness)

관계성은 그 일을 하는데 누구와 같이 하는지가 중요하다. 관계성 욕구는 타인으로부터 무엇을 얻거나 사회적 지위를 획득하기 위한 것이 아니라 관계 그 자체에서 오는 안정성을 자각하고자 하는 욕구이다.

4) 자기효능감(self-efficacy)이론

반두라(Bandura)는 행동의 결과에 대한 예측이나 기대가 동기의 중요한 요인이 된다고 설명한다. 행동의 결과에 대한 예측이나 기대는 자신의 능력에 대한 신념의 영향을 받는데, 자신의 능력에 대한 개인의 신념이 바로 자기효능감이다.

(1) 자기효능감

자기효능감이란 어떤 행동을 성취하거나 목표에 도달할 수 있다는 자신의 능력에 대한 개인의 신념이다. 관찰학습이론에서 학습자는 효능감이 높은 행동은 쉽게 모방하지만 효능감이 낮은 행동은 모방하지 않으려고 한다. 따라서 효능감은 개인의 행동을 유발하는 중요한 동기 요인이다.

(2) 자기효능감과 행동

학습자는 일반적으로 자신이 성공적으로 잘할 수 있다고 믿는 행동을 선택하고 시도하는 경향이 있다.

자기효능 수준은 활동의 선택, 노력, 성취 수준에 영향을 주는데, 구체적인 내용은 다음과 같다.

첫째, 자기효능감이 활동의 선택에 영향을 주는데 일반적으로 사람들은 효능감이 높은 행동을 선택하며 효능감이 낮은 행동을 회피한다.

둘째, 과제에 대한 노력과 지속은 자기효능 수준에 의해 영향을 받는다.

셋째, 자기효능 수준은 새로운 행동에 대한 학습과 성취에 영향을 준다. 같은 능력을 갖고 있더라도 자기효능 수준에 따라 학습행동과 성취 수준이 달라진다.

(3) 자기효능감 발달에 영향을 주는 요인

자기효능감은 개인의 경험에 의해 발달된다. 높은 효능감은 과거의 성공에 의해 발달되고 이것은 다시 미래의 성취에 영향을 주는 순환적인 관계에 있다. 자기효능감의 발달에 영향을 주는 요인으로 성공과 실패의 경험이다. 학습자는 성공적인 과제수행을 경험한 과제에 대해 자신감과 높은 효능을 갖는다. 그러나 실패의 경험을 통해 낮은 효능을 갖게 되면, 이처럼 학습에서의 성공적인 경험과 실패적인 경험은 학습자의 자기효능감에 많은 영향을 준다.

3. 동기설계

교수설계 과정에서 학습동기를 유지하고 유발 할 수 있는 교수-학습과정을 설계하고 활용하기 위해서는 분석, 설계, 개발, 시험평가의 4단계의 과정을 따른다. 분석 단계에서는 교수 설계를 위하여 필요한 제반 사항을 수집하고 검토하는 일을 수행하고, 학습 내용에 대한 분석, 학습자에 대한 분석, 학습자의 동기 수준 분석, 이미 개발된 교재 분석 등이 반드시 수행되어야 한다. 설계 단계에서는 분석

단계의 결과를 토대로 동기 목표를 설정하고 동기 목표 달성에 필요한 예비 전략을 나열하고 실제적인 동기 전략을 선택하여 다른 교수 전략들과 통합하여 주어진 수업에 대한 설계를 마무리 한다. 개발 단계에서는 이전 단계의 산출물인 설계안을 토대로 기존에 개발된 교재를 선택하거나 새로운 교재를 개발한다. 시험평가 단계에서는 선택하고 개발된 교재들을 시험평가하고 형성평가를 실시하여 그 결과에 따라 수정하는 과정을 거친다.

1) 동기유발

켈러(Keller, 1987)는 학습자의 동기를 유발하는 과제를 계열적 과정으로 보는 것 같다. 우리는 먼저 학습자의 주의를 포착해야 하고, 다른 어떤 일이 일어나기 전에 학습자를 학습 활동에 몰두시켜야 한다(A). 그러나 일단 학습 활동에 들어가면 학습자는 "내가 왜 이것을 배워야 하나?" 하는 아주 일상적인 질문을 하는 것 같다. 수업이 가장 적합한 방법으로 진행될 수 있기 전에 학생은 그 수업이 자신의 개인적 목표와 구체적 욕구와 관련된다고 믿어야 한다(R). 학습 과제에서 개인적 관련성을 발견한 주의 깊은 학습자에게도 동기는 여전히 시들해져 버릴 수 있다. 어떤 학생은 자신의 효과적 학습을 방해하는 주제에 대해서 두려움을 가질 수 있다. 이것이 자신감의 문제이다(C). 또 다른 학생들은 그들의 최대한 노력에도 불구하고, 수업의 속도와 방법이 변화되지 않으면 그들의 주의가 산만해짐을 느낄 수 있다.

(1) 주의집중(Attention)

학생들을 가르치는 수업 상황에서 학습자의 주의집중은 학습 내용을 효과적, 효율적으로 달성하는 데 있어 매우 중요한 관건이 된다. 아무리 좋은 수업을 설계하더라도 학습자가 관심을 갖지 않는다면 학습 효과는 없을 것이다. 또 학습자가 관심을 가지고 학습에 참여하려고 해도 단조로운 수업이 진행되거나 수업 구성이 산만하면 학습자의 주의는 떨어질 것이다. 교사는 학습자의 관심을 집중시켜 유지시키고 지속적으로 관심과 흥미를 유발해야 할 것이다.

켈러가 제시하는 주의집중 방법에는 단순한 이벤트나 구체적 예시 등을 통한 지각적 각성과 지적 갈등을 유발하거나 해결법이 다양한 문제를 제시하는 등의 탐구적 각성이 있다. 또한 이렇게 유발된 주의집중은 지속이 중요한데 이를 위해 주의집중 방법의 변화가 필요하다.

지각적 각성은 기대되지 않았던 소리나 몸짓, 시각적인 자료 등으로 학습자의 감각을 자극하는 것이다. 지각적 각성의 경우 주의집중 효과는 짧으며 잦은 사용은 오히려 수업을 산만하게 만들 수 있다.

탐구적 각성은 학습자의 지적 호기심을 자극하는 방법으로 호기심을 일으키는 질문, 학습자들의 기존 관념을 깨트리는 의견 및 원리 제시가 여기에 해당한다. 지각적 각성에 비해 주의집중 효과는 오랫동안 지속될 수 있으며, 더 깊게 집중할 수 있게 해 준다. 탐구적 각성은 지각적 각성보다 유발하기 더 어려우므로 치밀한 계획 및 설계가 필요하다.

변화성은 주의집중을 위한 여러 각성 방법이 동일하게 지속되기보다는 다양한 방법, 예컨대 글자 크기의 변화나 정보 배치 공간의 변화 등을 통해 중요 내용을 강조하거나 느슨해진 주의집중을 다시 끌어올리는 것이다.

주의집중의 하위 영역 특성은 〈표 13-4〉와 같다.

〈표 13-4〉 주의집중의 하위 영역 특성

주의집중 (A)	지각적 각성(A1)	신기하고 예기치 못한 수업 방법을 활용함으로써 학생의 주의 포착
	탐구적 각성(A2)	미스터리를 유발하는 문제의 제시로 지속적으로 호기심 자극
	변화성(A3)	수업 방법을 다양화함으로써 학습자의 주의 유지

출처: 양용칠(2014).

(2) 관련성(Relevance)

학생들은 그들이 바라는 행동을 선택하고 그러한 행동의 성취를 위해 가치 있는 학습 활동을 지속적으로 선택한다. 학습자가 가치 있다고 인식한 욕구는 그가 선택하는 미래의 행동과 관련이 깊다. 따라서 동기는 목적 지향적 행동을 선택한다. 그리고 목적에는 바람직한 것과 바람직하지 않은 많은 유형들이 존재한다.

켈러는 이에 기초하여 학습자와 학습 내용과의 관련성을 강조하고, 이를 높이는 방법으로 학습자의 목표에 부합되는 내용을 제공하는 목적 지향성, 학습자의 학습 양식과 개인적 흥미를 충족시켜주는 모티브 일치, 학습자에게 친밀한 내용으로 구성되는 친밀성을 제시하였다.

목적 지향성은 원하는 대학의 진학이나 부모나 교사로부터의 칭찬과 관심, 일상생활에서의 활용 등 학습자가 가지는 목표 달성에 적합한 내용으로 수업을 구성하는 방법이다. 목적 지향성은 학습자의 목적에 수업 내용이 약하게 관련될 경우 효과가 떨어지게 되며, 내적 동기유발에는 취약하다는 문제점을 가진다.

모티브 일치는 학습자 개인의 능력을 인정받거나 존중받는 상황을 만들어 주고, 교사가 학습자를 잘 이해하고 온화한 대화를 하며, 열정적으로 수업을 진행함으로써 학습자들의 인생에 있어서 모델이 되는 것 등의 방법으로 학습자 내면으로부터 동기를 유발시킨다.

친밀성은 인지적 스트레스를 줄이기 위해 학습자와 관련이 있거나 익숙한 것으로 학습 내용을 구성하는 전략이다. 친밀성과 탐구적 각성이라는 반대적인 전략을 수용하기 위해서는 익숙한 것에 바탕을 두고, 새롭게 낯선 것에 대한 호기심을 자극하는 내용으로 수업을 구성한다.

관련성의 하위 영역 특성은 〈표 13-5〉와 같다.

〈표 13-5〉 관련성의 하위 영역 특성

관련성 (R)	목적 지향성(R1)	수업이 개인적 목표와 어떻게 관련되는지를 말해 줌으로써 유용성의 지각을 높임
	모티브 일치(R2)	최적의 선택, 책임감, 영향을 언제 어떻게 제공할 수 있을까?
	친밀성(R3)	학습자의 선행 경험에 의거하여 친숙성을 높임

출처: 양용칠(2014).

(3) 자신감(Confidence)

학습자들의 자신감을 유발시키고 유지하도록 하기 위해 학습자들이 불안으로부터 벗어날 수 있도록 학습 상황을 만드는 일이다. 실패에서 오는 불안은 교수가 깨닫는 것보다 한층 학습자의 입장에서 큰 부분을 차지할 수 있다. 개인에 따라 불안상황은 약할 수도 있고 강할 수도 있다. 이러한 상황에서 교사는 어떻게 하면 학습자들에게 보다 높은 자신감을 가질 수 있도록 하는가가 관건이다.

이에 켈러는 자신감을 높이기 위한 전략으로 학습 요건, 성공 기회, 개인적 통제를 하위 범주로 삼고 있다.

학습 요건은 학습을 통해 어떤 것을 이루어야 하며, 학습 평가는 어떤 방식으로 진행될 것인지에 대한 사전 정보를 주는 것에서 시작한다. 만약 이에 대해 아무런 정보를 주지 않는다면 학습자들은 불안감을 가지며, 학습에 대해 부담을 느낄 것이다.

성공 기회는 학습과정과 수행의 조건에서 의미 있는 성공의 경험을 할 수 있도록 적절한 수준에서 도전의 기회를 제공해 주는 전략이다. 이때 도전의 기회는 쉬운 내용에서 어려운 내용으로 수업을 조직하고, 학습의 필요조건과 선수지식, 기술을 부합시켜 적절한 수준의 난이도를 유지하고, 다양한 수준의 출발점을 제공하며, 시간, 자극의 속도, 상황의 복합성의 변화를 통해 다양한 수준의 난이도를 제공할 필요성이 있다.

개인적 통제는 성공에 대한 개인의 노력이나 능력을 지원해 줄 수 있는 피드백과 조절의 기회를 제공하는 전략이다. 즉, 학습 상황에서 학습자가 학습자의 개인적 노력 때문에 성공했다는 것에 대해 피드백을 주어야 한다.

이러한 요소들의 적절한 조화는 학습자들에게 스스로 자신감을 갖게 만들어 줄 뿐 아니라 자신감을 향상시켜 주며, 앞으로의 학습에서 성공 확률을 높여 준다.

자신감의 하위 영역 특성은 〈표 13-6〉과 같다.

〈표 13-6〉 자신감의 하위 영역 특성

자신감 심기 (C)	학습 요건(C1)	수업목표를 분명히 함으로써 성공에 대한 적극적 기대의 형성
	성공 기회(C2)	학습자에게 도전적 목표를 성공적으로 달성할 기회 제공
	개인적 통제(C3)	학습자에게 자신의 학습에 대한 통제를 합리적 수준에서 이양

출처: 양용칠(2014).

(4) 만족감(Satisfaction)

ARCS 동기 모델에서 만족감이 강조되는 이유는 학습자의 노력의 결과가 그들의 기대와 일치하고 학습자가 그 결과에 대하여 만족한다면 학습동기는 계속 유지될 것이며, 이는 학습자의 학업 수행에도 영향을 미치게 될 것이기 때문이다.

켈러는 만족감에 영향을 미치는 요소를 크게 학습의 내적 결과와 외적 결과로 구분하였다. 내적 결과에는 학습자의 학업 수행 및 그 결과에 대한 인지적 평가와 기타 내적 보상이 포함되며, 외적 결과에는 강화와 피드백이 포함된다. 만족감 증대를 위한 구체적 전략은 내재적 강화, 외재적 보상, 공정성 강조 전략 등이 있다.

내재적 강화는 학습자의 내적 동기를 유지시키기 위해 학습자가 새로 습득한 지식이나 기술을 실제 또는 모의 상황에 적용해 보도록 하는 기회를 제공하는 것을 말한다.

외재적 보상은 학습자가 배운 지식이나 기술을 배우는 단계에서 학습자의 반응 후에 긍정적 피드백이나 보상을 주고, 학습자가 배운 지식이나 기술을 적용해 보는 연습 단계에서는 적절한 강화를 사용하는 방법, 옳은 반응 뒤에는 긍정적인 외부 보상을 하고 틀린 반응 뒤에는 보상을 제공하지 않으며, 보상이 실제 수업 상황보다 더 흥미롭지 않도록 외적 보상을 사려 깊게 사용하는 방법 등이 있다.

공정성은 학습자의 학업 성취에 대한 기준과 결과가 일관성 있게 유지되어야 한다는 것으로 학습자의 학업 수행에 대한 판단을 공정하게 함과 동시에 성공에 대한 보상이나 기타의 강화가 기대한 대가로 주어져야 함을 암시한다. 학습자가 자신의 성과에 대해 보상을 받을 때 자신보다 성취가 낮은 학습자에게도 동일한 보상이 이루어질 경우 이는 만족감을 크게 떨어지게 한다.

만족감의 하위 영역 특성은 〈표 13-7〉과 같다.

〈표 13-7〉 만족감의 하위 영역 특성

만족감 (S)	내재적 강화(S1)	새로 습득된 기능을 활용할 기회를 학습자에게 제공하여 자연적 결과의 창출
	외재적 보상(S2)	자연적 결과를 얻지 못할 때 언어적 칭찬, 상품 또는 표창과 같은 긍정적 결과의 활용
	공정성(S3)	기준을 일관성 있게 유지하고 결과와 기대를 일치시킴으로써 공정성의 보장

출처: 양용칠(2014).

(5) 호기심(curiosity)

호기심은 강력한 동기의 원천으로써 언급되었지만 이것은 쉽게 사라질 수 있다. 자극 변화로 유발된 호기심을 이용하기 위해서 신기하거나 예상치 못할 수업방법, 또는 개인적 경험과 유머를 활용함으로써 학생의 흥미를 자극할 수 있다.

호기심을 보다 지속적으로 자극하기 위해서 교사는 신비스런 감정을 고취하고 문제 해결에 학생을 참여시키는 기법을 이용해야 한다. 사람은 강의, 영화, 시범, 또는 오디오의 주제에 아무리 흥미가 있어도 계속해서 똑같은 흥미는 식어 가기 마련이다. 인쇄 교재도 크기, 글자, 그림이나 다이어그램 등을 다양하게 할 수 있다. 사운드 트랙도 두 명 이상의 해설자가 참여하고, 형식에도 다양성을 가미함으로써 흥미를 고조시킬 수 있다.

2) 동기과정

(1) 관련성 높이기

수업은 학습자에게 자신의 목표를 성취하는 데 도움을 주어야 한다. 교사는 수업 목표와 함께 그 수업의 유용성도 말해 줌으로써, 즉 학습자에게 자신의 목표와 그 수업의 유용성을 규정하도록 도와줌으로써 이러한 것을 인정하는 데 도움을 줄 수 있어야 한다.

교사가 수업에서 직면하는 특별한 도전은 위장 훈련 시나리오에서 기술된 것과 같은 상황에서 일어난다. 그 시나리오에서 학생들은 그 수업의 목표와 요구된 내용에서 자신과의 관련성을 발견하지 못하였다면, 때로는 이러한 학생들에게 동기를 유발시키는 것은 결과적으로 설득에 해당한다.

관련성의 구성 요소로서 친숙성을 들고 있다. 켈러는 "사람은 이미 알고 있거나 평소에 관심이 많은 것을 더 즐긴다."라고 말한다. 그러므로 가능한 한 교사는 구체적 예와 비유를 제시하여 수업을 학습자의 경험과 관련지어야 한다. 학습 내용이 친숙할수록 학습자에게 관계있는 것으로 지각될 가능성이 더 높아진다. 이 제안 자체가 친숙하게 보여야 하며, 새로운 것을 학습하는 데 친숙하고 유의미한 맥락의 중요성을 특히 강조한다. 따라서 학습에서 맥락의 촉진 효과는 인지적 및 정의적(동기적) 구성 요소에 모두 있는 것 같다.

(2) 자신감 심기

켈러는 자신감 심기를 위해 세 가지 전략을 제안하였다. 첫째, 교사는 학생들이 기대하는 것을 분명하게 하여 줌으로써 성공에 대한 긍정적 기대를 할 수 있다. 학생은 너무 자세한 수행 요건과 평가 준거로 인해서 의욕을 잃을 수 있기 때문에 이들 요건이나 준거를 점차적으로 조금씩 제시하거나 그것을 이해할 수 있을 때 기대하는 바를 학생들에게 알려 줄 것을 제안한다. 이외에도 학생들에게 겉으로 보기에 복잡하고 도달 불가능한 목표를 하위 목표와 작은 단계로 나누어서 학생들이 대처할 수 있는 방법을 보여 줄 필요도 있다.

자기효능이론에서 학생은 도전적 과제에서 실제로 성공을 경험할 때 자신의 능력에 대해서 자신감을 얻는다. 그러므로 자신감을 심어 주는 두 번째 전략은 학생에게 성공 기회를 마련해 주는 것이다. 그렇다고 학생에게 실패를 전혀 경험하지 않도록 해야 한다는 뜻은 아니다. 오히려 이와 반대로 ① 도전적 과제와 학습자의 능력 간에 조화를 이루고, ② 학습자의 수행이 자기주도적이고, ③ 학습자가 실패를 적합한 학습 전략을 제대로 활용하지 못한 탓으로 돌리는 경우에 실패 경험은 건설적일 수 있다.

학습자는 자기 스스로의 힘으로 도달할 수 없는 과제를 수행하는 데 충분한 도움을 받을 때도 자신감을 얻는 것 같다.

마지막으로 학습은 학습자 자신의 노력과 효과적인 학습 전략의 직접적 결과라는 사실을 학습자가 인정하도록 도와줌으로써 자신감을 구축할 수 있다. 학습자가 과제 지향성을 유지하고, 적절한 귀인을 자극할 수 있도록 학습자에게 자세하고 분명한 피드백을 제공해야 한다는 점을 중요하게 지적하였다.

(3) 만족감 생성

켈러는 학습의 만족감을 생성하기 위한 전략의 세 가지 범주를 다시 제안하였다. 그것은 자연적 결과(natural consequences), 긍정적 결과(positive consequences), 공정성(equity)이다.

유의미한 방법으로 새롭게 습득한 기능이나 지식을 활용할 기회를 제공하는 것은 학습의 자연적 결과를 고려하는 것이다.

모든 지식이나 기능이 바로 적용되기에 적합한 것은 아니다. 단편적 지식이나 부족적 기능은 오랜 기간에 걸쳐서 축적되어야 활용될 수도 있다. 한편, 어떤 학생들은 특성 과목에 흥미를 느끼지 못하면서도 외적 요건을 충족시키기 위해서 수강할 수도 있다. 이러한 상황에서 언어적 칭찬, 유인물, 또는 상품이나 상장과 같은 긍정적인 결과의 활용은 만족감을 생성하는 데 효과적일 수 있다. 켈러는 마지막으로 "사람은 보상을 절대적인 것으로 생각하지 않는다."는 점을 중요하게 언급하였다. 오히려 그들은 학습 경험을 하면서 자신과 다른 사람을 비교하는 경향이 있다. 다른 사람이 더 잘 수행하거나 대등한 수행을 한 것을 알면 특정한 성취에 대한 만족감이 줄어들 수 있다. 또한 공정성을 유지하는 방법은 학습을 시작할 때 설정한 기대와 학습 결과가 일치하는지를 확인하고, 과제 성취의 기준과 결과를 일관성 있게 유지하는 것이다. 어떤 과목이나 훈련 과정 전체를 통해서 기준을 일관성 있게 유지하는 것은 학습자들이 공정하고 정당하게 대우받고 있다는 것을 느끼도록 하는 데 필수이다.

14장 심리동기

1. Freud의 정신분석

1) Freud의 생애(1856~1939)

프로이트(Freud)는 모라비아(현재 체코슬러바키아)의 프레이베르그(Freiberg)에서 태어났다. 프로이트가 4살 때인 1860년에 모라비아에서 비엔나(Vienna)로 이주하였으며, 프로이트는 비엔나에서 삶의 대부분을 보냈다. 프로이트는 어려서부터 뛰어난 재능을 보였으며, 어머니로부터 많은 격려를 받았다. 그는 17살에 독일 중등교육기관인 김나지움(Gymnasium)을 우수한 성적으로 졸업한 후 의학 및 과학적 연구를 위해 비엔나 대학에 입학하였으며, 의학 외 생물학, 생리학, 교육 등에 대한 다양한 관심으로 인해 대학에서 8년을 보내게 되었다. 1881년 의사자격시험을 치르고 임상신경학자로서 개업을 하였다. 1897년 자기분석에 착수하였으며, 자신의 신경증 문제를 불안 신경증으로 진단하였다. 그리고 이러한 문제가 성적 긴장의 누적에 의해 기인하다고 주장하였다. 프로이트가 사용한 자기분석의 방법은 '꿈 분석(dream analysis)'이었다. 꿈 분석은 약 2년 동안 계속되었으며 그러한 결과가 누적되어 그의 주요 저서인 『꿈의 해석(*Dream Psychology*)』이 1900년에 발표되었다.

프로이트는 1902년까지 정신분석의 이론과 실제를 향상시키는 데 관심을 기울였으며, 이 무렵에 아들러(Adler)를 포함한 소집단이 프로이트 집에서 열린 주말

토의집단에 참여하였다. 신경증의 문제에 대한 이러한 초기 논의는 심층심리학의 네 주역이라 할 수 있는 프로이트, 아들러, 랭크, 융의 다른 이론적 신념과 응용 기법의 발달에 중요하게 기여하였다.

아들러(Adler), 융(Jung), 랭크(Rank)가 자신의 이론과 스타일을 발달시킴으로써, 초기 정신분석 집단은 갈등과 반목으로 붕괴되었다. 아들러는 1911년, 융은 1914년에 정신분석 집단에서 이탈하였다. 1919~1939년까지 프로이트의 명성은 최고조에 달했다. 1920년대에 프로이트는 인간의 동기에 근거한 성격이론과 체계를 발달시켰으며, 이 이론은 장애를 가진 사람들의 치료 기법 이상으로 확장되었다.

그는 정신분석을 통해 저항(resistance)을 자신의 고통에 직면하지 않으려는 보호 형태이며, 억압(repression)을 의식적 자각에서 그러한 고통을 제거하는 방식이란 것을 확인하였다. 억압은 정신분석의 근본적 원리가 되었다. 그래서 억압된 자료는 장기간의 정신분석에서 사용되는 기법인 꿈 분석과 자유 연상을 통해 밝혀지게 된다. 정신분석에서 효과적인 치료 작업은 환자와 치료자의 인간적 관계 혹은 전이(transference)에 따라 결정된다. 그는 환자가 치료자에 대해 갖는 정서적 태도인 전이가 신경증 치료를 위해 필수적이라고 믿었다.

2) 주요 개념

(1) 자각의 수준

정신분석의 핵심은 사람들이 억압하여 무의식에 숨겨 버린 내용을 이해하는 것이다. 프로이트는 지형학적 모델을 통해 자각의 수준을 구분하였다. 그가 제안한 자각의 세 수준은 의식(conscious), 전의식(preconscious), 무의식(unconscious)이다.

① 의식

개인이 현재 자각하고 있는 생각을 포함한다. 의식의 내용은 새로운 생각이 정신에 들어오고, 오래된 생각은 정신에서 물러나면서 계속적으로 변한다.

② 전의식

의식과 무의식의 중간에 있는 자각으로써 꽤 용이하게 의식으로 가져와질 수 있는 정신의 부분이다.

③ 무의식

프로이트가 가장 중요하게 생각했던 자각의 수준이다. 정신의 가장 깊은 수준에서 작동되는 것으로 우리가 자각하지 못하는 경험과 기억으로 구성된다. 또한 정신분석의 초점이 되는 부분이다.

(2) 본능이론

성격의 주요한 추진력을 추동(drive) 혹은 충동(impulse)으로 보는 본능이론이다. 본능은 성격의 기본적 요소이며, 행동을 추진하고 방향 짓는 동기이다. 그는 본능을 에너지의 형태로 보았으며 이러한 에너지가 신체적 욕구와 정신의 소망으로 연결된다고 보았다.

① 삶 본능

인간의 생존을 위해 식욕, 성욕 등과 같은 생물학적인 욕구를 충족시키는 데 기여하며 성장과 발달 지향적이다. 그는 삶 본능에 의해 나타난 정신에너지를 리비도(libido)라고 하였다. 어떤 한 가지 대상이나 사람에 집중되어 나타나는 것을 '리비도의 집중'이라고 한다.

② 죽음 본능

삶 본능과 상반된 개념으로 죽음 본능이 있다고 가정하였다. 사람들이 죽는 것에 대한 무의식적인 소망을 가지고 있다고 보았다. 이러한 죽음 본능의 주요한 구성 요소가 공격성이다. 그래서 개인의 죽음 본능은 공격성으로 표출되어 자신이 아닌 타인이나 대상을 죽이고자 하는 소망으로 파괴하고 정복하고 죽이도록 하는 추동이다.

(3) 구조이론

성격은 세 가지 구조적 구성 요소인 원초아(id), 자아(ego), 초자아(superego)에 의해 작동한다고 보았다. 이 구성 요소는 각각 독특한 속성을 가지면서 상호 간에 영향을 주며 기본적으로 만족 혹은 쾌락을 추구한다.

① 원초아

모든 본능의 저장 장소이며 인간 성격의 생물학적 구성 요소이다. 그래서 원초아는 본능적으로 충동적으로 작동한다. 3중뇌 이론에 따르면 '파충류의 뇌'에 해당하는 뇌간과 소뇌의 영역이다. 따라서 원초아는 주변 환경을 고려하지 않고 개인의 쾌락, 욕구, 충동을 쫓도록 만든다.

② 자아

인간 성격의 심리적 구성 요소로서 '현실 원리'에 따르는 자아는 원초아의 본능적 욕구를 억압시키고 일시적으로 지연시키거나 또는 현실적으로 가능한 간접적인 방법들을 선택한다. 현실적인 자아와 쾌락을 지향하는 원초아 간에 갈등이 발생하면 심리적으로 긴장 상태가 된다. 긴장 상황을 해결하기 위해 자아는 일시적이지만 심리적으로 보호하는 방어기제들을 무의식적으로 사용한다.

③ 초자아

인간 성격의 사회적 구성 요소로서 추구해야 할 도덕적 '선'과 하지 말아야 할 도덕적 '악'의 기준이 형성되고, 이것은 곧 초자아의 하위 체계인 '이상적 자아'와 '양심'으로 발달한다. 이상적 자아는 도덕적 선을 추구하며 자부심과 자존감을 느끼게 하고 '양심'은 금지된 '악'의 기준에 따랐을 때 죄책감을 느끼게 한다. 초자아의 이상적 자아와 양심은 부모의 도덕적 기준뿐만 아니라 사회-문화적 규범, 규제들을 내면화하면서 발달한다.

④ 오이디푸스 콤플렉스와 엘렉트라 콤플렉스

성기기에 남자아이는 오이디푸스 콤플렉스(Oedipus complex)를 여자아이는 엘렉트라 콤플렉스(Electra complex)를 겪는다. 초자아는 아이들이 자신과 같은 성의 부모와 동일시, 즉 사회적 실체를 받아들임으로써 사회화를 통해 콤플렉스를 해결하면서 발달한다고 본다. 대체로 5~6세 정도가 되면 부모의 규칙과 훈계에 의해 성격의 도덕적 측면을 형성하고 콤플렉스를 해결하면서 성격의 사회적 구성 요소인 초자아를 발달시키게 된다.

(4) 불안

원인에 대한 명확한 대상이 없어 두려움을 느끼는 것을 불안으로 보았으며, 유형을 현실 불안, 신경증 불안, 도덕 불안 등 세 가지로 나누었다.

① 현실 불안

자아가 경험하는 불안으로 현실적인 성격 구조이며, 현실 원리를 따르는 자아는 현실적으로 경험할 수 있는 세상의 위협에 대한 불안을 경험한다.

② 신경증 불안

자아와 원초아 사이에서 갈등, 즉 본능적인 부분과 현실 상황에서 발생하는 불안을 의미한다.

③ 도덕 불안

원초아와 초자아 사이의 갈등에서 나오는 불안으로 스스로 양심에 대한 두려움이다.

(5) 방어기제

모든 행동이 본능에 의해 동기화되는 것처럼 불안을 피하려고 한다는 점에서 방어적이라고 보았다. 인간은 갈등에서 비롯된 불안으로부터 자신을 보호하기 위해 다양한 방어기제를 사용한다. 방어기제가 작동되는 구체적 내용은 서로 다르지만 공통적인 두 가지 특성을 가진다. 첫째는 현실의 부정 혹은 왜곡이고, 둘째는 무의식적으로 작동된다는 점이다.

① 억압과 억제

억압을 일차적 자아방어로 간주했는데, 불안을 가장 직접적인 방법으로 회피하기 때문이다. 억압은 무의식적으로 억눌러 버리는 것으로 의식하기에는 너무나 고통스럽고 충격적인 사건들을 말한다. 다른 방어기제나 신경증적 증상의 기초가 되는 반면, 억제는 의식적으로 생각과 느낌을 눌러 버리는 것을 말한다. 억제가 바탕이 된 극단적인 경우가 억압이다.

② 부정

가장 원시적인 방어기제로서 아동과 심한 정서장애인들이 주로 사용한다. 위협적인 현실에 눈을 감아 버림으로써 불안을 방어해 보려는 수단이다.

③ 반동 형성

개인의 내면에서 수용할 수 없는 충동을 정반대로 적극적으로 표현하는 것이다.

④ 투사

자신의 자아에 내재해 있으나 받아들일 수 없는 것들을 다른 사람의 특성으로 돌려 버리는 수단이다.

⑤ 퇴행

비교적 단순한 초기의 발달단계로 후퇴하는 행동이다. 즉, 요구가 크지 않은 유아기의 단계로 되돌아가 안주하려는 방어 수단이다.

⑥ 전이

어떤 대상에게 원초아의 충동을 표현하기가 부적절하면, 그러한 충동을 다른 대상으로 대체하는 것이다.

⑦ 승화

개인이 사회적으로 용납될 수 없는 근본적인 충동을 사회적으로 용납된 생각이나 행동으로 표현함으로써 적절하게 전환시키는 자아기능이다.

⑧ 합리화

자신의 행동을 그럴듯한 그러나 부정확한 핑계를 사용하여 받아들여질 수 있게끔 행동을 재해석하는 것이다.

⑨ 고착 혹은 병적 집착

성격발달의 단계 중 어느 한 단계에 머물러 다음 단계로 발달하지 않음으로써 다음 단계가 주는 불안에서 벗어나려 하는 방어기제이다.

⑩ 철회

자신의 욕구와 행동(상상 속의 행동 포함)으로 인하여 타인에게 피해를 주었다고 느낄 때, 그 피해 행동을 중지하고 원상 복귀를 시키려는 일종의 속죄 행위이다.

⑪ 동일시

동일시는 다른 사람의 태도, 신념, 가치 등을 자신의 것으로 채택함으로써 다른 사람의 특성이 자신의 성격에 흡수되는 것을 말한다. 오이디푸스 콤플렉스의 성공적인 해결은 같은 성의 부모와의 동일시를 통해서 이루어진다.

2. Adler의 개인심리학

1) Adler의 생애(1870~1937)

아들러(Adler)는 오스트리아 빈(Wien) 근교의 조그만 마을에서 유태인 상인의 여섯 형제 중 둘째 아들로 태어났다. 아들러는 병약하여 질병과 죽음의 끊임없는 공포 속에서 어린 시절을 보냈다. 세 살 때에는 바로 옆의 침대에서 동생이 죽어가는 광경을 목격했고, 자신은 두 번이나 교통사고로 죽을 뻔하기도 했으며, 그 후 폐렴과 구루병으로 죽음의 문턱까지 가기도 했다. 그래서 장래에 의사가 되기로 결심하였다.

중학교 때는 수학을 못해 자퇴를 권유받기도 했지만, 아버지는 그의 아들을 책망하는 대신에 용기를 북돋워 주었고, 그의 어려움을 스스로의 힘으로 극복해 나가도록 끊임없이 격려해 주었다. 아버지의 그와 같은 격려에 힘입어 그 후 얼마 되지 않아 자기 반에서 가장 우수한 학생이 되기도 하였다.

아들러는 의사가 되었고, 후에 정신과 의사가 되었다. 그 후부터 그는 정신과 의사로서, 심리치료가로서, 그리고 학교 및 가족상담 전문가로서의 봉사적 생활에 그의 일생을 보냈다.

1902년 오스트리아 빈에서 프로이트가 주최하는 정신분석학회 '수요모임'에 초대되어 프로이트, 융 등과 함께 활동하였다. 이 수요모임은 훗날 '빈 정신분석학회'로 발전하였고, 아들러는 1910년에 초대 학회장이 되었지만 프로이트와 계속 마찰이 일어나자 1911년 탈퇴한 후 탈퇴한 몇몇의 사람들이 아들러와 합류하여 '자유 정신분석학회'라는 모임을 결성하였다. 이 명칭은 프로이트의 이론을 고수하려는 집단에 반대한다는 표시로 명명되었다. 1912년에 '개인심리학회'로 명칭을 변경하고 저널을 발간하기 시작하였으며, 프로이트식 이론의 대안적인 해석을 광범위하게 받아들었다.

1912년 아들러는 『신경증 체제(*The Neurotic Constitution*)』란 책에서 자신의 새로운 심리학을 제시했는데, 이 책에는 사회적 관심을 제외한 그의 주요 개념들이 포함되어 있다. 자신의 개념 중 가장 중요한 우월성 추구와 열등감이라는 개념을 정신건강에 도입하기 시작했다. 아들러식 심리치료자들은 격려를 통해서 환자들의 자존감을 향상시키고 개인의 사회적 관심을 강화시키는 방법을 사용했다. 아들러식 치료자들은 사회적으로 유용한 행동을 하게 되고 올바른 방향으로 재정향을 하도록 촉구했다. 특히 초기 회상과 출생 순위, 꿈 등은 내담자의 생활양식을 이해하는 데 도움을 주는 개념들이다.

1920년대 아들러는 주로 예방에 관심을 갖게 되었다. 1922년에는 아마도 최초라고 할 수 있는 아동생활지도 클리닉을 창설하였다. 더불어 빈의 아동기관에서 교사들을 대상으로 아동생활지도 훈련을 실시하였고, 이를 계기로 공립학교에 수많은 아동생활지도센터가 설립되었다. 1926년부터 아들러는 미국을 정기적으로 드나들면서 폭넓은 청중들을 대상으로 강의를 한 훌륭한 연설가였다. 1932년 뉴욕(New York)의 롱아일랜드 의과대학의 교수로 재직하면서 세계 곳곳에 강연 여행을 하였다. 1934년에 나치의 추방정책으로 뉴욕에 영구적으로 정착하게 되었다. 아들러는 지칠 줄 모르는 강연자였던 동시에 많은 책과 논문을 남겼다. 또한 개인심리학 연구지도 발행하였다. 그리고 성격발달에 있어 사회적 힘의 중요성을 강조한 점은 그의 후학들인 프롬(Fromm), 호나이(Horney), 설리번(Sullivan)의 이론에 직접적인 영향을 미쳤으며, 올포트(Allport), 매슬로(Maslow), 메이(May), 프랭클(Frankl), 엘리스(Ellis) 등에게도 직접 또는 간접적으로 영향을 미쳤다. 그의 개인 심리학은 신프로이트 학파와 카운슬링 이론에 많은 영향을 주었다.

2) 주요 개념

(1) 생활양식

아들러(Adler)의 개인심리학에서 가장 기반이 되는 개념으로, 생을 영위하는 근거가 되는 기본적 전제와 가정이라고 할 수 있다. 개인의 생활양식(life style)은 삶에 대한 개인의 기본적 지향이나 성격을 나타내 준다. 또한 생활양식은 인생 목표, 나아가 자아개념, 타인에 대한 감정, 세상에 대한 태도를 포함한 개인의 인생 취향을 포함하는 개념으로 볼 수 있다. 아들러에 따르면, 4~5살 때 형성된 생활양식은 이후 안정적으로 거의 변하지 않으며, 한 개인이 어떻게 그의 인생의 장애물을 극복하고, 문제의 해결점을 찾아내며 어떠한 방법으로 목표를 추구하는지에 대한 방식을 결정해 준다고 한다.

생활양식은 사회적 관심과 활동 수준이라는 두 가지 차원에 의해 결정된다. 사회적 관심은 인간 각 개인에 대한 공감, 개인의 이익보다 사회 발전을 위해 다른 사람과 협력하는 등 타인과의 소통과 관련이 있다. 이는 심리적 성숙의 주요 기준이 되며 보통 이기적과는 상반되는 개념으로 볼 수 있다. 한편, 활동 수준은 인생 문제를 다루는 데 있어 개인의 보여 주는 에너지의 양이라고 할 수 있다. 지배형, 기생형, 회피형, 사회적 유용형 등 네 가지 유형으로 나누며 다음 〈표 14-1〉과 같다.

〈표 14-1〉 생활양식의 유형

	사회적 관심 (높음)	사회적 관심 (낮음)
활동 수준 (높음)	사회적 유용형	지배형(복종을 강요)
활동 수준 (낮음)	X	기생형(과잉보호) 회피형(기를 죽임)

출처: 정순례 외(2020).

① 지배형(사회적 관심↓, 활동 수준↑)

부모의 양육 방식은 자녀를 지배하고 통제하는 독재형이며, 특징으로 타인을 지배하고 통제하려 한다.

② 기생형(사회적 관심↓, 활동 수준↓)

부모의 양육 방식은 자녀를 과잉보호하며, 특징으로 독립심을 길러 주지 못하고 의존적인 아동이다.

③ 회피형(사회적 관심↓, 활동 수준↓)

부모의 양육 방식은 자녀의 기를 꺾어 버리고 매사에 소극적이며 부정적인 태도를 가진다.

④ 사회적 유용형(사회적 관심↑, 활동 수준↑)

부모의 양육 방식은 높은 사회적 관심과 높은 활동성을 보이는 가장 바람직한 형태이며, 특징으로는 자기 수용적 태도를 가진 성숙한 사람으로 심리적으로 건강한 사람, 자신과 타인의 욕구를 동시에 충족하려 하며, 사회문제를 해결하기 위해 협동하고, 개인적인 용기뿐만 아니라 타인의 안녕에 공헌하려는 의지가 필수적임을 인식하고 있다.

(2) 인생 과제

아들러(Adler)는 인간이 삶에서 직면하게 되는 기본적인 인생 과제가 있다고 말한다. 이 삶의 과제를 성공적으로 해결할 때 인간은 행복하게 살아갈 수 있다고 보았다.

아들러는 인간의 공통적 삶의 과제를 일(work), 정(friendship), 사랑(love)으로 보았다. 아들러의 사상을 계승한 후계학자들은 이것에 자기(self), 영성(spirituality)을 추가하여 인생의 다섯 가지 과제를 제시하였다.

다른 많은 심리학자들이 부적응 행동의 치료에 중점을 두고 심리학 이론을 전개한 데 비해 아들러의 심리학은 성공적인 삶을 어떻게 살아갈 것인가에 초점을 맞추고 있다. 아들러 심리치료, 상담, 코칭은 사회생활에 적합한 자아정체성을 확립하여 다섯 가지 인생 과제를 성공적으로 해결해 가도록 돕는 데 중점을 둔다. 인생 바퀴는 [그림 14-1]과 같다.

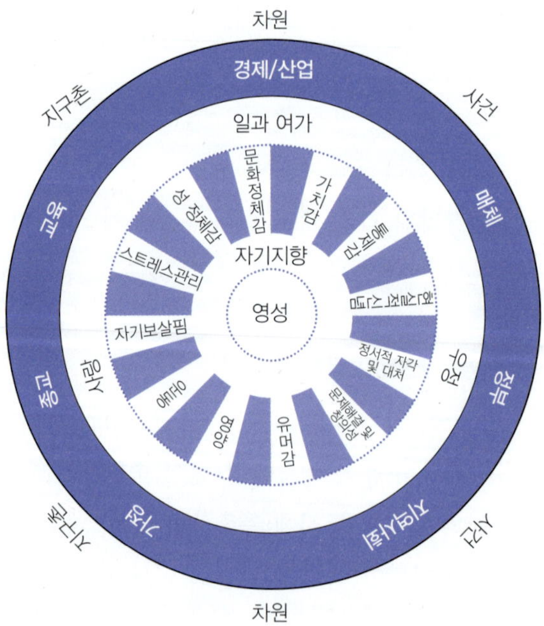

[그림 14-1] 인생 바퀴

출처: 정순례 외(2020).

① 다섯 가지 인생 과제

- 일(work)

삶에서 가장 주요한 과제이며 우리의 삶은 작은 단위의 일들로 구성되어 있다. 자신이 하고 있는 일에서 의미를 찾지 못하고 자립과 성취를 이루지 못하는 삶은 성공적이라고 할 수 없을 것이다.

- 정(friendship)

조화롭고 즐거운 삶을 살아가는 데 필수적인 인생 과제이며, 상대방 입장에서 이해하고 공감, 소통과 배려의 원만한 인간관계는 정을 바탕으로 한다. 인생 과제를 잘 해결하는 것이 사회적 관심과 공동체의식, 소속감 형성의 기초가 되기 때문일 것이다.

- 사랑(love)

가정 공동체의 핵심 요인이며, 인간은 사랑하고 결혼하여 가정을 이루고 자녀를 양육하며 살아가는 인생 과제를 가지고 있다.

- 자기(self)

수용하고 성장해 나가는 것은 중요한 삶의 과제이며, 자신이 무언가 부족하다는 열등의식에서 벗어나 자아존중감을 가지고 자신에게 주어진 재능을 온전히 발휘하면서 살아가는 것은 행복한 삶의 기본이 된다.

- 영성(spirituality)

육체적인 자기를 초월하여 '참 나'를 회복하는 중요한 요소이다. 열등의식을 극복하고 사회와 조화를 이루는 자아실현 인간으로의 성장이 일차적 목적이라면 영속지혜나 종교에서 말하는 영성개발을 통한 높은 차원의 자아정체성 확립은 궁극적 목적이라 할 수 있다.

② 생활 세력

개인의 안녕에 영향을 주는 사회 제도적 측면을 의미하는 것으로써, 가정, 종교, 교육, 지역사회, 매체, 정보, 경제/산업 등의 영역이 포함된다. 생활 세력들이 개인의 안녕에 지대한 영향을 미치므로 사회제도의 개선을 위한 관심과 노력이 지속적으로 이루어져야 함을 강조하였다.

③ 지구촌 차원 사건

일상생활과 삶의 질에 영향을 미치는 더 큰 차원으로 지구촌 차원의 사건을 들 수 있다. 교통수단, 매스미디어, 인터넷 등의 급속한 증가로 더 이상 지구촌 곳곳에서 일어나는 이러한 문제를 무시할 수 없게 되었다.

(3) 허구적 최종목적론

아들러(Adler)는 인간을 현재를 바탕으로 미래 지향적인 삶의 목적을 향해 노력하는 존재로 보았으며, 이러한 삶의 목적은 최소한 사회에 기여할 수 있는 유용한 생활양식을 바탕으로 설정되는 것이 필요하다고 주장하였다. 아들러는 인간의 행동을 유도하는 상상된 중심 목표를 설명하기 위해 허구적 최종목적론이란 용어를 사용하였다.

허구적 최종목적론이란 허구 또는 이상이 현실을 보다 더 효과적으로 움직인다는 바이힝거(Vaihinger)의 말에서 영향을 받는 개념이다.

개인의 모든 심리 현상은 허구적 최종목적을 이해함으로써 설명될 수 있다고 보았다. '모든 사람은 동등하게 만들어졌다.', '정직이 최선의 길이다.'와 같은 허구는 현실보다도 더 효과적으로 사람들을 움직이게 한다는 것으로, 허구적 최종목적론은 미래에 실재하는 것이기보다 주관적·정신적으로 현재의 행동에 영향을 주는 이상으로 여기–현재에 존재하는 것을 의미한다.

(4) 열등감

인간은 누구나 어떤 측면에서 열등감을 느끼고 있다. 사회적 존재로서 다른 사람들과 비교하여 자신을 평가하기 때문이다. 또한 아들러(Adler)는 생활양식의 근본을 결정하는 것으로 열등감을 꼽았다.

아들러는 열등감 콤플렉스를 '주어진 문제를 사회에 유용한 방식으로 해결하기에 충분히 강하지 않는 사람'이 갖는 특성이라고 말했다. 이러한 콤플렉스는 아동기 때 어른들이 그들의 아이들을 다루는 방식에 의해 나타나는 것임을 발견했다. 아들러는 열등감 콤플렉스의 세 가지 원천으로 기관열등감, 과잉보호, 양육태만을 제안하였다.

(5) 우월성 추구

아들러(Adler)는 우월성(superiority)이란 개념을 자기완성 혹은 자아실현이란 의미로 사용하였다. 우월성 추구는 삶의 기초적인 사실로 모든 인간이 문제에 직면하였을 때 부족한 것은 보충하며, 낮은 것은 높이고, 미완성의 것은 완성하며, 무능한 것은 유능한 것으로 만드는 경향성이다. 우월성의 특징으로는 첫째, 유아기의 무능과 열등에 뿌리를 두고 있는 기초적인 동기이다. 둘째, 정상인 비정상인에게 공통적으로 존재한다. 셋째, 추구의 목표는 긍정적 또는 부정적 방향이 있다. 넷째, 우월성의 추구는 많은 힘과 노력을 소모하는 것이므로 긴장이 해소되기보다는 증가한다. 다섯째, 우월성의 추구는 개인 및 사회 수준에서 동시에 일어난다.

이러한 특징을 통해 사회적 관심을 가진 바람직한 생활양식을 바탕으로 한 우월성 추구가 건강한 삶이라고 할 수 있다.

(6) 가족 구도 및 출생 순위

아들러(Adler)는 가족역동 특히 형제간의 관계를 매우 중요시하는데, 가정에서 부모를 중심으로 자녀와의 가족관계가 어떠한 가족 구도를 형성하고 있는가, 출생 순위는 어떠한가가 자녀의 생활양식을 형성하는 데 중요하다고 보았다. 출생 순위는 열등감 경험의 양상에 영향을 주며, 부모의 인정과 관심을 얻는 데 있어서 자신의 위치와 힘을 확보하기 위해 경쟁하게 된다. 형제간의 권련 다툼의 과정에서 겪은 실패와 성공, 기대와 실망, 가능성과 한계는 어린이의 생활양식을 형성하는 데 중요하다. 실제적 순위가 중요한 것이 아니라 심리적 서열이 중요하며, 10년 터울이 나는 두 형제는 각각 독자처럼 키워질 수 있다. 첫째가 지적장애라면 둘째가 맏이의 역할을 할 수도 있다. 실제적 순위보다는 가족 내 위치에 대한 개인의 해석이 더 중요하다. 출생 순위와 관련하여 병적 열등감이나 병적 우월감이 나타나는 배경을 설명하고 있다.

① 첫째 아이

부모의 모든 사랑과 관심을 받지만, 아무런 준비 없는 둘째의 출생으로 첫째 아이는 폐위된 왕에 비유될 수 있다. 이런 사회적 조건으로 인해 책임감, 배려 같은 긍정적 요소가 발달되기도 하지만 부정적 요소로 자신감 상실, 언제나 일이 나빠질 것을 두려워하며 적대적이며 비관적인 성향, 보수적이며 규칙을 중시하는 성향을 나타내기도 한다. 성장 후에 권련 행사를 즐길지도 모르고, 보수주의를 향하는 경향이 있을 수 있고, 권위, 규칙 및 법의 중요성을 과잉평가 할 수도 있다.

② 둘째 또는 중간 아이

둘째는 태어날 때부터 형 또는 언니(누나)라는 경쟁자를 만나게 되므로, 그들의 장점을 넘어서기 위한 자극과 도전을 받아 첫째보다 여러 모로 훨씬 빠른 발전을 보이기도 한다.

그로 인해 일반적으로 경쟁심이 강하고 야망을 가진 성격이 되기 쉽고, 자신이 첫째보다 낫다는 것을 증명하기 위해 부단하게 노력하는 생활양식을 보인다. 반면에 경쟁의 태도가 너무 강하여 혁명가가 될 수도 있다.

③ 막내 아이

막내는 많은 관심, 특별한 대접, 따뜻한 분위기에서 성장하며, 부모는 이 아이를 마지막 자녀로 여겨, 과잉보호할 가능성도 있지만, 때로는 전혀 관심을 받지 못할 수도 있다(형제가 많은 집안의 막내). 일반적으로 자신보다 힘이 세고 특권을 가진 형, 누나들에게 둘러싸여 독립심 부족과 함께 강한 열등감을 경험하기 쉽고, 누군가 자기 대신 자기의 생활을 만들어 주기를 바라는 경향을 보일 수 있다. 긍정적인 측면에서 아들러는 막내가 정상에 서는 영웅이 되는 우화와 사례들을 인용하였다.

④ 독자

독자, 즉 '외동아이'는 경쟁할 형제가 없으므로 응석받이가 되기 쉬우므로 의존심과 자기중심성이 현저하게 나타난다.

일반적으로 다른 아이와 어떤 것을 나누어 가지거나 협동하는 것을 배우지 못하는 반면 어른들을 어떻게 다루어야 하는지는 잘 배운다.

또한 항상 무대의 중앙에 위치하기를 원하고, 그 위치가 어떤 도전을 받으면 불공평하다고 느낄 수 있다. 남들과 경쟁을 피하고 항상 자신만이 옳은 듯이 행동하려는 경향을 나타낼 수 있다.

3. Jung의 분석심리학

1) Jung의 생애(1875~1961)

융(Jung)은 스위스에서 태어났으며, 그의 아버지는 목사였다. 융은 조숙해서 6세에 라틴어 책을 읽었으며, 그는 고독감과 부모 간의 갈등을 피하기 위하여 자신이 직접 나무를 파서 말을 만들어 그 위에서 혼자서 놀곤 했다. 외부 세계로부터의 고립감을 느끼면서, 그는 자신의 꿈, 환상과 사고 같은 내부 세계에 몰입하곤 했다. 그는 바젤 대학에 입학해 의과를 선택했고, 나중에는 정신의학을 전공했는데, 이것은 그 원리들이 그의 주된 관심인 과학과 인간성을 잘 조합시키는 것으로 보였기 때문이다.

25세에 융은 당시 유럽에서 가장 진보적인 정신병원 중의 하나였던 취리히의 브루겔쯔리 정신병원의 수련의가 되었다. 30세에는 취리히 의과대학의 임상과장이 되었으며, 그 학교에서 정신의학 강의를 했다. 융은 결혼하여 5명의 자녀를 두었고, 그의 아내는 심리학 교육을 받아 1948년에 설립된 융 연구소에서 강의를 하였다.

융이 자신의 조현병에 관한 연구서를 프로이트에게 보내자, 이를 본 프로이트는 융을 비엔나로 초청했고, 한동안 프로이트는 융을 그의 논리적 계승자로 여겼다. 그러나 융은 모든 정신병의 근원을 성적인 것으로 보는 프로이트의 환원주의와 고집을 수용할 수 없었다. 한편으로 프로이트도 종교에 대한 융의 관심과 시각을 못마땅하게 여기고 있었다. 그들의 관계는 마침내 융이 리비도가 항상 성적이기보다는 근본적으로 일반화된 삶의 에너지라는 시각을 발전시켜 1912년에 『변형의 상징(*Symbols of Transformation*)』을 발간했을 때 깨지고 말았다. 그들 관계의 결별은 두 사람 모두에게 고통이었다. 이후 3년 동안 융은 우울 증세를 보여 자신이 미쳐 가고 있다는 느낌을 받았다. 겉보기에는 유능한 대학교수로서, 인정받는 개업의로서, 그리고 대가족의 가장으로서 존경받는 정신의학자였으나, 그 이면에서 융은 점점 현실감을 잃어 갔고 삶의 의미를 상실해 가고 있었다. 그는 가르칠 수 없다고 느꼈기에 교수직도 사표를 내고 저술도 거의 하지 않았다. 자신의 문제를 좀 더 지적으로 이해하여 해결하려던 그의 모든 시도는 별로 소용이 없었다. 절망감 속에서, 그는 결국 무의식의 충동에 따르기로 결정했다. 그래서 그는 작은 돌들로 모형 마을을 만들어, 자신이 어렸을 때 그랬던 것처럼 벽돌을 가지고 놀았는데, 이러한 놀이치료법은 그가 처한 위기를 결정적으로 바꾸어 놓는 계기가 되었다. 그는 '자신의 어린 시절이 여전히 자신의 뇌리 속에 강하게 자리 잡고 있다.'는 것을 깨닫고, 돌로 만든 마을을 가지고 놀면서 자신의 심리 내부의 이미지를 쫓아 2년간 무의식 세계로의 오랜 탐험을 했다. 이때 그가 무의식 속에서 발견한 것은 거대한 용암의 흐름 같은 것이었고, 그 열기가 그의 인생을 재조형하게 되었다. 이 같은 외상적인 중년기의 위기를 통해 융은 그의 인생의 새로운 중심과 의미를 알게 되었고, 그가 분석심리학이라 부르는 성격에 대한 새로운 이해법을 개발하게 되었다.

집단적 무의식의 요소를 융은 원형(archetypes)이라고 불렀다. 원형은 영웅, 부모, 죽음, 탄생과 부활, 일관성, 아이들, 신, 악마 등을 포함한다. 어떤 원형은 성격과 분리된 체계로 확인되었다. 잘 알려진 대표적 원형으로 페르조나 혹은 외부로 드러난 적응 성격, 아니마(anima)와 아니무스(animus) 혹은 양성적 성격, 그림자(shadow) 혹은 인간 본성의 동물적인 부분, 무의식의 모든 부분으로 구성된 자기(self) 등이 있다. 자기는 만다라라는 원의 상징으로 표현되며 일관성과 평정을 위해 노력한다. 자기는 성격의 통합, 자기실현, 조화를 위한 노력을 한다.

융은 그의 나이 69세 때 치명적인 심장마비에서 회복된 뒤, 일련의 새로운 시각을 갖게 된다. 이것은 이후 그가 매우 독창적이고 참신한 내용의 저서들을 펴내는 계기가 된다. 이러한 자신의 경험에 대해 융은 "나는 단지 사물을 있는 그대로 확인하려 했을 뿐이다. 즉 아무런 주관적인 저항을 하지 않고, 무조건적으로 긍정했을 따름이다. 그래서 내가 사물을 보고 이해한 그대로를 수용했을 뿐이며, 나 자신의 문제에 있어서도 느껴지는 그대로의 나의 본질을 받아들였을 따름이다."라고 쓰고 있다. 이후 융은 놀라울 정도로 왕성한 저술과 치료 활동을 하다가 86세의 나이로 사망했다.

2) 주요 개념

(1) 정신의 구조

융(Jung)은 전체적 성격을 정신으로 보았다. 인간이 전체적 성격을 갖고 태어났으며 일생을 통해 이러한 타고난 전체성을 분화하고 통합해 간다고 보았다. 전체적 성격인 정신의 수준을 크게 의식(conscious)과 무의식(unconscious)으로 구분하였다.

더 나아가 무의식을 개인무의식(personal unconscious)과 집단무의식(collective unconscious)으로 세분화 한 후 집단무의식을 중심으로 그의 분석심리학을 확립하였다.

① 의식

우리가 직접 알고 있는 정신의 부분이 의식이다. 의식은 우리가 직접적으로 우리의 정신세계 또는 마음을 알 수 있는 유일한 부분이고 매일의 삶을 영위해 가는 데 중심적인 역할을 담당한다. 이때 의식이 제 역할을 할 수 있도록 안내해 주는 것이 자아(ego)이다. 의식과 관련하여 중요한 내용인 태도와 기능을 이해하는 것이 필요하다. 첫째, 태도는 의식의 주인인 자아가 갖는 정신적 에너지의 방향이다. 다시 말해, 자아가 외부 대상에 지향하는 방향이 수동적인가 능동적인가에 따라 성격 태도가 결정된다. 능동적인 태도는 외향성이고, 의식을 외적 세계 및 타인에게 향하게 하는 성격 태도이다. 내향성은 의식을 자신의 내적 주관적 세계로 향하게 하는 성격 태도이며, 우리는 이러한 두 가지 성격 태도를 모두 가지고 있으며 둘 중 어느 태도가 지배적이냐에 따라 태도가 결정된다고 보았다.

둘째, 의식의 기능은 주관적 세계와 외부 세계를 지각하고 이해하는 서로 다른 방식을 의미한다. 융이 제안한 정신적 기능의 구성 요소는 사고, 감정, 감각, 직관이다. 이러한 구성 요소는 그가 제안한 정신의 반대 원리에 따라 합리적 차원(사고-감정)과 비합리적 차원(감각-직관)으로 구분된다. 이 기능 중 어느 것을 우선적으로 사용하는가에 따라 기본적인 성격이 달라진다고 하였다. 또한 심리적 태도와 기능을 조합하여 여덟 가지 심리적 유형인 외향적 사고형, 외향적 감정형, 외향적 감각형, 외향적 직관형, 내향적 사고형, 내향적 감정형, 내향적 감각형, 내향적 직관형이 결정된다고 보았다. 성격유형 검사에서 현재 많이 쓰이는 MBTI(Myers-Briggs Type Indicator)는 이러한 융의 이론에 기초하고 있다.

② 개인무의식

의식에 인접해 있는 부분으로 쉽게 의식화될 수 있는 망각된 경험이나 감각 경험으로 구성된다. 개인무의식의 자료는 개인의 과거 경험으로 비롯된 내용이다. 이런 점에서 개인무의식은 프로이트의 전의식과 유사한 개념이지만 무의식까지 포함한 개념이라고 할 수 있다. 의식에 머물 수 없는 경험은 모두 개인무의식에 저장된다.

③ 집단무의식

융이 제안한 독창적 개념으로 분석심리학의 이론 체계에서 가장 핵심적인 개념이다. 집단무의식은 개인적 경험이 아니라 사람들이 역사와 문화를 통해 공유해 온 모든 정신적 자료의 저장소이다. 융은 인간의 정신적 소인이 유전된 것으로 생각하였다. 집단무의식은 직접적으로 의식화되지는 않지만 인류 역사의 산물인 신화, 민속, 예술 등이 지니고 있는 영원한 주제의 현시를 통해 간접적으로 관찰될 수 있다.

(2) 정신에너지의 원리

전체적 성격을 정신이라고 불렀으며, 정신에너지인 리비도를 통해 지각하고, 생각하고, 느끼고 소망하는 심리적 활동이 수행된다고 보았다. 융에게 리비도는 전반적인 '인생과정 에너지'로 프로이트의 성적 충동은 그러한 에너지의 한 측면이었다. 여기서는 융이 제안했던 정신에너지가 기능하는 세 가지 원리인 대립(opposition), 등가(equivalence), 균형(entropy)에 대해서 살펴보자.

① 대립 원리

융은 정신을 대립 원리에 의해 작동하는 실체로서 생각하였다. 대립 원리는 신체에너지 내에 반대되는 힘이 대립 혹은 양극성으로 존재하여 갈등을 야기하는데, 이러한 갈등이 정신에너지를 생성하는 데 필요하다는 것이다. 대립 혹은 양극성의 갈등이 모든 행동의 일차적 동인이며 모든 에너지를 만들어 낸다. 따라서 양극성들 간에 갈등이 커질수록 에너지는 더 많이 생성된다.

② 등가 원리

융은 물리학의 열역학 법칙인 에너지 보존 원리를 정신적 기능에 적용하여 등가 원리를 가정하였다. 어떠한 조건을 생성하는 데 사용한 에너지는 상실되지 않고 성격의 다른 부분으로 전환되어 성격 내에서 에너지의 계속되는 재분배가 이루어진다는 것이다. 그러므로 어떤 특별한 영역에서 정신 가치가 약해지거나 사라지면 그 에너지는 정신 내에 다른 영역으로 전환이 된다. 등가는 에너지가 변환된 새로운 영역이 동등한 정신적인 가치를 가져야 한다는 것을 의미하고, 에너지가 어떤 방향이나 방식으로 이동하든지 그러한 에너지가 계속적으로 성격 내에서 재분배된다는 것이다.

③ 균형 원리

물리학에서 균형 원리는 에너지 차이의 평형을 의미한다. 성격은 모든 측면에서 정신에너지의 동등한 분배를 가지지만 그래도 이러한 상태는 결코 성취되지 않는다. 만약 완전한 균형 혹은 평형이 달성되면 성격은 전혀 정신에너지를 갖지 못할 것이다. 왜냐하면 이미 지적한 것처럼 대립 원리가 정신에너지를 생성하기 위해서 갈등을 요구하기 때문이다.

(3) 원형

집단무의식을 구성하고 있는 인류 역사를 통해 물려받은 정신적 소인이 원형이다. 원형은 형태를 가진 이미지 혹은 심상이지 내용은 아니다. 상징의 원형의 내용이며 원형의 외적 표현이다. 원형은 꿈, 신화, 동화, 예술 등에서 나타나는 상징을 통해서만 표현된다. 원형은 인간이 갖는 보편적, 집단적, 선험적인 심상들로 융(Jung)의 분석심리학에서 성격의 주요한 구성 요소이다.

성격의 주요한 구성 요소이기도 한 원형의 수는 무수히 많다. 예를 들면, 신, 악마, 부모, 대모, 현자, 사기꾼, 영웅 등 사람들이 삶을 영위하면서 형성해 온 수 없이 많은 원초적 이미지가 원형이다. 융이 언급한 인간 정신에 속하는 대표적인 원형으로는 페르조나, 아니마와 아니무스, 그림자, 자기의 네 가지가 있다.

① 페르소나

페르소나(Persona)란 인간이 사회생활에서 필수적으로 써야 하는 가면으로서 사회가 유지되기 위해 필요한 심리기제이다. 자아가 외부 세계와 관계를 맺으면서 내면세계와 소통하는 주체라면 페르소나는 일종의 가면으로 집단 사회의 행동 규범 또는 역할을 수행한다.

② 아니마와 아니무스

아니마(Anima)는 남성 속에 들은 생명을 목표로 하는 요소의 원형이자 이상적 여성의 이미지이며, 아니무스(Animus)는 여성 속에 들은 이상적 남성상이다. 그 둘은 출생 직후 어머니와 아버지를 통해 그 최초의 상이 구성된다. 아니무스와 아니마 개념은 프로이트가 관찰한 보편적 양성 개념을 확장한 것으로 볼 수 있다.

③ 그림자

그림자(Shadow)란 성격의 부정적인 부분을 말하며 개인이 숨기고 싶은 모든 불쾌한 요소들을 모은 것이다. 융은 모든 사람에게 그림자가 있다는 것을 강조했다. 실재하는 모든 것은 그림자를 드리우는데, 자아와 그림자의 관계는 빛과 그늘의 관계와 같으며, 바로 이 그림자가 우리를 인간으로 만들어 준다. 그림자는 완전히 없앨 수 있는 것이 아니기 때문에 최선의 방법은 그림자와 화해하는 것이다. 그림자를 없애려는 시도는 해서도 안 되는 것이다.

④ 자기

자기(self)는 마음 전체의 중심이며 마음의 발달이나 변용작용의 근원적인 원점이 되는 원형이다. 종교적으로는 '신의 각인'이라고도 간주된다. 이 원형은 정신으로 하여금 전체성 혹은 전일성을 유지케 하는 원동력으로서도 기능한다.

15장 정서와 성격

정서반응이란 슬픔, 두려움, 우울, 행복 등의 정서에 대해 부모나 교사가 보여주는 태도를 말한다. 정서에 대한 반응 태도는 관계의 질, 정서적 안정감, 부모에 대한 애착, 그리고 사회적 상호작용에 대한 느낌과 인지적 도식에 영향을 미친다.

1. 정서반응과 감정코칭

1) 정서반응 태도

정서반응 태도는 많은 연구자에 의해 다양하게 구분되었으나 크게 지지적 정서반응 태도와 비지지적 정서반응 태도로 구분된다. 특히 아이젠버그(Eisenberg) 등은 정서반응을 지지적 반응으로 구분한 뒤, 각각의 반응에 세 가지 하위 변인을 두었다. 지지적 반응은 감정 표현의 격려, 정서 중심적 반응, 문제 중심적 반응으로 나누었으며, 비지지적 반응은 최소화 반응, 처벌적 반응, 스트레스 반응으로 나누었다.

지지적 반응인 감정 표현의 격려는 상대가 자신이 느끼는 정서를 표현할 수 있도록 격려함으로써 자신의 감정을 숨기거나 위장하지 않도록 돕는 반응 태도다. 정서 중심적 반응은 상대가 정서를 표현할 때 기분이 좋아지도록 할 수 있는 전략을 가지고 위로해 주는 것이며, 문제 중심적 반응은 부정적 정서를 느끼거나 스트레스의 원인이 되는 문제를 해결하여 잘 대처할 수 있도록 도와주는 것이다.

비지지적 반응인 최소화 반응은 상대가 느끼고 있는 부정적 정서나 스트레스 정도를 낮추거나 무시함으로써 최소화하여 반응하는 태도를 말한다. 처벌적인 반응은 부정적 정서를 표현할 때 벌을 주거나 꾸짖음으로써 상대의 표현을 중지하는 태도이며, 스트레스 반응은 아동이 부정적 정서를 표현할 때 부모나 교사가 느끼는 불안이나 스트레스를 그대로 아동에게 표현하는 태도다.

부모나 교사가 지지적인 정서반응을 보이면 아동은 자신의 정서를 사회가 적절하게 받아들일 수 있는 방식으로 표현하고 조절한다. 그리고 타인의 생각, 감정, 행동을 배우려는 시도와 태도를 강화하여 공감 능력을 발달시키고, 갈등 상황에서 자신의 욕구와 다른 사람의 요구를 이해하고 절충한다. 또한 정서적 각성을 줄이고 스트레스 상황에서의 대처 방법을 배워 학습, 대인관계 등 특정 상황에서 성공적으로 대처할 수 있게 된다.

반면에 비지지적 정서반응을 경험한 아동은 적응적 사회화의 기회를 놓치게 되고 이는 다른 상호작용에서 부적응적 행동을 하게 한다. 즉, 통제나 처벌과 같은 비지지적 반응은 학습행동 문제의 원인이 될 수 있으며, 사회적 유능성 발달과 관계성을 저해할 수 있다. 나아가 아동의 정서를 억압하게 되면 자신의 감정을 기억에 저장하게 된다. 기억에 저장된 감정은 감정적인 상황에서 각성되어 부정적 감정을 조절하지 못하게 하거나 바람직하지 못한 행동을 할 가능성을 높인다.

이렇듯 부모와 교사가 아동의 정서에 지지적으로 반응하는 것과 비지지적으로 반응하는 것은 아동의 정서발달과 행동에 큰 영향을 미치므로, 정서반응 태도를 지지적으로 바꾸는 것은 매우 중요하다.

2) 감정코칭

감정코칭은 가트만(Gottman, 2007)이 36년 동안 부모와 자녀의 상호작용에서 보이는 양상을 중심으로 한 연구에서 제시한 것으로 정서에 지지적으로 반응하는 대표적인 대화법이라고 할 수 있다. 부모와 자녀, 교사와 학생, 그리고 모든 인간관계에서 다양하게 적용할 수 있는 효과적인 방법이다.

감정코칭을 인간관계에 적절하게 사용할 수 있는 것은 커뮤니케이션 통로를 열어 준다는 의미이다. 감정코칭을 받고 자란 아이는 생리학자들이 '미주신경 조절력'이라고 부르는 '스스로를 달래는 신경적 능력'을 갖추고 있을 뿐만 아니라 만족을 지연할 수 있는 인내심을 갖고 있고, 충동 조절 및 자기 진정을 잘 하고, 또래 관계가 좋으며, 학업 성적, 사회성, 정서 지능이 우수하다.

(1) 감정코칭 유형

가트만(Gottman)은 정서반응 태도에 따라 네 가지 감정코칭 유형을 제시한다. 부모나 교사가 자신의 코칭 유형을 알고 그 방식이 아이에게 어떤 결과를 가져왔는지를 아는 것은 아이의 감정코칭을 더 나은 방향으로 나아갈 수 있는 계기를 마련할 수 있다.

① 축소전환형

아이의 부정적 감정에 무관심하거나 대수롭지 않게 여기는 유형을 말한다. 이들은 아이의 부정적 감정이 빨리 사라지기만 바라고 아이의 감정을 비웃거나 경시하기도 한다.

② 억압형

축소전환형과 행동이 유사하나 좀 더 부정적이다. 이들은 아이가 부정적 감정을 드러내는 것을 비판하고, 감정 표현을 했다는 이유로 꾸짖고 벌을 주기도 한다. 억압형 부모나 교사 밑에서 자란 아이는 축소전환형 부모의 자녀와 같이 자신의 감정을 신뢰하지 못하고 감정 조절을 어려워한다.

③ 방임형

아이의 감정을 인정하고 공감하지만, 아이의 행동을 좋은 방향으로 이끌거나 한계를 제시하지 못한다. 이들은 아이의 분노와 슬픔을 '분출하면 해결되는 단순한 것'으로 보는 경향이 있어서 감정을 표현하도록 하면 자신의 역할이 끝난 것으로 간주한다.

④ 감정코칭형

방임형과 같이 아이의 감정을 무조건 받아들인다. 이들은 자기 자신의 감정과 사랑하는 사람들의 감정을 파악하는 데 뛰어난 능력을 발휘하고 더구나 부정적인 감정에 대해서도 긍정적인 면을 바라보는 시각을 갖고 어떤 감정도 비웃거나 얕보지 않는다. 앞으로 다가올 위험과 도전을 현명하게 대처해 나갈 수 있다.

(2) 감정코칭 5단계

감정코칭 5단계는 관계 속에서 공감대를 형성하여 아이의 정서 지능을 높이기 위해 일반적으로 사용하는 단계다.

① 1단계 : 감정 인식하기

아이가 소소한 감정을 보일 때 재빨리 알아차리고, 행동 속의 숨은 감정에 주목하는 단계다. 특히 말이 별로 없는 아이는 평소 아이 행동을 관심 있게 살펴보고 감정을 놓치지 않는 것이 중요하다.

② 2단계 : 감정적 순간을 좋은 기회로 삼기

위기를 기회로 삼는 것이다. 아이의 감정이 격해져서 부정적인 감정을 표출할 때 공감대와 친밀감을 형성하여 감정을 다스리는 법을 가르칠 수 있는 기회로 삼는다.

③ 3단계 : 감정 공감하고 경청하기

아이의 감정이 타당함을 인정하는 것이다. 아이의 감정에 대해 공감하고 그 감정을 지지해 줄 수 있어야 한다. 아이가 자신의 감정을 이해할 수 있도록 돕기 위해서 간단한 문장으로 감정을 표현할 수 있도록 도와주는 것이 좋다.

④ 4단계 : 감정 표현 돕기

감정 표현 돕기는 아이의 감정을 스스로 표현할 수 있도록 도와주는 것이다. 나이가 어릴수록 그 감정이 어떤 것인지 정의할 수 없는 경우가 많기 때문에 그 감정에 이름을 붙여 주는 것이다.

⑤ 5단계 : 스스로 문제를 해결할 수 있도록 하기

감정코칭의 마지막 단계는 행동에 한계를 정해 주고 아이가 스스로 문제를 해결하도록 이끌어 주는 단계다. 가트만은 문제 해결과정을 5단계로 나눈다. 첫째, 한계 정하기로, 문제는 '자신의 감정'이 아니라 '바람직하지 못한 행동'이라는 것을 알게 하고 행동에 한계를 정해 준다. 둘째, 목표 확인하기로, 문제 해결과 관련한 목표가 무엇인지를 묻는다. 셋째, 해결책 모색하기로, 부모나 교사가 전적으로 나서지 않으며 스스로 해결책을 모색하도록 돕는다. 넷째, 가치관을 바탕으로 제안된 해결책을 평가하기로, 해결책을 살펴보고 시행할 것과 버릴 것을 결정한다. 다섯째, 아이가 해결책을 선택하도록 돕기로, 부모나 교사의 과거 경험을 이야기하며 아이가 스스로 문제 해결책을 선택하도록 돕는다.

2. 불안

불안은 미래의 불확실한 상황에 대한 긴장 상태다. 적절한 수준의 불안은 긴장을 일으키는 상황에 주의를 기울이게 하여 상황에 대처하는 행동을 동기화하고 수행을 향상한다. 그러나 불안 수준이 지나치게 높거나 오래 지속되면 긴장 상황에 전혀 대처하지 못하고 무기력해진다.

1) 학습 활동과 불안 수준

학습 상황에서 적당한 불안은 학습행동을 동기화한다. 가령 시험을 앞두고 시험에 대한 불안이 생기면 이 긴장을 극복하기 위한 학습행동이 동기화되지만, 시험 불안이 전혀 없다면 시험에 주의를 기울이지 않기 때문에 학습행동이 동기화되지 않는다. 또는 이와 반대로 지나친 시험 불안을 갖고 있으면 오히려 학습행동을 방해하지만, 적절한 수준의 불안은 학습행동을 자극하고 수행을 촉진하고, 낮은 수준의 불안은 학습자가 학습 활동에 주의할 수 없게 하거나 회피하게 함으로써 오히려 학습행동을 방해한다.

불안 수준이 학습 활동과 수행에 영향을 주지만 이와는 반대로 학습 활동과 수행의 결과가 불안 수준에 영향을 주기도 한다. 즉, 낮은 성취 결과가 불안 수준을 증가시키거나 이와 반대로 높은 불안 수준이 낮은 성취 결과를 가져오게 한다. 이러한 불안과 성취 수준의 관계를 '역 U자' 형이라고 설명한다.

2) 불안의 근원

일반적으로 학습자가 불안을 느끼는 상황은 좌절, 비난, 부끄러움과 같은 이전의 불쾌한 경험과 관련되어 있다. 시험, 특정 교과, 특정 상황이 불쾌한 자극과 연합되어 불안 상황이 된다. 학습자의 실수나 오답에 대한 교사의 비난이나 동료의 비웃음은 학습 활동과 학교생활에 대한 불안을 일으킬 수 있다.

또한 학습 활동 결과에 대해 확신할 수 없는 불확실한 상황도 학습자에게 불안을 유발하는 요인이다. 불확실한 상황은 학습자가 성공할 기회가 적은 위협 상황과 노력을 통해 성공할 수 있는 도전 상황이 있다. 학습자가 위협 상황을 성공할 기회가 있는 도전 상황으로 지각하면 불안을 누르고 더욱 도전적인 반응을 보이는 경향이 있다. 또한 최선을 다하기 위해 아주 높게 동기화되며 성공했을 때는 상당한 흥분과 만족을 경험한다.

교수는 학습자가 수행해야 할 것을 분명하고 정확하게 지시함으로써 상황의 불확실성을 줄이고 학습자의 불안 수준을 감소시킬 수 있다. 학습 활동이 적절한 수준이고 조직적으로 계획되어 있는 경우에는 불안 수준이 높은 학습자도 학습 활동을 잘 수행할 수 있다. 따라서 체계적이고 구체적인 학습 활동을 계획하는 것은 학습자의 불안 수준 감소에 매우 중요하다.

3) 불안 수준 감소 방법

다음은 학습자의 불안 수준을 줄이기 위한 구체적인 방법이다.

(1) 학습자의 능력과 이전 성취 수준을 고려해서 현실적 수행 목표를 설정한다. 지나치게 높은 수준의 목표 설정은 실패 가능성을 높이고 불안을 학습시키고, 너무 쉬운 목표는 노력하지 않고도 쉽게 성취할 수 있기 때문에 효능감을 얻을 수 없다. 가끔 우수한 능력을 갖고 있는 학습자가 지나치게 높게 동기화되어 점차 더 높은 목표 수준을 설정함으로써 불안을 경험하기도 한다. 지나치게 강한 동기와 높은 목표는 정서적으로 불안을 유발하고 행동 수행을 방해한다.

(2) 학습자의 인지적 수준과 능력에 적절한 학습 활동을 계획해야 한다. 도전할 만하고 노력을 통해 성취 가능한 목표는 학습 활동을 동기화하지만, 지나치게 쉬운 목표는 무의미하고 지루하며, 성취 불가능한 목표는 좌절시킨다. 수업 목표는 학습자가 노력을 통해 도달할 수 있는 수준이어야 하며 향상된 학습자의 능력과 조건에 맞도록 재조정함으로써 학습자가 점진적으로 성취할 수 있도록 해야 한다.

(3) 상대적 우위나 비교를 하지 말고 학습자 개인의 학습 속도와 진도에 맞춰서 공부하도록 가르쳐야 한다. 경쟁 상황에서는 과제 수행을 서두르고 많은 실수를 하게 되어 결국 제대로 과제를 성취할 수 없게 된다.

(4) 개인지도나 반복 연습의 보충지도를 통해 학습자가 충분히 학습하도록 한다.

(5) 간단한 실수도 즉시 정확하게 수정하여 실수가 반복되지 않도록 한다.

3. 학습된 무기력

학습된 무기력은 동물에게 볼 수 있는 행동의 유형의 하나로, 고통스럽거나 혐오스러운 자극을 반복적으로 견뎌 내는 가운데 발생하며, 이로 인해 벗어나거나 회피하지 못하는 상황이 발생한다. 이러한 경험 이후에 동물은 새로운 상황을 벗어나거나 회피하는 것을 수용하거나 배우는 것을 실패하는 일이 발생하기도 한다. 즉, 혐오스러운 자극이 있는 상황에서는 이것이 도움이 없다고 학습하고 제어권을 상실함으로써 시도를 포기하게 된다. 이러한 주체는 학습된 무기력을 습득했다고 간주한다.

학습된 무기력 이론은 임상적 우울증 및 관련 정신 질환들이 벌어진 상황을 통제하지 못하는 데에서 비롯될 수 있다는 관점이다. 학습성 무기력, 학습된 무력감이라고도 한다.

4. 성격의 이해

우리는 우리 자신과 다른 사람들을 어떻게 하면 보다 잘 이해할 수 있는가에 관심이 많다. 인간은 누구나 자신과 타인의 성격 이해에 관심을 가지며 살아가고 있다.

우리는 일상인으로서 나름대로 다른 사람들의 행동 관찰을 통해 성격에 대한 견해를 갖고 있으며 더불어 타인의 성격에 견주어 자신의 성격이 어떻다는 견해를 가진다. 이런 점에서 우리 모두는 성격 연구자라고 할 수 있다.

1) 성격의 정의

우리는 도저히 믿기 힘든 사람들의 인간답지 못한 어떤 행동을 보고 "인간의 탈을 쓰고 어떻게 그런 짓을 할 수 있는가?"라고 말하곤 한다. 이것은 겉으로 보여진 모습과 다르게 표현된 인간행동 표현의 복잡성을 지적한 말이다. 사람들이 다른 사람의 성격을 평가할 때 겉으로 드러난 모습이나 얼굴 생김새가 중요한 요인으로 작용하는 것은 부인하기 힘들다. 정말 사람들은 다양한 탈 혹은 가면을 쓰고 세상을 살아간다. 성격(personalit)이란 말은 어원적으로 탈 혹은 가면의 뜻을 함축한 라틴어 페르조나(petsona)를 내포한 말로 겉으로 사람들에게 보여지는 개인의 모습 및 특성을 나타낸다. 즉, 겉으로 드러난 탈의 모습을 통해 그 사람의 성격을 미루어 알 수 있다는 의미이다. 융(Jung)이 페르조나를 적응의 원형으로 지적한 것도 겉으로 드러난 탈이 개인의 성격을 함축하고 있기 때문이다.

성격이란 무엇인가? 이러한 질문에 대한 견해는 성격심리학자가 성격을 연구하는 데 설정하는 가정에 따라 달라진다. 즉, 성격이론가들은 그들이 보는 인간에 대한 입장을 바탕으로 성격의 정의를 다양하게 내려왔다. 따라서 성격의 정의는 성격을 연구하는 이론가들만큼 무수히 많다고 볼 수 있다. 이런 점에서 성격이 무엇인가를 분명하게 '이렇다'라고 정의를 내린다는 것은 불가능하다. 여기서는 성격심리학자들이 제시한 몇 가지 성격이론에 대해 살펴보고자 한다.

2) 성격이론에서 주요 문제

다양한 성격이론들을 개관할 때 각 성격이론가들이 여러 논쟁점들에 얼마나 많은 관심과 주의를 기울이는지 그리고 어떻게 이러한 논쟁점들에 대한 해답을 제시하는지를 반드시 살펴보아야 할 것이다. 주요 문제들을 다음 네 가지로 크게 구분해 보면 첫째, 성격에 대한 관점이 무엇인가?(성격이란 무엇이고 어떻게 형성된다고 보는가?) 둘째, 인간에 대한 관점은 무엇인가?(인간에 대한 기본 가정은 무엇인가?) 셋째, 인간이 우선인가 상황이 우선인가?(인간의 성격 특성은 상황마다 일관적인가 아니면 상황에 따라 다르게 나타나는가?) 넷째, 성격이론의 평가는 어떤 기준에 근거하는가?(어떤 성격이론이 좋은 이론인가?) 등이다.

(1) 성격에 관한 관점

심리학자들은 동물 및 인간을 연구한 자료를 바탕으로 인간행동을 설명하고 예언하기 위해 이론을 만든다. 이론은 자료들을 체계적으로 조직화하여 만들어진 일련의 원리들로 구성된다. 성격심리학자들은 인간에 대한 이해를 바탕으로 인간행동을 설명하고 예언하기 위한 틀인 다양한 성격이론을 제안하였으며, 좀 더 포괄적으로 묶어서 몇 가지 성격에 대한 관점으로 분류할 수 있다.

여기에서는 성격심리학의 이론들을 다섯 가지 관점, 즉 정신역동적 관점, 성향적 관점, 행동 및 사회학습 관점, 인본주의적 관점, 인지적 관점으로 분류하였다. 이러한 성격에 대한 관점을 간략하게 살펴보자.

① 정신역동적 관점

프로이트(Freud)의 정신분석적 접근 및 신경정신분석적 접근에 속하는 이론가들을 포괄하여 다루었다. 이 관점은 정신의 에너지, 인간행동이 결정되는 상황적 맥락, 정신과 환경의 상호작용 등에 따라 성격이 역동적으로 작용한다고 보는 입장이다.

② 성향적 관점

올포트(Allport), 캐텔(Cattell) 등의 특질이론과 아이젠크(Eysenk)의 생물학적 입장과 5요인 모델을 포함하여 다루었다. 이 관점은 인간의 성격을 나타내는 비교적 안정적인 특질이 있으며 이러한 특질은 문화에 따라 공통적인 특질 및 사람들을 구별해 주는 독특한 특질이 있다는 것을 가정한다.

③ 행동 및 사회학습 관점

스키너(Skinner)의 신행동주의, 반두라(Bandura) 및 로터(Rotter)의 사회학습이론을 포함하였다. 이 관점은 정신 내부보다는 주로 관찰할 수 있는 행동 및 행동변화에 초점을 둔 행동주의의 가정에 근거한다. 하지만 현대 심리학의 추세에 따라 반두라와 로터는 학습에서 인지의 중요성을 강조하였다.

④ 인본주의적 관점

매슬로(Maslow)의 자아실현이론, 로저스(Rogers)의 인간중심접근, 실존주의적 이론을 포함하였다. 이 관점은 철학적 입장으로 현상학과 실존주의를 바탕으로 인간의 가치와 자유의지를 강조하는 입장이다.

⑤ 인지적 관점

켈리(Kelly)의 개인구성개념이론과 엘리스(Ellis)와 벡(Beck)의 성격에 대한 인지적 접근을 포함하였다. 이 관점은 무엇보다 인지의 중요성을 강조하며 개개인이 갖는 인지에 따라 정서 및 행동이 영향을 받는다는 입장이다.

(2) 인간 대 상황 논쟁

성격을 이야기할 때 사람들은 일반적으로 인간 자체에 초점을 두었다. 예를 들면, 히포크라테스(Hippocrates)를 기원으로 갈렌(Galen), 그리고 크래츠머(Kretschmer)와 셀든(Sheldon) 등은 인간의 성격을 체액 및 체형과 관련지으려고 시도하였다. 이러한 인간에 초점을 둔 입장은 현대 심리학에서도 인간의 내적 에너지를 강조한 프로이트의 본능이론, 올포트, 캐텔 등의 특질이론과 같이 성격이론의 주류를 이루어왔다.

하지만 이러한 사람 중심의 성격이론에 대해 반기를 들고 상황의 중요성을 제기한 사람이 미첼(Mischel)이다. 일반적으로 상황에 대한 강조는 현대 심리학에서 행동주의 관점에 속하는 심리학자들(왓슨, 파블로프, 스키너 등)이라고 할 수 있다. 왜냐하면 행동주의 심리학자들은 자극이라고 하는 상황이 반응, 즉 행동을 결정하는 중요한 요인이라고 보기 때문이다.

미첼은 성격의 특질이론에 대한 비판 및 공격과 그러한 공격에서 비롯된 행동의 일관성 및 행동을 결정하는 데 있어 상황의 중요성에 관한 논란으로 잘 알려지게 됐다. 그가 상황변인보다 사람변인을 강조했던 성격이론에 비판적이었지만, 최근에 그는 행동을 결정하는 데 두 가지 변인의 중요성을 인정하는 사람과 상황의 상호작용 관점을 나타냈다.

미첼의 사람변인은 친절성, 성실성, 공격성, 협동성과 같은 형용사적 특질이 아니라 구성 능력, 부호화 전략, 기대, 목표와 주관적 가치, 자기조절 체계 및 계획과 같은 인지 혹은 정보처리 개념이다. 특별한 상황에서 사람의 행동을 통제하는 기본적인 심리적 과정에 관련되는 이러한 다섯 가지 사람변인의 기술에서 미첼이 켈리, 로터, 반두라의 영향을 받았다는 것을 알 수 있다. 미첼이 제안했던 주요한 사람변인에 대해 간략하게 설명하면 다음과 같다.

① 구성 능력

첫 번째 사람변인인 '구성 능력'은 개인의 인지적, 행동적 능력과 관련된다. 즉, 적절한 조건 하에서 다양한 행동을 생성할 지적, 사회적, 신체적 능력을 말한다.

② 부호화 전략

두 번째 사람변인인 '부호화 전략'은 사람들이 사건 혹은 실체를 지각하고 조직화하고 이해하는 방법 및 상황을 범주화하는 방법과 관련된다. 예를 들면, 어떤 사람에게 두려움을 주는 상황이 다른 사람에게 흥분되는 혹은 권태로운 상황이 될 수 있다.

③ 기대

세 번째 사람변인인 '기대'는 로터이론의 핵심 개념이다. 이 개념은 특별한 조건 하에서 무슨 일이 일어날 것인가에 대한 개인의 구체적 기대를 의미한다. 예를 들면, 만약 다른 직업보다 내가 이 직업을 택하면 어떻게 될까? 이러한 기대에는 반두라의 주요 개념인 자기효능감 기대가 포함되어 있다.

④ 목표와 주관적 가치

네 번째 사람변인인 '목표와 주관적 가치'는 기대가 서로 유사할지라도 서로 다른 목표 혹은 주관적 가치를 가진 사람들은 동일한 결과가 나와도 그 결과가 각 사람들에게 서로 다른 의미를 주기 때문에 서로 다른 행동을 보일 수 있다는 것이다.

⑤ 자기조절 체계 및 계획

마지막 사람변인인 '자기조절 체계 및 계획'은 사람들이 자신의 행동을 조절하기 위해 채택하는 서로 다른 규칙과 규준을 의미한다.

(3) 인간성에 대한 관점

성격이론은 기본적으로 성격심리학자가 견지하는 인간성에 대한 가정, 즉 인간을 어떻게 보는가에 대한 철학적 견해를 바탕으로 형성된 틀이라고 할 수 있다. 사람들은 누구나 자신의 삶의 경험을 바탕으로 인간성에 대한 가정을 한다. 그리고 이러한 가정은 자신의 행동 방식과 대인관계 방식에 영향을 준다. 이런 점에서 다양한 성격이론을 전체적으로 조망하는 데 있어 인간성에 대한 기본 가정을 이해하는 것이 필요하다.

대부분의 성격심리학자들은 성격이론을 조망하고 평가하기 위해 나름대로 인간성에 대한 여러 가지 준거들을 제시한다. 메디(Maddi, 1966)는 성격이론가의 인간관과 이론적 입장에 따른 성격이론 분류 모델을 포괄적으로 제안하였다.

① 갈등 모델

이 모델은 인간을 필연적으로 서로 반대되는 두 가지 큰 힘이 서로 간에 마찰하는 존재로 보고 있다. 이 모델의 상반되는 두 가지 입장은 심리사회적 입장과 정신내적 입장이다. 심리사회적 입장은 개인 내부의 힘과 외부의 힘인 사회적 힘 간의 갈등을 가정하는 입장으로 여기에 속하는 성격심리학자들은 프로이트(Freud), 머레이(Murry), 에릭슨(Ericsson)을 포함한 자아심리학자들, 대상관계이론가들이다. 정신내적 입장은 개인 내부에 있는 상반되는 두 가지 다른 측면 간의 갈등을 가정하는 입장으로 여기에 속하는 성격심리학자들은 융(Jung), 랭크(Rank), 펄스(Perls) 등이다.

② 충족 모델

이 모델에 따르면 인간은 내부에 한 가지 큰 힘을 가지고 있으며 이러한 힘을 표현하려고 노력하는 존재이다. 이 모델의 상반되는 두 가지 입장은 실현화 입장과 완성 입장이다. 실현화 입장은 개인 내부의 큰 힘인 잠재력을 삶의 과정을 통해 끊임없이 실현시키려 한다는 가정으로 여기에 속하는 성격심리학자들은 로저스(Rogers), 매슬로(Maslow), 맥크래(McCrae)와 코스타(Costa) 등이다. 완성 입장은 개인 내부의 큰 힘이 완성의 이상을 추구하도록 한다는 입장으로 여기에 속하는 성격심리학자들은 아들러(Adler), 올포트(Allport), 프롬(Fromm), 실존주의 상담자들, 엘리스(Ellis) 등이다.

③ 일관성 모델

이 모델은 인간이 환경과 상호작용하면서 외부 세계로부터 그가 받은 피드백의 형식적 영향을 강조한다. 이러한 피드백은 그의 기대와 일관적이거나 비일관적일 수 있다. 이 모델의 상반되는 두 가지 입장은 인지 부조화 입장과 활성화 입장이다. 인지부조화 입장은 일관성과 비일관성이 필연적으로 사고과정에 수반된다는 입장으로 여기에 속하는 성격심리학자들은 켈리(Kelly), 엡스타인(Epstein), 맥클랜드(McClelland) 등이다. 활성화 입장은 습관적인 신체적 긴장의 정도와 실제적으로 존재하는 긴장의 정도간의 일관성을 강조하는 입장으로 여기에 속하는 성격심리학자들은 피스크(Fiske)와 매디(Maddi)이다.

(4) 성격이론의 평가 준거

성격이론이 얼마나 좋은지의 여부는 그 이론이 인간 성격에 대해 얼마나 잘 설명해 주고 예언해 줄 수 있는가에 달려 있다.

① 포괄성

성격이론이 다양한 심리적 현상, 행동, 행동 간의 관계 등을 포괄적으로 설명할 수 있어야 좋은 이론이라 할 수 있다.

② 검증성

좋은 이론은 명확하게 기술되고 측정될 수 있는 개념을 가져야 한다. 정확한 검증성을 기하기 위해 많은 연구에서 심리적 현상에 대한 조작적 정의를 내린다.

③ 경제성

이론은 어떤 영역의 다양한 자료 및 현상을 경제적이고 일관적으로 설명할 수 있는 개념이나 가정을 가져야 한다.

④ 경험적 타당성

적절한 이론은 지지해 주는 자료를 통해 경험적으로 타당하다는 것을 보여 줄 수 있어야 한다. 이론에 대한 경험적 타당성은 가설검증을 통해 결정된다.

⑤ 탐구성

탐구성의 준거는 이론이 절대적이 아니라 도전을 받을 수 있고 새로운 아이디어와 연구를 촉발하는 것을 의미한다.

⑥ 적용성

좋은 성격이론은 탁상공론에 그치지 않고 삶의 질을 높일 수 있도록 현실 생활에 적용 가치를 갖는 게 필요하다.

5. 성격의 평가

1) 성격의 평가

성격심리학자가 제안하는 성격이론에 따라 성격을 보는 관점이 다르기 때문에 성격을 평가하는 기법도 성격이론과 밀접하게 관련된다. 예를 들면, 인간의 무의식을 강조하는 정신역동적 접근은 투사법을 강조, 특질을 강조하는 성향적 접근은 주로 자기보고 검사법을 통해 개인의 특질을 탐구하며, 상황에 따른 행동을 강조하는 행동 및 사회적 학습 접근은 행동평가법을 주로 사용하며, 인간의 사고 혹은 인지의 중요성을 강조한 인지적 접근은 인지평가법을 중요하게 여긴다.

(1) 평가도구의 준거

성격이론가들이 제안했던 다양한 성격 평가기법은 그것이 갖는 객관성 혹은 주관성의 정도에 있어 다르다. 즉, 어떤 기법은 매우 주관적이어서 편견에 개방적이다. 따라서 주관적인 성격 평가기법을 통해 얻어진 결과는 평가를 하는 사람의 성격 특성에 의해 왜곡될 수 있다. 일반적으로 좋은 성격 평가기법 혹은 도구가 갖추어야 할 중요한 네 가지 준거는 표준화, 객관성, 신뢰도, 타당도이다.

① 표준화

평가도구가 갖추고 있는 규준에 대한 것으로, 검사를 시행하기 위해 갖는 절차 혹은 조건의 일관성 혹은 동일성을 갖추고 있는 것이다. 즉, 동일한 조건과 방식으로 검사를 시행하여 수검자를 평가하는 것이다.

② 객관성

평가하는 사람의 주관적인 편견을 피하는 것으로 평가자 혹은 채점자 간의 신뢰도가 높을 때 객관성이 높다고 할 수 있으며, 평가를 위한 객관적인 절차와 준거를 갖추어야 한다.

③ 신뢰도

평가도구가 시간의 경과에도 불구하고 반응의 일관성을 보이는 것을 말하며, 신뢰도를 결정하는 주요한 방법으로 검사-재검사신뢰도(test-retest reliability), 동형검사신뢰도(equivalent-form reliability), 반분신뢰도(split-halves reliability) 등이 있다.

④ 타당도

검사를 구성하고 있는 내용이 평가자가 의도했던 내용을 얼마나 정확하게 측정하는가를 말하며, 검사의 타당도를 검증하는 주요한 방법으로는 내용타당도, 예언타당도, 공인타당도, 구인타당도 등이 있다.

(2) 평가 방법

성격 평가기법들은 이론적 근거, 자료 수집의 방식, 평가 절차, 평가 내용 등에 따라 일반적으로 다음과 같은 세 가지 전략, 즉 심리검사법(자기보고검사, 투사검사), 면담법, 행동평가법으로 크게 구분된다.

① 심리검사법

성격을 측정하기 위해 가장 일반적으로 사용되는 것이고 사람들의 행동(사고, 감정, 행위)을 표본 추출을 통해 얻어진 결과를 표준화시켜 비교하는 체계적 과정이다. 심리검사는 크게 두 가지 유형으로 자기보고검사와 투사검사로 나누어진다.

- 자기보고검사 : 자신의 사고, 감정, 행동에 대해 묻는 질문에 대해 보고하는 것으로 구조화된 지필검사로 수행되며, 검사 항목에 기술된 내용과 자신의 성격 특성이 얼마나 유사한지를 평가한다. 미네소타 다중성격검사, 성격유형검사, 캘리포니아 심리검사 등이 있다.

- 투사검사 : 수검자에게 애매한 자극을 주어 반응하게 하는 것으로, 주로 성격을 관찰할 수 없는 측면을 탐색하려는 것이 목적이고, 기본적 가정은 한 가지 이상으로 반응할 수 있는 애매한 자극이 수검자가 반응하도록 제시됐을 때 수검자는 자신의 욕구, 감정, 가치를 자극에 투사하는 것이다. 로르샤크 잉크반점검사, 주제통각검사 등이 있다.

② 면담법

상담자가 내담자의 성격을 평가하기 위해 자료를 수집하는 가장 중요한 수단이 면담이다. 사실 면담 자료가 없으면 대부분의 심리검사 결과는 무의미하다. 면담을 통해 행동 관찰, 개인의 독특한 특성, 현실 상황에 대한 정보를 얻는다. 진행 형식의 구조화 정도에 따라 구조적 면담, 반구조적 면담, 비구조적 면담으로 구분하고, 구조적 면담은 정해진 형식에 따라 목표 지향적으로 이루어지는 반면에 비구조적 면담은 형식에 제약 없이 자유롭게 진행된다.

③ 행동평가법

개인이 주어진 환경에 상호작용하는 방식이며 명백히 관찰할 수 있는 행동에 관심을 둔다. 다시 말해, 관찰자는 주어진 상황에서 개인의 행동을 평가한다. 주로 스키너의 영향을 받으며, 표적반응 혹은 표적행동인 구체적 행동의 확인, 표적행동을 야기하거나 강화하는 구체적 환경 요인의 확인, 행동을 바꾸기 위해 조작될 수 있는 구체적 환경 요인의 확인을 강조한다. 행동평가는 ABC평가라고도 하는데 그 이유는 평가자가 세 가지를 평가하기 때문이다. 이 세 가지는 행동의 선행조건(Antecedent conditions of behavior), 행동 그 자체(Behavior itself), 행동의 결과(Consequences of behavior)이다.

2) 성격 연구 방법

성격 연구는 연구되는 방식과 연구 대상의 수에 의해 범주화될 수 있다. 다양한 평가기법을 사용하는 개체기술접근은 단일 사례 혹은 소수의 연구 대상을 집중적으로 조사하는 것으로 개인의 독특성을 이해하는 데 적절한 기법이며 전형적으로 상담 및 심리치료와 밀접하게 관련되는 경우가 많다.

(1) 자료의 범주

성격심리학자들은 연구에 사용되는 정보 혹은 자료를 네 가지로 범주화하였다. 생활기록 자료(L-data), 관찰자 자료(O-data), 검사 자료(T-data), 자기보고 자료(S-data)이다. LOTS로 네 종류의 머리글자로 불리며, 각각의 자료원은 나름대로의 강점과 한계를 가지고 있다. 일차적으로 자기보고 자료에 의존하고 있지만, 다른 자료원 또한 사용되고 있다.

① L-data

생활기록 자료는 개인의 전기와 생활기록으로부터 얻어질 수 있는 정보로 구성된다. 예를 들어, 성격과 범죄 간의 관계에 관심이 있다면 범죄성의 기준으로서 판결과 구속기록을 사용할 수 있을 것이다.

② O-data

관찰자 자료는 부모, 친구 또는 선생님과 같은 알 수 있는 관찰자에 의해서 제공된 정보로 구성된다. 이 자료는 성격 특성에 대한 평정의 형태로 제공된다. 추가로 자료는 한 명의 관찰자 또는 여러 명의 관찰자로부터 얻어질 수 있다. 후자의 경우에 연구자는 관찰자 간의 일치도와 신뢰도를 확인할 수 있다.

③ T-data

검사 자료는 실험이나 표준화된 검사로부터 얻어진 정보로 구성된다. 예를 들어, 만족의 지연을 참을 수 있는 능력은 즉각적으로 이용될 수 있는 작은 보상보다는 보다 큰 보상을 얻기 위해서 아이들이 얼마나 오랫동안 일을 할 것인가에 대한 결정에 의해 측정될 것이다. 지능검사와 같은 표준화된 검사에서의 수행도 T-data의 예가 될 수 있다.

④ S-data

자기보고 자료는 피험자 자신이 제공하는 정보로 구성된다. 전형적으로 그러한 자료는 질문에 대한 답변의 형태이다. 이러한 경우에 개인은 관찰자로서 자신에 대해 평정을 한다. 성격 질문지는 단일한 성격 특성에 대한 것이거나 성격의 전체 영역을 포괄할 수 있다.

사람들의 성격을 이해하려는 데 있어서 다음과 같은 질문을 할 수 있다. 만일 사람들의 성격에 대해서 알고 싶다면, 그들로부터 어떠한 종류의 자료를 얻으려고 하는가?

- 그들의 특정 기록을 확인할 것인가? (L-data)
- 당신과 다른 사람이 그들을 주의 깊게 관찰할 것인가? (O-data)
- 그들에게 객관적 실험 절차와 검사를 받게 할 것인가? (T-data)
- 그들에게 그들 자신에 대해서 보고하도록 묻고 싶은가? (S-data)

성격심리학자가 사용하는 연구 방법은 그의 이론적 입장, 성격 평가 방법, 그리고 밝히고자 하는 성격의 측면이 무엇인가에 따라 달라진다. 예를 들면, 정신분석 입장을 취하는 성격심리학자는 개인의 무의식에 근거한 욕구, 동기 등을 밝히기 위해 개인에게 투사검사인 주제통각검사, 로르샤크 잉크반점검사와 같은 임상 방법으로 사례 연구를 할 것이다. 행동주의 입장을 취하는 성격심리학자는 주어진 상황에서 개인이 어떻게 반응하는가에 관심을 두고 행동평가를 통해 엄격히 통제된 상황에서 행동을 측정하는 실험 방법을 통해 연구를 할 것이다. 성향적 관점을 취하는 성격심리학자는 사람들이 갖는 성격 특징이 다른 심리적 변인과 어떻게 관련되는가를 밝히기 위해 많은 사람들을 대상으로 자기보고검사를 사용하여 상관 방법을 통해 연구를 수행할 것이다.

성격 연구에 사용되는 사례 연구, 상관 연구, 실험 연구의 세 가지 방법에 대한 강점과 제한점을 정리하면 다음 〈표 15-1〉과 같다.

〈표 15-1〉 사례 연구, 상관 연구, 실험 연구의 비교

구분	강점	제한점
사례 연구	1. 실험의 인위성을 피할 수 있다. 2. 인간-환경 관계의 복잡성을 연구할 수 있다. 3. 개인에 대한 심층 연구를 할 수 있다.	1. 체계적이지 않은 관찰을 하게 한다 2. 자료에 대한 주관적 해석을 부추긴다. 3. 변인들 간의 복잡한 관계를 밝히기 어렵다.
상관 연구	1. 여러 가지 변인을 연구할 수 있다. 2. 많은 변인 간의 관계를 연구할 수 있다. 3. 많은 자료를 쉽게 얻을 수 있다.	1. 원인보다는 관계를 밝힐 뿐이다. 2. 자기보고 질문지의 신뢰도와 타당도의 문제가 있다. 3. 심층적으로 개인을 연구할 수 없다.
실험 연구	1. 특정 변인을 조작할 수 있다. 2. 자료를 객관적으로 기록할 수 있다. 3. 인과관계를 밝힐 수 있다.	1. 실험실에서 연구될 수 없는 현상을 배제한다. 2. 결과의 일반화를 제약하는 인위적 틀을 만든다. 3. 요구 특성과 실험자의 기대 효과를 야기한다.

출처: Pervin & John(2001).

6. 성격 연구의 역사

1) 구성주의

과학으로서의 현대 심리학은 인간의 정신에 초점을 둔 철학과 신체적 행동에 초점을 둔 생물학을 바탕으로 시작되었다. 대체적으로 독일의 심리학자인 분트(Wundt, 1832~1920)가 라이프찌히(Leipzig) 대학에 1879년에 심리학 실험실을 두어 인간의 의식에 대한 연구를 내관법(introspection)을 통해 실행한 것을 현대 심리학의 시작으로 본다. 따라서 분트를 현대 심리학의 아버지라고 부른다. 분트

의 입장을 따라 미국 심리학자인 티취너(Titchener)를 중심으로 정신 내용 및 과정을 연구한 입장을 구성주의 심리학이라고 부른다. 구성주의 심리학은 주로 정신의 구성 내용과 구성 요소를 밝히는 데 초점을 두고 인간의 의식을 연구하였다.

2) 기능주의

미국 심리학의 아버지라고 불리는 제임스(James, 1842~1910)의 입장을 반영한 심리학을 기능주의 심리학이라 한다. 기능주의 심리학은 정신의 구성을 밝히는 것보다 정신이 어떤 목적으로 어떻게 기능하는가에 초점을 두었다. 따라서 기능주의 심리학은 유기체가 환경에 적응하기 위한 정신의 목적과 기능에 대한 강조를 바탕으로 정신과정을 연구하였다.

3) 정신분석

정신의 의식 차원을 확장하여 무의식 차원에 연구를 시작한 프로이트(Freud, 1856~1939)의 심리학을 정신분석이라 한다. 프로이트는 주로 신경증 환자들을 연구 대상으로 정신분석을 발달시켰으며 인간 이해를 위해 "무의식이 의식보다 중요하다."라고 강조하였다.

4) 행동주의

과학으로서 심리학이 인간의 정신 혹은 의식에 치중한 입장에 반대하여, 왓슨(Watson, 1878~1958)은 심리학의 연구 대상은 관찰할 수 있는 행동이어야 한다고 주창하였는데 이를 행동주의 심리학이라 한다. 인간행동을 주요한 연구 대상으로 한 왓슨, 파블로프, 스키너 등이 취한 행동주의 심리학은 객관적인 과학으로서 심리학의 입장에 따라 주로 동물 실험을 바탕으로 학습 심리학에 지대한 영향을 끼쳤다.

5) 게슈탈트

인간의 정신이나 행동을 세분화하여 연구하는 것보다 인간을 전체론(holism), 현상학(phenomenology), 생득설(natibvism) 관점에서 연구하려는 입장을 게슈탈트 심리학이라 한다. 독일의 심리학자인 베르트하이머(Wertheimer), 쾰러(Köhler), 코프카(Koffka)에 의해 시작된 게슈탈트 심리학은 "전체는 부분의 합 이상이다."라는 명제를 바탕으로 지각 심리학에 기여하였다.

6) 인본주의

인간의 가치와 존엄성을 강조하였고 실존주의 철학과 현상학을 바탕으로 제2차 세계대전 이후에 매슬로(Maslow), 로저스(Rogers) 등이 강조한 입장을 인본주의 심리학이라 한다. 인간을 결정론적, 기계론적 입장으로 보는 것에 반대하여 인간의 변화 가능성과 자유 의지를 강조하였다.

7) 인지주의

행동주의 심리학의 입장에 반대하여 1960년대에 정체성을 나타낸 입장이 인지주의 심리학이다. 인지주의 심리학은 여러 행동 측정치를 수집하고 분석하여 인간의 정보처리의 구체적인 특성을 밝히는 학문 분야이다. 현재까지 많은 인지심리학자들은 인간의 정보처리 용량은 어떠한 방식으로 제한되어 있는가, 우리를 둘러싼 다양한 자극, 정보들 중 어떠한 특질을 지닌 자극들이 우리의 주의를 끄는가, 우리의 기억은 어떻게 형성되고 인출되는가와 같은 인간의 마음을 이해하기 위한 기초적이고 근본적인 질문을 던져 왔고, 이에 답하기 위해 노력해 왔다.

참고 문헌

강봉균(2001). 기억과 시냅스 가소성. 한국뇌과학지, 1(1), 13-24.

강봉균(2016). Brain 모든 길은 뇌로 통한다. 서울: Humanist 출판.

강봉균, 강웅구, 권준수, 김경진, 김은준(2016). 렉처사이언스 뇌. 서울: 휴머니스트.

강성빈(2011). 교육과정과 평가. 경기: 양서원.

강영혜, 박성호, 임후남, 정동철, 황정원(2014). 2014 KEDI 학생역량지수 조사. 한국교육개발원 연구보고 RR 2014-26. 충북: 한국교육개발원.

강인애(1996). 구성주의 모델들의 특징과 차이점: 인지적 도제이론 상황적 학습 이론, 인지적 유연성 이론을 중심으로. 교육공학연구, 12(1), 1-19.

강종식(2001). 메타인지 전략 수업이 초등학생의 수학문제해결력과 동기에 미치는 영향. 전북대학교 석사학위논문.

강중열, 정솔(2006). 메타인지 활용 수업이 초등학생의 문제해결에 미치는 영향.

고명규(1989). 창의력 신장을 위한 교육 방략, 제주대학교 논문 제28집.

고병진(2010). 청소년 뇌교육프로그램 적용에 따른 뇌파활성도와 정신력 및 자기조절능력의 변화. 국제뇌교육종합대학원대학교 박사학위논문.

곽병선(2009). 지식융합시대와 통합교육과정. 한국통합교육과정학회 학술발표논문집, 4, 1-13.

고영미(2009). 초등학생의 독서 초인지 양상 및 독서 초인지와 독서 능력의 관계. 가톨릭대학교 대학원 독서학과 석사학위논문.

고윤주(1997). 발달 심리학을 위한 또 하나의 접근방법: Chaos 이론. 한국심리학회지: 발달, 10(1), 1-14.

고창규(2006). 초등학교 좋은 수업특성 연구 - 담화행위(act), 유도행위, 교수행동요소, 바로잡기(repair)를 중심으로. 열린교육연구, 14(1), 25-49.

곽기상(1990). 교육심리학. 서울: 제동문화사.

공숙자(2002). '메타말하기 지도 요소와 교수·학습 모형 연구: 소집단 토론 대화를 중심으로'. 인천교육대학교 교육대학원 초등국어교육 석사학위논문.

교육부(2017). 특수교육대상자의 사회통합 실현을 위한 제5차 특수교육발전 5개년('18~'22) 계획. 세종: 교육부 특수교육정책과.

구경본(2010). 초등교사의 보편적 학습 설계에 관한 인식과 실태 연구. 한양대학교 석사학위논문.

구정화(1995), "사회과 고급사고를 위한 메타인지 전략". 시민교육연구, 제21권(제1호).

권대훈(2009). 교육심리학의 이론과 실제(2판). 서울: 학지사.

권성연(2002). 자기조절학습의 단계와 구성 요인 규명. 이화여자대학교 박사학위논문.

권영주, 신재한, 이승호, 박선미(2016). 뇌교육 기반 인성놀이 프로그램이 초등학생의 인성지수에 미치는 효과. 인문사회21, 7(4), 655-676.

권정인(2017). 과학교육에서 협력적 문제해결 중심 교수모델 개발 및 인성역량 함양 효과. 부산대학교 대학원 박사학위논문.

권혁진, 박혜진(2010). 메타인지, 몰입과 수학 창의적 문제해결력 간의 구조적 관계 분석.

권현진(2002). (새내기 초등교사를 위한) 학급경영 길라잡이. 경기: 양서원.

김경화(2017). PBL 수업적용에 따른 학습 성과에 관한 질적 연구. 한국콘텐츠학회논문지, 17(12), 191-201.

김경희 외(2010). "OECD 학업성취도 국제비교 연구(PISA 2009) 결과 보고서, 한국교육과정평가원, 연구자료 RRE 2010-42.

김기정(2018). 자기 주도적 논제 선정을 통한 독서토론이 독서 능력 및 독서태도에 미치는 영향 연구. 가톨릭대학교 교육대학원 독서교육학과 석사학위논문.

김기화(1992). 초등학교 아동의 초인지 수준과 문제해결력과의 관계 분석. 한국교원대학교 대학원 석사학위논문.

김남진(2019). 보편적 학습설계의 심화. 경기: 양서원.

김라경(1997). Parnes의 창의적 문제해결 모형적용. 한국교원대학교 석사학위 논문.

김무길(2011). 좋은 수업의 조건들에 대한 비판적 검토: 듀이의 성장 개념을 중심으로. 교육철학연구, 33(3), 25-47.

김문수, 박소현(2019). 학습과 행동. 서울: 학지사.

김민경(2015). 거꾸로 교실수업이 중학생 영어 학습자의 학업성취도와 정의적 영역에 미치는 영향.

김병성(1996). 교육연구방법. 서울: 학지사.

김보리(2008). 메타인지 전략 수업이 학생의 메타인지와 수학불안 해소에 미치는 영향. 강원대학교 석사학위논문.

김봉제(2014). 초월성의 도덕교육적 특성에 관한 연구. 서울대학교 대학원 박사학위논문.

김부미(2004). 인지심리학의 관점에서 수학적 오류의 분석기능성 탐색.

김선미, 오주원(2018). 뇌교육 기반 인성 프로그램이 아동의 자아존중감 및 학업적 자기효능감에 미치는 영향. 인성교육연구, 3(2), 1-18.

김선유(2017). 수학적 문제해결력 증진을 위한 발문의 예시 -폴리아의 문제해결 이론을 중심으로-.

김성애(2002). 발달지체 유아의 자기결정 촉진당위성과 교수학습원리. 특수교육학 연구, 37(2), 1-23.

김세희(2019). 메타인지전략을 활용한 거꾸로 교실수학수업모형연구. 숙명여자대학교 대학원 석사학위논문.

김수미(1992). 수학교육에서의 메타인지 개념에 대한 고찰.

김수미(1996). 메타인지 개념의 수학교육적 고찰.

김수미, 김연식(1996). 메타인지 개념의 수학교육적 고찰. 수학교육학연구, 6(1).

김수연(2016). 독서토의 수업에서 질문생성 전략이 아동의 읽기 동기와 독서.

김여희, 조주연(2010). 정서가 기억 과정에 미치는 영향의 뇌과학적 해석과 교육적 시사점, 서울교육대학교 석사학위논문.

김연식, 김수미(1996). 메타인지 개념의 수학교육적 고찰. 서울대학교.

김영채(역)(1990). 학습심리학(B.R.⊥ergenhan. An introduction to theories of learning). 서울: 박영사.

김영채, 박권생(공역)(1992). 인지심리학 이론과 적용(제2판). 박영사.

김용래(2000). 교육심리학. 서울: 문음사.

김용진(2007). ARCS동기모델을 적용한 컴퓨터 프로그래밍 수업이 학습동기 및 학업 성취에 미치는 영향. 한국교원대학교 석사학위논문.

김용호(1995). 사고와 문제해결심리학. 박영사.

김원자(2004). 인지전략 자기주도학습과 메타인지 전략 자기주도 학습 프로그램이 초등학생의 자기주도학습능력에 미치는영향.

김재복(2000). 통합교육과정. 서울: 교육과학사.

김재영(2000). 뇌기능 발달에 기초한 초등과학 교육과정 개발에 대한 연구. 서울대학교 대학원 박사학위논문.

김재은(1995). 교육과 창의성. 배영사.

김재찬(2004). 메타인지 활동이 학습부진학생의 수학적 문제해결력과 신념에 미치는 영향.

김정민(2017). 메타인지 전략을 활용한 미술관 조형요소 교육 프로그램.

김정민(2019). 대학생 직업인성 역량 척도개발 및 타당화. 중앙대학교 대학원 박사학위논문.

김정민(2019). 인지행동치료. 서울: 학지사.

김종남, 이순묵, 최승원, 채정민, 서동기, 최윤경, 조철현(2017). 한국형 역기능 우울 척도의 문항개발 및 문항분석. 한국심리학회지: 건강, 22(4), 849-882.

김주남(2014). 뇌교육인성 프로그램이 초등학생의 자아존중감, 자기효능감, 정서조절 능력에 미치는 영향. 국제뇌교육종합대학원대학교 박사학위논문.

김주현(2005). 다중지능이론에 기초한 진로교육 프로그램 개발 연구. 서울대학교 대학원 박사학위논문.

김주후(2008). 측정도구의 이해와 개발. 성인간호학회 학술대회, 7-32.

김지은(2017). 비고츠키 이론을 활용한 거꾸로 교실 수학수업 방안 연구 개발.

김지홍(2009). 메타인지 전략을 활용한 수업에서 나타난 수학 의사소통.

김진성(2016). 거꾸로 수업을 적용한 초등과학 수업이 학업성취도와 자아 효능감에 미치는 효과.

김진숙(2020). 커플 및 가족을 위한 인지행동치료.

김진영, 백혜리, 최윤정(2015). 유아를 위한 교수-학습방법론. 경기: 양서원.

김진이(2016) 대학생용 두뇌활용능력 척도 및 프로그램 개발 연구, 국제뇌교육종합대학원대학교 박사학위논문.

김충기(2000). 교육심리학(2판). 서울: 동문사.

노안영, 강영신(2012). 성격심리학. 서울: 학지사.

도주원, 백석윤(2016). 수학 문제해결에서 메타 정의의 기능. 한국초등수학교육학회지.

라미경(2015). 거꾸로 수업을 활용한 수학 수업모형 연구: 고등학교 1학년 과정을 중심으로.

류현정(2017). 거꾸로 교실 수업 방식이 학생의 수학적 성향 및 수학적 의사소통 능력에 미치는 영향.

문선모(2004). 교육심리학: 학습 · 발달중심접근. 파주: 양서원

문선모(2007). 학습이론–교육적 적용. 파주: 양서원

문선모, 박영규(1996). 문장제 뺄셈 문제해결의 오류탐지 분석. 중등교육연구(경상대학12), 8, 237-267.

문선모, 배한권(1995). 교재구조 훈련과 요약하기 훈련이 설명적 교재 처리에 미치는 효과. 교육학연구(한국교육학회), 33(5), 21-43.

문선모, 배한권(2006). 요약하기 훈련이 비교/대조구조의 설명적 교재 처리에 미치는 효과. 아시아교육연구(서울대교육연구소), 7(4), 301-336.

문선모, 이한기(1998). 질문제기 훈련이 설명적 교재의 이해에 미치는 효과. 중등교육연구(경상대학교), 10, 203-231,

문선모, 조현석(1993). 핵심단어방략이 영어단어학습에 미치는 효과. 중등교육연구(경상대학교), 5, 87-116,

문선모 외(1995). 교육심리: 인지발달론적 접근. 서울: 교육과학사.

문수백(2009). 구조방정식모델링의 이해와 적용. 서울: 학지사.

박경, 최순영(2009). 심리검사의 이론과 활용(2판). 서울: 학지사.

박경애(1997). 인지 · 정서 · 행동치료. 서울: 학지사.

박기환(2020). 상담 및 심리치료 이론 시리즈5; 인지행동치료. 서울: 학지사.

박명선(2006). 한국과 핀란드의 수학 성취도와 교과서 비교분석–PISA 조사 결과를 중심으로. 고려대학교 교육대학원 석사논문.

박상준(2015). 고등학교 과학 거꾸로 수업 교수학습 모델 개발 및 적용 효과.

박상희, 김지영, 김리진, 전가일, 지경진, 황혜경(2016). 아동정신건강. 경기: 양서원.

박선미(2009). 뇌기반 인성교육 프로그램이 초등학교 저학년 학생의 자아존중감 및 또래관계에 미치는 효과. 한국교원대학교 대학원 석사학위논문.

박성미, 허승희(2012). 청소년용 통합적 인성 척도 개발. 아동교육, 21(3), 35-47.

박아청(1996). 한국청소년의 정체감 발달경향에 관한 연구. 한국심리학회지발달, 9(2), 68-78.

박아청(2001). 발달심리학적 관점에서 본 자기의 발달. 한국사회과학연구, 20(2), 117-147.

박아청(2002). 교육심리학의 이해(개정판). 서울: 교육과학사.

박아청(2003). '한국형 자아정체감검사'의 타당화 연구. 교육심리연구, 17(3), 373-392.

박영태(1990). 과제유형, 연령 및 학력수준별 초인지훈련 효과분석.

박윤아, 박지연(2008). 분노조절프로그램이 정서 및 행동장애 위험 아동의 공격성 및 정서적 능력에 미치는 영향. 정서 · 행동장애 연구, 24(1), 23-42.

박재용(2020). 청소년 수련활동과 인성 역량 간의 관계분석. 중앙대학교 대학원 박사학위논문.

박 정(2002). 학업성취 국제비교 연구에 관한 일 고찰 TIMSS와 PISA를 중심으로. 교육평가연구, 제15권(제1호).

박정희(2014). 초등교사의 다문화교육 역량 척도 개발 및 타당화. 이화여자대학교 대학원 박사학위논문.

박준영(2011). 교육의 철학적 이해. 경기: 교육과학사.

박지민(2015). 플립러닝(flipped learning)을 활용한 수학 수업이 학생들의 학업 성취에 미치는 영향.

박지연, 김지수(2019) 개별학생을 위한 긍정적 행동지원. 서울: 학지사.

박태진, 차현진(2015). 거기로 교실(Flipped Classroom)의 교육적 활용 가능성 탐색을 위한 교사 인식 조사.

박현진(2013). 공존지향 유아 인성교육 프로그램 모형 개발. 한국교원대학교 대학원 박사학위논문.

박혜연, 정순모, 김응환(2014). 메타인지 전략 학습을 통한 수학적 사고력 신장 방안 연구.

배한권(2004). 요약하기 훈련이 설명적 교재 처리에 미치는 효과. 경상대학교 대학원 박사학위논문.

백명숙(2005). 메타문제의 적용이 초등학생의 수학 학습에 미치는 효과. 서울대학교 석사학위논문.

백미화(2009). 뇌교육 프로그램이 초등학생의 도덕성 발달에 미치는 영향. 국제뇌교육종합대학원대학교 석사학위논문.

백석윤(1995). 문제해결을 위한 메타인지적 사고의 지도 방법 모색. 대한수학교육학회.

백정희(2015). 뇌운영시스템(BOS)의 척도 개발 연구. 국제뇌교육종합대학원대학교 박사학위논문.

서미옥(2014). 교육심리학의 이해와 적용. 경기: 공동체.

서봉연, 송명자(역)(1990). 인지발달(J. H. Flavell. Cognitive development, 2nd Ed.), 서울: 중앙적성출판사.

서봉연, 이순형(1963). 발달심리학: 아동발달. 서울: 중앙적성출판사.

서숙경(2012). 감정코칭 부모교육이 어머니의 정서반응태도에 미치는 효과. 대구대학교 석사학위논문.

성보훈(2014). 초등학생의 행복관련 변인 탐색 및 행복증진 뇌교육 프로그램 효과 검증. 국제뇌교육종합대학원대학교 박사학위논문.

성은모(2015). 청소년 역량지수 구성 체제의 개발 및 타당화 연구. 아시아교육연구. 16(2), 117-144.

성은모, 백혜정, 진성희(2014). 청소년 역량지수 측정 및 국제비교 연구I:IEA ICCS 2016 총괄보고서. 한국청소년정책연구원 연구보고서, 1-325. 세종: 한국청소년정책연구원.

성은영, 이영미, 박은주, 윤성운(2015). 영유아를 위한 교수-학습방법. 경기: 정민사.

성태제(2015). 교육연구방법의 이해(3판). 서울: 학지사.

소경희(2009). 역량기반 교육의 교육과정사적 기반 및 자유교육적 성격 탐색. 한국교육과정 학회, 27(1), 1-20.

손승남, 김권욱, 이수진(2017). 인성교육. 서울: 학지사.

송동림(2010). '경청'에 대한 상담학적 고찰. 나주: 광주가톨리대학교 출판부.

송미영 외(2013). OECD 국제 학업성취도 평가 문항 자료집: PISA 2000 PISA 20122 지필평가. 한국교육과정평가원, 연구자료 ORM 2013-64-1.

송미영 외(2013). FPISA 2012 결과로 본 우리나라 학생들의 수학 읽기 과학 성취 특성. 한국교육과정평가원, PLM 2013-14.

송상호(1999). 매력적인 수업설계 : 주의집중 · 관련성 · 자신감 그리고 만족감. 교육과학사.

신근식(2019). 뇌교육 기반 명상을 활용한 스트레스 관리 프로그램 개발 및 효과. 국제뇌교육종합대학원대학교 박사학위논문.

신명희(2002). 교수방법의 심리적 기초. 서울: 학지사.

신성철, 서보준(2019). 청소년의 자아분화가 또래관계, 학교생활 적응, 스트레스대처행동에 미치는 영향. 인문사회21, 10(6), 277-292.

신승윤(2014). 초등수학영재의 수학 창의적 문제해결력과 메타인지와의 관계.

신재한(2015). 뇌교육적 관점의 인성교육 방안 탐색. 뇌교육연구 특별호, 25-44.

신재한(2017). 뇌기반교육의 이론과 실제. 서울: 신한출판미디어

신재한, 김지인, 김나옥, 장래혁(2017). 뇌교육 기반 세계시민교육 교육과정 설계 방향 탐색. 인문사회21, 8(2), 1183-1212.

신종호, 이선영(2019). 학습심리학. 서울:학지사.

안종수(2009). 웹 기반 수학학습에서 메타문제가 수학적 태도에 미치는 효과 분석.

안창규(1991). 교육평가의 형태와 방향, 교육평가 일반연수교재(중등학교). 부교연수, 90-25. 부산직할시 교원연수원.

양명희(2019). 행동수정이론에 기초한 행동지원. 서울: 학지사.

양용칠(2014). 수업설계를 위한 학습심리학. 경기: 교육과학사.

연문희(1996). 성숙한 부모유능한 교사. 서울: 양서원.

유승우, 임형택, 권충훈, 이성주, 이순덕, 전희정(2017). 교육방법 및 교육공학. 서울: 양서원.

유효현(2001). 자기효능감과 학습동기 및 학교적응간의 관계분석. 홍익대학교 석사학위논문.

윤종건(1994). 창의력의 이론과 실제. 서울: 원미사.

윤종건(1996). 창의력 이론과 실제. 정민사,

윤주한, 김응회(2000). 문제 해결력과 창의성 신장을 위한 메타인지 문제 개발 및 적용에 관한

연구.
은은숙(2019). 피아제의 명제논리적 학습이론과 베이즈주의 인과추론적 학습이론 사이의 논쟁 넘어서기. 철학논총, 97, 247-266.
이건만, 오희진(1999). 닫힌 학교 열린 꿈. 서울: 양서원.
이경화, 고진영, 최병연, 정미경, 박숙희(2011). 효과적인 교수-학습을 위한 교육심리학. 경기: 교육과학사.
이관용, 김기중(역)(1982). 학습심리학(S. H. Hulse, H. Egeth, & J. Deese. The psychology of learning). 서울: 법문사.
이관용, 김기중(역)(1996). 학습심리학: 행동과 인지(D. A. Lieberman. Learning: Behavior and cognition). 서울: 교육과학사.
이관용 외(역)(1984). 인간기억의 심리학(A. Wingfield & D. L. Byrnes, The psychology of human memory). 서울: 법문사.
이관용 외(역)(1995). 학습의 이론(G. H. Bower, & E. R. Hilgard. Theories of learning). 서울: 중앙적성출판사.
이규선 외(2001). 미술교육학 교육과학사.
이나경, 이현주, 정우경(2018). 학습심리학. 서울: 시그마프레스.
이대현, 박배훈(2001). 수학교육에서 직관과 그 오류에 관한 고찰.
이대현, 이봉주(2002). 수학 문제해결 과정에서의 직관과 메타인지!
이동엽(2013). 플립드 러닝(Flipped classroom) 교수·학습 설계모형 탐구, The journal of Digital Policy & Management. 특징 연구, 11(2)
이민찬, 길양숙(1998). 수학 학습에 영향을 미치는 정의적 특성의 학년별 변화 및 성별, 성취 집단별 차이. 한국수학교육학회 시리즈A 〈수학교육〉.
이상복(2017). 행복을 부르는 긍정 심리학. 경기: 공동체.
이양기(1997). 메타인지적 사고를 향상시키기 위한 수업의 형태가 문제 해결력에 미치는 영향 분식. 한국교원대학교 석사학위논문.
이영자(2004). 유아 교수-학습방법. 서울: 창지사.
이용남 외(역)(2005). 인지심리와 학교학습(E. D. Gagne, C. W. Yekovich, & F. R.Yekovich, The cognitive psychology of school learning. 2nd ed.). 서울: 교육과학자,
이은주(2001). 몰입에 대한 학습동기와 인지전략의 관계. 교육심리연구, 15(3), 199-216.
이정모 외(2003). 인지심리학(개정판). 서울: 학지사.
이지윤, 김선희(2016). 학습자 중심의 교육의 관점에서 교사들이 수학교육의 문제점 인식과 수학 모델 교과서 개발.
이지혜.(2010). 자기결정성 학습동기, 메타인지, 자기주도적 학습능력 및 학습몰입과 학업성취 간의 구조적 관계. 교육학연구, 48(2), 67-92.
이해경, 권오영, 이양(2002). 인지발달에 대한 삐아제 이론과 비고츠키 이론의 비교. 사회과학

연구, 20(1), 5-18.

이훈구(역)(1984). 학습심리학(D. L. Hintzman. The psychology of learning and memory). 서울: 탐구당.

임규혁, 임웅(2007). 교육심리학(2판). 서울: 학지사.

임선아, 김종남(2018). 행동수정. 서울: 학지사.

임선하(1993). 창의성에의 초대. 배영사.

임영식, 한상철(2000). 청소년 심리의 이해. 서울: 학문사.

임창재(2005). 교육심리학(2판). 서울: 학지사.

장영란(2000). 아리스토텔레스의 인식론. 서울: 서광사.

장영란(2009). 플라톤의 교육:영혼을 변화시키는 힘. 파주: 살림출판사.

장상화(1982). 발생적 인식론과 교육: Piaget. 서울: 교육과학사.

전경원(1993). 창의적인 문제해결력, 서원.

전유진(1999). 도식조직자가 설명적 교재 처리에 미치는 효과. 경상대학교대학원 박사학위논문.

정순례, 이병임, 조현주, 오대연(2020). 학습이론의 이해와 적용. 서울: 학지사.

정영옥(1994). Piaget 이론의 수학교육적 적용. 수학교육학연구, 4(1), 193-206.

정종진(2019). 학습동기: 무엇이 학습하게 만드는가? 학생들의 마음속에 불을 지피라. 고양시: 공동체.

정창우(2001). 피아제와 비고츠키 이론의 도덕 교육적 함의에 관한 연구. 도덕윤리과교육연구, (13), 1-17.

조규판(2013). 초등학생이 지각한 사회적지지, 학업적 자기효능감, 학교생활적응이 학교행복감 및 학업성취도에 미치는 영향. 동아대학교 박사학위논문.

조원성(1996). 자아존중감 증진프로그램이 아동의 자아존중감과 학습동기에 미치는 효과. 한국교원대학교 석사학위논문.

조한혜정(2000). 학교를 찾는 아이, 아이를 찾는 사회. 서울: 또 하나의 문화.

천성문, 차명정, 이형미, 류은영, 정은미, 김세경, 이영순(2019). 상담입문자를 위한 상담기법 연습. 서울: 학지사.

천호성(2008). 교실 수업의 혁신과 지원을 위한 수업분석의 방법과 실제: 질적 연구방법을 중심으로. 서울: 학지사.

최병연(2002). 자기결정성 학습동기 이론의 교육적 적용. 교육문제연구, 16, 165-184.

최용실, 고정민(2015). 읽기 협력학습을 통한 고등학생의 독해능력과 자율성 향상에 대한 인식. 중등영어교육, 8(1), 29-50.

추미화(2009). 목차를 활용한 훑어보기 전략이 초등 사회 과목의 학업성취와 학습동기에 미치는 영향. 고려대학교 석사학위논문.

하대현(2003). 교실에서의 내적 동기: 쟁점과 교육적 시사점. 교육심리연구, 17(1), 71-94.

하대현(2003). MI 이론의 경험적 타당화 연구(3): 지능과 인지양식의 영역-특수성의 발달적 변화. 교육심리연구, 17(3), 27-52.

한국학습장애학회(2014). 학습장애총론: 전문성 구축을 위한 입문서. 서울: 학지사.

한순미(2004). 학습동기 변인들과 인지전략 및 학업성취간의 관계. 교육심리연구, 18(1), 329-350.

한순옥, 손화희(2001). 방과후 자아존중감 프로그램. 서울: 양서원.

허혜경(1996). Vygotsky 의 ZPD 이론에 기초한 교수-학습방법. 교육학연구, 34, 311-330.

현금이(1988). 아동의 장동립/장의존 인지 양식과 동시성/연속성 처리와의 관계 분석. 성균관대학교 석사학위논문.

홍순정(1999). 지능과 창의성. 양서원.

황기우 편(1998). 21세기 교사의 역할: 생태학적인 관점. 서울: 원미사.

황동욱(1997). 추론 능력 향상을 위한 학습 자료 개발, 한국교원대학교 석사학위논문.

황진숙(2013). 정보처리이론에 근거한 중국어 교수-학습 방안: 멀티미디어 활용을 중심으로. 대구대학교 석사학위논문.

A. P. Jalu, et. al., I'Speed Control of Brushless DC Motor for Quad Conter Drone Groumd Test(2019) IEEE Conference of.

A. Platzer, "The logical path to autonomous cyber-physical systems," In *International Conference on Quantitative Evaluation of Systems*. Springer, 2019, pp. 25-33.

Alexander, P. A., Schallert, D. L., & Hare, V. C.(1991). *Coming to terms: How*.

Amabile, T. M.(1989). *Growing up creative: Nurturing a lifetime of creativity*. Buffalo, NY: CEF Press.

Anderson, J. R.(1983). *The architecture of cognition*. Cambridge, Massachusetts:

Anderson, V.(1992). A teacher development project in transactional strategy instruction for teachers of severely reading-disabled adolscents, *Teaching and Teacher Educaion, 8*, 391-403.

Atkinson, R. C., & Shiffrin, R. M.(1968). Human memory: A proposed system and its control processes. In *Psychology of learning and motivation* (Vol. 2, pp. 89-195). Academic Press.

B. Blankertz, G Dornhege, C. Schafer, R. Krepki, J. Kohlmorgen, K. Muller, V. Kunzmann, F.(2003). Losch, G Curio, Boosting bit rates and error detection for the classification of fast-paced motor commands based on single-trial EEG analysis. *IEEE Trans. Neural Syst. Rehabi. Eng., 11*, 127-131

B. kotchoubey, N. Neumann, H. Flor, The thought translation device (TTD) for completely paralyzed patients. *IEEE Trans. Rehabil. Eng , 8*, 190-193.(2000)

Baars, B. J., Gage, N. M.(2010). *Cognition, Brain, and Consciousness*. 강봉균(역). 인지, 뇌, 의식: 인지신경과학 입문서. 서울: 교보문고,

Baddeley, A.(1986). *Working memory*. Oxford: Clarendon Press.

Baddeley, A.(2009). *Your memory*. 진우기(역). 당신의 기억. 경기: 위즈덤하우스.

Bandura, A.(1977). *Social learning theory* (2nd ed.). Englewood Cliffs, NJ: Prentice-Hall.

Bandura, A.(1986). *Social foundations of thought and action: A social cognitive theory*. Englewood Cliffs, NJ: Prentice-Hall.

Bandura, A.(1997). *Self-egfc*.

Banich, M. T.(2008). *Cognitive neuroscience and neuropsychology*. 강은주, 강연욱, 김명선(역). *인지신경과학과 신경심리학*. 서울: 시그마프레스.

Barron, F.(1956). The disposition toward originality. *Journal of Abnormal Social Psychology, 5*1(3), 478-485.

Barron, F.(1969). *Creative Person and Creative Process*. New York: Holt, Rinehart & Winston.

Barron, F., & Harrington, D. M.(1981). Creativity, intelligence, and personality. *Annual review of psychology. 32*(1), 439-476.

Batey, M.(2012). The measurement of creativity: From definitional consensus to theintroduction of a new heuristic framework. *Creativity Research*.

Beddeley, A.(2000). *Short-term and working memory*. In E. Tulving & F, I. M.

Bower, G. H., & Hilgard, E. R.(1981). *Theories of learning* (7th ed.). Englewood Cliffs, NJ: Prentice-Hall.

Bransford, J. D.(1979). *Human cognition: Learning, understanding, and remembering*. Belmont. CA: Wadsworth.

Brown, A. L., Rodney R., Cocking, R. R.. Bransford, J.(2008). *How People Learn (Brain, Mind, Experience, and School*. 박종효(역). *학습과학 뇌, 마음, 경험, 그리고 교육*. 서울: 학지사.

Brown, A. N.(1987). *Metacognition, executive control, self-regulation, and other more mysterious mechanisms*. In F. E. Weinert, & R. H. Kluwe(Eds.).

Burton, L.(1984). Mathematics thinking: The struggle for meaning. *Journal for research in Mathematics Education, Vol. 15*, No. 1, pp. 35-39.

Carol, E. M.(1999). Developing Mathematical Reasoning in the Middle Grades Recognizing Diversity. *99' Yearbook Developing Mathematical Reasoning in Grades K-12*.

Carter, E.(2010). *The Brain book*. 장성준(역), *뇌*. 서울: 북이십일 21세기북스.

Cher, C. H.(1995). *Teaching Casual Reasoning Through Cognitive Apprenticeship: What are results From Situated Learning*. University of West Georgia.

Collins, A., & Loftus, E. F.(1975). A spreading-activation theory of semantic processing. *Psychological Review, 82*, 407-428.

Collins, C.(1991). Reading instruction that increases thinking abilities. *Journal of Reading, 34*, 510-516.

Craik,(2000). (Eds.). *The oxford handbook of memory* (pp. 77-92). New York: Oxford University Press.

Craik, F. I., & Lockhart, R. S.(1972). Levels of processing: A framework for memory research. *Journal of verbal learning and verbal behavior, 11*(6), 671-684.

Craik, F. I. M. & Tulving, E.(1975). Depth of processing and retention of words in episodic memory. *Journal of Experimental Psychology: General, 104*, 268–294.

Crain, W.(1999). *theories of development; Concepts and applicatios*. Englewood Cliffs, Nj: Prentice Hall.

Creswell, J. W.(2013). *Qualitative inquiry and research design: Choosing among five approaches* (3rd Ed.). Sage Publications, Inc. 34 외(역)(2006). 질적연구방법론: 다섯 가지 접근. 서울: 학지사.

Creswell, J. W.(2015) *30 Essential skills for the qualitative researcher*. 한유리(역). 질적 연구의 30가지 노하우. 서울: 박영스토리.

D. H. Schunk & B. J. Zimmerman(1997). Social origins of self–regulatory competence. *Educational Psychologist, 32*, 195–208.

D. Jurafsky, J. H. Martin(2000). *Speech and language processing*. Prentice Hall.

Dansereau, D. F., & Cross, D. R.(1990). Knowledge mapping: Cognitive software for thinking, learning, and communicating. *Department of Psychology*.

Das, J. P. and Molly, G. N.(1975). Varieties of simultaneous and successive Processing in children. *Journal of educational psychology 67*(2), 213–220.

Das, J. P., Kirby, J. R. and Jarman, R. F.(1979). *Simultaneous and successive Cognitive Processing*. New York: Academic Press.

Das, J. P. and Kirby, J. R.(1977). Reading Achievement, IQ and Simultaneous–Successive Processing. *Journal of Educational Psychology, 69*(5), 564–570.

David A. Lieberman(1993). 학습심리학 행동과 인지. 서울: 교육과학사.

Dewey, J.(1933). *How we think: a restatement of the relation of reflective thinking to the educative proces*s. Boston: Heath and Company.

Dubinsky, Ed(1994). Comments on James Kaput's Chapter(Democratizing Access to Calculus New Routes to old Roots. *Mathmatical Thinking and Problem Solving*. In Alan H. Schoenfled (Ed.). Lawrence Erlbaum Associates, Inc. Publishers

E. Leuthardt, G. Schalk, J. R(2004). Wolpaw, J. G Ojemann, D. W. Moran, A brain–computer interface using electrocorticographic signals in human. *J. Neural Eng, 1*, 63–71.

E. A. Lee,(2004). "Cyber physical systems: Design challenges," In *2008 11th IEEE International Symposium on Object and Component-Oriented Real-Time Distributed Computing (ISORC)*. IEEE, pp. 363 – 369.

E. Donchin, K. M. Spencer, R(2000). Wijesinghe, The mental prosthesis: assessing the speed of a P300–based brain–computer interface. *IEEE Trans Rehabil. Eng , 8*, 174–179.

E. J. X. Costa, E. F(2000). Cabral Jr, EEG–based discrimination between imagination of left and right hand movements using adaptive gaussian representation. *Medical Engineering & Physics, 22*, 345–348.

Eileen, P. Tang. and Herbart, P. Ginsburg.(1999). Young Children's Mathematical Reasoning A Psychological View. *99' Yearbook Developing Mathematical Reasoning in Grades K-12*.

Eggen, P., & Kauchak, D.(2001). *Educational psychology: Windows on classrooms* (5th ed.). Upper Saddle River, New Jersey: Merrill Prentice Hall.

G Raiche, M. Riopel, J(2006). Blais, Non graphical solutions for the Cattell's scree test. *Paper presented at the international meeting of the psychometric society*. Montreal.

Gluck, M. A, Mercado, E., Myers, C. E.(2011). *Learning and memory(from brain to behavior)*. 최준식, 김현택, 신맹식(역). *학습과 기억(뇌에서 행동까지)*. 서울: 시그마프레스.

Goldstein, E, B.(2005). *Cognitive psychology: Connecting mind, research, and everyday experience*. Belmont, CA: Thomson Wadsworth.

Grabe, M.(1986). Attentional processes in education. In G, D. Phye & T. Andre (Eds.). *Cognitive classroom learning: Understanding, thinking, and problem solving* (pp. 49-82). Orlando: Academic Press.

Gredler, M. E.(2001). *Learning and instruction: Theory into practice* (4th ed). Upper Saddle River, NJ: Merrill Prentice-Hall.

Gredler, M. E.(2005). *Learning and instruction: Theory into practice* (5th ed). Upper Saddle River, NJ: Merrill Prentice-Hall.

Hektner, J. M. & Csikszentmihalyi, M.(1996). A longitudinal exploration of flow and intrinsic motivation in adolescents. *Paper presented at the annual meeting of the American Educational Research Association*. N.Y.

Herbart, J. F.(1806). Allegemeine Paedagogik. In: Asmus, W.(Hrsg.)(1965). *undschriften Bd. 2*.

Hergenhahn, B. R.(1982). *An introduction to theories of learning*. Englewood Cliffs, NJ: Prentice-Hall.

Heutte, J., Fenouillet, F., Martin-Krumm, C., Boniwell, I. & Csikszentmihalyi, M.(2016). Proposal for a conceptual evolution of the flow in education (EduFlow) model. Hypotheses. *Journal of Leisure Research, 20*(4), 289-304.

J. D. R. Millan, J(2003). Mourino, Asynchronous BCI and local neural classifiers: an overview of the adaptive brain interface project. *IEEE Trans. Neural Syst. Rehabi. Eng , 11*, 159-161.

J. Jeon, I. Chun, and W.(2012). Kim, "Meta model-based cpsmodeling tool. In *Embedded and Multimedia Computing Technology and Service*. Springer. pp. 285-291.

J. Levinson, J. Askeland, J. Becker, J. Dolson, D. Held, S. Kammel, J. Z.Kolter, D. Langer. O. Pink, V.(2011). Prattet. "Towards fully autonomous driving Systems and algorithms," In *IEEE Intelligent Vehicles Symposium (IV)*. IEEE, pp. 163- 168.

J. P. Donoghue(2002). Connecting cortex to machines: recent advances in brain interfaces. *Nat. Neurosci. Supp., 5*, 1085-1088.

J. R. Wolpaw, N. Birbaumer, D. J. McFarland, G Pfurtscheller, T. M.(2002). Vaughan, Brain-computer interfaces for communication and control. *J Clin. Neurophys., 113*, 767-791.

J. R. Wolpaw, N. Birbaumer, W. J. Heetderks, D. J. McFarland, P. H. Peckham, G Schalk,

E. Donchin, L. A. Quatrano, C. J. Robinson, T. M.(2000). Vaughan, Brain-computer interface technology: a review of the first international meeting. *IEEE Trans Rehabi. Eng., 8*, 164-173.

Johnson, A., & Proctor, R. W.(2004). *Attention: Theory and practice*. Thousand Oaks. CA: Sage Publications, Inc.

Jones, B. F., Development, A. for S. and C. & (U.S.), N. C. R. E. L.(1987). Strategic teaching and learning. Alexandria. *VA : ASCD Journal, 24*(1), 55-65.

JR Wolpaw, D. Flotzinger, G Pfurtscheller, D. J.(1997). McFarland, Timing of EEG-based cursor control. *J. Clin. Neurophysiol., 14*, 529-538.

Keller, G. A.(1963). *A theory of personality: The psychology of personal constructs*. New York: W. W. Norton & Company.

Kintsch, W.(1974). *The representation of meaning in memory*. Hillsdale, NJ: Erlbaum.

Kintsch, W., & Greeno, J. G.(1985). *Understanding and solving word arithmetic*.

Kowal, J. & Fortier, M. S.(1999). Motivational Determinants of Flow. Contributions From Self-Determination Theory. *The Journal of Social*.

L. R. Rabiner.(1989). A tutorial on hidden Markov models and selected applications in speech recognition. *Proc. IEEE, 77*, 257-285.

Lefrancois, G. R.(2006). *Theories of human learning* (5th ed.). Belmont, CA: Thomson Wadsworth.

M. Oka, K. Kobayashi, T. Akiyama, T. Ogino, E.(2004). Oka, A study of spike-density on EEG in West syndrome. *Brain Dev, 26*, 105-112.

Maehr, M. L.(1984). Meaning and Motivation : Toward a theory of personal investment. In R.E. Ames & C. Ames(Eds), *Research on motivation education : student motivation*. pp 115-144, Vol. 1. N.Y: Academic press.

Mannell, R. C., Zuzanek, J., & Larson, R. (1988). Leisure states and "flow" experiences: Testing perceived freedom and intrinsic motivation hypotheses. *Journal of Leisure research, 20*(4), 289-304.

Marcy Driscoll(2007). 수업설계를 위한 학습심리학. 교육과학사.

Martin, G., & Pear, J.(1999). *Behavior modification: What it is and how to do it*. Upper Saddle River, NJ: Prentice-Hall.

Matlin, M. W.(2002). *Cognition* (5th ed.). Orlando, FL: Harcourt.

Matthew H. Olson 외(2013). 학습심리학 -인간의 사고, 정서, 행동의 이해-. 서울: 학지사.

Mayer, R. E.(1978). Advance Organizers That Compensate for the Organization of Text. *Journal of Educational Psychology, 70*(6), 880 - 886.

N. Birbaumer, A. Kubler, N. Ghanayim, T. Hinterberger, J. perelmouter, J. Kaiser, I. Iversen, N. Li, D. W. Oyler, M. Zhang, Y. Yildiz, I.(2017). Kolmanovsky, and A. R. Girard, "Game theoretic modeling of driver and vehicle interactions for verification and validation of autonomous vehicle control systems," *IEEE Transactions on control systems technology, vol. 26*, no.

N. V. Thakor, S. Tong.(2004). Advances in quantitative electroencephalogram analysis methods. *Annu. Rev. Biomed. Eng., 6*, 453−495.

Neath, I., & Surprenant, A. M.(2003). *Hunman memory* (2nd ed.). Belmont, CA

Newby, T. J.(1991). Classroom motivatio : Strategies of first−year teachers. *Journal of Educational Psychology, 83*, 195−200.

Ormrod, J. E.(2000). *Educational psychology: Developing learners*. Brd (ed), Upper Saddle River, NJ: Merrill Prentice−Hall

Ormrod, J. E.(2004). *Human learning: Theories, principles, and educational applications* (4th ed.). Upper Saddle River, NJ: Pearson Prentice−Hall

Papini, M. R. & Bitterman, M. E.(1990). The role of contingency in classical conditioning. *Psychological Review, 97*, 39−403

Paris, S. G., Lipson, M. Y., & Wixson, K, K.(1983). Becoming a strategic reader. *Contemporary Educational Psychology, 8*, 293−316.

Paul Chance(2014). 학습과 행동. 센게이지러닝코리아.

Pervin, L. A. & John, O. P(2001). *Personality: Theoryand researcb* (8th ed). New Yokr: John Wiley & Sons.

Pichert, J. W., & Anderson, R. C.(1977). Taking different perspectives on a story. *Journal of Educational Psychology, 69*, 309−315.

Randy J. Larsen(2018). 성격심리학. 시그마프레스.

R, scherer, G R Muller, C. Neuper, B. Graimann, G.(2004). Pfurtscheller, An asynchronously controlled EEG−based virtual keyboard: improvement of the spelling rate. *IEEE Trans. Biomed. Eng., 51*, 979−984.

R. B.(1971). Cattell, The scree test for the number of factors. *Multivar. Behav. Res., 1*, 245−276.

R. C.(1971). Oldfield, The assessment and analysis of handedness: the Edinburgh inventory. *Neuropsychologi, 9*, 97−113.

Rescorla, R. A.(1987). A Pavlovian analysis of goal−directed behavior. *American Psychologist, 42*, 119−129.

S. Wang, Y. Zhang, Z. Yang, and Y.(2016). Chen, "A graphical hierarchical cps architecture," In *2016 International Symposium on System and Software Reliability (ISSSR)*. IEEE, pp. 97 105.

Schoenfeld, A.H.(1985) *Artificialintelligence*.

Schunk, D. H. (1986). Verbalization and children's self−regulated learning. *Contemporary Educational Psychology, 11*(4), 347−369.

Schunk, D. H.(2004). *Learning theories: An educational perspective* (4td ed.).

Shiffrin, R. M., & Schneider, W.(1977). Controlled and automatic human information processing: II. Perceptual learning, automatic attending and a general theory. *Psychological review, 84*(2), 127.

Shuell, T. J.(1986). *Cognitive conceptions*.

Skinner, B. F.(1954). The science of learning and the art of teaching, *Harvard Educational Review, 24*, 86-97.

Snowman, J.(1986). *Learning tactics and strategies*. In G. D. Phye & T. Andre.

T P. Exarchos, A. T. Tzallas, D. 1. Fotiadis, S. Konitsiotis, S. Giannopoulos, EEG transient event detection and classification using association rules, *IEEE Trans. Inform. Technol. Biomed., 10*, 451-457.(2006)

Tarpy, R M.(1975). *Basic principles of learning*. Glenview, III.: Scott, Foresman Texas Christian University.

van Dijk, T. A., & Kintsch, W.(1983). *Strategies of discourse processing*. Orlando:Academic Press.

Witig, A. E.(1981). *Theory and problems of psychology of learning*. New York: McGraw-Hill.

Wittrock, M. C.(1979). The cognitive movement in instruction. *Educational Researcher, 8*(2), 5-11.

Woolfolk, A.E.(2007). 교육심리학. 김아영, 백화정, 정명숙(역). 서울: 박학사.

X. Gao, D. Xu, M. Cheng, S.(2003). Gao, A BCI-based environmental controller for the motion-disabled. *IEEE Trans. Neural Syst. Rehabil Eng., 11*, 137-140.

Y. Liu, Y. Peng, B. Wang, S.(2017). Yao, and Z. Liu, "Review on cyber physical systems," *IEEE/CAA Journal of Automatica Sinica, vol. 4*, no. 1, pp. 27-40.

https://edumon.tistory.com/76
https//ko. wikipedia.org〉wiki
https://adlercenter.or.kr
https://m.blog.naver.com/PostList.naver
https://m.blog.naver.com/PostList.naver

저·자·소·개

전예숙

경성대학교 교육대학원(교육학 석사)
경성대학교 일반대학원(교육학 박사)
현) 부산교육대학교 대학원 외래교수
동명대학교 평생교육원 교수
부산광역시 아동보호종합센터 아동학대 및 부모교육 전문가

김순희

경성대학교 교육대학원(교육학 석사)
경성대학교 일반대학원(교육학 박사)
현) 부산여자대학교 외래교수
동명대학교 평생교육원 교수
부산광역시 아동보호종합센터 및 부산시교육청 부모교육 전문가

양계숙

경남대학교 교육대학원(교육학 석사)
경상국립대학교 일반대학원(교육학 박사)
전) 경상국립대학교 부설어린이집 원장
현) 경상국립대학교 유아교육과 외래교수
한국브레인 인성영재리더십 교육원장

알기 쉬운 **학습심리**

초 판 1쇄 인쇄 2022년 8월 3일
초 판 1쇄 발행 2022년 8월 10일

지 은 이 | 전예숙 · 김순희 · 양계숙
펴 낸 이 | 김기섭
편 집 인 | 이윤희
펴 낸 곳 | **창지사** www.changjisa.com
08589 서울시 금천구 가산디지털 1로 83 파트너스타워 1차 9층
전화 (02)719-2211~3
팩스 (02)701-9386
등 록 | 1977년 4월 28일 · 제1-421호

ISBN 978-89-426-1540-7 (93370)

값 21,000원